9급공무원
행정법
총론

www.goseowon.co.kr

Preface

'운도 실력이다.'는 말이 있다. 선택형 문항으로 이루어진 공무원시험에서는 운 역시 합격에 영향을 미치는 것처럼 보이기도 한다. 하지만 운은 저절로 실력이 되지는 않는다. 운이 실력이 되기 위해서는 반드시 단단하게 다져진 바탕이 필수적이다. 따라서 수험생은 무엇보다 단단한 바탕을 다지는 것에 힘써야 한다.

그렇다면 단단한 바탕을 다지기 위해 필요한 것은 무엇일까. 물론 각 과목의 이론을 정리하고 암기하는 것도 어느 정도 필요하다. 하지만 모든 과목이 그러하듯 관련 이론의 양은 매우 방대하며 그것을 다 암기하는 것은 거의 불가능하다.

운을 실력으로 만드는 단단한 바탕은 바로 충분한 문제풀이로 다질 수 있다. 그동안 쌓아온 실력을 실진에서 최대한으로 발휘하기 위해 반드시 요구되는 것은 바로 충분한 문제 풀이이다. 다양한 유형의 문제를 미리 접해보고 출제유형을 파악하는 것은 실제 시험에서 당황하지 않고 자신의 실력을 최대한으로 발휘할 수 있게 만든다.

행정법총론은 행정법과 관련된 법률요건과 법률사실 등 전문적 분야를 다루는 만큼 구체적인 내용이나 행정법 조항 하나까지도 세세하게 학습해야 한다는 부담이 있다. 하지만 출제유형을 제대로 알고 준비한다면 합격의 단초가 될 수 있다. 따라서 9급 공무원 행정법총론 예상문제 빅데이터는 기출문제와 출제가능성이 높은 다양한 유형의 예상문제를 수록하여 공무원시험 완벽대비를 책임진다.

1%의 행운을 잡기 위한 99%의 노력! 본서가 수험생 여러분의 행운이 되어 합격을 향한 노력에 힘을 보탤 수 있기를 바란다.

Structure

공무원시험 유형 완벽 분석

다양한 유형의 문제를 체계적으로 분석하여 내용에 대한 흐름을 파악할 수 있도록 구성
하였습니다.

단원별 기출문제 복원

최신 기출문제를 비롯하여 그동안 시행된 기출문제를 복원·재구성하여 출제유형 파악
에 도움이 되도록 만전을 기하였습니다.

해설의 상세화

기출문제 및 출제예상문제에 대한 해설을 이해하기 쉽도록 상세하게 기술하여 실전에
충분히 대비할 수 있도록 하였습니다.

기출문제분석

최신 기출문제를 비롯 그동안 시행된 공무원 기출문제를 복원 및 재구성하여 단원별로 실어 공무원시험 출제유형 파악에 도움을 주고자 노력하였습니다.

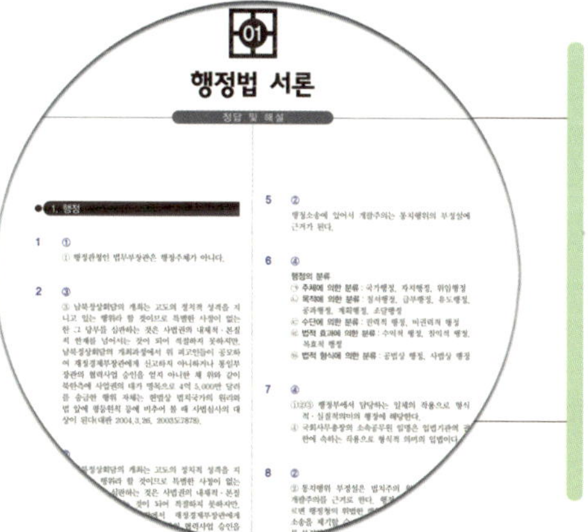

핵심예상문제

그동안 실시되어 온 기출문제의 유형을 파악하고 출제가 예상되는 핵심영역에 대하여 다양한 유형의 문제로 재구성하였습니다.

해설 및 보충설명

핵심을 콕! 짚는 해설과 참고가 되는 보충설명을 통해 기본이론에 대한 지식이 부족해도 문제풀이가 가능하도록 내용을 심도 있게 정리하였습니다.

Contents

PART
01

9급 공무원
행정법총론

1. 행정법 서론 / 2. 일반행정작용법 / 3. 행정의 실효성 확보수단 / 4. 행정구제법

행정법 서론

1 행정

☞ 정답 및 해설 P.225

1 다음 중 행정주체가 아닌 것은?

2016. 6. 25 서울특별시

① 법무부장관
② 농지개량조합
③ 서울대학교
④ 대구광역시

2 통치행위에 대한 설명으로 옳지 않은 것은? (다툼이 있는 경우 판례에 의함)

2015. 4. 18 인사혁신처

① 헌법재판소는 대통령의 해외파병 결정은 국방 및 외교와 관련된 고도의 정치적 결단을 요하는 문제로서 헌법과 법률이 정한 절차를 지켜 이루어진 것이 명백한 이상 사법적 기준만으로 이를 심판하는 것은 자제되어야 한다고 판시하였다.

② 비상계엄의 선포와 그 확대행위가 국헌문란의 목적을 달성하기 위하여 행하여진 경우에는 법원은 그 자체가 범죄행위에 해당하는지의 여부에 관하여 심사할 수 있다.

③ 남북정상회담 개최는 고도의 정치적 성격을 지니고 있는 행위로서 사법심사의 대상으로 하는 것은 적절치 못하므로 그 개최과정에서 당국에 신고하지 아니하거나 승인을 얻지 아니한 채 북한 측에 송금한 행위는 사법심사의 대상이 되지 않는다.

④ 대통령의 긴급재정경제명령은 고도의 정치적 결단에 의하여 발동되는 이른바 통치행위에 속하지만 그것이 국민의 기본권 침해와 직접 관련되는 경우에는 헌법재판소의 심판대상이 된다.

3 통치행위에 대한 판례의 태도로 옳지 않은 것은?

2013. 8. 24 제1회 지방직

① 대통령의 긴급재정경제명령은 국가긴급권의 일종으로서 고도의 정치적 결단에 의하여 발동되는 행위이고 그 결단을 존중하여야 할 필요성이 있는 행위라는 의미에서 이른바 통치행위에 속한다.

② 남북정상회담의 개최과정에서 재정경제부장관에게 신고하지 아니하거나 통일부장관의 협력사업 승인을 얻지 아니한 채 북한 측에 사업권의 대가 명목으로 송금한 행위는 고도의 정치적 성격을 지니고 있는 행위라 할 것이므로 특별한 사정이 없는 한 그 당부를 심판하는 것은 사법권의 내재적·본질적 한계를 넘어서는 것이 되어 적절하지 못하다.

③ 통치행위의 개념을 인정한다고 하더라도 과도한 사법심사의 자제가 기본권을 보장하고 법치주의 이념을 구현하여야 할 법원의 책무를 태만히 하거나 포기하는 것이 되지 않도록 그 인정을 지극히 신중하게 하여야 하며, 그 판단은 오로지 사법부만에 의하여 이루어져야 한다.

④ 외국에의 국군의 파견결정은 파견군인의 생명과 신체의 안전뿐만 아니라 국제사회에서의 우리나라의 지위와 역할, 동맹국과의 관계, 국가안보문제 등 궁극적으로 국민 내지 국익에 영향을 미치는 복잡하고도 중요한 문제로서 국내 및 국제정치관계 등 제반상황을 고려하여 미래를 예측하고 목표를 설정하는 등 고도의 정치적 결단이 요구되는 사안이다.

4 다음 중 행정주체가 아닌 것은?

① 서울특별시장　　　　　　　　② 국민건강보험공단

③ 제주특별자치도　　　　　　　　④ 대한민국

5 다음은 통치행위에 관한 설명이다. 옳지 않은 것은?

① 계엄의 선포, 조약의 체결, 선전포고 및 강화 등을 통치행위의 예로 들 수 있다.

② 행정소송에 있어서의 개괄주의는 통치행위 긍정설의 근거가 된다.

③ 고도의 정치성을 띤 행위라 할지라도 헌법상의 국민주권의 원리, 비례의 원칙 등에 위배되어서는 안 된다.

④ 통치행위라는 개념은 프랑스 판례를 통하여 처음으로 성립된 것으로 입법, 행정, 사법도 아닌 제4의 국가작용으로 불린다.

6 행정의 주체·대상·상대방에 대한 효과, 수단 또는 형식 등에 의한 분류에 있어서 같은 분류 기준에 의한 종류로만 묶인 것은?

① 권력적 행정 – 자치적 행정　　② 권력적 행정 – 공과적 행정
③ 복효적 행정 – 위임적 행정　　④ 수익적 행정 – 침익적 행정

7 다음 중 실질적 의미의 행정에는 속하나 형식적 의미의 행정으로는 볼 수 없는 것은?

① 행정심판의 재결　　② 이발소영업허가
③ 법규명령 제정　　④ 국회사무총장의 소속공무원 임명

8 다음 중 통치행위에 관한 설명으로 옳지 않은 것은?

① 통설과 판례는 통치행위의 관념을 인정하고 있다.
② 행정소송 대상에 관한 개괄주의는 통치행위 긍정설의 근거가 된다.
③ 프랑스 행정재판소의 판례에 의하여 발달되었다.
④ 포괄적인 재판청구권의 보장을 이유로 하여 통치행위를 부인하는 견해도 있다.

9 다음 중 현행법상 통치행위라고 볼 수 없는 것은?

① 대통령의 국회해산　　② 배상계엄의 선포
③ 국민투표 실시　　④ 법률안에 대한 거부권의 행사

10 통치행위에 관한 설명으로 가장 타당한 것은?

① 통치행위는 사법적 통제, 정치적 통제로부터 자유롭다.
② 대법원은 법원은 대통령의 계엄선포의 당·부당을 판단할 권한을 가진다.
③ 헌법재판소는 긴급재정·경제명령 등 모든 국가작용은 마땅히 「헌법」에 기속되어야 하므로 통치행위의 관념은 인정할 수 없다고 하였다.
④ 헌법재판소는 고도의 정치적 결단에 의하여 행해지는 국가작용이라 할지라도 그것이 국민의 기본권 침해와 직접 관련되는 경우에는 당연히 헌법재판소의 심판대상이 된다고 하였다.

11 다음은 목적에 의한 행정의 분류이다. 가장 이질적인 것은?

① 재무행정
② 군사행정
③ 사법행정
④ 급부행정

12 통치행위에 관한 다음 설명 중 가장 옳지 않은 것은?

① 정치인 甲의 특별사면신청에 대한 정부의 거부처분은 취소소송의 대상이 되지 않는다는 것이 통설이다.
② 대통령의 긴급재정경제명령은 통치행위에 속하나, 국민의 기본권 침해와 직접 관련되는 경우에는 헌법재판소의 심판대상이 된다고 본다.
③ 고도의 정치성을 띤 행위라 하더라도 헌법상의 국민주권의 원리, 비례성의 원칙 등에 위배되어서는 안 된다.
④ 통치행위를 인정하는 학설로는 사법자제설, 재량행위설, 기관양태설 등이 있다.

13 다음 중 통치행위와 직접 관계가 없는 것은?

① 고도의 정치성
② 자유재량행위
③ 사법심사의 대상 여부
④ 행정규칙의 제정행위

14 다음 중 실질적 의미의 행정이 아닌 것은?

① 무허가건물에 대한 행정대집행
② 지방공무원의 임용
③ 시행규칙 개정
④ 양도소득세 부과처분

15 다음 중 통치행위가 아닌 것은?

① 계엄의 선포
② 조약의 체결
③ 과세처분
④ 선전포고 및 강화

16 행정주체가 될 수 없는 것은?

① 경상남도

② 학위를 수여하는 사립대학

③ 농지개량조합

④ 행정자치부장관

17 다음 중 현대사회에서 권력분립이론의 위기적 요인으로 볼 수 없는 것은?

① 의회의 통법기관으로의 전락

② 정당정치의 확립으로 인한 권력통합화 경향

③ 복지국가의 요청으로 인한 행정부의 비대화

④ 국제평화의 지속으로 인한 방위기구 축소

18 다음 중 실질적 의미의 행정에 대한 설명으로 잘못된 것은?

① 기관양태설 – 국가기관의 양태에 따라 구분한다.

② 목적설 – 국가목적 또는 공익목적을 실현하는 작용이다.

③ 양태설 – 국가목적실현을 위한 계속적 · 형성적 국가활동이다.

④ 소극설 – 입법 · 행정 · 사법의 구별을 부정한다.

19 다음 중 통치행위이론과 가장 거리가 먼 것은?

① 대권행위설

② 사법자제설

③ 재량행위설

④ 비권력행위설

20 다음 중 통치행위에 대한 설명으로 옳지 않은 것은?

① 우리 「법원조직법」은 이를 명문으로 인정하고 있다.

② 미국에서는 이를 정치문제로 보고 있다.

③ 프랑스에서 제일 먼저 발전한 관념이다.

④ 우리 대법원의 판례도 통치행위의 개념을 인정한 바 있다.

21 통치행위에 관한 설명 중 옳지 않은 것은?

① 법치국가사상의 발달과 관련하여 생성된 관념이다.
② 독일에서는 이론적 측면에서 통치행위가 다루어졌다.
③ 사법심사가 배제되는 이유는 통치행위에 적용할 법이 없기 때문이다.
④ 정치적 성질을 가진 통치행위에 대해서도 법적 판단은 가능하다.

22 다음 중 통치행위의 인정 여부에 관한 학설의 설명으로 타당한 것은?

① 현행 「헌법」은 법치주의를 원칙으로 하며 행정소송에서 개괄주의를 취하고 있으므로 통치행위관념은 인정될 수 없다는 것이 통설이다.
② 재량행위설은 통치행위와 재량행위를 동일한 행위로 보아 통치행위는 사법심사의 대상에서 제외된다고 하나, 이는 사법심사의 대상의 문제와 범위의 문제를 혼동하고 있다는 비판을 받는다.
③ 권력분립설은 「헌법」상 입법·행정·사법이 분리되어 있고, 통치행위는 행정부의 전속적 권한에 속하는 사항이므로 사법심사의 대상에서 제외되어야 한다는 견해로서 통치행위의 인정이 권력분립의 원칙에 반한다는 것이다.
④ 사법자제설은 사법권은 그 자체에 내재하는 일정한 한계가 있으므로 통치행위는 사법심사의 대상에서 제외된다는 견해로, 사법의 독립성을 유지하기 위하여 사법권은 더욱 정치문제에 적극적으로 관여하여 판단하여야 한다는 것이다.

23 다음 중 통치행위로 볼 수 없는 것은?

① 비상계엄선포
② 대통령의 사면권 행사
③ 국회의원선거
④ 법률안에 대한 거부권의 행사

24 다음 중 통치행위가 아닌 것은?

① 비상조치　　　　　　　　② 대통령선거
③ 사면　　　　　　　　　　④ 국무총리임면

25 형식적 의미의 행정에 속하나, 실질적 의미의 행정이 아닌 것은?

① 조세의 부과　　　　　　　② 영업의 허가
③ 행정심판의 재결　　　　　④ 토지수용

26 실질적 의미의 행정에 속하는 것은?

① 긴급명령의 제정
② 국회사무총장의 소속공무원 임명
③ 행정심판의 재결
④ 통고처분

27 형식적 의미에서나 실질적 의미에서나 행정에 속하는 것은?

① 영업허가의 취소　　　　　② 국무총리령의 제정
③ 토지의 등기　　　　　　　④ 대법원규칙의 제정

28 비권력적 행정에 해당되는 것은?

① 공용부담　　　　　　　　② 대집행의 실행
③ 도시계획의 결정　　　　　④ 도로의 관리

29 행정을 그 목적에 따라 분류한 다음 설명 중 옳지 않은 것은?

① 공과행정이란 행정주체가 그 소요재원을 마련하고 이를 관리하는 행정이다.
② 급부행정이란 행정목적 달성에 필요한 인적·물적인 수단을 공급하는 활동으로서 사회보장제도 등이 이에 해당한다.
③ 유도행정이란 사회 및 경제를 일정한 방향으로 유도하고 개선하는 활동이다.
④ 질서행정이란 경찰행정 등 사회공공의 안녕·질서를 유지를 유지하기 위한 행정이다.

30 행정과 사법의 차이를 설명한 것 중 옳지 않은 것은?

① 사법은 당사자의 쟁송제기를 전제로 하는 수동적·소극적 작용인 데 비하여, 행정은 보통 행정기관의 일방적·능동적 작용이다.
② 사법은 법률적 쟁송이 있는 경우에 분쟁을 해결하는 것을 목적으로 하는 데 비하여, 행정은 현실적으로 국가목적의 적극적 실현을 목적으로 한다.
③ 사법은 구체적·개별적 분쟁이 있는 경우에 무엇이 법인가를 판단하는 판단작용인 데 비하여, 행정은 그 전제로서 통일성과 계속성을 가진 일련의 형식적 작용이다.
④ 사법은 법의 기속을 받는 작용인 데 비하여, 행정은 법으로부터 자유로운 영역이다.

② 행정법

1 행정법의 일반원칙에 대한 설명으로 옳은 것은? (다툼이 있는 경우 판례에 의함)

2016. 6. 18 제1회 지방직

① 법령 개정에 대한 신뢰와 관련하여, 법령에 따른 개인의 행위가 국가에 의하여 일정한 방향으로 유인된 경우에 특별히 보호가치가 있는 신뢰이익이 인정될 수 있다.

② 행정청 내부의 사무처리준칙에 해당하는 지침의 공표만으로도 신청인은 보호가치 있는 신뢰를 갖게 된다.

③ 신뢰보호원칙이 적용되기 위한 행정청의 공적 견해표명이 있었는지 여부는 전적으로 행정조직상의 권한분장에 의해 결정된다.

④ 위법한 행정처분이라도 수차례에 걸쳐 반복적으로 행하여졌다면 그러한 처분은 행정청에 대하여 자기구속력을 갖게 된다.

2 행정법상 시효제도에 대한 설명으로 옳은 것은? (다툼이 있는 경우 판례에 의함)

2016. 6. 18 제1회 지방직

① 「국유재산법」상 일반재산은 취득시효의 대상이 될 수 없다.

② 「국가재정법」상 5년의 소멸시효가 적용되는 '금전의 급부를 목적으로 하는 국가의 권리'에는 국가의 사법(私法)상 행위에서 발생한 국가에 대한 금전채무도 포함된다.

③ 조세에 관한 소멸시효가 완성된 후에 부과된 조세부과처분은 위법한 처분이지만 당연무효라고 볼 수는 없다.

④ 납입고지에 의한 소멸시효의 중단은 그 납입고지에 의한 부과처분이 추후 취소되면 효력이 상실된다.

3 행정법의 법원(法源)에 대한 설명 중 가장 옳은 것은?

2016. 6. 25 서울특별시

① 헌법재판소 판례에 의하면 감사원규칙은 헌법에 근거가 없으므로 법규명령으로 인정되지 않는다.
② 법원(法源)을 법의 인식근거로 보면 헌법은 행정법의 법원이 될 수 없다.
③ 관습법은 성문법령의 흠결을 보충하기 때문에 법률유보 원칙에서 말하는 법률에 해당한다.
④ 행정법의 일반원칙은 다른 법원(法源)과의 관계에서 보충적 역할에 그치지 않으며 헌법적 효력을 갖기도 한다.

4 행정법의 시간적 효력에 대한 판례의 입장으로 옳지 않은 것은?

2015. 3. 14 사회복지직

① 법령을 소급적용하더라도 일반 국민의 이해에 직접 관계가 없는 경우나 오히려 그 이익을 증진하는 경우, 불이익이나 고통을 제거하는 경우에는 예외적으로 법령의 소급적용이 허용된다.
② 일반적으로 국민이 소급입법을 예상할 수 있었거나 법적 상태가 불확실하고 혼란스러워 보호할 만한 신뢰이익이 적은 경우에도 진정소급입법이 허용되지 않는다.
③ 법률조항에 대하여 헌법재판소가 헌법불합치결정을 하여 그 법률조항을 합헌적으로 개정 또는 폐지하는 임무를 입법자의 형성 재량에 맡긴 이상, 그 개선입법의 소급적용 여부와 소급적용의 범위는 원칙적으로 입법자의 재량에 달려 있다.
④ 법령의 효력이 시행일 이전에 소급하지 않는다는 것은 시행일 이전에 이미 종결된 사실에 대하여 법령이 적용되지 않는다는 것을 의미하는 것이지, 시행일 이전부터 계속되는 사실에 대하여도 법령이 적용되지 않는다는 의미가 아니다.

5 행정법령의 공포에 대한 설명으로 옳지 않은 것은?

2015. 6. 27 제1회 지방직

① 국민의 권리 제한 또는 의무 부과와 직접 관련되는 법령은 긴급히 시행하여야 할 특별한 사유가 있는 경우를 제외하고는 공포일부터 적어도 30일이 경과한 날부터 시행되도록 하여야 한다.

② 대통령의 법률안거부권의 행사로 인하여 재의결된 법률을 국회의장이 공포하는 경우에는 서울특별시에서 발행되는 둘 이상의 일간신문에 게재함으로써 한다.

③ 지방자치단체의 장에 의한 조례와 규칙의 공포는 해당 지방자치단체의 공보에 게재하는 방법으로 한다.

④ 지방자치단체의 조례와 규칙을 지방의회의 의장이 공포하는 경우에는 일간신문에 게재함과 동시에 해당 지방자치단체의 인터넷 홈페이지에 게시하여야 한다.

6 행정법의 일반원칙에 대한 설명으로 옳지 않은 것은? (다툼이 있는 경우 판례에 의함)

2015. 4. 18 인사혁신처

① 부관이 주된 행정행위와 실질적 관련성을 갖더라도 주된 행정행위의 효과를 무의미하게 만드는 경우라면 그러한 부관은 비례원칙에 반하는 하자 있는 부관이 된다.

② 주택사업계획승인을 발령하면서 주택사업계획승인과 무관한 토지를 기부채납하도록 부관을 붙인 경우는 부당결부금지 원칙에 반해 위법하다.

③ 수익적 행정행위를 직권취소하는 경우 그 취소권의 행사로 인하여 공익상의 필요보다 상대방이 받게 되는 불이익 등이 막대한 경우에는 재량권의 한계를 일탈한 것으로서 그 자체가 위법하다.

④ 제1종 보통면허로 운전할 수 있는 차량을 음주운전한 경우 제1종 보통면허의 취소 외에 동일인이 소지하고 있는 제1종 대형면허와 원동기장치자전거면허는 취소할 수 없다.

7 신뢰보호원칙에 관한 설명으로 옳은 것은? (다툼이 있는 경우 판례에 의함)

2015. 6. 13 서울특별시

① 헌법재판소와 대법원은 이론적 근거를 사회국가원리에서 찾고 있다.
② 제3자의 정당한 이익까지 희생시키면서 신뢰보호원칙이 관철되어야 한다.
③ 신뢰보호원칙의 요건은 행정청의 적법한 선행조치, 보호 가치가 있는 사인의 신뢰, 신뢰에 기한 사인의 처리, 인과관계, 선행행위에 반하는 후행처분이다.
④ 행정청의 확약 또는 공적견해표명이 있은 후에 사실적·법률적 상태가 변경되었다면, 그와 같은 확약 또는 공적 의사표명은 행정청의 별다른 의사표시를 기다리지 않고 실효된다.

8 행정법상 기본원칙에 대한 설명으로 옳지 않은 것은? (다툼이 있는 경우 판례에 의함)

2014. 4. 19 안전행정부

> ㈎ 어떤 행정목적을 달성하기 위한 수단은 그 목적달성에 유효·적절하고 또한 가능한 한 최소침해를 가져오는 것이어야 하며, 아울러 그 수단의 도입으로 인한 침해가 의도하는 공익을 능가하여서는 아니 된다.
> ㈏ 개별국민이 행정기관의 어떤 언동의 정당성 또는 존속성을 신뢰한 경우 그 신뢰가 보호받을 가치가 있는 한, 그러한 귀책사유 없는 신뢰는 보호되어야 한다.
> ㈐ 행정기관은 행정결정에 있어서 동종의 사안에 대하여 이전에 제3자에게 행한 결정과 동일한 결정을 상대방에게 하도록 스스로 구속당한다.
> ㈑ 권리자가 권리행사의 기회가 있음에도 불구하고 장기간에 걸쳐 그의 권리를 행사하지 아니할 것으로 믿을 만한 정당한 사유가 있는 경우, 새삼스럽게 그 권리를 행사하는 것이 신의성실의 원칙에 반한다면 그 권리행사는 허용되지 않는다.

① ㈎원칙에 따라 노후된 건축물을 개수하여 붕괴위험을 충분히 방지할 수 있다면 스스로 원하지 않는다는 한도에서 철거 명령을 내려서는 안 되는데, ㈏원칙 중 필요성 원칙이 적용된 결과이다.
② ㈏원칙의 요건 중 귀책사유라 함은 행정청의 견해표명의 하자가 상대방 등 관계자의 사실은폐 등 부정행위에 기인한 것이거나 그러한 부정행위가 없다고 하더라도 하자가 있음을 알았거나 중대한 과실로 알지 못한 경우 등을 의미한다.
③ 재량권행사의 준칙인 규칙이 그 정한 바에 따라 되풀이 시행되어 행정관행이 이루어지면 평등의 원칙에 따라 행정기관은 그 상대방에 대한 관계에서 그 규칙에 따라야 할 자기구속을 당하게 되고, 그러한 경우에는 대외적인 구속력을 가지게 된다는 것이 판례의 입장이며, ㈐원칙은 신뢰보호의 원칙과는 무관하다고 한다.
④ ㈑원칙은 신의성실원칙에서 파생된 원칙으로서 공법관계 가운데 권력관계뿐 아니라 관리관계에도 적용되어야 함을 배제할 수는 없다.

9 행정법의 법원(法源)에 대한 설명으로 옳지 않은 것은? (다툼이 있는 경우 판례에 의함)

2014. 6. 21 제1회 지방직

① '1994년 관세 및 무역에 관한 일반협정(GATT)'이나 '정부조달에 관한 협정(AGP)'에 위반되는 조례는 그 효력이 없다.

② 영미법계 국가에서는 '선례구속의 원칙'이 엄격하게 적용되어 유사사건에서 상급심의 판결은 하급심을 구속한다.

③ 「수산업법」은 민중적 관습법인 입어권의 존재를 명문으로 인정하고 있다.

④ 판례는 국세행정상 비과세의 관행을 일종의 행정선례법으로 인정하지 아니한다.

10 헌법재판소의 위헌결정에 따른 효력에 대한 설명으로 옳지 않은 것은? (다툼이 있는 경우 판례에 의함)

2014. 6. 21 제1회 지방직

① 위헌으로 결정된 법률 또는 법률의 조항은 그 결정이 있는 날부터 효력을 상실한다.

② 대법원은 금고 이상의 형의 선고유예를 받은 경우에 공무원직에서 당연히 퇴직하는 것으로 규정한 구「지방공무원법」 제61조 중 제31조 제5호 부분에 대한 헌법재판소의 위헌결정의 효력에 대하여, 종래의 법령에 의하여 형성된 공무원의 신분관계에 관한 법적 안정성과 신뢰보호의 요청에 비하여 퇴직공무원의 권리구제의 요청이 현저하게 우월하므로, 위 위헌결정 이후 제소된 일반사건에 대하여 위 위헌결정의 소급효가 인정된다고 판시하였다.

③ 대법원은 행정처분이 발하여진 후에 그 행정처분의 근거가 된 법률이 위헌으로 결정된 경우, 그 행정처분의 근거가 되는 법률이 헌법에 위반된다는 사유는 특별한 사정이 없는 한 그 행정처분의 취소소송의 전제가 될 수 있을 뿐, 당연무효사유는 아니라고 판시하였다.

④ 헌법재판소는 행정처분 자체의 효력이 쟁송기간 경과 후에도 존속 중이고 그 행정처분의 근거가 된 법규가 위헌으로 선고되는 경우, 그 행정처분을 무효로 하더라도 법적 안정성을 크게 해치지 않는 반면에, 그 하자가 중대하여 그 구제가 필요한 경우에는 당연무효사유로 보아 무효확인을 구할 수 있다고 결정하였다.

11 행정법의 일반원칙에 관한 판례의 태도로 옳지 않은 것은?

2013. 7. 27 안전행정부

① 대법원과 헌법재판소는 평등의 원칙과 신뢰보호의 원칙을 행정의 자기구속의 원칙의 근거로 삼고 있다.

② 지방자치단체장이 사업자에게 주택사업계획승인을 하면서 그 주택사업과는 아무런 관련이 없는 토지를 기부채납하도록 하는 부관을 주택사업계획승인에 붙인 경우, 그 부관은 부당결부금지의 원칙에 위반되어 위법이다.

③ 위법한 행정처분이 수차례에 걸쳐 반복적으로 행하여진 경우 행정의 자기구속의 원칙이 적용된다.

④ 건축물에 인접한 도로의 개설을 위한 도시계획사업시행허가처분은 건축물에 대한 건축허가처분과는 별개의 행정처분이므로 사업시행허가를 함에 있어 조건으로 내세운 기부채납의무를 이행하지 않았음을 이유로 한 건축물에 대한 준공거부처분은 「건축법」에 근거 없이 이루어진 것으로서 위법하다.

12 부당이득과 가장 거리가 먼 것은?

2012. 4. 7 행정안전부

① 조세과오납
② 공무원의 봉급과액수령
③ 처분이 무효 또는 소급 취소된 경우의 무자격자의 기초생활보장금의 수령
④ 자연재해시 빈 상점의 물건의 처분

13 행정법의 법원에 관한 설명으로 옳지 않은 것은? (다툼이 있는 경우 판례에 의함)

2012. 5. 12 상반기 지방직

① 헌법재판소에 의한 법률의 위헌결정은 국가기관과 지방자치단체를 기속한다는 「헌법재판소법」 제47조에 의해 법원으로서의 성격을 가진다.

② 대법원은 「남북 사이의 화해와 불가침 및 교류협력에 관한 합의서」를 조약이라고 판시하였다.

③ 대법원은 초·중·고등학교의 학교급식을 위해 지방자치단체에서 생산되는 우수 농산물을 사용하여 식재료를 만드는 자에게 식재료 구입비의 일부를 지원하는 지방자치단체의 조례안이 「1994년 관세 및 무역에 관한 일반 협정(GATT)」에 위반되어 무효라고 판시한 바 있다.

④ 헌법재판소는 「신행정수도의 건설을 위한 특별조치법」의 위헌확인사건에서 관습헌법은 성문헌법과 같은 헌법개정절차를 통해서 개정될 수 있다고 판시하였다.

14 행정법의 시간적 효력에 대한 설명으로 옳은 것은? (다툼이 있는 경우 판례에 의함)

2012. 9. 22 하반기 지방직

① 법령이 변경된 경우 신 법령이 피적용자에게 유리하여 이를 적용하도록 하는 경과규정을 두는 등의 특별한 규정이 없는 한 그 변경 전에 발생한 사항에 대하여는 변경 후의 신 법령이 아니라 변경 전의 구 법령이 적용되어야 한다.

② 법령을 소급적용하더라도 일반 국민의 이해에 직접 관계가 없는 경우, 오히려 그 이익을 증진시키는 경우, 불이익이나 고통을 제거하는 경우에도 법령의 소급적용은 허용되지 않는다.

③ 법령의 소급적용금지의 원칙은 부진정소급적용에도 적용된다.

④ 한시법은 명문으로 정해진 유효기간이 경과하더라도 당연히 그 효력이 소멸되는 것은 아니다.

15 신뢰보호의 원칙에 대한 설명으로 옳지 않은 것은? (다툼이 있는 경우 판례에 의함)

2012. 9. 22 하반기 지방직

① 신뢰보호의 이익과 공익 또는 제3자의 이익이 상호 충돌하는 경우에는 이들 상호간에 이익형량을 하여야 한다.

② 행정청의 공적 견해표명이 있었는지의 여부를 판단하는 데 있어 반드시 행정조직상의 형식적인 권한분장에 구애될 것은 아니다.

③ 폐기물관리법령상의 폐기물 처리업 사업계획에 대하여 적정통보를 한 것만으로도 그 사업부지토지에 대한 국토이용계획변경신청을 승인하여 주겠다는 취지의 공적인 견해표명을 한 것으로 볼 수 있다.

④ 사후에 선행조치가 변경될 것을 사인이 예상하였거나 중대한 과실로 알지 못한 경우에는 보호가치 있는 신뢰라고 할 수 없다.

16 행정법에 대한 설명으로 옳지 않은 것은?

2011. 4. 9 행정안전부

① 대륙법계는 공법과 사법(私法)의 구별을 강조하면서 행정사건은 사법(司法)법원이 아닌 별도의 법원(재판소)의 관할에 속하도록 하고 있다.

② 프랑스에서 행정법원(재판소, Conseil d'Etat)이 출범하게 된 배경은 대혁명 이후 행정사건에 대한 사법(司法)법원의 간섭을 배제하기 위한 필요성과 관련이 있다.

③ 공법과 사법(私法)의 구별을 강조하지 않는 영미법계 국가에서는 오늘날 행정법의 특수성은 인정되지 않으며 행정기관의 결정에 대한 재판권은 통상의 사법(司法)법원이 행사한다.

④ 우리나라의 행정법은 전통적으로 대륙법계의 영향을 받아 행정에 특유한 공법으로서의 성격을 강조하고 있으면서도 행정사건은 별도의 행정법원(재판소)이 아닌 사법(司法)법원의 관할에 속한다.

17 행정법의 법원에 관한 설명 중 옳지 않은 것은? (다툼이 있는 경우 판례에 의함)

① 법령의 공포일에 관하여 공포일자와 시행일자가 다른 경우에는 공포일을 관보가 실제로 인쇄된 날로 본다.

② 법률시행 이후의 사항에 대하여 신법을 적용하도록 정한 「개발이익환수에 관한 법률」의 부칙은 진정소급입법으로 원칙적으로 헌법상 허용될 수 없다.

③ 소급입법에 의한 당사자의 손실이 없거나 아주 경미한 경우, 신뢰보호의 요청에 우선하는 심히 중대한 공익상 사유의 정당성이 있다면 예외적으로 진정소급입법도 인정된다.

④ 주택건설 사업계획 승인신청을 수리한 행정청이 그 처리기간을 넘겨 나중에 결정 고시된 도시계획을 이유로 승인을 거부하였더라도, 정당한 이유 없이 처리를 지연한 것이 아닌 경우에는 승인 거부가 위법한 것은 아니다.

18 법령의 효력발생에 관한 설명으로 옳지 않은 것은?

① 대통령령·총리령 및 부령은 특별한 규정이 없는 한 공포한 날로부터 14일이 경과함으로 서 효력을 발생한다.
② 대통령령·총리령 및 부령의 공포일은 게재한 관보 또는 신문이 발행된 날로 한다.
③ 법령의 공포시점은 관보 또는 공보가 판매소에 도달하여 누구든지 이를 구독할 수 있는 상태가 된 최초의 시점으로 보는 것이 판례의 입장이다.
④ 새 법령이 시행되기 전에 종결된 사실에 대하여는 당해 법령을 적용하지 않는 것을 원칙 으로 한다.

19 행정법의 법원(法源)에 대한 설명 중 옳은 것은?

① 「국세기본법」은 조세행정에서 행정선례법의 존재를 인정하는 조항을 두고 있다.
② 대법원은 "유사사건에 관한 대법원 판례가 하급심 법원을 직접 기속한다"고 판시한 바 있다.
③ 일반적으로 승인된 국제법규라도 의회에 의한 입법절차를 거쳐야 행정법의 법원이 된다.
④ 성문법주의를 원칙으로 하기 때문에 조리(법의 일반원칙)는 행정법의 법원이 되지 못한다.

20 다음 중 실질적 법치주의의 내용으로 옳지 않은 것은?

① 행정소송사항에 대하여 개괄주의를 취한다.
② 특별권력관계의 적용영역을 축소한다.
③ 법률의 합헌성 심사제도를 도입하여 합헌적 법률의 우위를 보장한다.
④ 법치주의가 관철됨에 따라 입법에 있어서 행정부의 역할이 감소되고 있다.

21 다음 중 행정법의 법원에 관한 설명으로 옳지 않은 것은?

① 행정선례법의 존재를 명문으로 인정한 경우도 있다.
② 국가 상호간의 관계를 규율하는 공법으로서의 국제법도 행정법의 법원이 될 수 있다.
③ 관습법은 개폐적 효력이 있다.
④ 조리는 성문법·관습법·판례법이 존재하지 아니하는 경우에 최후의 보충적 법원으로서 기능할 수 있다.

22 행정법의 일반원칙에 관한 설명 중 옳은 것은?

① 자기구속의 법리는 기속행위에도 적용된다.
② 신뢰보호 원칙의 근거는 헌법상의 법치국가원리에서 구하며 실정법상 이에 관한 근거규정은 없다.
③ 「경찰법」에 비례원칙에 관한 명문규정이 있다.
④ 재량준칙의 대외적 구속력은 부당결부금지의 원칙과 밀접한 관련이 있다.

23 다음 중 신뢰보호의 원칙에 대한 설명으로 옳지 않은 것은?

① 민법 제2조 제1항 신의성실의 원칙에서 도출됐다는 것이 다수설이다.
② 「행정절차법」에 신뢰보호의 원칙에 대한 법적 근거를 마련해 두고 있다.
③ 행정의 법률적합성의 원칙과 신뢰보호의 원칙이 대립될 때에는 비교형량에 의해 결정해야 한다는 것이 다수의 의견이다.
④ 신뢰보호요건을 충족시키기 위해서는 행정기관의 공적인 견해표명을 요한다는 것이 판례의 태도이다.

24 다음 중 관습법이 아닌 것은?

① 지하수사용권
② 음용용수권
③ 관개용수리권
④ 어업권

25 다음 중 부당결부금지의 원칙에 위반될 여지가 가장 많은 것은?

① 불량식품제조업자에 대한 과징금 부과
② 환경오염물질의 초과배출업자에 대한 배출부과금 부과
③ 위법건축물에 대한 단전·단수조치
④ 감염병자의 강제격리조치

26 다음 중 법치행정원리의 현대적 내용으로 옳은 것은?

① 실질적 법치주의에서 형식적 법치주의에로의 전환을 의미한다.
② 법률유보의 원칙이 모든 행정영역에 적용된다.
③ 법률우위의 원칙에서의 법률은 형식적 법률만을 의미한다.
④ 소위 특별권력관계에도 법치주의가 적용된다.

27 행정의 법률적합성 원칙에 관한 설명 중 옳은 것은?

① 급부행징유보설이 '행정에 대한 자유'를 중요시하는 반면, 침해행정유보설은 '행정을 통한 자유'를 중요시한다.
② 권력행정유보설은 국민의 자유·권리를 제한·침해하거나 새로운 의무를 부과하는 행정 작용은 법률의 근거를 요한다는 이론이다.
③ 법률유보원칙의 범위에 관한 학설로서 전부유보설은 의회민주주의와 의회의 우월성을 강조한 것이다.
④ 모든 급부행정은 법률의 근거가 없어도 된다.

28 행정법의 일반원칙 중 행정규칙의 법규성 인정 여부와 관련하여 가장 밀접한 관계가 있는 원칙은?

① 비례의 원칙　　　　　　　② 평등의 원칙
③ 신뢰보호의 원칙　　　　　④ 신의성실의 원칙

29 행정법의 일반원칙 중 신뢰보호원칙에 대한 설명으로 옳지 않은 것은?

① 이것은 20세기 초 이래 독일에서 학설·판례상 성립되고 발전되어 오다가 독일연방행정 절차법에 규정되었으며, 우리 「행정절차법」도 이를 규정하고 있다.
② 이것은 「민법」상 신의칙설에 근거하여 도출된다는 것이 통설·판례이다.
③ 적용영역으로는 수익적 행정행위의 철회, 행정법상 확약, 실권, 계획변경 등이다.
④ 대법원도 인정하고 있으며, 우리나라 학자들은 성립요건으로 행정청의 선행조치, 신뢰의 보호가치, 신뢰에 기인한 상대방의 조치, 선행조치에 반하는 행정조치의 존재 등을 들고 있다.

30 법률유보의 범위에 대한 설명 중 옳지 않은 것은?

① 종래의 특별권력관계도 원칙적으로 법률유보의 적용을 받아야 한다는 것이 오늘날의 통설이다.

② 중요사항유보설은 법률유보의 범위를 행정작용의 속성에 따라 일률적으로 정할 것이 아니라 법적 규율이 국민 일반 및 개인에 대하여 가지는 중요도 등에 따라 구체적으로 결정되어야 한다고 한다.

③ 중요사항유보설은 독일연방헌법재판소의 판례를 계기로 형성된 것으로 행정유보와 필연적으로 관련된다.

④ 일정한 행정영역에 법률유보원칙이 적용되지 않는다는 것의 의미는 그러한 행정영역에 있어서는 법적 규율가능성이 전적으로 배제된다는 것을 의미하는 것은 아니다.

31 행정법상 법의 일반원칙에 대한 설명이다. 옳지 않은 것은?

① 법의 흠결이 적지 않고 일반적 총칙이 존재하지 않는 행정법에서 법의 일반원칙은 중요한 법원이 되고 있다.

② 신뢰보호의 원칙이 적용되는 경우로는 수익적 행정행위의 취소, 철회의 제한, 실권의 법리확악 등이 있다.

③ 부당결부금지의 원칙에 위반한 국가 등의 작용은 부당하기는 하나 위법한 작용이라고까지 할 수는 없다.

④ 판례는 신뢰보호의 원칙과 공익이 충돌하는 경우에는 이익형량을 요구하고 있다.

32 다음 중 행정법의 기본원리가 아닌 것은?

① 민주행정의 원리　　　　　② 법치국가의 원리
③ 지방분권주의　　　　　　④ 행정국가주의

33 다음 중 「헌법」과 행정법의 관계에 대한 설명으로 가장 부적당한 것은?

① 행정법은 「헌법」의 구체화법이라고 할 수 있다.
② 국고작용의 경우에는 행정주체가 국민과 대등한 지위에서 사법적 형식으로 행위를 하는 것이므로 이 영역에서는 기본권의 효력이 없다고 보아야 한다.
③ 소위 특별권력관계론에 의한 법적 근거 없는 기본권 제한은 더 이상 허용될 수 없다고 보는 것이 다수의 견해이다.
④ 헌법규범과 행정법규범이 충돌하는 경우에는 헌법규범이 우선하게 된다.

34 다음 중 실질적 법치주의의 내용이 아닌 것은?

① 법률의 법규창조력이 강화되었다.
② 법률우위원칙이 철저해진다.
③ 법률유보원칙의 적용범위가 확대된다.
④ 권력의 규제보다는 국민의 준법정신이 강조된다.

35 행정법의 일반원칙에 대한 설명으로 옳지 않은 것은?

① 헌법적 차원의 법원으로 보는 입장도 있다.
② 행정법의 불문법원의 하나로 보는 입장도 있다.
③ 신뢰보호의 원칙은 독일에서 경찰법상의 판례법으로 형성되었던 것이다.
④ 우리나라의 행정절차법은 신의성실의 원칙을 명문으로 규정하고 있다.

36 다음 중 행정법의 법원에 대한 내용으로 옳은 것은?

① 행정법은 획일성과 강행성이 요구되므로, 「민법」의 영역과 같이 관습법 성립에 여지가 없다.
② 자치단체의 자치입법 중에서 지방의회 제정조례는 행정법의 법원이 될 수 있으나, 지방자치단체장이 제정한 규칙은 법원이 될 수 없다.
③ 조리는 입법사항의 불비와 법의 흠결시 행정법의 법원이 될 수 있다.
④ 조약은 행정법의 법원이 될 수 없다.

37 다음 중 '법률에 의한 행정의 원리'의 내용과 타영역에 대한 설명으로 옳지 않은 것은?

① 행정권도 법의 기속을 받아야 하며, 법을 위반하여 국민에게 피해를 주는 경우에는 재판이라는 구제제도가 마련되어야 한다.
② 이 원리는 행정활동에 대한 국민의 법적 안정성의 요청과 행정활동에 대한 민주적 통제라는 두 가지 기본적 이념에 대한 표현형태이다.
③ 헌법에서 국민의 기본적 인권을 규정하고, 이를 침해할 필요가 있을 때에는 법률에 근거를 두어야 하며, 만일 법률의 근거없이 또는 위법한 권력으로 인권을 침해하면 이에 대응하는 구제가 뒤따라야 한다.
④ 각종 행정활동은 여하한 경우라도 법률에 근거하여야 한다는 침해유보이론이 오늘날 우리나라의 통설이다.

38 다음 중 행정법의 성립에 불가결한 전제가 되는 것은?

① 법치국가주의 ② 직업공무원제
③ 국민주권주의 ④ 행정제도

39 행정법의 특성에 관한 다음 설명 중 옳지 않은 것은?

① 행정법은 공공의 견지에서 개개인의 의사를 묻지 않고 획일·강행적으로 규율함을 원칙으로 한다.
② 행정법은 국민에게 예측가능성과 법률생활의 안정성을 부여하기 위해 성문의 형식을 취하는 것이 원칙이다.
③ 행정법은 단일의 통일된 법전이 존재하지 아니하고 행정에 관한 개개의 법들이 모여 이루어진다.
④ 행정법은 다수인을 평등하게 취급하기 위하여 그 규율내용이 가변화되는 경향이 있다.

40 다음 중 법치행정의 원리에 대한 설명으로 옳지 않은 것은?

① 대륙법계의 전통에 근거한 법치행정의 원리는 19세기 후반 독일의 입헌군주제 아래에서 형식적 법치주의로 변질되었다.
② 오토마이어는 법치행정의 내용을 법률의 법규창조력, 법률의 우위, 법률의 유보로 구분하였다.
③ 법률유보의 원칙에서 법률이란 국회가 제정하는 형식적 의미의 법률을 의미한다.
④ 법치행정의 원리하에서는 행정의 법률적합성이 가장 중요하므로 법률에 의하여 행해지는 행정 그 자체를 자기목적으로 한다.

41 실질적 법치주의에 대한 다음 설명 중 옳지 않은 것은?

① 행정재판에 대한 개괄주의를 채택한다.
② 추상적 규범통제 또는 구체적 규범통제제도를 채택한다.
③ O. Mayer의 법률우위의 원칙이 그대로 적용되지 않는다.
④ 법률유보의 내용인 법규사항은 자유와 재산만이다.

42 현대적 법치주의의 내용과 거리가 먼 것은?

① 행정재판소에서 열기주의 채택
② 법률의 법규창조력 확대 · 강화
③ 위헌법률심사제도 인정
④ 법률로부터 자유로운 행정영역의 축소

43 실질적 법치주의에 관한 설명 중 옳지 않은 것은?

① 행정상 손해배상제도를 택함
② 행정입법에 대한 규범통제를 행함
③ 법률유보의 범위를 확대함
④ 특별권력관계의 영역을 확대함

44 다음 중 법치행정의 원리에 관한 설명으로 옳은 것은?

① 법률우위의 원칙은 법치행정원리의 적극적 기능을, 법률유보의 원칙은 소극적 기능을 수행한다.
② 법률우위의 원칙은 행정이 법률의 근거에 의해 행해져야 한다는 원리이다.
③ 법률유보의 원칙에서 법률이란 국회가 제정하는 형식적 의미의 법률을 의미한다.
④ 법률유보의 원칙은 모든 행정활동은 법률의 규정에 위반해서는 안 된다는 원리이다.

45 다음 중 중요사항유보설에 관한 설명으로 옳지 않은 것은?

① 중요사항유보설은 일반권력관계와 특별권력관계, 그리고 비권력관계 등을 모두 대상으로 한다는 점에서 전부유보설의 내용과 동일하다.
② 중요사항유보설은 독일연방헌법재판소의 판례인 칼카르 결정을 통해 정립되었다.
③ 중요사항유보설은 의회가 제정하는 법률에 유보해야 할 대상을 본질적으로 중요한 사항에 한정한다.
④ 중요사항유보설에서 본질적으로 중요한 사항이란 헌법에 보장된 국민의 기본권과 관련된 사항을 말한다.

☞ 정답 및 해설 **P.233**

1 **행정법관계에서 「민법」의 적용에 대한 설명으로 옳지 않은 것은?**

2016. 4. 9 인사혁신처

① 「민법」상의 일반법원리적인 규정은 행정법상 권력관계에 대해서도 적용될 수 있다.
② 행정법관계에서 기간의 계산에 관하여 특별한 규정이 없으면 「민법」의 기간 계산에 관한 규정이 적용된다.
③ 현행법상 국가에 대한 금전채권의 소멸시효에 대하여는 「민법」의 규정이 그대로 적용된다.
④ 현행법상 행정목적을 위하여 제공된 행정재산에 대해서는 공용폐지가 되지 않는 한 「민법」상 취득시효규정이 적용되지 않는다.

2 **판례에 따를 때, 사법관계에 해당하는 것을 모두 고른 것은?**

2015. 6. 13 서울특별시

> ㉠ 국유재산 무단점유자에 대한 변상금 부과처분
> ㉡ 국유(잡종)재산에 관한 대부료의 납부고지
> ㉢ 지방자치단체에 근무하는 청원경찰의 근무관계
> ㉣ 농지개량조합의 직원에 대한 징계처분
> ㉤ 구「지방재정법 시행령」 제71조의 규정에 따라 기부채납받은 공유재산을 무상으로 기부자에게 사용을 허용하는 행위
> ㉥ 환매권의 행사
> ㉦ 서울특별시지하철공사 임직원의 근무관계

① ㉠, ㉡, ㉢, ㉥ 　　　　② ㉠, ㉢, ㉤, ㉥
③ ㉡, ㉢, ㉤, ㉦ 　　　　④ ㉡, ㉤, ㉥, ㉦

3 개인적 공권에 대한 설명으로 옳은 것은? (다툼이 있는 경우 판례에 의함)

2015. 4. 18 인사혁신처

① 규제권한발동에 관해 행정청의 재량을 인정하는 「건축법」의 규정은 소정의 사유가 있는 경우 행정청에 건축물의 철거 등을 명할 수 있는 권한을 부여한 것일 뿐만 아니라, 행정청에 그러한 의무가 있음을 규정한 것이다.

② 공무원의 직무행위로 인한 국가배상책임이 인정되려면 공무원에게 부과된 직무상 의무의 내용이 단순히 공공 일반의 이익을 위한 것이거나 행정기관 내부의 질서를 규율하기 위한 것이 아니고 전적으로 또는 부수적으로 사회구성원 개인의 안전과 이익을 보호하기 위하여 설정된 것이어야 한다.

③ 다수의 검사 임용신청자 중 일부만을 검사로 임용하는 결정을 함에 있어, 임용신청자들에게 전형의 결과인 임용 여부의 응답을 할 것인지는 임용권자의 편의재량사항이다.

④ 일반적인 개인적 공권의 성립요건인 사익보호성은 무하자재량행사청구권이나 행정개입청구권에는 적용되지 않는다.

4 행정상 법률관계와 관련한 판례의 입장으로 옳은 것은?

2014. 6. 21 제1회 지방직

① 「도시 및 주거환경정비법」상 조합설립인가처분에서 조합설립 결의에 하자가 있는 경우, 조합설립결의 부분만을 따로 떼어내어 그 효력 유무를 다투는 확인의 소를 제기하는 것은 원고의 권리 또는 법률상의 지위에 현존하는 불안·위험을 제거하는 데 가장 유효·적절한 수단이라 할 수 없어 특별한 사정이 없는 한 확인의 이익은 인정되지 아니한다.

② 위임명령이 법률상의 위임근거 없이 제정되었다면 이는 무효인 법규명령이며, 사후에 법 개정을 통해 위임의 근거가 부여되었다고 하여 그때부터 유효한 법규명령으로 되는 것은 아니다.

③ 주민등록전입신고는 수리를 요하는 신고이므로, 전입신고자가 거주의 목적 이외에 부동산투기나 이주대책의 요구 등 다른 이해관계에 관한 의도를 가지고 있는지의 여부를 고려하여 신고의 수리 여부를 심사할 수 있다.

④ 과징금부과처분이 재량행위라고 하더라도 법이 정한 한도액을 초과하여 위법한 경우에는 부과처분의 전부를 취소할 것이 아니라 한도액을 초과한 부분만 취소하여야 한다.

5 판례상 원고적격이 인정되지 않은 것은?

① 원자로 시설부지 인근 주민들이 방사성물질 등에 의한 생명 · 신체의 안전침해를 이유로 부지사전승인처분의 취소를 구하는 경우
② 환경영향평가대상지역 안의 주민들이 전원개발사업 실시계획승인처분의 취소를 구할 경우
③ 1일 50t의 쓰레기를 소각하는 시설의 부지경계선으로부터 300m 안의 주민들이 폐기물소각시설의 입지지역을 결정 · 고시한 처분의 무효확인을 구하는 경우
④ 담배 일반소매인으로 지정되어 있는 기존업자가 신규 담배 구내소매인 지정처분을 다투는 경우

6 행정주체가 될 수 없는 것은? (다툼이 있는 경우 판례에 의함)

① 대한민국
② 「도시 및 주거환경정비법」에 따른 주택재건축정비사업조합
③ 서울특별시
④ 행정자치부장관

7 개인적 공권에 대한 설명으로 옳은 것은? (다툼이 있는 경우 판례에 의함)

2012. 4. 7 행정안전부

① 근로자가 퇴직급여를 청구할 수 있는 권리와 같은 이른바 사회적 기본권은 헌법 규정에 의하여 바로 도출되는 개인적 공권이라 할 수 없다.
② 개인적 공권은 명확한 법규의 존재를 전제로 하는 것이므로 성문법에 근거하지 않으면 성립할 수 없다.
③ 개인적 공권은 공법상 계약을 통해서는 성립할 수 없다.
④ 개인적 공권은 강행적인 행정법규에 의하여 행정청을 기속함으로써 비로소 성립하는 것일 뿐 개인의 사익보호성은 성립요건이 아니라는 것이 일반적인 견해이다.

8 다음 사례에 대한 설명으로 가장 옳은 것은?

2010. 4. 10 행정안전부

> 국립 ○○교육대학 교수회는 학칙에 의거해 징계권자인 학장(피고)의 요구에 따라 교내·외의 과격시위 등에 가담한 갑(원고) 외 학생들에게 무기정학과 퇴학처분 등의 징계의결을 하였다. 피고가 위 징계의결의 내용이 미흡하다는 이유로 재심을 요청하여 다시 교수회가 개최되었는데, 그 자리에서 피고는 자신에게 위 징계의결내용을 직권으로 조정할 권한을 위임하여 줄 것을 요청하여 찬반토론은 거쳤으나 표결은 하지 않았다. 이에 피고는 같은 일자로 원고에 대한 위 교수회의 징계의결내용을 변경하여 원고에 대하여 퇴학처분을 하였다.

① 오늘날 특별권력관계의 특수성은 여전히 인정되므로, 특별권력관계의 목적달성을 위하여는 법률의 근거가 없는 경우에도 당연히 기본권이 제한된다.

② 학생에 대한 징계권의 발동이나 징계의 양정은 징계권자인 ○○교육대학 학장의 교육적 재량에 맡겨져 있지만, 교수회의 의결을 요건으로 하므로 위 징계처분은 기속행위로 보아야 한다.

③ 효과재량설의 입장에서 보면 징계처분은 재량행위라고 보게 되므로, 관계법령 또는 학칙상 징계사유가 존재하더라도 반드시 징계를 하여야 하는 것은 아니다.

④ ○○교육대학 학생에 대한 퇴학처분은 국립대학교의 내부질서유지를 위해 학칙 위반자인 재학생에 대한 구체적 법집행으로서 「행정소송법」상의 처분에 해당한다.

9 공무수탁사인에 관한 설명으로 옳지 않은 것은?

2010. 5. 22 상반기 지방직

① 행정임무를 자기 책임 하에 수행함이 없이 단순한 기술적 집행만을 행하는 사인인 행정보조인과는 구별된다.

② 국가가 자신의 임무를 스스로 수행할 것인지 아니면 그 임무의 기능을 민간부문으로 하여금 수행하게 할 것인지에 대하여 입법자에게 광범위한 입법재량 내지 형성의 자유가 인정된다고 보는 것이 판례의 입장이다.

③ 「소득세법」에 의한 원천징수 의무자의 원천징수행위는 법령에서 규정된 징수 및 납부의무를 이행하기 위한 것에 불과한 것이지, 공권력의 행사로서의 행정처분에 해당되지 아니한다고 보는 것이 판례의 입장이다.

④ 법령에 의하여 공무를 위탁받은 공무수탁사인이 행한 처분에 대하여 항고소송을 제기하는 경우 피고는 위임행정청이 된다.

10 다음 설명 중 옳지 않은 것은?

① 무하자재량청구권은 행정기관이 선택재량을 가지는 경우뿐만 아니라 결정재량만을 가지는 경우에도 인정된다.

② 행정개입청구권은 특정한 내용의 처분을 하여 줄 것을 청구하는 권리가 아니고 재량권을 흠없이 행사하여 처분을 하여 줄 것을 청구하는 권리인 점에서 형식적 권리라고 할 수 있다.

③ 행정개입청구권의 보장을 위한 가장 적절한 소송수단은 의무이행소송이나 현행법상 인정되지 않는다.

④ 재량행위의 경우에는 무하자재량행사청구권이 인정되고 행정개입청구권은 원칙상 인정되지 않지만 재량권이 영으로 수축하는 경우에는 무하자재량행사청구권이 행정개입청구권으로 전환되어 행정개입청구권이 인정된다.

11 다음 중에서 행정소송의 원고적격과 관련한 설명으로 옳지 않은 것은?

① 대법원은 상수원보호구역의 변경에 대하여 그 상수원으로부터 급수를 받는 인근주민을 원고적격으로 부인한 바 있다.

② 판례에 의하면 법률상 이익의 침해를 요하므로 반사적 이익이 침해된 경우 원고적격이 인정되지 않는다.

③ 행정처분의 직접 상대방 아닌 제3자에게 원고적격이 인정되는 경우도 있다.

④ 판례에 의하면 수익적 행정처분을 신청한 자는 비록 신청권이 없는 경우에도 그 거부에 대하여는 거부처분취소소송으로 제기할 원고적격이 당연히 인정된다.

12 다음 중 행정상 법률관계에 대한 설명으로 옳지 않은 것은?

① 관리관계의 예로는 공물의 설치·유지·관리나 공기업의 경영·관리 등을 들 수 있으며 원칙적으로 공법규정이 적용되며 예외적으로 사법규정이 적용된다.

② 국고관계의 예로는 국가가 물품매매계약을 하고 청사·도로·교량 등의 건설도급계약을 하거나 국유재산(일반재산)을 관리·매각하는 것 등을 들 수 있으며 전적으로 사법규정이 적용된다고 보는 것이 통설이다.

③ 「행정조직법」관계에서 발생하는 분쟁은 기관쟁의로서 '법률상 쟁송'에 대해서만 관할권을 가지므로 사법심사의 대상이 되지 않는 것이 원칙이다.

④ 권력관계는 경찰작용과 같이 행정주체의 일방적인 명령강제에 의하여 지배되고 있는 관계로 원칙적으로 사법규정의 적용이 배제된다.

13 공정력에 관한 설명으로 옳지 않은 것은? (다툼이 있는 경우에는 판례를 따름)

① 공정력은 무효인 행정행위에는 미치지 않는다.
② 공정력은 취소소송에 있어 입증책임의 소재에까지 영향을 미치는 것으로 볼 수 없다.
③ 미성년자가 나이를 속여 운전면허를 발급받은 후 교통사고를 낸 경우 형사소송에서는 무면허운전자로 취급한다.
④ 공정력은 행위의 상대방은 물론 이해관계인에도 미친다.

14 다음 중 원고적격이 부인된 사례에 해당하는 것은? (단, 판례에 의함)

① 상수원보호구역의 변경에 대한 그 상수원으로부터 급수를 받는 인근주민의 원고적격
② 주거지역 내에 설치할 수 없는 연탄공장 건축허가처분에 대한 지역주민의 원고적격
③ 전원개발사업에 관한 기본설계 변경승인 및 허가처분을 다툴 환경영향평가 대상지역 내의 주민에 대한 원고적격
④ 공설화장장설치를 내용으로 하는 도시계획결정에 대한 지역주민의 원고적격

15 다음 중 행정주체가 될 수 없는 것은?

① 상공회의소
② 경북대학교
③ 대구광역시
④ 별정우체국장

16 다음 중 공법관계에 해당하지 않는 것은?

① 공유수면 매립면허
② 사립대학의 학위수여
③ 지방자치단체의 지방채 모집
④ 텔레비전 수신료 강제징수

17 다음 중 무하자재량행사청구권에 대한 설명으로 옳지 않은 것은?

① 독일 행정법에서 제2차 세계대전 이후 승인된 일종의 개인적 공권이다.
② 특정한 재량행위가 종국적 처분에 이르는 과정에서 재량의 법적 한계를 준수하면서 어떤 처분을 청구하는 권리로서 절차적 권리라는 것이 다수설이다.
③ 무하자재량행사청구권이 인정되면 행정청은 특정한 의무를 행하여야 할 의무를 지게 된다.
④ 무하자재량행사청구권이 인정되면 원고적격의 폭이 넓어져 민중소송의 우려가 있다는 부정설을 주장하는 학자도 있다.

18 다음 중 국민의 권리가 아닌 것은?

① 자유권
② 참정권
③ 수익권
④ 공용부담특권

19 행정상 부작위의 성립요건에 관한 설명으로 옳지 않은 것은?

① 당사자의 적법한 신청이 있어야 한다.
② 행정청의 일정한 처분의무가 있어야 한다.
③ 행정청이 상당기간이 지나도록 아무런 조치를 취하지 않고 있어야 한다.
④ 재량행위인 경우는 재량이 영(0)으로 수축할 때에도 행정청은 신청된 특정 처분을 하여야 할 의무는 없다.

20 행정행위의 효력과 관련된 설명으로서 옳지 않은 것은?

① 행정행위가 위법이라는 이유로 국가배상이 청구된 경우에는 수소법원인 민사법원은 당해 행정행위의 위법성을 심사하여 배상을 명할 수 있다.
② 공정력은 행정쟁송절차가 있음으로 인해 인정되는 것이고 구성요건적 효력은 국가기관의 권한분배로 인해 인정되는 것이다.
③ 강제집행을 수반하는 행정행위는 법률의 근거가 있어야 한다.
④ 행정행위가 무효인지의 여부는 행정법원만이 최종적으로 확인할 수 있는 것이므로 형사법원이 행정행위의 무효를 전제로 형사 처벌을 할 수는 없다.

21 다음 중 특별권력관계론에 관한 설명으로 가장 옳지 않은 것은?

① 전통적인 특별권력관계론은 행정을 국민의 의사인 법률에 의하여 제한하려는 입장과 행정의 특권적 지위를 계속 확보하려는 입장간의 타협적 산물이었다.
② 전통적인 특별권력관계의 성립원인으로는 직접 법률의 규정에 의한 경우와 본인의 동의에 의한 경우를 들 수 있다.
③ 특허기업과 감독행정기관과의 관계도 특별권력관계의 예로 들 수 있다.
④ 판례에 의하면 동장과 구청장의 관계는 공법상 특별권력관계로 인정될 수 없기 때문에 위법·부당한 처분에 대하여 행정소송을 제기할 수 없다고 한다.

22 독일에서 개인적 공권(公權)의 확대이론으로 논의되어진 것과 관련이 없는 것은?

① 행정개입청구권
② 무하자재량행사청구권
③ 수용유사침해이론
④ 행정처분발급청구권

23 판례가 공법관계로 본 예에 해당하는 것은?

① 조세과오납금 환급청구권의 행사
② 공법인의 임직원에 대한 징계처분
③ 환매권의 행사
④ 도시재개발조합이 조합원 자격을 확인하는 관계

24 다음 중 공무수탁사인에 대한 설명으로 옳은 것은?

① 공무수탁사인의 행정주체성을 인정하는 데 학설의 대립이 없다.
② 소득세원천징수 의무자의 공무수탁사인에 대해 판례는 부인하나 학설은 인정한다.
③ 자동차검사대행자는 공무수탁사인이다.
④ 공무의 사인에 대한 위탁에 대해 반드시 법적 근거를 요한다.

25 이른바 특별권력관계에 대한 설명 중 가장 잘못된 것은?

① 특별권력관계는 법률의 규정 또는 상대방의 동의에 의해 성립한다.
② 지방자치단체와 지방공무원과의 관계는 이른바 특별권력관계에 속한다.
③ 종래에는 특별권력관계에는 법치주의가 적용되지 않는다고 보았다.
④ 공무원의 훈령에 관한 행위는 외부행위로서 사법심사의 대상이 된다고 보는 것이 일반적 견해이다.

26 전통적 특별권력관계이론에 대한 설명 중 옳은 것은?

① 특별권력관계는 대륙법계국가 중에서도 독일의 특유한 이론이다.
② 특별권력관계는 법률의 규정에 의해서만 성립한다.
③ 특별권력관계 내부의 질서를 위반한 자에 대해서는 형벌이 부과된다.
④ 특별권력관계의 지위에 있는 자는 일반권력관계의 지위를 상실한다.

27 다음 중 법률관계가 다른 하나는?

① 시립도서관 이용관계
② 사립학교의 학위수여
③ 사인의 소득세 원천징수
④ 지방행정청의 공채발행

28 공법과 사법의 구별에 관한 설명으로 옳지 않은 것은?

① 구별을 부인하는 견해도 있다.
② 절대적 구별설이 통설이다.
③ 독일에서는 공권력의 관념을 중심으로 구별이 인정되었다.
④ 프랑스에서는 공공역무의 관념을 중심으로 인정되었다.

29 공법과 사법의 구별에 관한 다음 설명 중 타당하다고 생각되는 것은?

① 공법과 사법의 구별은 법의 관계의 구별로서 거기에는 자연법적·절대적 원리가 인정된다.
② 공법과 사법의 구별은 상대적인 것으로서 상호융합·교착하며 법률관계를 규율하고 있다.
③ 공법과 사법의 구별은 일정한 기준에 따라 명백한 한계를 그을 수 있다.
④ 오늘날 공법과 사법의 구별은 시·공간을 초월한 본질적인 구별이며, 모든 것이 일반적이다.

30 다음 중 행정법관계의 특수성에 대한 설명으로 옳지 않은 것은?

① 행정주체의 의사가 위법하여 하자가 있는 경우에도 권한이 있는 행정청의 취소가 있기 전까지 의사의 효력이 인정된다.
② 행정주체는 권력관계에 있어서 타인의 힘을 빌리지 않고 스스로 힘에 의해 자기 의사를 실현할 수 있다.
③ 행정쟁송제기기간이 경과하면 더 이상 다툴 수가 없다.
④ 행정법관계의 권리와 의무는 사법관계의 그것보다 더욱 예리하게 이해관계가 대립된다.

31 공법관계에 관한 설명 중 옳지 않은 것은?

① 관리관계는 원칙적으로 공법에 의해 규율된다.
② 법의 일반원리적 규정은 권력관계에도 적용될 수 있다.
③ 관리관계에는 공정력이 인정되지 않는다.
④ 공법관계에는 권력관계와 관리관계가 있다.

32 다음 중 행정법관계가 아닌 것은?

① 농지개량조합과 조합원과의 관계
② 국가의 한국주택공사에 대한 감독관계
③ 사유공물의 지정관계
④ 시영버스사업자와 그 이용자의 관계

33 다음 설명 중 옳지 않은 것은?

① 국유재산의 매각관계는 공법관계이므로 당연히 공정력이 인정된다.
② 관리관계와 사법관계는 비권력관계라는 점에서 동일하다.
③ 행정법관계는 행정상의 법률관계 중 공법의 규율을 받는 관계를 말한다.
④ 행정사법은 주로 유도행정과 급부행정 등 복리행정의 영역에서 성립되고 있다.

34 국가의 사경제작용에 관한 설명으로 옳지 않은 것은?

① 행정법관계에는 포함되지 않는다.
② 사법의 규율을 받음이 원칙이다.
③ 행정주체가 사인과 동등한 지위에서 행하는 것이다.
④ 이에 관한 분쟁은 당사자소송에 의해 해결한다.

35 다음 행정사법관계에 관한 설명 중 옳지 않은 것은?

① 주로 급부행정영역에서 사법적 형식으로 행정목적을 수행하는 법률관계이다.
② 행정목적을 수행한다는 점에서 계약강제, 해제 및 해지의 제한, 계약내용결정의 자유 등
  과 같은 사법상의 계약자유의 원칙이 부분적으로 제한되어 적용된다.
③ 행정사법관계에서 개인이 자신의 권리가 침해된 경우에는 당사자소송에 의하여 구제받는다.
④ 기본권이 적용되며 신뢰보호의 원칙, 비례의 원칙, 평등의 원칙과 같은 행정법의 일반
  원칙이 적용된다.

36 공법상 관리관계에 대한 설명으로 옳지 않은 것은?

① 관리관계는 공공복리와 밀접한 관련을 갖는 범위 내에서만 공법의 규율을 받는다.
② 관리관계는 권력관계와 사법관계의 중간영역이라 할 수 있다.
③ 관리관계는 그 작용의 공익적 성질 때문에 사법관계와는 달리 공정력, 자력집행력, 불가
  쟁력 등의 특수한 효력이 인정된다.
④ 관리관계는 비권력적 관계라는 점에서 행정상 사법관계와 같다.

37 다음 중 본질적으로 사법이 적용되는 것은?

① 공과행정　　　　　　　　　　② 조달행정
③ 급부행정　　　　　　　　　　④ 질서행정

38 다음 중 공법과 사법 간의 관계에 관한 설명으로 옳지 않은 것은?

① 공법과 사법의 구별은 상대적인 것으로서 상호 연관되어 법률관계를 형성한다.
② 공법행위에 의해 사법적 효과가 발생하는 경우도 있다.
③ 공법의 영역에서는 사법원리나 사법규정이 적용될 여지가 없다.
④ 공법과 사법이 혼재된 법상태를 행정사법이라 한다.

39 다음 판례의 견해 중 옳지 않은 것은?

① 지방전문직공무원 채용계약에서 정한 채용기간이 만료한 경우에 채용계약을 갱신하거나 채용기간을 연장할 것인지의 여부는 지방자치단체의 장의 재량에 맡겨져 있는 것으로 보아야 한다.
② 공중보건의사의 채용계약의 해지는 관할 도지사의 일방적인 의사표시에 의하여 신분을 박탈하는 불이익처분으로 항고소송의 대상이 되는 행정처분이다.
③ 창덕궁 관리소장이 1년 단위로 채용한 창덕궁 안내원들은 전문직공무원과 다르고 그 직무의 성질에 비추어 전문성이 요구되는 것도 아니어서 그 채용계약은 단순한 사법상의 고용계약으로 이해된다.
④ 서울특별시 지하철공사의 직원의 근무관계는 사법관계이므로 징계처분에 대한 불복은 민사소송절차에 의하여야 한다.

40 행정의사의 확정력에 관한 다음 설명 중 옳지 않은 것은?

① 행정청에 대하여 불가변력이 발생한 경우에도 관계자는 쟁송을 제기할 수 있다.
② 국가배상결정은 법률에 의해 확정력이 발생하는 예이다.
③ 확정력의 본질에 관한 불가변력설은 공익요구에 의하여 확정력은 제한받지 아니한다고 한다.
④ 행정의사의 확정력에는 불가쟁력과 불가변력이 있다.

☞ 정답 및 해설 P.238

1 사인의 공법행위로서의 신고에 대한 설명으로 옳은 것은? (다툼이 있는 경우 판례에 의함)

2016. 4. 9 인사혁신처

① 식품접객업 영업신고에 대해서는 「식품위생법」이 「건축법」에 우선 적용되므로, 영업신고가 「식품위생법」상의 신고요건을 갖춘 경우라면 그 영업신고를 한 해당 건축물이 「건축법」상 무허가건축물이라도 적법한 신고에 해당된다.

② 건축신고가 수리를 요하지 않는 신고라면 인·허가의제 효과를 수반하는 경우에도 그러한 건축신고는 특별한 사정이 없는 한 수리를 요하지 않는 신고로 보아야 한다.

③ 법령 등에서 행정청에 대하여 일정한 사항을 통지함으로써 의무가 끝나는 신고를 규정하고 있는 경우에는 법령상 요건을 갖춘 적법한 신고서를 발송하였을 때에 신고의 의무가 이행된 것으로 본다.

④ 주민등록전입신고는 수리를 요하는 신고에 해당하지만, 이를 수리하는 행정청은 거주의 목적에 대한 판단 이외에 부동산투기 목적 등의 공익상의 이유를 들어 주민등록전입신고의 수리를 거부할 수는 없다.

2 다음 중 사인의 공법행위에 대한 설명으로 가장 옳지 않은 것은?

2016. 6. 25 서울특별시

① 사인의 공법행위에는 행위능력에 관한 「민법」의 규정이 원칙적으로 적용된다.

② 판례에 의하면 「민법」상 비진의 의사표시의 무효에 관한 규정은 그 성질상 영업재개신고나 사직의 의사표시와 같은 사인의 공법행위에 적용된다.

③ 사인의 공법행위가 행정행위의 단순한 동기에 불과한 경우에는 그 하자는 행정행위의 효력에 아무런 영향을 미치지 않는다는 것이 일반적인 견해이다.

④ 공무원이 한 사직의사표시의 철회나 취소는 그에 터잡은 의원면직처분이 있을 때까지 할 수 있는 것이고, 일단 면직처분이 있고 난 이후에는 철회나 취소할 여지가 없다.

3 사인의 공법행위에 대한 설명으로 옳지 않은 것은? (다툼이 있는 경우 판례에 의함)

2014. 6. 21 제1회 지방직

① 신청권은 행정청의 응답을 구하는 권리이며, 신청된 대로의 처분을 구하는 권리는 아니다.

② 신청에 따른 행정청의 처분이 기속행위인 때에는 행정청은 신청에 대한 응답의무를 지지만, 재량행위인 때에는 응답의무가 없다.

③ 법규상 또는 조리상 신청권이 없는 경우에는 거부행위의 처분성이 인정되지 아니한다.

④ 사인의 공법상 행위는 명문으로 금지되거나 성질상 불가능한 경우가 아닌 한, 그에 의거한 행정행위가 행하여질 때까지는 자유로이 철회나 보정이 가능하다.

4 사인(私人)의 공법행위에 대한 설명 중 옳지 않은 것은?

① 공법적 효과를 가져오는 사인의 행위를 말한다.

② 사인의 행위만으로 공법적 효과를 가져오는 것과 국가나 지방자치단체의 행위의 전제요건이 되는 것으로 구분할 수 있다.

③ 전입신고자가 거주의 목적 외에 다른 이해관계에 관한 의도를 가지고 있는지도 전입신고 수리여부 심사 시 고려하여야 한다.

④ 수리를 요하는 신고에서의 수리와 허가제의 허가는 구별되는 개념이다.

5 신고(申告)의 법적 성질에 대한 판례의 태도로 옳지 않은 것은?

2012. 4. 7 행정안전부

① 건축신고의 반려행위는 항고소송의 대상이 되는 처분이 아니다.

② 의료법 상 의원·치과의원 개설 신고의 경우 그 신고필증의 교부행위는 신고 사실의 확인행위에 해당한다.

③ 구 주민등록법 상 주민들의 거주지 이동에 따른 주민등록 전입신고에 대하여 시장은 그 수리여부를 심사할 수 있다.

④ 건축법 제14조 제2항에 의한 인·허가의제 효과를 수반하는 건축신고는 행정청이 그 실체적 요건에 관한 심사를 한 후 수리하여야 하는 이른바 수리를 요하는 신고이다.

6 공법상 시효에 관한 설명으로 옳지 않은 것은?

① 국가에 대한 금전채권은 다른 법률에 특별한 규정이 없는 한 5년간 행사하지 않으면 소멸한다.

②「관세법」에 의한 관세과오납금반환청구권의 소멸시효도 5년이다.

③ 공법의 특수성상 소멸시효의 중단·정지에 관하여는「민법」의 규정이 적용될 수 없다.

④ 판례에 의할 때 공공용 또는 공용의 행정재산은 공용폐지를 하지 않는 한 일반재산과 달리 시효취득의 대상이 되지 아니한다.

7 다음은 사인의 공법행위에 대한 설명이다. 옳지 않은 것은?

① 행정법 관계의 안정성의 요구에 비추어 사인의 공법행위에는 사법행위에서와 달리 부관을 붙일 수 없다.

② 사인의 공법행위는 법적 행위인 점에서 사법행위와 동일하나 공법적 효과의 발생을 목적으로 하는 행위인 점에서 사법행위와 구별된다.

③ 수리를 요하는 신고는 자기완결적인 사인의 공법행위로 효력이 발생하고 행정청의 별도의 조치가 필요없다.

④ 자기완결적 신고의 경우 적법한 신고가 있으면 행정청의 수리여부에 관계없이 신고서가 접수기관에 도달한 때에 신고의무가 이행된 것으로 본다.

8 다음 중 사인의 공법행위에 대한 설명으로 옳지 않은 것은?

① 사인의 공법행위와 행정행위는 공법적 효과를 나타낸다는 공통점이 있다.

② 사인의 공법행위가 행정행위의 동기에 불과한 경우에는 그 사인의 행위의 흠은 행정행위의 효력에 영향을 주지 않는다.

③ 사인의 공법행위에 대한 적용법규에 관하여는 개별법의 규정 외에 일반적 규정은 없다.

④ 사인의 공법행위에도 공정력이 인정된다.

9 사인의 행정행위에 관한 설명으로 옳지 않은 것은?

① 사인이 당해 행위에 대한 청구권이 없는 경우, 행정청은 사인의 신청에 대하여 법적인 처리의무는 없다.
② 사인의 공법행위가 행정행위의 동기에 불과한 때에는 그의 행위의 흠은 행정행위의 효력에 영향을 주지 않는다.
③ 사인의 공법행위는 공법적 효과의 발생을 목적으로 하므로 공정력, 확정력, 강제력이 인정된다.
④ 사인의 공법행위에는 원칙적으로 부관을 붙일 수 없다.

10 다음 중 사인의 공법행위에 해당되지 않는 것은?

① 행정심판의 청구
② 공무원 공개채용시험 응시행위
③ 영업허가의 출원
④ 각종 신고의 수리

11 다음 중 사인의 공법행위에 대한 설명으로 옳지 않은 것은?

① 공법효과를 발생한다.
② 부관을 붙일 수 있다.
③ 의사능력 없는 자가 행한 사인의 공법행위는 무효로 한다.
④ 사인의 공법행위의 효력발생시기는 발신주의가 가능하다.

12 다음 설명 중 옳지 않은 것은?

① 공법상 채권의 소멸시효는 원칙적으로 5년이다.
② 조세의 과오납의 문제는 공법상 부당이익에 관한 것이다.
③ 일정 연령에 달하여 선거권을 취득하는 것은 공법상 사건에 속한다.
④ 민법상 기간의 계산에 관한 규정은 행정법관계에도 원칙적으로 적용된다.

13 사인의 공법행위로서 신고에 대한 설명으로 옳지 않은 것은?

① 자기완결적 신고의 수리거부에 대하여 취소소송이 가능하다.
② 행위요건적 신고의 수리에 하자가 있는 경우에는 직권취소의 대상이 된다.
③ 「행정절차법」은 자기완결적 신고에 대한 절차를 규정하고 있다.
④ 「수산업법」에 의한 어업신고는 행위요건적 신고에 해당한다.

14 사인의 공법행위 중 성질이 다른 것은?

① 선거에서의 투표행위   ② 사망신고
③ 공공조합의 설립행위   ④ 출생신고

15 공법상의 주소에 관한 설명으로 옳지 않은 것은?

① 자연인의 경우는 주민등록지가 주소가 됨이 원칙이다.
② 거소·가주소에 관한 「민법」의 규정은 행정법관계에 전혀 적용되지 않는다.
③ 주소는 권리주체의 장소적 개별성을 정하는 기준이 된다.
④ 주민등록은 1개소에서만 할 수 있으므로 주소는 하나뿐이다.

16 다음 설명 중 옳은 것은?

① 공법상 채권의 소멸시효는 원칙적으로 10년이다.
② 조세의 과오납은 공법상 사무관리에 해당한다.
③ 일정 연령에 도달하여 선거권을 취득하는 것은 공법상 사건이다.
④ 사인과 국가 간의 공사도급계약은 공법행위에 해당한다.

17 사인의 공법행위에 관한 다음 설명 중 옳지 않은 것은?

① 사인의 공법행위의 대리는 언제나 인정되지 않는다.
② 조건, 기한 등의 부관을 붙일 수 없음이 원칙이다.
③ 의사능력이 없는 자동차운전면허의 신청은 무효이다.
④ 착오에 의한 행정행위는 원칙적으로 표시된 바에 따라 판단되고, 다만 요소에 착오가 있
　 는 때에는 그 행위는 언제나 취소할 수 있다.

18 사인의 공법행위에 대한 설명 중 옳지 않은 것은?

① 그 행위가 일신전속권이 아닌 한 대리가 허용된다.
② 원칙적으로 부관을 붙일 수 있다.
③ 철회 보정은 그에 근거한 법적 효과가 완성되기 전까지는 허용된다.
④ 효력발생시기에 관하여 도달주의를 원칙으로 한다.

19 다음 중 사인의 공법행위로 볼 수 없는 것은?

① 주민등록
② 행정심판청구
③ 국민투표
④ 사인의 국가와의 물품납품계약

20 다음 중 법적 행위가 아닌 것은?

① 압류재산 공매　　　　　　② 법규명령 제정
③ 대집행의 실행　　　　　　④ 허가의 취소

21 다음 행정법상의 법률사실 중 사건에 해당하지 않는 것은?

① 시효
② 혼인신고
③ 행정상 강제집행
④ 물건의 소유

22 다음 중 사인의 공법행위에 해당하지 않는 것은?

① 혼인신고
② 영업허가 신청
③ 공무원임명에 대한 동의
④ 국유토지의 사용허가 신청

23 사인의 공법행위에 관한 다음 설명 중 옳지 않은 것은?

① 사인의 공법행위란 행정법관계에서의 사인의 행위로서 공법적 효과를 발생시키는 행위를 총칭하는 것으로 소송제기, 혼인신고 등의 신고, 각종 인·허가 등의 신청행위 등을 들 수 있다.
② 사인의 공법행위에 관하여 법률에 특별한 규정이 없으면 민법규정이 적용된다.
③ 「건축기본법」상 신고사항에 관하여는 건축하고자 하는 자가 적법한 요건을 갖춘 신고만 하면 별다른 행정처분 없이 건축할 수 있다.
④ 「행정절차법」이 정하는 신고의 요건을 갖추고 있으나 행정청이 수리를 거부하면 신고의 법적 효력은 발생하지 않는다.

24 다음 신고에 대한 설명 중 옳지 않은 것은?

① 신고요건을 갖추지 못한 신고서가 제출된 경우 행정청은 즉시 거부할 수 있다.
② 적법한 건축신고를 한 자는 행정청이 수리하지 않은 경우에도 적법하게 건축행위를 할 수 있다.
③ 수리를 요하는 신고의 수리거부는 처분이며 항고소송의 대상이 된다.
④ 「행정절차법」은 수리를 요하지 않는 본래적 의미의 신고에 대하여 규정하고 있다.

25 다음 중 공법상 부당이득이 아닌 것은?

① 조세의 과오납
② 행정청에 의한 행려병자의 유류품정리
③ 행정주체의 타인 토지의 권원 없는 점유
④ 무자격자의 연금수령

26 공법상의 부당이득에 대한 설명으로 잘못된 것은?

① 정당한 자격이 없는 자가 연금을 수령한 경우 등이 이에 해당한다.
② 행정행위의 하자가 취소사유가 되는 경우에는 바로 부당이득의 문제가 발생한다.
③ 부당이득반환청구권의 성질을 공권으로 보는 경우에는 그에 관한 소송은 당사자소송에 의한다.
④ 판례는 부당이득반환을 민사사건으로 취급하고 있다.

27 공법상의 사무관리와 부당이득에 관한 설명 중 옳지 않은 것은?

① 사무관리는 원래 사법상의 관념이나 그에 해당하는 행위는 공법분야에도 존재하므로 이 법리는 공법에서도 인정된다는 것이 일반적인 견해이다.
② 공법상의 부당이득에 관하여 특별한 규정이 없는 경우에는 「민법」이 준용 또는 유추적용된다.
③ 보호기업의 강제관리, 압수물에 대한 국가기관의 환가처분 등이 해당한다.
④ 공법상의 부당이득반환청구권의 성질에 대해 판례는 공권으로 보고 있다.

28 다음 중 공법상 용태는?

① 시간의 경과
③ 물건의 소유
② 선의 · 악의
④ 일정 연령에의 도달

29 다음 중 공법상의 사건과 관계되는 것은?

① 일정 연령에의 도달
② 정신상태로서 공법적 효과를 발생
③ 외부적 용태와 내부적 용태
④ 정신작용을 요소로 하는 공법상 법률사실

30 공법상 기간계산에 관한 설명으로 옳지 않은 것은?

① 공법상 금전채권의 소멸시효에는 초일을 산입한다.
② 기간을 일로 정한 경우에 말일이 공휴일이면 그 익일에 만료된다.
③ 원칙적으로 초일을 산입하지 않는다.
④ 특별한 정함이 없으면 「민법」 규정이 준용된다.

일반행정작용법

1 행정입법

☞ 정답 및 해설 P.242

1 행정입법에 대한 판례의 입장으로 옳지 않은 것은?

2016. 6. 18 제1회 지방직

① 행정입법부작위의 위헌·위법성과 관련하여, 하위 행정입법의 제정 없이 상위 법령의 규정만으로 집행이 이루어질 수 있는 경우에도 상위 법령의 명시적 위임이 있다면 하위 행정입법을 제정하여야 할 작위의무는 인정된다.

② 법령의 위임관계는 반드시 하위 법령의 개별조항에서 위임의 근거가 되는 상위 법령의 해당 조항을 구체적으로 명시하고 있어야 하는 것은 아니다.

③ 입법부가 법률로써 행정부에게 특정한 사항을 위임했음에도 불구하고 행정부가 정당한 이유 없이 이를 이행하지 않는다면 권력분립의 원칙과 법치국가 내지 법치행정의 원칙에 위배된다.

④ 상위 법령에서 세부사항 등을 시행규칙으로 정하도록 위임하였으나 이를 고시 등 행정규칙으로 정한 경우에는 대외적 구속력을 가지는 법규명령으로서의 효력을 인정할 수 없다.

2 행정입법에 대한 판례의 입장으로 옳은 것은?

2015. 4. 18 인사혁신처

① 행정입법부작위는 부작위위법확인소송의 대상이 된다.

② 의료기관의 명칭표시판에 진료과목을 함께 표시하는 경우 진료과목의 글자 크기를 제한하고 있는 구 「의료법 시행규칙」 제31조는 그 자체로서 국민의 구체적인 권리의무나 법률관계에 직접적인 변동을 초래하므로 항고소송의 대상이 되는 행정처분이라 할 수 있다.

③ 법률의 위임에 의하여 효력을 갖는 법규명령의 경우 구법에 위임의 근거가 없어 무효였더라도 사후에 법개정으로 위임의 근거가 부여되면 그때부터는 유효한 위임명령이 된다.

④ 국립대학의 대학입학고사 주요요강은 행정쟁송의 대상인 행정처분에 해당되지만 헌법소원의 대상인 공권력의 행사에는 해당되지 않는다.

3 행정상 입법에 관한 설명으로 옳지 않은 것은? (다툼이 있는 경우 판례에 의함)

2015. 6. 13 서울특별시

① 국민안전처장·인사혁신처장과 같은 국무총리 직속기관은 부령제정권을 가진다.
② 헌법이 인정하고 있는 위임입법의 형식은 예시적이라는 것이 헌법재판소의 견해이다.
③ 상위법령의 시행에 관하여 필요한 절차 및 형식에 관한 사항을 규정하는 집행명령은 상위법령의 명시적 수권이 없는 경우에도 발할 수 있다.
④ 위임명령의 경우에는 법률유보원칙이 적용된다.

4 행정입법에 대한 설명으로 옳지 않은 것은? (다툼이 있는 경우 판례에 의함)

2015. 6. 27 제1회 지방직

① 구 「청소년보호법」의 위임에 따라 제정된 「청소년보호법 시행령」으로 정한 '위반행위의 종별에 따른 과징금 처분기준'은 법규명령에 해당되며, 그 기준에서 정한 과징금 액수는 정액이 아니라 최고한도액이다.
② 상위법령에서 세부사항 등을 시행규칙으로 정하도록 위임하였음에도 이를 고시 등 행정규칙으로 정하였다면, 당해 고시 등은 상위법령과 결합하여 대외적 구속력을 가지는 법규명령으로서 효력이 인정된다.
③ 법률이 공법적 단체 등의 정관에 자치법적 사항을 위임한 경우에는 포괄적인 위임입법의 금지는 원칙적으로 적용되지 않는다.
④ 법령의 위임관계는 반드시 하위법령의 개별조항에서 위임의 근거가 되는 상위법령의 해당 조항을 구체적으로 명시하고 있어야만 하는 것은 아니다.

5 행정입법에 대한 판례의 입장으로 옳지 않은 것은?

2015. 3. 14 사회복지직

① 산업자원부장관이 「공업배치 및 공장설립에 관한 법률」 제8조의 위임에 따라 공장입지의 기준을 구체적으로 정한 고시는 법규명령으로서 효력을 가진다.
② 구 「청소년보호법 시행령」 제40조 [별표 6]의 위반행위의 종별에 따른 과징금 처분기준은 법규명령에 해당하지만 그 과징금의 액수는 정액이 아니라 최고한도액이다.
③ 경찰공무원 채용시험에서의 부정행위자에 대한 5년간의 응시자격제한을 규정한 「경찰공무원임용령」 제46조 제1항은 행정청 내부의 사무처리기준을 규정한 재량준칙에 불과하다.
④ 행정규칙에 근거한 처분이라도 상대방의 권리·의무에 직접 영향을 미치는 경우에는 항고소송의 대상이 되는 행정처분에 해당한다.

6 행정입법에 대한 설명으로 옳지 않은 것은? (다툼이 있는 경우 판례에 의함)

2014. 4. 19 안전행정부

① 구법에 위임의 근거가 없어 법규명령이 무효였다면 사후에 법개정으로 위임의 근거가 부여되었다 할지라도 무효이다.

② 처벌법규나 조세법규는 다른 법규보다 구체성과 명확성의 요구가 강화되어야 한다.

③ 법률에서 위임받은 사항을 하위법규명령에 다시 위임하기 위해서는 위임받은 사항의 대강을 정하고 그중 특정사항을 범위를 정하여 하위의 법규명령에 다시 위임하는 경우에만 재위임이 허용된다.

④ 명령·규칙 그 자체에 의하여 직접 기본권이 침해되었을 경우에는 그것을 대상으로 하여 헌법소원심판을 청구할 수 있다.

7 행정규칙에 대한 설명으로 옳지 않은 것은?

2014. 4. 19 안전행정부

① 훈령, 지시, 예규, 일일명령 등 행정기관이 그 하급기관이나 소속 공무원에 대하여 일정한 사항을 지시하는 문서는 지시문서이다.

② 대법원은 교육부장관이 내신성적산정지침을 시·도 교육감에게 통보한 것은 행정조직 내부에서 내신성적평가에 관한 심사기준을 시달한 것에 불과하다고 보아 위 지침을 행정처분으로 볼 수 없다고 판단하였다.

③ 대법원은 제재적 처분의 기준이 부령 형식으로 규정되어 있더라도 그것은 행정청 내부의 사무처리준칙을 정한 것에 지나지 아니하여 대외적으로 국민이나 법원을 기속하는 효력이 없고, 당해 처분의 적법여부는 위 처분기준뿐만 아니라 관계 법령의 규정내용과 취지에 따라야 한다고 판단하였다.

④ 대법원은 행정적 편의를 도모하기 위해 법령의 위임을 받아 제정된 절차적 규정을 법령보충적 행정규칙으로 본다.

8 법규명령에 대한 판례의 입장으로 옳은 것은?

2014. 6. 21 제1회 지방직

① 조례에 대한 법률의 위임은 법규명령에 대한 법률의 위임과 같이 반드시 구체적으로 범위를 정하여 하여야 한다.
② 국회전속적 입법사항은 반드시 법률에 의하여 규정되어야 하며, 입법자가 법률에서 구체적으로 범위를 정하여도 법규명령에 위임될 수는 없다.
③ 법령의 위임관계는 반드시 하위 법령의 개별조항에서 위임의 근거가 되는 상위 법령의 해당 조항을 구체적으로 명시하고 있어야만 하는 것은 아니다.
④ 근거법률의 벌칙에서 형벌의 종류와 상한을 정하고 그 범위 내에서 구체적인 것을 명령으로 정하게 하는 것은 허용되지 아니한다.

9 부령 형식의 처분기준에 대한 판례의 입장으로 옳은 것은?

2014. 6. 21 제1회 지방직

① 구「도로교통법 시행규칙」 제53조 제1항이 정한 [별표 16]의 운전면허행정처분기준은 부령의 형식으로 되어 있으나, 그 규정의 성질과 내용이 운전면허의 취소처분 등에 관한 사무처리기준과 처분절차 등 행정청 내부의 사무처리준칙을 규정한 것에 지나지 아니하므로 대외적 구속력이 없다.
② 「공익사업을 위한 토지 등의 취득 및 보상에 관한 법률」 제68조 제3항은 협의취득의 보상액 산정에 관한 구체적 기준을 시행규칙에 위임하고 있고, 위임 범위 내에서 동법(同法) 시행규칙 제22조는 토지에 건축물 등이 있는 경우에는 건축물 등이 없는 상태를 상정하여 토지를 평가하도록 규정하고 있는데, 이는 대외적 구속력이 없다.
③ 구「여객자동차 운수사업법」 제11조 제4항의 위임에 따라 시외버스운송사업의 사업계획변경에 관한 절차, 인가기준 등을 구체적으로 규정한 구「여객자동차 운수사업법 시행규칙」 제31조 제2항 제1호, 제2호, 제6호는 행정청 내부의 사무처리준칙을 규정한 행정규칙에 불과하여 대외적 구속력이 없다.
④ 구「식품위생법 시행규칙」 제53조가 정한 [별표 15]의 행정처분 기준은 구「식품위생법」 제58조에 따른 영업허가의 취소 등에 관한 행정처분의 기준을 정한 것으로 대외적 구속력이 있다.

10 법규명령에 대한 설명 중 옳지 않은 것은?

① 제정권자를 기준으로 대통령령, 총리령, 부령 등으로 구분할 수 있다.

② 법규명령에 위반하는 행위는 위법행위가 된다.

③ 법규명령 중 위임명령은 원칙적으로 헌법 제75조와 헌법 제95조에 따라 법률이나 상위명령에 개별적인 수권규범이 있는 경우만 가능하다.

④ 행정의 효율성을 도모하기 위해 법률에서 위임받은 사항을 전혀 규정하지 않고 하위의 법규명령에 재위임 하는 것도 가능하다.

11 행정입법의 법적 성질에 관한 판례의 입장으로 옳지 않은 것은?

2013. 7. 27 안전행정부

① 「주택건설촉진법시행령」 제10조의3 제1항 [별표 1]은 「주택건설촉진법」 제7조 제2항의 위임규정에 터잡은 규정형식상 대통령령이므로 대외적으로 국민이나 법원을 구속하는 힘이 있다.

② 구 「청소년보호법」 제49조 제1항·제2항에 따른 동법 시행령 제40조 [별표 6]의 위반행위의 종별에 따른 과징금 처분기준은 법규명령에 해당하고 과징금처분기준의 수액은 최고한도액이 아니라 정액이다.

③ 국세청장의 훈령형식으로 되어 있는 「재산제세사무처리규정」은 「소득세법시행령」의 위임에 따라 「소득세법시행령」의 내용을 보충하는 기능을 가지므로 「소득세법시행령」과 결합하여 대외적 효력을 갖는다.

④ 「도로교통법시행규칙」 제53조 제1항이 정한 [별표 16]의 운전면허행정처분기준은 부령의 형식으로 되어 있으나, 그 규정의 성질과 내용이 행정청 내부의 사무처리준칙을 규정한 것에 지나지 아니하므로 대외적으로 국민이나 법원을 기속하는 효력이 없다.

12 '행정입법에 대한 통제'에 대한 설명으로 옳지 않은 것은?

2012. 4. 7 행정안전부

① 법규명령이 그 자체로서 처분적 효과를 발생하는 때에는 이를 항고소송으로 다투는 것이 가능하다.
② 명령·규칙의 위헌·위법심사는 그 위헌 또는 위법의 여부가 재판의 전제가 된 경우에 가능하다.
③ 판례는 행정입법의 부작위에 대하여 이를 항고소송으로 다툴 수 있다고 본다.
④ 명령·규칙에 대한 헌법소원도 가능하다는 것이 헌법재판소 결정례의 입장이다.

13 행정입법에 대한 설명 중 옳은 것은? (다툼이 있는 경우 판례에 의함)

2011. 4. 9 행정안전부

① 법규명령 형식의 행정규칙과 관련하여 대법원은 대통령령(시행령)과 부령(시행규칙) 간의 구분 없이 실질적인 행정규칙의 성질을 인정하고 있다.
② 「독점규제 및 공정거래에 관한 법률」 제23조 제3항에 근거한 불공정거래행위의 지정고시 또는 「대외무역법」 제19조 제2항에 근거한 물품수출입공고 등은 행정규칙의 형식을 취하고 있으므로 내용상으로도 행정규칙으로 보는 것이 타당하다.
③ 상급행정기관이 하급행정기관에 대하여 업무처리지침이나 법령의 해석적용에 관한 기준을 정하여서 발하는 이른바 행정규칙은 일반적으로 행정조직 내부에서의 효력뿐만 아니라 대외적인 구속력도 갖는다.
④ 고시(告示)에 대하여 헌법재판소는 고시가 일반·추상적 성격을 가질 때는 법규명령 또는 행정규칙에 해당하지만, 고시가 구체적인 규율의 성격을 갖는다면 행정처분에 해당한다고 본다.

14 법률이 위임하지 아니한 사항을 허가요건으로 추가하고 입법예고도 거치지도 아니한 시행규칙에 근거하여 허가청이 갑의 허가신청에 대하여 시행규칙이 정한 요건을 갖추지 못하였다는 이유로 불허가 처분한 경우에 대한 설명으로 옳은 것은? (다툼이 있는 경우 판례에 의함)

2010. 4. 10 행정안전부

① 위 시행규칙은 행정절차법 제41조에 의한 입법예고를 거치지 아니한 것으로 무효인 법령으로 보는 것이 변함없는 판례의 일관된 입장이다.

② 위임한계를 벗어난 법령도 공정력을 갖는 결과 권한이 있는 국가기관에 의해 그 효력이 부인될 때까지는 유효한 효력을 보유한다는 것이 판례의 일관된 입장이다.

③ 위 불허가 처분에 대하여는 헌법재판소에 의한 위헌무효결정을 거쳐 행정소송을 통한 권리구제가 가능하다.

④ 위 불허가 처분에 대한 취소판결이 있게 되면 처분청은 판결의 취지에 따라 다시 이전의 신청에 대한 처분을 하여야 한다.

15 다음 중 판례의 입장으로 옳지 않은 것은?

2010. 4. 10 행정안전부

① 구 「도시 및 주거환경정비법」상 행정청의 재개발조합 설립인가처분이 있은 이후에 조합설립결의의 하자를 이유로 민사소송으로 조합설립결의에 대한 무효확인을 구할 확인의 이익은 없다.

② 종전의 허가의 유효기간이 지난 후의 기간연장신청은 새로운 허가신청으로 보아 법의 관계규정에 의하여 허가요건의 적합여부를 새로이 판단하여 허가여부를 결정해야 한다.

③ 제재적 행정처분의 가중요건이 부령형식의 행정규칙으로 규정되어 있는 경우에 선행 제재처분의 제재기간이 경과한 후에는 그 처분의 취소를 구할 법률상 이익이 없다.

④ 시 청소차 운전수나 전입신고서에 확인 인을 찍는 통장은 국가배상법 제2조의 공무원에 해당한다.

16 행정상 입법에 대한 설명으로 옳지 않은 것은?

2010. 5. 22 상반기 지방직

① 위임명령은 새로운 법규사항을 정할 수 있으나 집행명령은 상위법령의 집행에 필요한 절차나 형식을 정하는 데 그쳐야 하며 새로운 법규사항을 정할 수 없다.
② 대법원은 제재적 처분의 기준이 대통령령의 형식으로 정해진 경우 당해 기준을 법규명령으로 보고 있다.
③ 판례는 행정입법부작위에 대하여 헌법소원을 인정하고 있지 않다.
④ 법규명령에 대하여 헌법소원을 제기할 수 있는가에 대하여 우리 헌법재판소는 이를 긍정하고 있다.

17 법규명령에 관한 설명으로 옳지 않은 것은?

① 국회전속적 입법사항의 위임이 금지된다는 것이 전적으로 법률로 규율되어야 한다는 것을 의미하지는 않는다.
② 법규명령에 대하여는 특정 법규명령의 위헌·위법여부가 구체적 사건에 대한 재판의 전제가 된 경우에 법원이 이를 심리·판단하는 선결문제심리 방식에 의한 간접적 통제가 인정되고 있다.
③ 법규명령의 근거법령이 소멸된 경우에는 법규명령도 소멸함이 원칙이나, 근거법령이 개정됨에 그친 경우에는 집행명령은 여전히 그 효력을 유지할 수 있다.
④ 헌법 제107조 제2항에서 명령·규칙에 대한 위헌심사권을 법원에 부여하고 있기 때문에, 헌법재판소는 이에 대한 위헌심사권을 행사할 수 없다는 것이 헌법재판소의 입장이다.

18 행정규칙 형식의 법규명령에 관한 설명으로 옳지 않은 것은?

① 재산제세사무처리규정, 석유판매업허가기준고시, 식품영업허가기준고시 등이 그 예이다.
② 행정규칙 형식의 법규명령은 통상적인 법규명령과는 달리 포괄적 위임금지의 원칙에 구속받지 아니한다.
③ 법령의 규정이 지방자치단체장에게 그 법령내용의 구체적 사항을 정할 수 있는 권한을 부여하면서 그 권한행사의 절차나 방법을 정하지 아니하고 있는 경우, 그 법령의 내용이 될 사항을 구체적으로 규정한 지방자치단체장의 고시는 당해 법령의 위임한계를 벗어나지 않는 한 법규명령으로서의 효력이 있다.
④ 판례는 "주유소의 진출입로는 도로상의 횡단보도로부터 10m 이상 이격되게 설치하여야 한다."고 규정한 전라남도 주유소등록요건에 관한 고시 제2조 제2항 [별표1]에 대하여 법규명령으로서의 효력을 긍정하였다.

19 다음 중 행정입법에 관한 설명으로 옳지 않은 것은?

① 대통령령이 적법하게 성립하여 효력을 발생하기 위해서는 법제처의 심사와 국무회의의 심의를 거쳐야 한다.
② 행정기관이 재량준칙을 위반하여 행정처분을 한 경우, 상대방은 신뢰보호의 원칙이나 평등원칙을 근거로 위법을 주장할 수 있다.
③ 헌법재판소는 법규명령에 대한 헌법소원을 인정하지 않고 있다.
④ 대법원은 도로교통법 시행규칙 제53조 제1항 [별표16]의 운전면허 행정처분기준은 행정청 내부의 사무처리준칙을 규정한 것에 불과하다고 본다.

20 다음 중 행정입법에 관한 설명 중 옳은 것은?

① 행정주체가 정하는 개별적, 구체적 규범으로 처분성이 인정된다.
② 법률에 의하여 위임된 입법권을 하위기관에 재위임하는 것은 허용되지 않는다.
③ 「헌법」상 국회 전속적 입법사항은 반드시 법률로 정해야 하고 세부사항일지라도 위임해서는 안 된다.
④ 판례는 법규명령 형식의 부령의 내용이 행정청이 내부 관계를 규정한 것에 불과할 경우 행정규칙의 성질을 갖는다고 판시한다.

21 다음 중 행정입법에 관한 설명으로 옳지 않은 것은?

① 판례는 일반적인 행정절차를 정하는 행정규칙은 대외적 구속력이 없다고 보고 있다.

② 행정입법의 형식과 내용이 불일치하는 경우에 대법원은 발령권자가 대통령인 경우에는 법규성을 인정하고 있다.

③ 행정규칙은 실제상 행정처리의 기준이 되며 사실상의 구속력을 가지고 있다.

④ 인문계열 대학별고사의 제2외국어에 일본어를 제외한 서울대학교 1994년도 대학입시요강은 국민의 기본권에 대해 영향을 미치는 공권력의 행사라고 볼 수 없다.

22 법규문서 이외의 문서로서 반복적 행정사무기준을 제시하는 명령은?

① 예규   ② 훈령

③ 지시   ④ 일일명령

23 다음 중 행정규칙에 대한 설명으로 옳지 않은 것은?

① 행정규칙에 위반한 처분은 위법한 처분으로 행정소송의 대상이 된다.

② 행정규칙은 법적 근거를 요하지 않는다.

③ 훈령 중 법령보충규칙은 법규명령의 성격을 갖는다는 것이 판례의 입장이다.

④ 행정의 자기구속법리가 적용되는 행정규칙은 주로 재량준칙이다.

24 법규명령에 대한 사법적 통제에 관한 설명 중 옳지 않은 것은?

① 법원에 의한 구체적 규범통제가 허용되고 있다.

② 법원의 통제는 구체적 사건에 대한 재판의 전제가 될 경우 선결문제심리방식에 의한다.

③ 대법원에 의하여 법규명령의 특정 조항이 위헌·위법으로 판결되면 「행정소송법」에 의하여 무효가 되고 모든 사건에서 적용이 배제된다.

④ 「행정소송법」은 위헌·위법이 확정된 법규명령의 해당 조항을 관보에 게재하도록 규정하고 있다.

25 다음 중 행정입법에 관한 설명으로 옳은 것은?

① 행정주체가 정하는 구체적·개별적 규범으로 처분성이 인정된다.
② 법규명령은 실질적 의미의 입법행위이나 법적 구속력은 부인되고 있다.
③ 현행법은 국회의 행정규칙에 대한 심사라는 직접적 통제수단을 인정하고 있지 않다.
④ 해석준칙(규범해석 행정규칙)은 계쟁처분의 판단에 있어 법원을 구속한다.

26 다음 중 행정규칙을 위반한 행정행위는?

① 위반해도 위법하지 않다.　　　② 무효이다.
③ 당연취소사유이다.　　　④ 철회사유이다.

27 다음 중 법규명령과 행정규칙에 관한 설명으로 옳지 않은 것은?

① 법규명령은 위반하면 무효가 되고, 행정규칙은 위반시 취소가 된다.
② 법규명령은 법률의 근거를 요하나, 행정규칙은 법률이 근거를 요하지 않는다.
③ 법규명령은 공포를 요하나, 행정규칙은 공포를 요하지 않는다.
④ 법규명령은 국가와 국민 사이를 구속하지만, 행정규칙은 행정조직 내부만을 구속한다.

28 행정규칙의 통제에 관한 설명 중 가장 부적절한 것은?

① 국회를 통한 행정규칙의 통제방법으로 우리나라는 직접적 통제수단과 간접적 통제수단을 가지고 있다.
② 상급행정기관은 감독권에 기초하여 하급행정기관의 행정규칙에 대해 통제할 수 있게 된다.
③ 원칙적으로 행정규칙 자체는 「행정소송법」상 처분이 되지 않는다.
④ 헌법재판소는 예외적으로 일부 사례의 경우 행정규칙에 대해서도 헌법소원이 되는 것으로 보고 있다.

29 행정입법에 관한 설명 중 옳지 않은 것은?

① 행정규칙은 행정기관이 내부사무처리의 통일적인 수행을 위하여 발령한다.
② 행정규칙은 법령에서 인정된 직무범위 내에서 발령되는 것이므로 법령의 개별적 · 구체적 수권을 필요로 하지 않는다.
③ 법규명령은 내용상 헌법, 법률 또는 상위법령에서 근거가 주어져야 하고 아울러 위임의 범위 내이어야 한다.
④ 헌법재판소는 명령 · 규칙에 대한 최종심사권을 대법원에 인정하고 있는 헌법 제107조에 의해서 헌법재판소에 의한 규범통제는 허용되지 아니한다고 한다.

30 행정입법에 대한 내용으로 옳지 않은 것은?

① 행정규칙의 외부효와 관련하여 근거가 될 수 있는 것은 평등의 원칙이다.
② 감사원규칙은 헌법상의 명시적인 근거가 없다.
③ 행정규칙은 공포한 날로부터 20일이 경과해야 효력을 발생한다.
④ 일반적 · 추상적 규율로서의 법규명령은 취소소송의 대상이 되지 않는다.

☞ 정답 및 해설 P.246

1 행정행위의 직권취소에 대한 설명으로 옳지 않은 것은? (다툼이 있는 경우 판례에 의함)

2016. 4. 9 인사혁신처

① 처분청이라도 자신이 행한 수익적 행정행위를 위법 또는 부당을 이유로 취소하려면 취소에 대한 법적 근거가 있어야 한다.
② 과세처분을 직권취소한 경우 그 취소가 당연무효가 아닌 한 과세처분은 확정적으로 효력을 상실하므로, 취소처분을 직권취소하여 원과세처분의 효력을 회복시킬 수 없다.
③ 위법한 행정행위에 대하여 불가쟁력이 발생한 이후에도 당해 행정행위의 위법을 이유로 직권취소할 수 있다.
④ 행정행위의 위법이 치유된 경우에는 그 위법을 이유로 당해 행정행위를 직권취소할 수 없다.

2 행정행위의 하자에 대한 설명으로 옳은 것은? (다툼이 있는 경우 판례에 의함)

2016. 4. 9 인사혁신처

① 임용 당시 법령상 공무원임용 결격사유가 있었더라도 임용권자의 과실에 의하여 임용결격자임을 밝혀내지 못한 경우라면 그 임용행위가 당연무효가 된다고 할 수는 없다.
② 철거명령이 당연무효인 경우에는 그에 근거한 후행행위인 건축물철거 대집행계고처분도 당연무효이다.
③ 행정행위의 내용상의 하자는 치유의 대상이 될 수 있으나, 형식이나 절차상의 하자에 대해서는 치유가 인정되지 않는다.
④ 부담금 부과처분 이후에 처분의 근거법률이 위헌결정된 경우, 그 부과처분에 불가쟁력이 발생하였고 위헌결정 전에 이미 관할 행정청이 압류처분을 하였다면, 위헌결정 이후에도 후속절차인 체납처분절차를 통하여 부담금을 강제징수할 수 있다.

3 행정행위의 부관에 대한 설명으로 옳지 않은 것은? (다툼이 있는 경우 판례에 의함)

2016. 6. 18 제1회 지방직

① 부관의 사후변경은 사정변경으로 인해 당초에 부담을 부가한 목적을 달성할 수 없는 경우에도 허용될 수 있다.

② 허가의 유효기간이 지난 후에 그 허가의 기간연장이 신청된 경우, 허가권자는 특별한 사정이 없는 한 유효기간을 연장해 주어야 한다.

③ 부담이 아닌 부관만의 취소를 구하는 소송이 제기된 경우에 법원은 각하판결을 하여야 한다.

④ 행정처분에 붙인 부담이 무효가 되더라도 그 부담의 이행으로 한 사법상 법률행위가 항상 무효가 되는 것은 아니다.

4 행정행위의 하자의 치유에 대한 설명으로 옳은 것은? (다툼이 있는 경우 판례에 의함)

2016. 6. 18 제1회 지방직

① 처분에 하자가 있더라도 처분청이 처분 이후에 새로운 사유를 추가하였다면, 처분 당시의 하자는 치유된다.

② 징계처분이 중대하고 명백한 하자로 인해 당연 무효의 것이라도 징계처분을 받은 원고가 이를 용인하였다면 그 하자는 치유된다.

③ 행정청이 청문서 도달기간을 다소 어겼다 하더라도 당사자가 이에 대하여 이의하지 아니한 채 스스로 청문일에 출석하여 방어의 기회를 충분히 가졌다면 청문서 도달기간을 준수하지 아니한 하자는 치유된다.

④ 토지소유자 등의 동의율을 충족하지 못했다는 주택재건축정비사업조합설립인가처분 당시의 하자는 후에 토지소유자 등의 추가 동의서가 제출되었다면 치유된다.

5 행정행위에 대한 설명으로 옳은 것은?

2016. 6. 25 서울특별시

① 행정행위는 행정주체가 행하는 구체적 사실에 관한 법집행 작용이므로 공법상 계약, 공법상 합동행위도 행정행위에 포함된다.
② 구체적 사실을 규율하는 경우라도 불특정 다수인을 상대방으로 하는 처분이라면 행정행위가 아니다.
③ 사전결정(예비결정)은 단계화된 행정절차에서 최종적인 행정결정을 내리기 전에 이루어지는 행위이지만, 그 자체가 하나의 행정행위이기도 하다.
④ 부분허가(부분승인)는 본허가 권한과 분리되는 독자적인 행정행위이기 때문에 부분허가를 위해서는 본허가 이외에 별도의 법적 근거를 필요로 한다.

6 다음 중 행정행위의 취소와 철회에 대한 설명으로 가장 옳은 것은?

2016. 6. 25 서울특별시

① 특별한 사정이 없는 한 부담적 행정행위의 취소는 원칙적으로 자유롭지 않다.
② 수익적 행정행위에 대한 철회권유보의 부관은 그 유보된 사유가 발생하여 철회권이 행사된 경우 상대방이 신뢰보호원칙을 원용히는 것을 제한한다는 데 실익이 있다.
③ 철회권이 유보된 경우라도 수익적 행정행위의 철회에 있어서는 반드시 법적근거가 필요하다.
④ 판례는 불가쟁력이 생긴 행정처분이라도 공권의 확대화경향에 따라 이에 대한 취소 또는 변경을 구할 신청권을 적극적으로 인정하고 있다.

7 강학상 예외적 승인에 해당하지 않는 것은?

2015. 4. 18 인사혁신처

① 치료목적의 마약류사용허가
② 재단법인의 정관변경허가
③ 개발제한구역 내의 용도변경허가
④ 사행행위 영업허가

8 인가에 대한 설명으로 옳지 않은 것은? (다툼이 있는 경우 판례에 의함)

2015. 4. 18 인사혁신처

① 기본행위가 성립하지 않거나 무효인 경우에 인가가 있어도 당해 인가는 무효가 된다.

② 유효한 기본행위를 대상으로 인가가 행해진 후에 기본행위가 취소되거나 실효된 경우에는 인가도 실효된다.

③ 기본행위에 하자가 있는 경우에 그 기본행위의 하자를 다툴 수 있고, 기본행위의 하자를 이유로 인가처분의 취소 또는 무효확인도 소구할 수 있다.

④ 「도시 및 주거환경정비법」상의 조합설립인가처분은 특허의 성질을 가진다.

9 행정행위의 부관에 관한 설명으로 옳지 않은 것은? (다툼이 있는 경우 판례에 의함)

2015. 6. 13 서울특별시

① 기속행위의 경우에도 법률의 규정이 있으면 부관을 붙일 수 있다.

② 행정행위의 부관 중 부담은 그 자체를 독립하여 행정쟁송의 대상으로 할 수 있다.

③ 부담부 행정행위는 부담을 이행하여야 주된 행정행위의 효력이 발생한다.

④ 재량행위의 경우에는 법에 근거가 없는 경우에도 부관을 붙일 수 있다.

10 행정행위의 부관에 대한 설명으로 옳지 않은 것은? (다툼이 있는 경우 판례에 의함)

2015. 3. 14 사회복지직

① 해제조건부 행정행위는 조건사실의 성취에 의하여 당연히 효력이 소멸된다.

② 정지조건은 독립하여 취소소송의 대상이 되지 못하는 데 반하여, 부담은 독립하여 취소소송의 대상이 될 수 있다.

③ 부담과 조건의 구분이 명확하지 않을 경우, 조건이 당사자에게 부담보다 유리하기 때문에 원칙적으로 조건으로 추정해야 한다.

④ 철회권유보의 경우 유보된 사유가 발생하였더라도 철회권을 행사함에 있어서는 이익형량에 따른 제한을 받게 된다.

11 행정행위의 부관에 대한 판례의 입장으로 옳지 않은 것은?

2015. 6. 27 제1회 지방직

① 부담에 의해 부과된 의무의 불이행으로 부담부행정행위가 당연히 효력을 상실하는 것은 아니며, 당해 의무불이행은 부담부행정행위의 취소(철회)사유가 될 뿐이다.
② 행정처분에 붙인 부담이 무효가 되면 그 처분을 받은 사람이 부담의 이행으로 한 사법상 법률행위도 당연히 무효가 된다.
③ 사후부담은 법률에 명문의 규정이 있거나 그것이 미리 유보되어 있는 경우 또는 상대방의 동의가 있는 경우에 허용되는 것이 원칙이다.
④ 행정청이 수익적 행정처분을 하면서 부가한 부담의 위법 여부는 처분 당시 법령을 기준으로 판단하여야 한다.

12 다음 중 선행행위와 후행행위 간 하자의 승계가 인정되는 것을 모두 고른 것은? (다툼이 있는 경우 판례에 의함)

2015. 6. 13 서울특별시

> ㉠ 개별공시지가 결정과 이에 근거한 개발부담금부과처분
> ㉡ 신고납세방식의 취득세의 신고행위와 징수처분
> ㉢ 계고처분과 대집행비용납부명령
> ㉣ 표준지공시지가결정과 수용재결

① ㉠, ㉡, ㉢
② ㉠, ㉡, ㉣
③ ㉠, ㉢, ㉣
④ ㉡, ㉢, ㉣

13 행정행위의 하자에 관한 설명으로 옳지 않은 것은?

2015. 6. 13 서울특별시

① 무권한은 중대·명백한 하자이므로 항상 무효사유라는 것이 판례의 입장이다.
② 무효선언을 취소소송의 형식으로 주장하는 경우에는 제소기간 등 취소소송의 요건을 갖추어야 한다는 것이 판례의 입장이다.
③ 취소사유인 하자가 있는 행정행위에 대해서는 사정재결, 사정판결이 인정된다는 것이 판례의 입장이다.
④ 명백성보충요건설에서는 행정행위의 무효의 기준으로 중 대성요건만을 요구하지만, 제3자나 공공의 신뢰보호의 필요가 있는 경우에는 보충적으로 명백성요건도 요구한다.

14 행정행위의 하자 중 무효사유에 해당하지 않는 것은? (다툼이 있는 경우 판례에 의함)

2015. 6. 27 제1회 지방직

① 납세자가 아닌 제3자의 재산을 대상으로 한 압류처분
② 환경영향평가의 실시대상사업에 대하여 환경영향평가를 거치지 않고 행한 승인 등 처분
③ 적법한 건축물에 대한 철거명령의 후행행위인 건축물철거 대집행계고처분
④ 적법한 권한 위임 없이 세관출장소장에 의하여 행하여진 관세부과처분

15 행정행위의 철회가 제한되는 경우에 해당하는 것은? (다툼이 있는 경우 판례에 의함)

2015. 6. 13 서울특별시

① 행정행위에 수반되는 법정의무 또는 부관에 의한 의무 등을 위반하거나 불이행한 경우
② 수익적 행정처분의 경우
③ 사실관계나 법적상황의 변경으로 인한 행정행위의 존속이 공익상 중대한 장애가 된 경우
④ 당사자의 신청이나 동의가 있는 경우

16 행정행위에 대한 판례의 입장으로 옳지 않은 것은?

2015. 3. 14 사회복지직

① 행정청이 개인택시운송사업의 면허를 발급함에 있어 '개인택시운송사업면허 사무처리지침'에 따라 택시 운전경력자를 일정 부분 우대하는 처분을 한 경우, 택시 이외의 운전경력자에게 반사적인 불이익이 초래되는 결과가 되므로 그러한 내용의 지침에 따른 처분은 재량권을 일탈·남용한 처분에 해당된다.
② 건축허가권자는 건축허가신청이 건축법 등 관계 법규에서 정하는 어떠한 제한에 배치되지 않는 이상 당연히 같은 법조에서 정하는 건축허가를 하여야 하고, 중대한 공익상의 필요가 없는데도 관계 법령에서 정하는 제한사유 이외의 사유를 들어 요건을 갖춘 자에 대한 허가를 거부할 수는 없다.
③ 관세법 소정의 보세구역 설영특허는 공기업의 특허로서 그 특허의 부여 여부는 행정청의 자유재량에 속하고, 설영특허에 특허기간이 부가된 경우 그 기간의 갱신 여부도 행정청의 자유재량에 속한다.
④ 전국공무원노동조합 시지부 사무국장이 지방공무원 복무조례개정안에 대한 의견을 표명하기 위하여 전국공무원노동조합 간부들과 함께 시장의 사택을 방문하였고, 이에 징계권자가 시장 개인의 명예와 시청의 위신을 실추시키고 「지방공무원법」에서 정한 집단행위 금지의무를 위반하였다는 등의 이유로 사무국장을 파면처분한 것은 재량권의 일탈·남용에 해당되지 않는다.

17 행정행위에 대한 판례의 내용으로 옳지 않은 것은? (다툼이 있는 경우 판례에 의함)

2015. 4. 18 인사혁신처

① 침익적 행정행위를 한 처분청은 그 행위에 하자가 있는 경우에 별도의 법적 근거가 없더라도 스스로 이를 취소할 수 있다.

② 허가에 붙은 기한이 그 허가된 사업의 성질상 부당하게 짧은 경우에는 이를 그 허가 자체의 존속기간이 아니라 그 허가조건의 존속기간으로 보고 그 기한이 도래함으로써 그 조건의 개정을 고려한다.

③ 건설업자가 시공자격 없는 자에게 전문공사를 하도급한 행위에 대하여 과징금부과처분을 하는 경우, 구체적인 부과기준에 대하여 처분시의 법령이 행위 시의 법령보다 불리하게 개정되었고 어느 법령을 적용할 것인지에 대하여 특별한 규정이 없다면 행위 시의 법령을 적용하여야 한다.

④ 헌법재판소가 법률을 위헌으로 결정하였다면 이러한 결정이 있은 후 그 법률을 근거로 한 행정처분은 중대한 하자이기는 하나 명백한 하자는 아니므로 당연무효는 아니다.

18 행정행위의 효력과 선결문제에 대한 설명으로 옳지 않은 것은?

2015. 3. 14 사회복지직

① 공정력은 행정행위가 위법하더라도 당연무효인 경우를 제외하고는 권한있는 기관에 의해 취소되지 않는 한 유효한 것으로 통용되는 효력을 말한다.

② 판례에 의하면, 행정청의 계고처분이 위법임을 이유로 국가배상소송이 제기된 경우에 수소법원인 민사법원은 계고처분의 위법성을 스스로 심사할 수 있다.

③ 불가변력이 인정되는 행정행위에 대하여 상대방은 행정쟁송절차에 의하여 그 효력을 다툴 수 없다.

④ 무효인 행정행위는 쟁송제기기간의 제한을 받지 않으므로 불가쟁력이 발생하지 않는다.

19 행정처분에 대한 판례의 태도로 옳은 것은?

2014. 4. 19 안전행정부

① 지방경찰청장이 횡단보도를 설치하여 보행자의 통행방법을 규제하는 것은 행정처분이 아니다.
② 권한 있는 장관이 행한 국립공원지정처분에 따라 공원관리청이 행한 경계측량 및 표지의 설치는 행정처분이다.
③ 교통안전공단이 구「교통안전공단법」에 의거하여 교통안전분담금 납부의무자에게 한 분담금납부통지는 행정처분이 아니다.
④ 종합소득세 부과처분을 위한 과세관청의 세무조사결정은 항고소송의 대상이 되는 행정처분이다.

20 행정처분에 대한 판례의 태도로 옳지 않은 것은?

2014. 4. 19 안전행정부

① 과세처분이 있은 후 조세부과의 근거가 되었던 법률규정에 대해 위헌결정이 내려진 경우 그 조세채권의 집행을 위한 체납처분은 그 하자가 중대·명백하여 당연무효이다.
② 부당한 공동행위의 자진신고자가 한 감면신청에 대해 공정거래위원회가 감면불인정 통지를 한 것은 항고소송의 대상인 행정처분으로 볼 수 없다.
③ 행정주체가 구체적인 행정계획을 입안·결정할 때 가지는 형성의 자유의 한계에 관한 법리는 주민의 입안 제안 또는 변경신청을 받아들여 도시관리계획결정을 할 때에도 동일하게 적용된다.
④ 한국방송공사 사장에 대한 해임처분의 무효확인 또는 취소소송 계속 중 임기가 만료되어 그 해임처분의 무효확인 또는 취소로 그 지위를 회복할 수는 없더라도 해임처분일부터 임기만료일까지 기간에 대한 보수 지급을 구할 수 있는 경우에는 해임처분의 무효확인 또는 취소를 구할 법률상 이익이 있다.

21 행정행위의 부관에 대한 판례의 태도로 옳지 않은 것은?

2014. 4. 19 안전행정부

① 재량행위에 있어서는 법령상의 근거가 없다고 하더라도 부관을 붙일 수 있다.

② 기부채납 받은 행정재산에 대한 사용·수익허가에서 공유재산의 관리청이 정한 사용·수익허가의 기간은 그 허가의 효력을 제한하기 위한 행정행위의 부관으로서 독립하여 행정소송의 대상으로 삼을 수 있다.

③ 공무원이 인·허가 등 수익적 행정처분을 하면서 그 처분과 부관 사이에 실제적 관련성이 있다고 볼 수 없는 경우 공법상의 제한을 회피할 목적으로 행정처분의 상대방과 사법상 계약을 체결하는 형식을 취하였다면 이는 법치행정의 원리에 반하는 것으로서 위법하다.

④ 행정청이 수익적 행정처분을 하면서 부가한 부담이 처분 당시 법령을 기준으로 적법하다면 처분 후 부담의 전제가 된 주된 행정처분의 근거 법령이 개정됨으로써 행정청이 더 이상 부관을 붙일 수 없게 되었다 하더라도 곧바로 위법하게 되거나 그 효력이 소멸하게 되는 것은 아니다.

22 선결문제에 대한 설명으로 옳지 않은 것은? (다툼이 있는 경우 판례에 의함)

2014. 6. 21 제1회 지방직

① 행정처분의 당연무효여부가 선결문제인 경우 민사법원은 이를 판단하여 당연무효임을 전제로 판결할 수 있다.

② 과세처분의 하자가 단지 취소할 수 있는 정도에 불과할 때에는 과세관청이 이를 스스로 취소하거나 항고소송절차에 의하여 취소되지 않는 한 그로 인한 조세의 납부가 부당이득이 된다고 할 수 없다.

③ 민사법원은 국가배상청구소송에서 선결문제로 행정처분의 위법여부를 판단할 수 없다.

④ 행정처분이 당연무효가 아닌 한 형사법원은 선결문제로 그 행정처분의 효력을 부인할 수 없다.

23 행정행위의 부관에 대한 판례의 입장으로 옳지 않은 것은?

2014. 6. 21 제1회 지방직

① 매립면허를 받은 자의 매립지에 대한 소유권취득을 규정한 구「공유수면매립법」의 규정에도 불구하고 행정청이 공유수면 매립준공인가 중 일부 공유수면매립지에 대하여 한 국가귀속처분은 독립하여 행정소송의 대상이 된다.

② 허가에 붙은 기한이 그 허가된 사업의 성질상 부당하게 짧은 경우에는 이를 허가 자체의 존속기간이 아니라 허가조건의 존속기간으로 보아 그 기한이 도래함으로써 그 조건의 개정을 고려한다는 뜻으로 해석할 수 있다.

③ 행정청이 종교단체에 대하여 기본재산전환인가를 함에 있어 인가조건을 부가하고 그 불이행시 인가를 취소할 수 있도록 한 경우, 그 인가조건의 의미는 철회권유보이다.

④ 수익적 행정처분에 있어서는 부담을 부가하기 이전에 상대방과 협의하여 부담의 내용을 협약의 형식으로 미리 정한 다음 행정처분을 하면서 이를 부가할 수도 있다.

24 위법한 행정행위의 취소에 대한 설명으로 옳지 않은 것은? (다툼이 있는 경우 판례에 의함)

2014. 6. 21 제1회 지방직

① 처분청은 그 처분의 성립에 하자가 있는 경우 이를 취소할 별도의 법적 근거가 없다고 하더라도 직권으로 이를 취소할 수 있다.

② 무효인 처분에 대하여 취소소송이 제기된 경우 소송제기요건이 구비되었다면 법원은 당해 소를 각하하여서는 아니 되며, 무효를 선언하는 의미의 취소판결을 하여야 한다.

③ 위법한 처분에 대해 불가쟁력이 발생한 이후에도 불가변력이 발생하지 않은 이상, 당해 처분은 처분의 위법성을 이유로 직권취소될 수 있다.

④ 현역병 입영대상편입처분을 보충역편입처분으로 변경한 경우, 보충역편입처분에 불가쟁력이 발생한 이후 보충역편입처분이 하자를 이유로 직권취소 되었다면 종전의 현역병 입영대상 편입처분의 효력은 되살아난다.

25 행정행위의 표시요건에 대한 다음 설명 중 옳지 않은 것은?

① 송달하는 장소에서 송달받을 자를 만나지 못한 경우에는 그 사무원·피용자(被傭者) 또는 동거인으로서 사리를 분별할 지능이 있는 사람에게 문서를 교부할 수 있다.

② 송달은 우편, 교부 또는 정보통신망 이용 등의 방법으로 할 수 있다.

③ 보통우편의 방법으로 발송된 경우 반송되지 않았다면 상당기간 내에 도달하였다고 추정할 수 있다.

④ 정보통신망을 이용한 송달은 송달받을 자가 동의하는 경우에만 한한다.

26 인·허가의제에 대한 설명으로 옳지 않은 것은? (다툼이 있는 경우 판례에 의함)

2014. 6. 21 제1회 지방직

① 「국토의 계획 및 이용에 관한 법률」상의 개발행위허가로 의제되는 건축신고가 동법(同法)상의 개발행위허가기준을 갖추지 못한 경우 행정청으로서는 이를 이유로 그 수리를 거부할 수 있다.

② 인·허가의제는 의제되는 행위에 대하여 본래적으로 권한을 갖는 행정기관의 권한행사를 보충하는 것이므로 법령의 근거가 없는 경우에도 인정된다.

③ 인·허가의제에 있어서 인·허가가 의제되는 행위의 요건불비를 이유로 사인이 신청한 주된 인·허가에 대한 거부처분이 있는 경우 주된 인·허가의 거부처분을 대상으로 소송을 제기해야 한다.

④ 인·허가와 관련 있는 행정기관 간에 협의가 모두 완료되기 전이라도 일정한 경우 인·허가에 대한 협의를 완료할 것을 조건으로 각종의 사업시행승인이나 시행인가를 할 수 있다.

27 허가 및 특허에 대한 설명으로 옳지 않은 것은? (다툼이 있는 경우 판례에 의함)

2014. 6. 21 제1회 지방직

① 「여객자동차 운수사업법」에 의한 개인택시운송사업면허는 특정인에게 권리나 이익을 부여하는 행정청의 재량행위이며, 동법(同法) 및 그 시행규칙의 범위 내에서 면허를 위하여 필요한 기준을 정하는 것 역시 행정청의 재량에 속한다.

② 주류판매업면허는 강학상의 허가로 해석되므로 「주세법」에 열거된 면허제한사유에 해당하지 아니하는 한 면허관청으로서는 임의로 그 면허를 거부할 수 없다.

③ 건축허가시 건축허가서에 건축주로 기재된 자는 당연히 그 건물의 소유권을 취득하며, 건축 중인 건물의 소유자와 건축허가의 건축주는 일치하여야 한다.

④ 한약조제시험을 통하여 약사에게 한약조제권을 인정함으로써 한의사들의 영업상 이익이 감소되었다고 하더라도 이러한 이익은 사실상의 이익에 불과하다.

28 인가에 대한 다음 설명 중 옳지 않은 것은?

① 당사자의 법률적 행위를 보충하여 그 법률적 효력을 완성시키는 행정청의 보충적 의사표시를 인가라고 한다.

② 인가의 전제가 되는 기본행위에 하자가 있다고 하더라도 행정청의 적법한 인가가 있으면 그 하자는 치유가 된다.

③ 인가의 대상인 법률행위에는 공법상 행위도 있고 사법상 행위도 있다.

④ 「사립학교법」상 학교법인의 이사장, 이사, 감사 등 임원에 대한 임원취임승인행위가 인가의 대표적인 예이다.

29 판례상 하자의 승계를 인정한 것은?

① 표준지공시지가결정과 개별공시지가결정

② 재개발사업인정과 수용재결

③ 보상금결정처분과 비교표준지공시지가결정

④ 보충역편입처분과 공익근무요원소집처분

30 재량행위에 관한 다음 설명 중 옳지 않은 것은? (다툼이 있을 경우 판례에 의함)

① 재량행위에 대한 사법심사를 함에 있어서 법원은 스스로 일정한 결론을 도출한 후 그 결론에 비추어 행정청의 처분이 재량의 한계를 넘어선 것인지를 판단한다.

② 재량행위가 위법하다는 이유로 소송이 제기된 경우에 법원은 각하할 것이 아니라 그 일탈·남용 여부를 심사하여 그에 해당하지 않으면 청구를 기각하여야 한다.

③ 계획재량은 일반적인 재량행위에 비해 더 큰 재량의 범위가 부여된다.

④ 형량명령이론은 계획재량의 통제와 관련이 깊다.

31 행정행위의 효력에 관한 판례의 입장으로 옳지 않은 것은?

2013. 7. 27 안전행정부

① 구「도시계획법」에 정한 처분이나 조치명령을 받은 자가 이에 위반한 경우 이로 인하여 동법 제92조에 정한 처벌을 하기 위하여는 그 처분이나 조치명령이 적법한 것이라야 하고, 그 처분이 당연무효가 아니라 하더라도 그것이 위법한 처분으로 인정되는 한 동법 제92조 위반죄가 성립될 수 없다.

② 조세의 과오납이 부당이득이 되기 위하여는 납세 또는 조세의 징수가 전혀 법률상의 근거가 없거나 과세처분의 하사가 중대하고 명백하여 당연무효이어야 하고, 과세처분의 하자가 단지 취소할 수 있는 정도에 불과할 때에는 과세관청이 이를 스스로 취소하거나 항고소송절차에 의하여 취소되지 않는 한 그로 인한 조세의 납부가 부당이득이 된다고 할 수 없다.

③ 물품을 수입하고자 하는 자가 일단 세관장에게 수입신고를 하여 그 면허를 받고 물품을 통관한 경우에는, 세관장의 수입면허가 중대하고도 명백한 하자가 있는 행정행위이어서 당연무효가 아닌 한 「관세법」 제181조 소정의 무면허수입죄가 성립될 수 없다.

④ 위법한 대집행이 완료되면 그 처분의 무효확인 또는 취소를 구할 소의 이익은 없다 하더라도, 미리 그 행정처분의 취소판결이 있어야만, 그 행정처분의 위법임을 이유로 손해배상청구를 할 수 있다.

32 행정행위가 있은 후 그 근거가 된 법률이 헌법재판소에 의해 위헌으로 결정된 경우, ㉠당해 행정행위의 하자의 유형과 ㉡취소소송의 제소기간이 도과한 후 원고가 무효확인소송으로 이 사안을 다툰다고 할 때 법원은 어떻게 판단해야 하는지 바르게 연결한 것은? (다툼이 있는 경우 대법원 판례에 의함)

2013. 8. 24 제1회 지방직

	㉠	㉡
①	무효	각하
②	무효	기각
③	취소	각하
④	취소	기각

33 다음 ㈎ 그룹과 ㈏ 그룹에 대한 설명으로 옳지 않은 것은? (다툼이 있는 경우 판례에 의함)

2012. 4. 7 행정안전부

> ㈎ 주거지역 내의 건축허가
>   상가지역 내의 유흥주점업 허가
> ㈏ 개발제한구역 내의 건축허가
>   학교환경위생정화구역 내의 유흥주점업 허가

	㈎ 그룹	㈏ 그룹
①	예방적 금지의 해제	억제적 금지의 해제
②	허가	예외적 승인
③	법률행위적 행정행위	준법률행위적 행정행위
④	기속행위	재량행위

34 행정행위에 대한 설명으로 옳은 것은? (다툼이 있는 경우 판례에 의함)

2012. 4. 7 행정안전부

① 학교법인 임원에 대한 감독청의 취임승인은 그 대상인 기본행위의 효과를 완성시키는 보충행위이므로 그 기본행위가 불성립 또는 무효인 때에도 그에 대한 인가를 하면 그 기본행위가 유효하게 될 수 있다.

② 위법한 철거명령을 받고 건축물이 철거된 자는 그 철거명령의 취소를 구하지 않고 곧바로 국가배상을 청구할 수 있다.

③ 처분 당시에 별다른 하자가 없이 일단 적법하게 성립한 행정행위는 별도의 법적 근거가 없이는 철회할 수 없다.

④ 지방재정법상 공유재산의 무단점유에 대한 변상금부과처분은 재량행위이다.

35 행정행위의 하자에 대한 설명으로 옳지 않은 것은? (다툼이 있는 경우 판례에 의함)

2012. 4. 7 행정안전부

① 하자 있는 행정행위의 치유는 행정행위의 성질이나 법치주의의 관점에서 볼 때 원칙적으로 허용될 수 없다.

② 무효선언을 구하는 의미에서 제기된 취소소송도 제소기간 제한 등의 소송요건을 갖추어야 한다.

③ 행정청이 법률에 근거하여 행정처분을 한 후에 헌법재판소가 그 법률을 위헌으로 결정하였다면 그 행정처분은 당연 무효가 된다.

④ 보충역 편입처분과 공익근무요원 소집처분은 양자가 별개의 법률효과를 목표로 하는 것이므로 선행처분에 대한 하자는 후행처분에 승계되지 않는다.

36 판례의 입장으로 옳지 않은 것은?

2012. 5. 12 상반기 지방직

① 항공노선에 대한 운수권 배분은 항고소송의 대상이 되는 행정처분에 해당한다.
② 표준지공시지가결정이 위법한 경우에는 수용보상금의 증액을 구하는 소송에서도 선행처분으로서 그 수용대상 토지가격 산정의 기초가 된 비교표준지공시지가결정의 위법을 독립한 사유로 주장할 수 있다.
③ 주민등록의 신고는 행정청에 도달하기만 하면 신고로서의 효력이 발생하는 것이 아니라 행정청이 수리한 경우에 비로소 신고의 효력이 발생한다.
④ 환경상 이익에 대한 침해 또는 침해 우려가 있는 것으로 사실상 추정되어 원고적격이 인정되는 사람에는 환경상 침해를 받으리라고 예상되는 영향권 내의 주민들을 비롯하여 단지 그 영향권 내의 건물·토지를 소유하거나 환경상 이익을 일시적으로 향유하는데 그치는 사람도 포함된다.

37 다음 설명 중 옳지 않은 것은? (다툼이 있는 경우 판례에 의함)

2012. 9. 22 하반기 지방직

① 대물적 행정행위 중 수익적 행정행위인 경우에는 그 효과가 승계된다.
② 제1종 보통면허로 운전할 수 있는 차량을 음주 운전한 경우에 이와 관련된 면허인 제1종 대형면허와 원동기장치자전거 면허까지 취소할 수 있는 것으로 보아야 한다.
③ 입목굴채허가는 기속행위에 해당한다.
④ 행정기관이 같은 행정목적을 실현하기 위하여 다수인을 대상으로 하는 행정지도를 하고자 하는 때에는 특별한 사정이 없는 한 행정지도에 공통되는 사항을 공표해야 한다.

38 행정행위의 효력에 대한 설명으로 옳은 것은?

2012. 9. 22 하반기 지방직

① 무효인 행정행위에는 불가쟁력은 인정되지만 공정력은 인정되지 않는다.
② 행정상 손해배상소송에 있어 수소법원이 배상책임의 요건인 행정행위의 위법 여부를 스스로 심리할 수 있다.
③ 행정처분에 대한 법정의 불복기간이 지나면 직권으로도 취소할 수 없다.
④ 공정력은 입증책임의 분배와 직접적인 관련이 있다.

39 행정행위의 부관에 대한 판례의 입장으로 옳지 않은 것은?

2011. 5. 14 상반기 지방직

① 건축허가를 하면서 일정 토지의 기부채납을 허가조건으로 하는 부관은 기속행위 내지 기속적 재량행위에 붙인 부담이거나 또는 법령상 근거가 없는 부관이어서 무효이다.

② 공유재산에 대하여 40년간 사용허가기간을 신청한 것에 대해 행정청이 20년간 사용허가 한 경우에 허가기간에 대해서 독립하여 취소소송이 가능하다.

③ 기부채납의 부관이 당연무효이거나 취소되지 않은 이상 토지소유자는 위 부관으로 인하여 증여계약의 중요부분에 착오가 있음을 이유로 증여계약을 취소할 수 없다.

④ 행정행위의 부관 중 부담은 행정행위의 불가분적 요소가 아니고 그 존속이 본체인 행정행위의 존재를 전제로 하는 것일 뿐이므로 그 자체로서 행정소송의 대상이 될 수 있다.

40 행정행위의 부관에 대한 설명으로 옳은 것은? (다툼이 있는 경우 다수설 및 판례에 의함)

2011. 4. 9 행정안전부

① 준법률행위에는 부관을 붙일 수 없다는 것이 전통적 견해이다.

② 해제조건은 주된 행정행위에 종속되기는 하나 다른 행정행위의 부관과는 달리 독립하여 그 자체에 대한 행정쟁송의 제기가 가능하다는 것이 판례의 태도이나.

③ 부관을 행정행위 당시가 아니라 행정행위가 행하여진 후에 새로이 붙일 수 있는지에 대하여는 비록 법령에 근거가 있고 상대방의 동의가 있다고 해도 인정하지 않는 것이 판례의 태도이다.

④ 철회권이 유보된 경우일지라도 행정행위의 상대방은 당해 행정행위 철회시 신뢰보호의 원칙을 원용하여 손실보상을 청구할 수 있다.

41 다음 준법률행위적 행정행위의 강학상 구분으로 옳은 것은? (다툼이 있는 경우 판례에 의함)

2011. 4. 9 행정안전부

㉠ 당선인의 결정	㉡ 행정심판재결
㉢ 영수증 교부	㉣ 특허의 등록

① ㉠ – 확인   ② ㉡ – 공증

③ ㉢ – 통지   ④ ㉣ – 수리

42 甲은 A구청장으로부터 「식품위생법」 관련규정에 따라 적법하게 유흥접객업 영업허가를 받아 영업을 시작하였다. 영업을 시작한지 1년이 지난 후에 甲의 영업장을 포함한 일부지역이 새로이 적법한 절차에 따라 학교환경 위생정화구역으로 설정되었다. A구청장은 甲의 영업이 관할 학교환경 위생정화위원회의 심의에 따라 금지되는 행위로 결정되었다는 이유로 청문을 거친 후에 甲의 영업허가를 취소하였다. 甲은 A구청장의 취소처분이 위법하다고 주장하면서 영업허가취소처분에 대하여 취소소송을 제기하였다. 이에 대한 설명으로 옳지 않은 것은? (다툼이 있는 경우 판례에 의함)

2011. 4. 9 행정안전부

① A구청장의 甲에 대한 영업허가 취소는 적법하게 성립한 행정행위를 후발적인 사유의 발생을 이유로 그 효력을 소멸시키는 강학상 철회에 해당한다.

② A구청장은 甲에 대한 영업허가의 허가권사로서 이에 대한 철회권도 갖고 있다.

③ A구청장은 甲의 영업허가를 철회함에 있어 그 근거가 되는 법령이나 취소권유보의 부관 등을 명시하여야 하나, 피처분자가 처분 당시 그 취지를 알고 있었다거나 그 후 알게 된 경우에는 생략할 수 있다.

④ 甲에 대한 영업허가를 철회하기 위해서는 중대한 공익상의 필요가 있어야 한다.

43 허가 자체의 존속기간과 허가조건의 존속기간에 대한 설명으로 옳지 않은 것은? (다툼이 있는 경우 판례에 의함)

2011. 5. 14 상반기 지방직

① 행정행위가 그 내용상 장기간에 걸쳐 계속될 것이 예상되는데, 유효기간이 허가 또는 특허된 사업의 성질상 부당하게 단기로 정해진 경우에는 그 유효기간을 허가조건의 존속기간으로 보아야 한다.

② 허가조건의 존속기간 내에 적법한 갱신신청이 있었음에도 갱신가부의 결정이 없으면 주된 행정행위는 효력이 상실된다.

③ 연장신청이 없는 상태에서 허가기간이 만료하였다면 그 허가의 효력은 상실된다.

④ 허가의 갱신으로 갱신 전의 허가는 동일성을 유지하면서 효력을 유지한다.

44 행정행위의 부관에 관한 설명으로 옳지 않은 것은?

① 부관은 행정을 수행함에 있어서 유연성 및 탄력성을 보장하는 기능을 가진다.
② 부관은 당해 행정행위의 목적과 무관한 다른 목적을 위하여 붙일 수 없다.
③ 부관은 행정행위의 법률효과를 제한하거나 보충하는 기능을 수행한다.
④ 부관은 부담을 제외하고 독립하여 항고소송의 대상이 된다는 것이 판례의 입장이다.

45 행정행위의 효력에 관한 설명으로 옳지 않은 것은?

① 행정행위는 그 내용에 따라 일정한 법적 효과가 발생하고 관계행정청 및 상대방과 관계인을 구속하는 힘을 가진다.
② 행정행위는 비록 흠이 있더라도 중대하고 명백하여 당연무효가 아닌 한 권한 있는 기관에 의해 취소될 때까지 잠정적으로 유효하게 통용되는 힘을 가진다.
③ 행정행위에 비록 흠이 있더라도 쟁송제기기간이 경과하면 행정청은 행정행위를 취소할 수 없다.
④ 행정행위가 발해지면 일정한 경우에 행정청 자신도 직권으로 자유로이 이를 취소 또는 철회할 수 없다.

46 같은 성질의 행정행위끼리 연결되지 아니한 것은?

① 어업면허 – 하천점용허가
② 교과서의 검정 – 국가시험합격자 결정
③ 발명의 특허 – 광업허가
④ 귀화허가 – 공유수면매립면허

47 기속행위와 재량행위에 대한 설명으로 옳지 않은 것은?

① 기속행위에 부관을 붙이면 무효라는 것이 판례의 입장이다.
② 재량행위가 그 한계를 넘거나 남용이 있더라도 법원은 이를 취소할 수 없다.
③ 재량행위라고 할지라도 재량이 영으로 수축하는 경우에는 행정개입청구권이 성립할 수 있다.
④ 기속행위와 재량행위는 법원의 심사방식이 다르다는 것이 판례의 입장이다.

48 하자 있는 행정행위의 취소에 관한 설명으로 옳은 것은?

① 판례는 행정행위를 한 처분청은 그 행정행위에 하자가 있는 경우에 별도의 법적 근거가 없다면 스스로 행정행위를 취소할 수 없다고 판시하였다.
② 행정행위의 쟁송취소에 있어서 취소할 수 있는 권한을 가진 자는 원칙적으로 당해 행정행위를 한 행정청이다.
③ 행정권한의 위임 및 위탁에 관한 규정은 감독청인 위임청에게 처분청인 수임청의 처분을 취소할 수 있는 권한을 규정하고 있지 아니하다.
④ 수익적 행정행위의 취소에 있어서는 행정행위의 상대방에게 귀책사유가 없는 한 취소의 효과가 소급되지 않는 것이 원칙이다.

49 행정행위의 불가쟁력과 관련한 설명으로 옳지 않은 것은? (다툼이 있는 경우 판례에 의함)

① 위법한 침익적 행정행위에 불가쟁력이 발생한 경우에는 처분행정청이라 할지라도 직권으로 취소하거나 철회할 수 없다.
② 무효인 행정행위는 불가쟁력이 발생하지 않는다.
③ 불가쟁력이 발생한 행정행위라도 관계법령에서 해석상 그러한 신청권이 인정될 수 있는 경우에는 해당 처분의 변경에 대한 신청권이 인정된다고 볼 수 있다.
④ 불가쟁력이 발생한 행정행위에서 해당 처분이 취소되지 않아도 국가는 손해를 배상할 책임이 있다.

50 기속행위와 재량행위에 대한 설명으로 옳지 않은 것은?

① 재량행위라 하더라도 완전히 법에서 자유로운 행위는 아니고, 행정의 법률적합성의 원리상 행정법령상에서 인정되는 의무에 합당한 재량이라고 볼 수 있다.

② 종전에는 무엇이 '법' 또는 '공익'인가를 기준으로 기속재량과 자유재량을 구분하였으나 판례는 양자가 모두 사법심사의 대상이 된다고 보고 있다.

③ 재량권의 일탈이나 남용에 대한 사법적 통제의 가능성은 행정소송법에도 규정되어 있다.

④ 이해관계인에 대한 행정처분의 이유제시는 「행정절차법」상의 문제이고 재량통제의 대상은 아니다.

51 행정행위에 대한 다음 설명 중 옳은 것은?

① 명령적 행정행위는 국민에게 새로운 권리·능력, 기타 포괄적 법률관계를 발생·변경·소멸시키는 행위이다.

② 명령적 행정행위의 수명자가 하명에 의하여 과하여진 의무를 이행하지 않는 경우에는 행정상 강제집행에 의하여 그 의무이행이 강제되거나 또는 행정상 제재가 부과된다.

③ 공법상 대리는 법률의 규정에 의힌 법정대리가 아니라, 본인의 의사에 따른 대리행위이다.

④ 명령적 행정행위는 타인을 위하여 그 행위의 효력을 보충·완성하는 행위와 타인을 대신하여 행하는 행위로 나누어진다.

52 다음 중 허가에 관한 판례의 입장으로 적절하지 않은 것은?

① 주류제조면허는 일종의 특허에 해당한다.

② 운전면허는 학문상 허가에 속한다.

③ 유기장 영업허가로 인한 영업상 이익은 반사적 이익이다.

④ 개축허가 신청에 대해 행정청이 착오로 대수선 및 용도변경을 하였다 하더라도 취소 등의 적법한 처분 없이는 그 효력을 부인할 수 없다.

53 행정청의 허가행위에 관한 설명으로 옳지 않은 것은?

① 법률에 의한 상대적인 금지를 해제하는 행위이다.
② 일반적으로 명령적 행정행위로 설명된다.
③ 상대방의 신청 없이 가능하다는 점에서 인가와 구별된다.
④ 일반적으로 허가행위는 재량행위이다.

54 다음 중 부관에 대한 설명으로 옳지 않은 것은?

① 부관이 위법한 경우, 부관을 부가하지 않고는 당해 행정행위를 하지 않을 것이라고 판단
  된다면 부관만의 취소는 인정되지 않는다는 것이 학설과 판례의 입장이다.
② 기한을 붙이는 경우는 상대방에게 부여된 특권을 일정부분 한계지우는 기능을 가진다.
③ 권한 행정청으로부터 도시계획사업 시행허가를 받아 시설물을 설치하여 40년간 무상사용
  하기로 하고 기부채납한 사업자가 권한 행정청으로부터 20년간 사용허가를 받았다면 이
  는 부담의 하자로서 독립하여 취소소송의 대상이 된다.
④ 법정부관에는 부관의 법리가 적용되지 않는다.

55 다음 중 강학상 허가에 대한 설명으로 옳지 않은 것은?

① 허가의 대부분은 공공질서의 유지를 목적으로 하는 경찰허가의 성질을 가지는 것이기 때
  문에 신청이 법정의 결격사유나 기타 허가를 거부할 사유에 해당되지 않는 한 공익상의
  장애요인이 제거되었다고 보아 관련 법규의 표현이 불확실한 경우에는 행정청은 허가에
  기속된다고 보아야 할 것이다.
② 강학상 허가는 허가를 유보한 일반적·상대적 금지의 존재를 전제로 하기 때문에 절대적
  금지사항에 대하여는 허가할 수 없다.
③ 허가의 효과는 원칙적으로 그 허가를 받은 사람에 대해서만 발생되지만 대물적 허가의
  경우에는 허가 대상인 물건이나 시설 등의 이전에 따라 그 물건이나 시설을 이전 받은
  자에게 허가의 효과도 이전된다.
④ 절대적 금지사항의 해제에 대한 예외적 허가(승인)도 허가와는 마찬가지로 관련법규의
  표현이 불확실한 경우에는 기속행위의 성질을 가지는 것으로 본다.

56 다음 설명 중 옳지 않은 것은?

① 재량행위도 재량권을 일탈·남용한 경우에는 위반이 된다.
② 허가는 원칙적으로 기속행위 또는 기속재량행위이다.
③ 기속행위와 재량행위의 구별은 상대적인 것에 불과하다.
④ 교과서검정에 대하여 판례는 기속행위로 보고 있다.

57 재량행위에 관한 설명 중 옳지 않은 것은?

① 현행법상 재량하자의 사법심사에 관한 명문의 규정은 존재하지 않는다.
② 행정청의 재량행위가 재량권을 일탈한 때에는 법원은 이를 취소할 수 있다.
③ 단순한 재량 위반은 부당함에 그치는 것이나 재량권의 일탈·남용은 당해 재량행위를 위법하게 만든다.
④ 공유수면점용허가는 허가의 요건이 충족된 경우라 하더라도 공익을 이유로 허가신청을 거부할 수 있다.

58 다음 중 행정행위의 부관에 대한 설명으로 옳은 것은?

① 판례에 따르면 부담은 주된 행정행위에 종속되기는 하나, 다른 행정행위의 부관과는 달리 독립성이 강하여 부담 그 자체에 대한 행정쟁송의 제기가 가능하다.
② 행정행위에 부담이 부관으로 붙어있는 경우에는 당해 부담이 이행되지 않으면 행정행위의 효력은 상실된다.
③ 판례에 따르면 재량행위나 기속재량행위에는 부관을 붙일 수 없고, 붙였다 하더라도 이는 무효이다.
④ 특정한 경우에 행정청이 철회할 수 있다는 철회권 유보의 부관이 붙어있는 경우에는 그 자체만으로 당연히 행정행위를 철회할 수 있다.

59 행정행위의 취소와 철회의 유사점에 관한 설명 중 옳지 않은 것은?

① 철회도 실정법상 취소라고 불리는 경우가 많다.
② 감독청도 철회권과 직권취소권을 행사할 수 있다는 데 이견(異見)이 없다.
③ 철회와 직권취소는 행정목적 실현을 위한 하나의 수단이라는 점에서 유사하다.
④ 취소원인이나 철회원인이 있다는 것만으로 취소 또는 철회할 수 있는 것은 아니다.

60 행정행위의 하자에 대한 설명 중 옳지 않은 것은?

① 판례는 대집행계고처분과 대집행비용징수처분 간의 하자의 승계를 인정한다.
② 근거법규에 위헌결정이 나면 그에 의거하였던 행정행위는 원칙적으로 무효가 된다.
③ 통설은 선행행위가 후행행위와 결합하여 한 개의 법률효과를 완성하는 경우에는 하자의
　승계를 인정한다.
④ 사자(死者)에 대한 의사면허를 상속인에게 전환이 인정되지 않는다.

☞ 정답 및 해설 P.255

1 공법상 계약에 대한 설명으로 옳은 것은? (다툼이 있는 경우 판례에 의함)

2016. 4. 9 인사혁신처

① 국립의료원 부설 주차장에 관한 위탁관리용역운영계약은 공법상 계약에 해당한다.

② 공법상 계약에 대해서도 「행정절차법」이 적용된다.

③ 「사회기반시설에 대한 민간투자법」상 민간투자사업의 사업시행자 지정은 공법상 계약이 아니라 행정처분에 해당한다.

④ 부담은 그 자체로서 독립된 행정처분이므로 행정청이 행정처분을 하면서 일방적으로 부가하는 것이지, 사전에 상대방과 협의하여 부담의 내용을 협약의 형식으로 미리 정한 후에 행정처분을 하면서 이를 부가할 수는 없다.

2 행정계획에 대한 판례의 입장으로 옳지 않은 것은?

2016. 6. 18 제1회 지방직

① 비구속적 행정계획안이라도 국민의 기본권에 직접적으로 영향을 끼치고 앞으로 법령의 뒷받침에 의하여 그대로 실시될 것이 틀림없을 것으로 예상되는 경우에는 예외적으로 헌법소원의 대상이 될 수 있다.

② 도시계획구역 내 토지 등을 소유하고 있는 주민이라도 도시계획입안권자에게 도시계획의 입안을 요구할 수 있는 법규상·조리상 신청권은 없다.

③ 구「도시계획법」상 도시기본계획은 도시계획입안의 지침이 되는 것으로서 일반 국민에 대한 직접적 구속력이 없다.

④ 선행 도시계획의 결정·변경 등의 권한이 없는 행정청이 행한 선행 도시계획과 양립할 수 없는 새로운 내용의 후행 도시계획결정은 무효이다.

3 행정계획에 대한 설명으로 가장 옳은 것은?

2016. 6. 25 서울특별시

① 행정계획에는 변화가능성이 내재되어 있으므로, 국민의 신뢰보호를 위하여 계획보장청구권이 널리 인정된다.
② 이익형량을 전혀 하지 않았다면 위법하다고 볼 수 있으나, 이익형량의 고려사항을 일부 누락하였거나 이익형량에 있어 정당성이 결여된 것만으로는 위법하다고 볼 수 없다.
③ 일반적인 행정행위에 비하여 행정청에 폭넓은 재량권이 부여된다.
④ 행정계획은 항고소송의 대상이 될 수 없다.

4 행정계획에 대한 설명으로 옳은 것은?

2015. 3. 14 사회복지직

① 계획법규범은 목표는 제시하지만 그 목표실현을 위한 수단은 구체적으로 제시하지 않는 목적프로그램의 형식을 취하는 것을 특징으로 한다.
② 판례는 원칙적으로 계획보장청구권을 인정하고 있다.
③ 헌법재판소에 의하면, 국민의 기본권에 직접적으로 영향을 끼치고 법령의 뒷받침에 의해 실시될 것이라고 예상될 수 있다 하더라도 비구속적 행정계획안은 헌법소원의 대상이 될 수 없다.
④ 대법원에 의하면, 장래 일정한 기간 내에 관계 법령이 규정하는 시설 등을 갖추어 일정한 행정처분을 구하는 신청을 할 수 있는 법률상 지위에 있는 자에게도 구 「국토이용관리법」상의 국토이용계획의 변경을 신청할 권리는 인정되지 않는다.

5 판례에 의할 때 사실행위에 해당하는 것만을 모두 고른 것은?

2015. 3. 14 사회복지직

> ㉠ 추첨방식에 의해 운수사업면허대상자를 선정하는 경우에 있어서의 추첨행위
> ㉡ 구속된 피의자가 수갑 및 포승을 시용한 상태로 피의자신문을 받도록 한 수갑 및 포승 사용행위
> ㉢ 액화석유가스충전사업의 지위승계신고를 수리하는 행위
> ㉣ 공립학교당국이 미납 공납금을 완납하지 아니할 경우 졸업증의 교부와 증명서를 발급하지 않겠다고 통고한 행위

① ㉠, ㉣　　　　　　　　　　② ㉢, ㉣
③ ㉠, ㉡, ㉢　　　　　　　　④ ㉠, ㉡, ㉣

6 여름철 식중독예방을 위해 A구의 보건행정담당 공무원 甲이 관내 일반·휴게·계절음식점 업주에 대해 위생지도를 실시하고 있다. 이에 관한 설명 중 옳지 않은 것은?

2015. 6. 13 서울특별시

① 판례에 따르면 법령의 수권(授權)없이 행정지도를 할 수 없다.

② 위생지도의 상대방인 일반·휴게·계절음식점 업주가 甲의 위생지도에 불응한 경우, 그 사유만으로 당해 업주에게 불이익한 조치를 해서는 아니 된다.

③ 甲의 위생지도는 구속력을 갖지 않는 행정지도에 속하지만 「행정절차법」상의 비례원칙이 적용된다.

④ 甲의 위생지도가 다수인을 대상으로 하는 것이라면 특별한 사정이 없는 한 위생지도에 관한 공통적인 내용과 사항을 공표해야 한다.

7 공법상 계약에 대한 판례의 입장으로 옳지 않은 것은?

2015. 6. 27 제1회 지방직

① 계약직공무원에 대한 계약을 해지할 때에는 「행정절차법」에 의하여 근거와 이유를 제시하여야 한다.

② 채용계약상 특별한 약정이 없는 한 지방계약직공무원에 대하여 「지방공무원법」, 「지방공무원 싱계 및 소청 규정」에 정한 징계절차에 의하지 않고서는 보수를 삭감할 수 없다.

③ 지방전문직공무원 채용계약에서 정한 채용기간이 만료한 경우 채용계약을 갱신하거나 채용기간을 연장할 것인지 여부는 지방자치단체장의 재량에 맡겨져 있다.

④ 공중보건의사 채용계약 해지의 의사표시에 대하여는 공법상의 당사자소송으로 그 의사표시의 무효확인을 청구할 수 있다.

8 행정계획에 대한 판례의 태도로 옳은 것은?

2014. 4. 19 안전행정부

① 구「도시계획법」상 도시기본계획은 일반 국민에 대한 직접적 구속력을 가진다.

② 구「국토이용관리법」상 국토이용계획이 확정된 후 일정한 사정의 변동이 있다면 지역주민에게 일반적으로 계획의 변경 또는 폐지를 청구할 권리가 있다.

③ 국토이용계획변경신청을 거부하는 것이 실질적으로 당해 행정처분 자체를 거부하는 결과가 되는 경우에 그 신청인은 국토이용계획변경을 신청할 권리가 있다.

④ 도시계획 구역 내에 토지 등을 소유하고 있는 주민이라 하더라도 도시계획시설변경 입안권자에게 도시계획입안을 요구할 수 있는 법규상 또는 조리상 신청권이 발생하는 것은 아니다.

9 행정지도에 대한 다음 설명 중 옳지 않은 것은?

① 상대방의 의사에 반하여 부당하게 강요하여서는 아니 된다.
② 행정기관은 행정지도의 상대방이 행정지도에 따르지 아니하였다는 것을 이유로 불이익한 조치를 하여서는 아니 된다.
③ 행정지도를 하는 자는 그 상대방에게 그 행정지도의 취지 및 내용과 신분을 밝혀야 한다.
④ 행정지도는 반드시 문서로 하여야 한다.

10 행정지도에 대한 설명으로 옳지 않은 것은? (다툼이 있는 경우 판례에 의함)

2013. 8. 24 제1회 지방직

① 교육인적자원부장관(현 교육부장관)의 대학총장들에 대한 학칙시정요구는 행정지도에 해당하므로 규제적, 구속적 성격을 강하게 가지고 있더라도 헌법소원의 대상이 되는 공권력의 행사라고 볼 수 없다.
② 「행정절차법」에 따르면, 행정기관은 행정지도의 상대방이 행정지도에 따르지 않았다는 것을 이유로 불이익한 조치를 하여서는 아니 된다고 규정하고 있다.
③ 위법건축물에 대한 단전 및 전화통화단절조치 요청행위는 처분성이 부인된다.
④ 행정지도가 강제성을 띠지 않은 비권력적 작용으로서 행정지도의 한계를 일탈하지 아니하였다면 그로 인하여 상대방에게 어떤 손해가 발생하였다 하더라도 행정기관은 그에 대한 손해배상책임이 없다.

11 행정계획에 관한 다음 설명 중 옳지 않은 것은? (단, 다툼이 있는 경우 판례에 의함)

① 장래의 질서있는 행정활동을 위한 목표를 설정하고, 설정된 목표를 달성하기 위하여 다양한 행정수단을 종합하고 조정하는 행위이다.
② 주로 장기성·종합성을 요하는 사회국가적 복리행정 영역에서 중요한 의미를 갖는다.
③ 행정계획은 장래 행정작용의 방향을 정한 것일 뿐 직접 국민의 권리의무에 변동을 가져오지는 않으므로 행정입법의 성질을 갖는다고 본다.
④ 계획수립의 권한을 가지고 있는 행정기관은 계획수립과 관련하여 광범위한 재량권을 갖고 있는바, 이를 계획재량이라 한다.

12 행정지도(行政指導)에 대한 설명으로 옳지 않은 것은? (다툼이 있는 경우 판례에 의함)

2012. 4. 7 행정안전부

① 상대방이 행정지도에 따르지 아니하였다는 것을 이유로 불이익한 조치를 하여서는 아니된다.

② 행정지도가 단순한 행정지도로서의 한계를 넘어 규제적·구속적 성격을 상당히 강하게 갖는 것이라면 헌법소원의 대상이 되는 공권력의 행사로 볼 수 있다.

③ 행정지도는 상대방인 국민의 임의적 협력을 구하는 비권력적 행위이므로 국가배상법 상의 직무행위에 해당하지 않는다.

④ 영농지도, 중소기업에 대한 경영지도, 생활개선지도 등은 조성적 행정지도에 해당한다.

13 행정계획에 관한 설명으로 옳은 것은? (다툼이 있는 경우 판례에 의함)

2012. 5. 12 상반기 지방직

① 「도시재개발법」상의 관리처분계획은 처분성이 없다.

② 헌법재판소에 의하면 도시계획사업의 시행으로 토지를 수용당한 사람은 도시계획결정과 토지수용이 당연 무효가 아닌 한 도시계획결정 자체의 취소를 청구할 법률상의 이익이 없다.

③ 공청회와 이주대책이 없는 도시계획수립행위는 당연 무효인 행위이다.

④ 권한있는 행정청이 정당하게 도시계획결정 등의 처분을 하였다면 이를 관보에 게재하여 고시하지 아니하였다 하더라도 대외적으로 효력을 발생한다.

14 행정지도에 대한 설명으로 옳은 것은? (다툼이 있는 경우 판례에 의함)

2011. 5. 14 상반기 지방직

① 직접적 규제목적이 없는 행정지도는 법령에 직접 근거규정이 없어도 권한업무의 범위 내에서 행해질 수 있다.

② 행정지도가 다수인을 대상으로 할 경우에도 명령·강제작용이 아니기 때문에 「행정절차법」은 특별한 사정이 없으면 공표할 필요가 없다고 규정한다.

③ 행정지도는 행정목적을 달성하기 위하여 상대방의 의사에 반하여 강요할 수 있다.

④ 행정지도는 사실상 강제력으로 인하여 권력적 행정활동임이 원칙이다.

15 행정지도에 관한 설명 중 옳지 않은 것은?

① 행정지도는 비권력적 사실행위이다.
② 행정지도는 그 목적 달성에 필요한 최소한에 그쳐야 한다.
③ 판례에 의하면 행정지도는 항고소송의 대상이 아니다.
④ 「행정절차법」에서는 행정지도는 반드시 서면의 형식으로 행하도록 규정하고 있다.

16 행정계획에 관한 설명으로 옳지 않은 것은?

2010. 4. 10 행정안전부

① 판례에 의하면 장래 일정한 기간 내에 일정한 처분을 구하는 신청을 할 법률상 시위에 있는 자의 국토이용계획변경신청에 대한 거부행위는 예외적으로 행정소송의 대상이 된다.
② 일반적인 계획보장청구권은 인정되지 않는다.
③ 행정계획은 그 본질상 변경가능성과 신뢰보호의 긴장관계에 있다.
④ 판례는 도시계획의 변경 또는 폐지를 신청할 조리 상의 권리를 원칙적으로 인정하고 있다.

17 다음 중 공법상 계약에 관한 설명으로 옳지 않은 것은? (다툼이 있는 경우 판례에 의함)

① 계약직 공무원 채용계약해지의 의사표시는 상대방에 대한 불이익처분이므로, 행정절차법에 의하여 근거와 이유를 제시하여야 한다.
② 서울특별시립무용단 단원의 위촉은 공법상 계약이고, 그 단원의 해촉에 대하여는 공법상의 당사자소송으로 그 무효확인을 청구할 수 있다.
③ 공법상 계약에 대해서는 법원의 판결을 통해 강제집행을 하여야 하고, 특별한 규정이 없는 한 강제집행을 할 수 없다.
④ 계속적 계약에 있어서 계약의 기초가 되는 신뢰관계가 파괴된 경우 행정주체에게는 계약해지권이 인정된다.

18 행정지도에 관한 설명으로 옳은 것은?

① 행정지도는 행정목적 달성에 필요한 제재를 가하기 위하여 행하여지는 단계적 행정행위
로서의 사전적인 행위라고도 볼 수 있다.
② 행정지도를 하는 경우에는 관련된 국민의 권리나 의무에 간접적으로나마 영향을 미칠 수
있으므로 직무수행에 특별한 지장이 없는 한 서면으로 행하여야 한다.
③ 행정지도의 상대방이 행정지도에 따르지 않았다고 하여 불이익한 조치를 하는 것은 법리
적으로 비례의 원칙에 어긋나는 과잉지도로 볼 수 있다.
④ 판례에 의하면 위법한 행정지도에 따라 행한 사인의 행위는 위법하고 정당화될 수 없다.

19 다음 중 행정법상 확약에 대한 설명으로 옳지 않은 것은?

① 행정법상 확약은 구술로도 가능하다.
② 다수설은 기속행위의 경우 예지이익과 대처이익이 있으므로 확약이 가능하다고 본다.
③ 판례는 확약의 행정행위성을 긍정한다.
④ 다수설은 확약의 행정행위로서의 성질을 긍정한다.

20 행정지도에 대한 설명 중 옳은 것은?

① 권력적 사실행위이다.
② 법률유보의 원칙이 적용된다.
③ 상대방의 임의적 협력을 요한다.
④ 반드시 법률의 근거를 요한다.

21 행정계획에 관한 설명 중 옳지 않은 것은?

① 판례는 구 「도시계획법」상의 고시된 도시계획결정의 법적 성질을 행정처분으로 본다.
② 법적 구속력의 유무에 따라 구속적 계획과 비구속적 계획으로 분류할 수 있다.
③ 판례는 계획보장청구권과 계획변경청구권을 인정하고 있다.
④ 처분성이 인정되는 행정계획은 사법심사의 대상이 된다.

22 다음 중 공법상 계약으로만 짝지어진 것은?

① 별정우체국 지정 – 행려병자 보호
② 도로관리협의 – 지원입대
③ 수출보조금 교부계약 – 토지수용재결
④ 공중보건의 채용계약 – 도청청사 건축도급계약

23 경기도 용인시는 대기환경 개선을 위해 황사가 날아오는 기간 중 관내 업체들에 공장가동시간을 1시간 줄여줄 것을 내용으로 하는 협조요청공문을 발송하였다. 다음 중 이에 관한 설명으로 옳은 것은?

① 협조요청은 관내 업체들에 대해 의무를 부과하는 하명이다.
② 이와 같은 협조요청은 법적 근거가 있어야만 가능하다.
③ 협조요청을 받은 공장주는 취소소송으로 협조요청을 다툴 수 있다.
④ 공장주가 협조요청에 동의하여 공장가동시간을 1시간 줄였다 하더라도 이로 인한 손실에 대한 보상은 원칙적으로 인정되지 않는다.

24 다음 중 행정지도에 관한 설명으로 옳은 것은?

① 권력적 행정작용에 해당한다.
② 당사자가 동의하지 않으면 효력이 발생하지 않는다.
③ 독일의 제도를 일본에서 번역한 개념이다.
④ 행정소송법은 이러한 행위를 처분의 개념으로 규정하고 있다.

25 다음 중 공법상 계약으로서의 성질을 가지는 것은?

① 재개발조합의 설립
② 공사의 도급계약
③ 지방의회의 의결
④ 지방자치단체 간에 행해지는 도로 · 하천의 경비 분담에 관한 협의

26 행정지도에 관한 행정절차법의 규정 내용으로 볼 수 없는 것은?

① 행정지도의 상대방은 당해 행정지도의 방식, 내용 등에 관하여 당해 행정기관에 의견을 제출할 수 있다.
② 행정지도를 하는 자는 그 상대방에게 행정지도의 취지, 내용 및 신분을 밝혀야 한다.
③ 행정지도는 그 목적 달성에 필요한 최소한도에 그쳐야 하고 또한 상대방의 의사에 반하여 부당하게 강요하여서는 안 된다.
④ 행정지도는 문서의 형식으로 하여야만 한다.

27 행정상 확약에 대한 설명으로 가장 옳지 않은 것은?

① 확약이라 함은 행정청이 자기구속의 의도로 사인에 대해 장래의 작위 또는 부작위를 약속하는 의사표시를 말한다.
② 판례는 확약의 처분성을 부인한 바 있다.
③ 확약은 본래 독일의 학설·판례가 발전시킨 불문의 법리였으며, 현재 우리나라의 「행정절차법」도 명문으로 규정하고 있다.
④ 확약의 불이행에 대하여는 이행심판·부작위 위법확인소송을 통한 구제를 생각할 수 있다.

28 다음 중 행정지도에 관한 설명으로 가장 옳지 않은 것은?

① 대법원은 행정지도의 비권력적 사실행위의 성질에 비추어 행정지도만으로 「건축기본법」 소정의 도로지정이 있은 것으로 볼 수 없다고 판시하였다.
② 다른 행위형식의 경우와는 달리 행정지도에 있어서는 비례의 원칙이 적용되지 아니한다.
③ 행정지도의 문제점은 한계가 불분명하고 행정구제수단이 불완전하다는 점이다.
④ 위법한 행정지도에 대한 행정상 손해배상을 인정할 것인가의 여부에 관해서는 학설의 대립이 있다.

29 다음 중 행정지도에 대한 설명으로 옳지 않은 것은?

① 행정지도시 신분을 밝혀야 한다.
② 학문상의 개념이다.
③ 비권력적이므로 국민과의 마찰을 피할 수 있다.
④ 공권력의 발동으로 생기는 마찰을 줄여준다.

30 행정지도에 관한 설명 중 옳지 않은 것은?

① 행징지도에도 원칙적으로 법률의 근거가 있어야 한다는 것이 통설의 입장이다.
② 당해 행정기관의 소관사무의 범위 안에서 행정지도가 실시되어야 한다.
③ 행정지도는 법의 일반원칙을 포함해서 법에 위반해서는 아니 된다.
④ 사실상 강제력을 가지는 행정지도를 항고쟁송의 대상이 되는 처분으로 보는 견해도 있다.

31 행정계획에 관한 설명으로 가장 옳지 않은 것은?

① 계획재량은 법률로부터 자유로운 행위의 일종이다.
② 사전적 통제 내지 구제가 강조된다.
③ 형량명령(형량요청)의 법리가 판례에 반영되고 있다.
④ 계획보장청구권은 실정법상으로 반영되고 있지 않다.

32 행정계획에 관련된 국민의 권리보호수단으로서 옳지 않은 것은?

① 계획의 변경을 허용하지 않는 방법
② 계획수립과정에의 참가
③ 이른바 형량명령의 인정
④ 행정계획의 처분성 인정

33 다음 중 행정계획을 수립함에 있어서 행정청에 광범위한 재량이 인정되는 사항으로서 사법적 심사가 부적당한 것은?

① 형량에 있어 관계이익의 평가를 단순히 그르친 경우
② 형량이 전혀 없는 경우
③ 공익을 고려하지 아니한 경우
④ 이익형량시 비례원칙의 위반

34 계획재량의 개념을 가장 옳게 설명하고 있는 것은?

① 계획재량에는 행정예측을 전제로 하는 행정처분을 함에 있어서 행정기관이 가지는 재량을 말한다.
② 계획재량은 행정계획의 집행에 관한 결정을 할 수 있는 재량을 말한다.
③ 계획재량은 행정목표를 정립함에 있어 선택할 수 있는 재량을 말한다.
④ 계획재량은 행정계획의 수립과정에서 행정주체가 가지는 재량권, 즉 계획상의 형성의 자유를 말한다.

35 다음 중 국민에 대하여 직접 구속력을 갖는 행정계획은?

① 「국토의 계획 및 이용에 관한 법률」상의 도시관리계획
② 「국토기본법」상의 국토종합계획
③ 「국토의 계획 및 이용에 관한 법률」상의 도시기본계획
④ 「정부기업예산법」상의 예산운용계획

36 다음 중 행정상 사실행위에 속하지 아니하는 것은?

① 행정지도   ② 예방접종행위
③ 행정조사   ④ 대집행의 계고

37 행정계획에 있어서 형량명령에 따른 심사내용에 해당하지 않는 것은?

① 이해관계의 반영시 당사자의 의견을 청취하였는가의 여부
② 형량을 하였는가의 여부
③ 당해 행정계획에서 마땅히 포함되어야 할 이해관계가 포함되었는가의 여부
④ 이해관계의 평가시 특정 이해관계만을 강조하였는가의 여부

38 다음 중 행정지도에 대한 설명으로 옳지 않은 것은?

① 상대방의 임의적 협력이 바탕이 된다.
② 사실행위로서 법적 효과가 인정되지는 않는다.
③ 방식이나 내용 등에 관해 행정기관에 의견제출이 가능하다.
④ 판례에 의할 때 처분성이 인정되므로 항고소송의 대상이 된다.

39 다음 중 비공식 행정작용에 속하지 않는 것은?

① 국민의 계몽 · 홍보 및 상담 · 설득
② 행정기관이 일방적으로 행하는 경고 · 권고 · 정보제공
③ 행정청과 사인 상호 간에 행해지는 협정 · 협상
④ 자진신고자에 대한 세율인하의 약속

40 행정지도에 관한 설명 중 옳지 않은 것은?

① 행정지도는 그에 관한 개별적 법적 근거 없이도 할 수 있다.
② 행정지도는 법규에 위반할 수 없다.
③ 위법한 행정지도로 국민이 손해를 입어도 국가배상책임이 인정될 수 없다.
④ 행정지도의 법적 성질은 비권력적 사실행위이다.

☞ 정답 및 해설 P.259

1 「공공기관의 정보공개에 관한 법률」에 따른 정보공개에 대한 설명으로 옳은 것은? (다툼이 있는 경우 판례에 의함)

2016. 4. 9 인사혁신처

① 국 · 공립의 초등학교는 공공기관의 정보공개에 관한 법령상 공공기관에 해당하지만, 사립 초등학교는 이에 해당하지 않는다.

② 공개방법을 선택하여 정보공개를 청구하였더라도 공공기관은 정보공개청구자가 선택한 방법에 따라 정보를 공개하여야 하는 것은 아니며, 원칙적으로 그 공개방법을 선택할 재량권이 있다.

③ 정보공개청구에 대해 공공기관의 비공개결정이 있는 경우 이의신청절차를 거치지 않더라도 행정심판을 청구할 수 있다.

④ 정보공개청구자는 정보공개와 관련한 공공기관의 비공개결정에 대해서는 이의신청을 할 수 있지만, 부분공개의 결정에 대해서는 따로 이의신청을 할 수 없다.

2 「행정절차법」의 적용에 대한 설명으로 옳은 것은? (다툼이 있는 경우 판례에 의함)

2016. 4. 9 인사혁신처

① 상대방의 귀책사유로 야기된 처분의 하자를 이유로 수익적 행정행위를 취소하는 경우에는 특별한 규정이 없는 한 「행정절차법」상 사전통지의 대상이 되지 않는다.

② 행정절차법령이 '공무원 인사관계 법령에 의한 처분에 관한 사항'에 대하여 「행정절차법」의 적용이 배제되는 것으로 규정하고 있는 이상, '공무원 인사관계 법령에 의한 처분에 관한 사항' 전부에 대해 「행정절차법」의 적용이 배제되는 것으로 보아야 한다.

③ 「식품위생법」상 허가영업에 대해 영업자지위승계신고를 수리하는 처분은 종전의 영업자에 대하여 다소 권익을 침해하는 효과가 발생한다고 하더라도 「행정절차법」상 사전통지를 거쳐야 하는 대상이 아니다.

④ 행정청과 당사자 사이에 「행정절차법」상 규정된 청문절차를 배제하는 내용의 협약이 체결되었다고 하여, 그러한 협약이 청문의 실시에 관한 「행정절차법」규정의 적용이 배제된다거나 청문을 실시하지 않아도 되는 예외적인 경우에 해당한다고 할 수 없다.

3 「행정절차법」상 행정절차에 대한 설명으로 옳지 않은 것은?

2016. 6. 18 제1회 지방직

① 말로 행정지도를 하는 자는 상대방이 그 행정지도의 취지 및 내용과 행정지도를 하는 자의 신분을 적은 서면의 교부를 요구하는 경우에 직무수행에 특별한 지장이 없으면 이를 교부하여야 한다.

② 행정청은 부득이한 사유로 공표한 처리기간 내에 처분을 처리하기 곤란한 경우에는 해당 처분의 처리기간의 범위에서 한 번만 그 기간을 연장할 수 있다.

③ 정보통신망을 이용한 공청회(전자공청회)는 공청회를 실시할 수 없는 불가피한 상황에서만 실시할 수 있다.

④ 청문은 원칙적으로 당사자가 공개를 신청하거나 청문주재자가 필요하다고 인정하는 경우 공개할 수 있다.

4 「개인정보보호법」상 개인정보 단체소송에 대한 설명으로 옳은 것은?

2016. 6. 18 제1회 지방직

① 개인정보 단체소송은 개인정보처리자가 「개인정보보호법」상의 집단분쟁조정을 거부하거나 집단분쟁조정의 결과를 수락하지 아니한 경우에 법원의 허가를 받아 제기할 수 있다.

② 개인정보 단체소송을 허가하거나 불허가하는 법원의 결정에 대하여는 불복할 수 없다.

③ 개인정보 단체소송에 관하여 「개인정보보호법」에 특별한 규정이 없는 경우에는 「행정소송법」을 적용한다.

④ 「소비자기본법」에 따라 공정거래위원회에 등록한 소비자단체가 개인정보 단체소송을 제기하려면 그 단체의 정회원수가 1백명 이상이어야 한다.

5 다음 중 행정규칙에 대한 설명으로 가장 옳지 않은 것은?

2016. 6. 25 서울특별시

① 대법원 판례에 의하면, 법령보충적 행정규칙은 행정기관에 법령의 구체적 사항을 정할 수 있는 권한을 부여한 상위 법령과 결합하여 대외적 효력을 갖게 된다.

② 대법원 판례에 의하면, 법령보충적 행정규칙은 상위 법령에서 위임한 범위 내에서 대외적 효력을 갖는다.

③ 헌법재판소 판례에 의하면, 헌법상 위임입법의 형식은 열거적이기 때문에, 국민의 권리·의무에 관한 사항을 고시 등 행정규칙으로 정하도록 위임한 법률 조항은 위헌이다.

④ 헌법재판소 판례에 의하면, 재량준칙인 행정규칙도 행정의 자기구속의 법리에 의거하여 헌법소원심판의 대상이 될 수 있다.

6 처분의 신청에 대한 「행정절차법」의 내용으로 옳은 것은?

2016. 6. 25 서울특별시

① 행정청은 신청인의 편의를 위하여 다른 행정청에 신청을 접수하게 할 수 있다.

② 행정청에 처분을 구하는 신청은 문서로만 가능하다.

③ 처분을 신청할 때 전자문서로 하는 경우에는 신청인의 컴퓨터 등에 입력된 때에 신청한 것으로 본다.

④ 행정청은 신청에 구비서류의 미비 등 흠이 있는 경우에는 그 이유를 구체적으로 밝혀 접수된 신청을 되돌려 보내야 한다.

7 행정절차에 대한 설명으로 옳지 않은 것은?

2015. 3. 14 사회복지직

① 「행정절차법」은 처분절차 이외에도 신고, 행정예고, 행정상 입법예고 및 행정지도 절차에 관한 규정을 두고 있다.

② 처분의 이유제시에 관한 「행정절차법」의 규정은 침익처분 및 수익처분 모두에 적용된다.

③ 신청에 대한 거부처분은 특별한 사정이 없는 한 「행정절차법」상 처분의 사전통지대상이 아니라는 것이 대법원의 입장이다.

④ 헌법재판소는 행정절차의 헌법적 근거를 민주국가원리라는 헌법원리에서 찾고 있다.

8 행정절차에 대한 설명으로 옳지 않은 것은? (다툼이 있는 경우 판례에 의함)

2015. 6. 27 제1회 지방직

① 퇴직연금의 환수결정은 관련 법령에 따라 당연히 환수금액이 정하여지는 것이므로, 퇴직연금의 환수결정에 앞서 당사자에게 「행정절차법」상의 의견진술 기회를 주지 아니하여도 된다.

② 당사자가 근거규정 등을 명시하여 신청하는 인·허가 등을 거부하는 처분을 함에 있어 당사자가 그 근거를 알 수 있을 정도로 상당한 이유를 제시한 경우에는 당해 처분의 근거 및 이유를 구체적 조항 및 내용까지 명시하지 않았더라도 그로 말미암아 그 처분이 위법한 것이 된다고 할 수 없다.

③ 신청에 대한 거부처분은 당사자의 권익을 제한하는 처분에 해당한다고 할 수 있어서 처분의 사전통지대상이 된다.

④ 고시의 방법으로 불특정 다수인을 상대로 의무를 부과하거나 권익을 제한하는 처분은 「행정절차법」 제22조 제3항의 의견제출절차의 대상이 되는 처분이 아니다.

9 「행정절차법」상 청문 또는 공청회 절차에 대한 설명으로 옳지 않은 것은? (다툼이 있는 경우 판례에 의함)

2015. 4. 18 인사혁신처

① 행정청이 청문을 거쳐야 하는 처분을 하면서 청문절차를 거치지 않는 경우에는 그 처분은 위법하지만 당연무효인 것은 아니다.

② 청문서가 「행정절차법」에서 정한 날짜보다 다소 늦게 도달하였을 경우에도, 당사자가 이에 대하여 이의하지 아니하고 청문일에 출석하여 의견을 진술하였다면 청문서 도달기간을 준수하지 않은 하자는 치유된다.

③ 행정청은 「행정절차법」 제38조에 따른 공청회와 병행하여서만 정보통신망을 이용한 공청회(전자공청회)를 실시할 수 있다.

④ 청문 주재자는 당사자등의 전부 또는 일부가 정당한 사유 없이 청문기일에 출석하지 아니한 경우라도 이들에게 다시 의견진술 및 증거제출의 기회를 주지 아니하고는 청문을 마칠 수 없다.

10 「행정절차법」상의 처분절차에 관한 설명으로 옳지 않은 것은? (다툼이 있는 경우 판례에 의함)

2015. 6. 13 서울특별시

① 행정청은 신청에 구비서류의 미비 등 흠이 있는 경우에는 보완에 필요한 상당한 기간을 정하여 지체없이 신청인에게 보완을 요구하여야 한다.

② 당사자 등은 공표된 처분기준이 명확하지 아니한 경우 해당 행정청에 그 해석 또는 설명을 요청할 수 있으며 이 경우 해당 행정청은 특별한 사정이 없으면 그 요청에 따라야 한다.

③ 퇴직연금의 환수결정과 같이 법령상 확정된 불이익처분의 경우에도 당사자에게 의견진술의 기회를 주지 않았다면 「행정절차법」 위반이 된다.

④ 행정처분의 상대방이 통지된 청문일시에 불출석하였다는 이유만으로는 관계법령상 요구되는 청문절차없이 침해적 행정처분을 할 수는 없다.

11 공공기관의 정보공개에 관한 법령의 내용에 대한 설명으로 옳지 않은 것은?

2015. 6. 27 제1회 지방직

① 정보의 공개 및 우송 등에 소요되는 비용은 실비의 범위에서 청구인이 부담하나, 공개를 청구하는 정보의 사용 목적이 공공복리의 유지·증진을 위하여 필요하다고 인정되는 경우에는 그 비용을 감면할 수 있다.

② 지방자치단체는 그 소관 사무에 관하여 법령의 범위에서 정보공개에 관한 조례를 정할 수 있다.

③ 직무를 수행한 공무원의 성명과 직위는 공개될 경우 개인의 사생활의 비밀 또는 자유를 침해할 우려가 있다면 비공개대상정보에 해당한다.

④ 학술·연구를 위하여 일시적으로 체류하는 외국인은 정보공개청구를 할 수 있다.

12 「공공기관의 정보공개에 관한 법률」상 정보공개대상에 대한 판례의 입장으로 옳지 않은 것은?

2015. 3. 14 사회복지직

① 공공기관이 직무상 작성 또는 취득하여 현재 보유·관리하고 있는 문서의 경우 사본도 정보공개의 대상이 될 수 있다.

② 사법시험 응시자가 자신의 제2차시험 답안지에 대한 열람청구를 한 경우 그 답안지는 정보공개의 대상이 된다.

③ 공무원이 직무와 관련 없이 개인적 자격으로 금품을 수령한 정보는 공개대상이 되는 정보이다.

④ 사면대상자들의 사면실시건의서와 그와 관련된 국무회의 안건자료는 공개대상이 되는 정보이다.

13 행정정보의 공개에 대한 판례의 입장이 아닌 것은?

2015. 4. 18 인사혁신처

① 구 「공공기관의 정보공개에 관한 법률 시행령」 제2조 제1호가 정보공개의무기관으로 사립대학교를 들고 있는 것은 모법의 위임범위를 벗어난 것으로 위법하다.

② 청구인이 공공기관에 대하여 정보공개를 청구하였다가 거부처분을 받은 것 자체가 법률상 이익의 침해에 해당한다.

③ 청구대상정보를 기재할 때는 사회일반인의 관점에서 청구대상정보의 내용과 범위를 확정할 수 있을 정도로 특정하여야 한다.

④ 공개를 거부한 정보에 비공개대상정보에 해당하는 부분과 공개가 가능한 부분이 혼합되어 있고, 공개청구의 취지에 어긋나지 아니하는 범위 안에서 두 부분을 분리할 수 있을 때에는 청구취지의 변경이 없더라도 공개가 가능한 부분만의 일부취소를 명할 수 있다.

14 행정청은 당사자에게 의무를 부과하거나 권익을 제한하는 처분을 하는 경우에는 미리 처분의 제목, 당사자의 성명 또는 명칭과 주소 등의 일정한 사항을 당사자 등에게 통지하여야 함이 원칙이지만, 예외적으로 이러한 사전통지가 생략될 수 있다. 다음 중 「행정절차법」이 규정하고 있는 사전통지 생략사유가 아닌 것은?

2015. 6. 13 서울특별시

① 공공의 안전 또는 복리를 위하여 긴급히 처분을 할 필요가 있는 경우

② 단순·반복적인 처분 또는 경미한 처분으로서 당사자가 그 이유를 명백히 알 수 있는 경우

③ 해당 처분의 성질상 의견청취가 현저히 곤란하거나 명백히 불필요하다고 인정될 만한 상당한 이유가 있는 경우

④ 법령 등에서 요구된 자격이 없거나 없어지게 되면 반드시 일정한 처분을 하여야 하는 경우에 그 자격이 없거나 없어지게 된 사실이 법원의 재판 등에 의하여 객관적으로 증명된 경우

15 「행정절차법」에 대한 설명으로 옳은 것은?

2014. 4. 19 안전행정부

① 행정예고기간은 예고내용의 성격 등을 고려하여 정하되, 특별한 사정이 없으면 14일 이상으로 한다.

② 「행정절차법」은 국민의 권익을 보호하기 위하여 모든 행정처분을 문서로 하도록 규정하고 있다.

③ 행정청은 전자공청회를 개최하는 경우 공청회와 병행하여 실시할 수 없다.

④ 청문주재자는 직권으로 또는 당사자의 신청에 따라 필요한 조사를 할 수 있으며, 당사자 등이 주장하지 아니한 사실에 대하여도 조사할 수 있다.

16 개인정보보호에 대한 설명으로 옳지 않은 것은?

2014. 4. 19 안전행정부

① 정보주체는 개인정보처리자가 「개인정보 보호법」을 위반한 행위로 손해를 입으면 개인정보처리자에게 손해배상을 청구할 수 있으며, 이 경우 그 정보주체는 고의 또는 과실을 입증해야 한다.

② 「개인정보 보호법」은 공공기관에 의해 처리되는 정보뿐만 아니라 민간에 의해 처리되는 정보까지 보호대상으로 하고 있다.

③ 「개인정보 보호법」상 '개인정보'란 살아있는 개인에 관한 정보로서 사자(死者)나 법인의 정보는 포함되지 않는다.

④ 「행정절차법」도 비밀누설금지·목적 외 사용금지 등 개인의 정보보호에 관한 규정을 두고 있다.

17 사인(私人)의 경제활동에 대한 행정청의 규제방식을 설명한 것으로 옳지 않은 것은? (다툼이 있는 경우 판례에 의함)

2014. 4. 19 안전행정부

① 「행정절차법」상 신고 요건으로는 신고서의 기재사항에 흠이 없고 필요한 구비서류가 첨부되어 있어야 하며, 신고의 기재사항은 그 진실함이 입증되어야 한다.

② 유료노인복지주택의 설치신고를 받은 행정관청은 그 유료노인복지주택의 시설 및 운용기준이 법령에 부합하는지와 설치신고 당시 부적격자들이 입소하고 있는지 여부를 심사할 수 있다.

③ 구「체육시설의 설치·이용에 관한 법률」에 의한 골프장이용료 변경신고서는 행정청에 제출하여 접수된 때에 신고가 있었다고 볼 것이고, 행정청의 수리행위가 있어야만 하는 것은 아니다.

④ 양도인이 자신의 의사에 따라 양수인에게 영업을 양도하면서 양수인으로 하여금 영업을 하도록 허락하였다면 영업승계신고 및 수리처분이 있기 전에 발생한 양수인의 위반행위에 대한 행정적 책임은 양도인에게 귀속된다.

18 행정절차와 관련한 판례의 입장으로 옳은 것은?

2014. 6. 21 제1회 지방직

① 행정청이 구「관광진흥법」의 규정에 의하여 유원시설업자 지위승계신고를 수리하는 처분을 하는 경우, 종전 유원시설업자에 대하여는 「행정절차법」상 처분의 사전통지절차를 거칠 필요가 없다.

② 불이익처분을 하면서 행정청과 당사자 사이의 합의에 의해 청문절차를 배제하기로 하였더라도 청문을 실시하지 않아도 되는 예외사유에 해당하지 아니한다.

③ 부과처분에 앞서 보낸 과세예고통지서에 납세고지서의 필요적 기재사항이 제대로 기재되어 있었더라도, 납세고지서에 그 기재사항의 일부가 누락되었다면 이유제시의 하자는 치유의 대상이 될 수 없다.

④ 「도로법」 제25조 제3항에 의한 도로구역변경고시의 경우는 「행정절차법」상 사전통지나 의견청취의 대상이 되는 처분에 해당한다.

19 「공공기관의 정보공개에 관한 법률」상 정보공개에 대한 판례의 입장으로 옳지 않은 것은?

2014. 6. 21 제1회 지방직

① 국가정보원이 그 직원에게 지급하는 현금급여 및 월초수당에 관한 정보는 비공개대상 정보에 해당한다.

② 법무부령으로 제정된 「검찰보존사무규칙」상의 기록의 열람·등사의 제한규정은 구「공공기관의 정보공개에 관한 법률」 제9조 제1항 제1호의 '다른 법률 또는 법률에 의한 명령에 의하여 비공개사항으로 규정된 경우'에 해당한다.

③ '감사·감독·검사·시험·규제·입찰계약·기술개발·인사관리·의사결정과정 또는 내부 검토과정에 있는 사항 등으로서 공개될 경우 업무의 공정한 수행에 현저한 지장을 초래한다고 인정할 만한 상당한 이유가 있는 정보'란 공개될 경우 업무의 공정한 수행이 객관적으로 현저하게 지장을 받을 것이라는 고도의 개연성이 존재하는 경우를 말한다.

④ 비공개대상인 '법인 등의 경영·영업상 비밀'은 「부정경쟁방지 및 영업비밀보호에 관한 법률」 제2조 제2호에 규정된 '영업비밀'에 한하지 않고, '타인에게 알려지지 아니함이 유리한 사업활동에 관한 일체의 정보' 또는 '사업활동에 관한 일체의 비밀사항'을 말한다.

20 행정청이 처분을 하는 때에 당사자에게 그 근거와 이유를 제시하지 않을 수 있는 경우가 아닌 것은?

① 신청내용을 모두 그대로 인정하는 처분인 경우

② 단순·반복적인 처분으로서 당사자가 그 이유를 명백히 알 수 있는 경우

③ 경미한 처분으로서 당사자가 그 이유를 명백히 알 수 있는 경우

④ 처분의 성질상 이유제시가 현저히 곤란한 경우

21 「공공기관의 정보공개에 관한 법률」상의 정보공개에 관한 설명으로서 옳은 것은?

① 정보공개의무를 지는 공공기관에는 국가기관과 지방자치단체만이 해당한다.

② 정보공개청구권은 해당 정보와 이해관계가 있는 자에 한해서만 인정된다.

③ 외국인에게도 국민과 동일하게 정보공개청구권이 인정된다.

④ 정보공개에 관한 결정에 불복이 있는 자는 이의신청절차를 거치지 않고도 행정심판을 청구할 수 있다.

22 행정조사에 대한 다음 설명 중 옳지 않은 것은?

① 행정조사는 조사를 통해 법령 등의 위반사항을 발견하고 처벌하는 데 중점을 두어야 한다.
② 행정기관은 유사하거나 동일한 사안에 대하여는 공동조사 등을 실시함으로써 행정조사가 중복되지 아니하도록 하여야 한다.
③ 행정조사는 조사목적을 달성하는 데 필요한 최소한의 범위 안에서 실시하여야 한다.
④ 행정기관은 조사목적에 적합하도록 조사대상자를 선정하여 행정조사를 실시하여야 한다.

23 행정정보공개에 관한 판례의 입장으로 옳은 것은?

2013. 7. 27 안전행정부

① 사법시험 제2차 시험의 답안지와 시험문항에 대한 채점위원별 채점 결과는 비공개정보에 해당한다.
② 청주시의회에서 의결한 청주시 행정정보공개조례안은 행정에 대한 주민의 알 권리의 실현을 그 근본내용으로 하면서도 이로 인한 개인의 권익침해 가능성을 배제하고 있으므로, 이를 들어 주민의 권리를 제한하거나 의무를 부과하는 조례라고는 단정할 수 없고 따라서 그 제정에 있어서 반드시 법률의 개별적 위임이 따로 필요한 것은 아니다.
③ 교도관이 직무 중 발생한 사유에 관하여 작성한 근무보고서는 비공개대상정보에 해당한다.
④ 학교폭력대책자치위원회의 회의록은 공개대상정보에 해당한다.

24 우리나라의 「행정절차법」이 규정하고 있는 것이 아닌 것은?

① 처분절차
② 행정예고절차
③ 행정계획절차
④ 행정지도절차

25 개인정보보호 및 정보공개에 대한 설명으로 옳은 것은? (다툼이 있는 경우 판례에 의함)

2012. 4. 7 행정안전부

① 개인정보자기결정권의 보호대상이 되는 개인정보는 그 개인의 동일성을 식별할 수 있게 하는 일체의 정보로서 반드시 개인의 내밀한 영역이나 사사(私事)의 영역에 속하는 정보에 국한되지 않고 이미 공개된 개인정보까지 포함한다.

② 정보공개를 청구할 수 있는 자는 반드시 자연인에 국한되지 않으며 법인과 권리능력 없는 사단이나 재단도 가능하지만 외국인은 이에 해당하지 않는다.

③ 행정청이 공개를 거부한 정보에 비공개사유에 해당하는 부분과 그렇지 않은 부분이 혼재되어 있는 경우에는 그 전부에 대해 공개하여야 한다.

④ 민사소송법 상 문서제출의무 예외에 해당하는 '공무원 또는 공무원이었던 사람'이 그 직무와 관련하여 보관하거나 가지고 있는 문서에 대한 공개는 공공기관의 정보공개에 관한 법률의 규정에도 불구하고 민사소송법의 절차에 따라야 한다.

26 처분의 이유제시에 대한 설명으로 옳지 않은 것은?

2012. 4. 7 행정안전부

① 세무서장이 주류도매업자에 대하여 일반주류도매업면허취소통지를 하면서 그 위반사실을 구체적으로 특정하지 아니한 것은 위법하다는 것이 판례의 입장이다.

② 단순·반복적인 처분 또는 경미한 처분으로서 당사자가 그 이유를 명백히 알 수 있는 경우에는 이유제시의무가 면제된다.

③ 신청내용을 모두 그대로 인정하는 처분인 경우 이유제시의무가 면제되지만 처분 후 당사자가 요청하는 경우에는 그 근거와 이유를 제시하여야 한다.

④ 이유제시의 하자는 행정쟁송의 제기 전에 한해 치유가 가능한 것으로 보는 것이 판례의 입장이다.

27 「공공기관의 정보공개에 관한 법률」상 정보공개에 관한 설명으로 옳지 않은 것은?

① 정보공개 청구 후 20일이 경과하도록 정보공개 결정이 없는 때에는 행정소송을 제기할 수 있다.

② 정보공개 청구인이 공공기관에 대해 정보공개를 청구하였다가 거부처분을 받은 경우 취소소송을 제기할 원고적격이 인정된다.

③ 공공기관은 공개청구된 공개대상정보의 전부 또는 일부가 제3자와 관련이 있다고 인정되는 때에는 그 사실을 제3자에게 지체 없이 통지하여야 한다.

④ 공개청구된 사실을 통지받은 제3자가 당해 공공기관에 공개하지 아니할 것을 요청하는 때에는 공공기관은 비공개결정을 하여야 한다.

28 「행정절차법」상의 처분절차에 관한 설명으로 옳지 않은 것은?(다툼이 있는 경우 판례에 의함)

2012. 5. 12 상반기 지방직

① 행정청은 필요한 처분기준을 당해 처분의 성질에 비추어 될 수 있는 한 구체적으로 정하여 공표하여야 하지만 처분기준을 공표하는 것이 당해 처분의 성질상 현저히 곤란하거나 공공의 안전 또는 복리를 현저히 해하는 때에는 공표하지 아니할 수 있다.

② 행정청은 처분에 오기, 오산 기타 이에 준하는 명백한 잘못이 있는 때에는 직권 또는 신청에 의하여 지체 없이 정정하고 이를 당사자에게 통지하여야 한다.

③ 「행정절차법」은 행정청이 처분을 하는 때에는 당사자에게 그 근거와 이유를 제시하도록 이유제시 원칙을 규정하고 있는 바, 이러한 이유제시의 원칙은 상대방에게 부담을 주는 행정처분의 경우뿐만 아니라 수익적 행정행위의 거부에도 적용된다.

④ 세액산출근거가 누락된 납세고지서에 의한 하자있는 과세처분에 대하여 전심절차가 모두 끝나고 상고심의 계류 중에 세액산출근거의 통지가 있었다면 위 과세처분의 하자가 치유되었다고 볼 수 있다.

29 「개인정보 보호법」에 대한 내용으로 옳지 않은 것은?

2012. 5. 12 상반기 지방직

① 개인정보처리자란 업무를 목적으로 개인정보파일을 운용하기 위하여 스스로 또는 다른 사람을 통하여 개인정보를 처리하는 공공기관, 법인, 단체 및 개인 등을 말한다.

② 영상정보처리기기운영자는 영상정보처리기기의 설치 목적과 다른 목적으로 영상정보처리기기를 임의로 조작하거나 다른 곳을 비춰서는 아니 되며, 녹음기능은 사용할 수 없다.

③ 개인정보에 관한 분쟁의 조정을 위하여 위원장 1명을 포함한 20명 이내의 위원으로 구성된 개인정보보호심의위원회를 두고 있다.

④ 정보주체는 자신의 개인정보 처리와 관련하여 개인정보의 처리 정지, 정정·삭제 및 파기를 요구할 권리를 가진다.

30 행정처분의 송달에 관한 설명으로 옳지 않은 것은? (다툼이 있는 경우 판례에 의함)

2012. 5. 12 상반기 지방직

① 행정처분의 송달은 민법상 도달주의가 아니라 「행정절차법」 제15조에 의한 발신주의를 취한다.

② 정보통신망을 이용하여 전자문서로 송달하는 경우에는 송달받을 자가 지정한 컴퓨터 등에 입력된 때에 도달된 것으로 본다.

③ 송달이 불가능한 경우 등에는 다른 법령 등에 특별한 규정이 있는 경우를 제외하고는 공고일부터 14일이 경과한 때에 그 효력이 발생한다.

④ 우편물이 보통우편의 방법으로 발송되었다는 사실만으로는 그 우편물이 상당기간 내에 도달하였다고 추정할 수 없다.

31 행정정보공개제도에 대한 설명으로 옳은 것은?

2012. 9. 22 하반기 지방직

① 개인정보는 절대적 비공개대상 정보이다.

② 외국인은 정보공개를 청구할 수 없다.

③ 정보공개의 청구는 반드시 문서로 하여야 한다.

④ 공공기관은 정보의 비공개결정을 한 때에는 그 사실을 청구인에게 지체 없이 문서로 통지하여야 한다.

32 행정조사에 대한 설명으로 옳지 않은 것은? (다툼이 있는 경우 판례에 의함)

2012. 9. 22 하반기 지방직

① 일반적으로 행정조사 그 자체는 법적효과를 가져오지 않는 사실행위에 해당한다.

② 행정기관의 장은 조사대상자가 신고한 내용이 거짓의 신고라고 인정할 만한 근거가 있거나 신고내용을 신뢰할 수 없는 경우를 제외하고는 그 신고내용을 행정조사에 갈음하여야 한다.

③ 위법한 행정조사에 기초하여 내려진 행정처분은 위법한 처분이다.

④ 권력적 성격을 가지는 행정조사의 경우에는 근거된 법규의 범위 내에서만 가능하다.

33 행정절차에 대한 설명으로 옳지 않은 것은?

2012. 9. 22 하반기 지방직

① 행정절차법은 절차법이지만, 실체적 규정도 포함하고 있다.

② 행정청이 청문을 실시하고자 하는 경우에 처분의 사전통지를 청문이 시작되는 날부터 10일 전까지 당사자 등에게 하여야 한다.

③ 외국인의 난민인정에 대하여는 행정절차법 제23조(처분의 이유제시)의 적용은 배제된다.

④ 법령상 확정된 의무에 따른 불이익처분에 대해서도 의견제출의 기회를 부여해야 한다는 것이 판례의 입장이다.

34 처분·신고·행정상 입법예고·행정예고 및 행정지도의 절차에 관한 사항이라도 「행정절차법」의 적용이 배제되는 경우에 해당하지 않는 것은?

① 감사원이 감사위원회의의 결정을 거쳐 행하는 사항

② 각급 선거관리위원회의 의결을 거쳐 행하는 사항

③ 대통령이 직접 행하는 처분사항

④ 심사청구·해양안전심판·조세심판·특허심판·행정심판 기타 불복절차에 의한 사항

35 개인정보 보호법의 내용으로 옳지 않은 것은?

① 사자(死者)나 법인의 정보는 이 법에서 말하는 개인정보에 포함되지 아니한다.
② 정보주체는 문서로 본인에 관한 처리정보의 열람을 청구할 수 있다.
③ 정보주체의 열람정정 및 삭제청구권의 대리는 인정되지 아니한다.
④ 처리정보의 삭제를 청구하는 자는 대통령령이 정하는 바에 따라 수수료를 납부하여야 한다.

36 「행정절차법」에 규정된 의견청취절차에 관한 사항으로 옳지 않은 것은?

① 행정청은 통상적인 공청회를 대신하여 정보통신망을 이용한 전자공청회를 실시할 수 있다.
② 행정청은 처분을 함에 있어서 공청회 · 전자공청회 및 정보통신망 등을 통하여 제시된 사실 및 의견이 상당한 이유가 있다고 인정하는 경우에는 이를 반영하여야 한다.
③ 당사자 등은 처분 전에 그 처분의 관할행정청에 서면 · 구술로 또는 정보통신망을 이용하여 의견제출을 할 수 있다.
④ 청문은 당사자의 공개신청이 있거나 청문주재자가 필요하다고 인정하는 경우 이를 공개할 수 있지만 공익 또는 제3자의 정당한 이익을 현저히 해할 우려가 있는 경우에는 공개하여서는 아니 된다.

37 개인정보 보호법의 내용으로 옳지 않은 것은?

① 개인정보에는 생존한 자의 정보만이 아니고 사망한 자의 정보 또한 포함된다.
② 공공기관의 장은 사상 · 신념 등 개인의 사생활을 침해할 우려가 있는 개인정보를 처리하여서는 안된다.
③ 개인정보처리자는 조약 기타 국제협정을 이행하기 위하여 외국정부 또는 국제기구에 개인정보를 제공할 수 있다.
④ 중앙행정기관은 그 소속기관 및 소관공동기관에 대하여 개인정보보호에 관한 의견을 제시하거나 지도 · 점검 등을 할 수 있다.

38 다음 중 「공공기관의 정보공개에 관한 법률」에 대한 설명으로 옳지 않은 것은?

① 정보의 공개 및 우송 등에 소요되는 모든 비용은 실비에 대해서도 공공기관이 부담한다.
② 모든 국민은 정보의 공개를 청구할 권리를 가진다.
③ 사립고등학교는 「공공기관의 정보공개에 관한 법률」에서 말하는 공공기관에 포함된다.
④ 정보공개와 관련한 공공기관의 결정에 대해 불복이 있는 때에는 이의신청, 행정심판을 제기함이 없이 직접 행정소송의 제기도 가능하다.

39 「공공기관의 정보공개에 관한 법률」상 비공개대상 정보에 해당하지 않는 것은?

① 다른 법률 또는 법률이 위임한 명령에 의하여 비밀 또는 비공개사항으로 규정된 정보
② 공개될 경우 신속한 사무처리에 현저히 지장을 초래한다고 인정할만한 상당한 이유가 있는 정보
③ 공개될 경우 부동산 투기·매점매석 등으로 특정인에게 이익 또는 불이익을 줄 우려가 있다고 인정되는 정보
④ 진행 중인 재판에 관련된 정보와 범죄의 예방, 수사, 공소의 제기 및 유지, 형의 집행, 교정, 보안처분에 관한 사항으로서 공개될 경우 그 직무수행을 현저히 곤란하게 하거나 형사피고인의 공정한 재판을 받을 권리를 침해한다고 인정할만한 상당한 이유가 있는 정보

40 다음 중 「공공기관의 정보공개에 관한 법률」에 규정된 내용으로 옳지 않은 것은?

① 원칙적으로 그 청구일로부터 20일 이내에 공개 여부를 결정해야 한다.
② 청구인은 정보를 관리하고 있는 공공기관에 대하여 정보공개청구서를 제출하거나 구술로써 정보의 공개를 청구할 수 있다.
③ 국내에 일정한 주소를 가지고 거주하거나 학술, 연구를 위해 일시 체류하는 외국인도 정보공개를 청구할 수 있다.
④ 정보공개와 관련한 공공기관의 결정에 대해 불복이 있는 때에는 행정소송법이 정하는 바에 따라 행정소송을 제기할 수 있다.

41 다음 중 행정절차에 대한 설명으로 옳지 않은 것은?

① 우리 「행정절차법」은 순수 절차규정 외에 실체규정을 대폭 포함한 입법례이다.
② 처분절차와 신고절차, 행정상 입법예고, 행정예고, 행정지도절차를 규율하고 있다.
③ 우리 「행정절차법」에는 의견청취방법으로 의견제출, 청문, 공청회 등을 규정하고 있다.
④ 신뢰보호의 원칙과 신의성실의 원칙을 명시적으로 규정하고 있다.

42 다음 중 행정절차에 관한 설명으로 옳지 않은 것은?

① 다른 법률에 특별한 규정이 없는 한, 행정처분은 원칙적으로 문서로 하여야 한다.
② 상대방의 권익을 제한하거나 의무를 부과하는 처분은 원칙적으로 사전에 통지해야 한다.
③ 신청내용을 모두 그대로 인정하는 처분의 경우에는 처분의 이유제시를 하지 않아도 된다.
④ 판례는 단순한 절차상의 하자는 독자적인 취소사유가 될 수 없다고 본다.

43 「행정절차법」에 의한 처분절차를 설명한 것으로 옳지 않은 것은?

① 행정청이 처리기간을 신청인에게 공표하였으나 그 처리기간 내에 처리하기 곤란한 경우
에는 그 처리기간을 3회까지 연장할 수 있다.
② 행정청은 당해 처분의 성질상 현저히 곤란한 경우에는 처분기준을 공표하지 아니할 수
있다.
③ 행정청은 불이익처분을 할 경우 처분하고자 하는 원인이 되는 사실과 그 법적 근거를 당
사자에게 통지하여야 한다.
④ 행정청은 공공복리를 위하여 긴급히 처분할 필요가 있는 경우에는 불이익처분의 사전 통
지를 하지 아니할 수 있다.

44 「공공기관의 정보공개에 관한 법률」이 규정하고 있지 아니한 내용은?

① 모든 국민은 정보의 공개를 청구할 권리를 가진다.
② 공공기관은 의사결정과정 또는 내부검토과정에 있는 사항으로서 공개될 경우 업무의 공정한 수행에 현저한 지장을 초래한다고 인정할 만한 상당한 이유가 있는 정보는 이를 공개하지 아니할 수 있다.
③ 청구인이 정보공개와 관련한 공공기관의 처분에 대하여 행정소송을 제기하고자 하는 때에는 먼저 이의신청 및 행정심판을 거쳐야 한다.
④ 행정소송에서 재판장은 필요하다고 인정되는 때에는 당사자를 참여시키지 아니하고 제출된 공개청구정보를 비공개로 열람·심사할 수 있다.

45 행정절차에 관한 설명으로 옳지 않은 것은?

① 헌법재판소는 헌법 제12조상의 적법절차조항을 행정절차에 대한 직접구속력 있는 헌법적 근거로 보는 경향이 있다.
② 소청사건을 심사할 때 소청인 등에게 진술의 기회를 부여하지 아니하고 한 결정은 무효로 한다.
③ 판례는 절차상 하자의 추완이나 보완은 행정심판(행정쟁송)의 제기 이전에 가능하다는 입장이다.
④ 행정청이 취소권을 행사하면서 상대방에게 필요한 청문의 기회를 부여하지 않은 경우 그 행정행위는 당연 무효이다.

46 현행 「행정절차법」과 관련된 설명 중 가장 잘못된 것은?

① 공법상 계약, 행정조사에 관한 규정을 두고 있지 않다.
② 신고절차, 행정지도절차에 관한 규정을 두고 있다.
③ 입법예고절차를 결한 법령의 효력에 대해 규정을 두고 있지 않다.
④ 복효적 행정행위의 제3자에게도 행정청은 의무적으로 사전통지하도록 하고 있다.

47 현행 「행정절차법」상 청문에 관한 설명 중 옳지 않은 것은?

① 적용범위에는 행정예고 및 행정지도까지 포함된다.
② 당사자 등은 처분 전에 그 처분의 관할 행정청에 컴퓨터통신으로 의견을 제출할 수 있다.
③ 행정청은 입법이 상위법령 등의 단순한 집행을 위한 경우 입법예고를 아니할 수 있다.
④ 처분청의 소속직원은 청문주재자가 될 수 없다.

48 「행정절차법」상의 청문회에 있어서의 직권조사에 대한 설명으로 옳지 않은 것은?

① 청문주재자가 행한다.
② 신청 또는 직권에 의하여 필요한 조사를 할 수 있다.
③ 당사자가 주장한 사실에 대해서만 조사를 할 수 있다.
④ 필요하다고 인정될 때에는 관계행정청에 대하여 필요한 문서의 제출 또는 의견의 진술을
   요구할 수 있다.

49 다음 중 행정정보공개에 관한 사항으로 옳지 않은 것은?

① 행정정보공개시 공개되는 정보는 원본을 공개해야 한다.
② 행정정보의 비공개 결성 봉지시, 불복구제절차도 함께 통지해야 한다.
③ 비공개를 결정하는 경우에는 비공개 이유도 함께 명시하여야 한다.
④ 비공개정보공개를 할 경우에는 불복절차까지도 통지해 주어야 한다.

50 다음 중 「행정절차법」의 규정 내용으로 옳지 않은 것은?

① 행정청에 대하여 처분을 구하는 신청은 원칙적으로 문서로 하여야 한다.
② 입법예고기간은 예고할 때 정하되 특별한 사정이 없는 한 40일(자치법규는 20일) 이상으
   로 한다.
③ 청문주재자의 자격은 공무원이 아닌 자이어야 하며 독립하여 직무를 수행한다.
④ 행정청은 청문을 실시하고자 하는 경우에는 청문이 시작되는 날부터 10일 전까지 법이
   정한 사항을 당사자 등에게 통지하여야 한다.

행정의 실효성 확보수단

1 행정강제

☞ 정답 및 해설 P.267

1 행정상 강제집행에 대한 설명으로 옳은 것은? (다툼이 있는 경우 판례에 의함)

2016. 4. 9 인사혁신처

① 법령에 의해 행정대집행의 절차가 인정되는 경우에도 행정청은 따로 민사소송의 방법으로 시설물의 철거를 구할 수 있다.

② 행정대집행을 함에 있어 비상시 또는 위험이 절박한 경우에 당해 행위의 급속한 실시를 요하여 절차를 취할 여유가 없을 때에는 계고 및 대집행영장 통지 절차를 생략할 수 있다.

③ 체납자에 대한 공매통지는 체납자의 법적 지위나 권리·의무에 직접적인 영향을 주는 행정처분에 해당한다.

④ 사망한 건축주에 대하여 「건축법」상 이행강제금이 부과된 경우 그 이행강제금 납부의무는 상속인에게 승계된다.

2 「행정대집행법」상 대집행에 대한 설명으로 옳지 않은 것은? (다툼이 있는 경우 판례에 의함)

2016. 6. 18 제1회 지방직

① 대집행에 소용된 비용을 납부하지 아니할 때에는 국세징수의 예에 의하여 징수할 수 있다.

② 계고가 반복적으로 부과된 경우 제1차 계고가 행정처분이라면 같은 내용이 반복된 제2차 계고는 새로운 의무를 부과하는 것이 아니어서 행정처분이 아니다.

③ 대집행의 내용과 범위는 대집행의 계고서에 의해서만 특정되어야 하는 것이 아니고, 계고처분 전후에 송달된 문서나 기타 사정을 종합하여 행위의 내용이 특정되면 족하다.

④ 계고서라는 명칭의 1장의 문서로서 건축물의 철거명령과 동시에 그 소정기한 내에 자진철거를 하지 아니할 때에는 대집행할 뜻을 미리 계고한 경우, 「건축법」에 의한 철거명령과 「행정대집행법」에 의한 계고처분은 각 그 요건이 충족되었다고 볼 수 없다.

3 행정의 실효성확보수단에 대한 설명으로 옳은 것은?

2016. 6. 25 서울특별시

① 행정상 의무불이행에 대하여 법령에 의한 행정상 강제집행이 인정되는 경우에도 필요시 민사상 강제집행의 방법을 사용할 수 있다.

② 부작위의무 위반이 있는 경우, 별도의 규정이 없더라도 부작위의무의 근거인 금지규정으로부터 위반상태의 시정을 명할 수 있는 권한이 도출된다.

③ 건물을 불법점거하고 있는 경우, 건물의 명도의무는 일반적으로 행정대집행의 대상이 된다.

④ 「건축법」상 이행강제금 부과처분은 이에 대한 불복방법에 관하여 별도의 규정을 두지 않고 있으므로 이는 행정소송의 대상이 된다.

4 대집행에 대한 설명으로 옳은 것은? (다툼이 있는 경우 판례에 의함)

2015. 3. 14 사회복지직

① 제1차 철거명령 및 계고처분에 불응하여 다시 철거촉구 및 대집행의 뜻을 알리는 제2차 계고처분 역시 행정처분의 성질을 가진다.

② 대집행의 요건이 충족되는 한 대집행은 반드시 행해야 하는 기속행위의 성질을 갖는다.

③ 부작위의무 위반행위에 대하여 법률에 부작위의무를 대체적 작위의무로 전환하는 규정이 있으면 부작위의무를 대체적 작위의무로 전환시켜 대집행할 수 있다.

④ 대집행이 행해지기 위해서는 대체적 작위의무의 불이행을 방치함이 심히 공익을 해할 것으로 인정될 때이어야 하나, 다른 수단으로써 그 이행을 확보하기 곤란할 필요까지는 요하지 않는다.

5 행정의 실효성 확보수단에 대한 설명으로 옳은 것은? (다툼이 있는 경우 판례에 의함)

2015. 4. 18 인사혁신처

① 행정상 강제집행이 법률에 규정되어 있는 경우에도 민사상 강제집행은 인정된다.

② 「건축법」상의 이행강제금은 간접강제의 일종으로서 그 이행강제금 납부의무는 일신전속적인 성질의 것이므로 이미 사망한 사람에게 이행강제금을 부과하는 내용의 처분은 당연무효이다.

③ 이행강제금은 형벌과 병과될 경우 이중처벌금지원칙에 반한다.

④ 이행강제금은 비대체적 작위의무 위반에만 부과될 뿐 대체적 작위의무의 위반에는 부과될 수 없다.

6 행정상 강제징수에 대한 설명으로 옳지 않은 것은?

2015. 3. 14 사회복지직

① 「국세징수법」은 행정상 강제징수에 관한 사실상 일반법의 지위를 갖는다.
② 「국세징수법」에 의한 강제징수절차는 독촉과 체납처분으로, 체납처분은 다시 재산압류, 압류재산의 매각, 청산의 단계로 이루어진다.
③ 판례에 의하면, 압류는 체납국세의 징수를 실현하기 위하여 체납자의 재산을 보전하는 강제행위로서 항고소송의 대상이 되는 처분이다.
④ 독촉과 체납처분에 대하여 불복이 있는 자는 바로 취소소송을 제기할 수 있다.

7 행정상 강제징수에 대한 설명으로 옳지 않은 것은?

2015. 4. 18 인사혁신처

① 「국세징수법」상의 체납처분에서 압류재산의 매각은 공매를 통해서만 이루어지며 수의계약으로 해서는 안 된다.
② 세무서장은 한국자산관리공사로 하여금 공매를 대행하게 할 수 있으며, 이 경우 공매는 세무서장이 한 것으로 본다.
③ 과세관청의 압류처분에 대해서는 심사청구 또는 심판청구 중 하나에 대한 결정을 거친 후 행정소송을 제기하여야 한다.
④ 과세관청이 체납처분으로서 행하는 공매는 우월한 공권력의 행사로서 행정소송의 대상이 되는 행정처분이다.

8 「행정조사기본법」상 행정조사에 대한 설명으로 옳지 않은 것은?

2015. 6. 27 제1회 지방직

① 조사대상자는 법령 등에서 규정하고 있는 경우에 한하여 조사대상 선정기준에 대한 열람을 행정기관의 장에게 신청할 수 있다.
② 조사대상자에 의한 조사원 교체신청은 그 이유를 명시한 서면으로 행정기관의 장에게 하여야 한다.
③ 행정기관의 장은 인터넷 등 정보통신망을 통하여 조사대상자로 하여금 자료의 제출 등을 하게 할 수 있다.
④ 행정기관은 조사대상자의 자발적인 협조를 얻어 실시하는 행정조사의 경우를 제외하고는 법령 등에서 행정조사를 규정하고 있는 경우에 한하여 행정조사를 실시할 수 있다.

9 대집행에 대한 설명으로 옳지 않은 것은? (다툼이 있는 경우 판례에 의함)

2015. 4. 18 인사혁신처

① 건축물의 철거와 토지의 명도는 대집행의 대상이 된다.
② 부작위의무를 규정한 금지규정에서 작위의무명령권이 당연히 도출되지는 않는다.
③ 계고는 행정처분으로서 항고소송의 대상이 된다.
④ 대집행이 완료되어 취소소송을 제기할 수 없는 경우에도 국가배상청구는 가능하다.

10 다음 중 행정대집행에 관한 설명으로 옳지 않은 것은? (다툼이 있는 경우 판례에 의함)

2015. 6. 13 서울특별시

① 법률상 시설설치 금지의무를 위반하여 시설을 설치한 경우 별다른 규정이 없어도 대집행 요건이 충족된다.
② 공원매점에서 퇴거할 의무는 비대체적 작위의무이기 때문에 「행정대집행법」에 의한 대집행의 대상이 되는 것은 아니다.
③ 행정대집행이 가능함에도 불구하고 「민사집행법」상 강제 집행의 방법으로 시설물의 철거를 구하는 것은 허용되지 않는다.
④ 「행정대집행법」에 의하면 법령에 의해 직접 성립하는 의무도 행정대집행의 대상이 될 수 있다.

11 행정의 실효성 확보에 대한 설명으로 옳은 것은?

2014. 4. 19 안전행정부

① 「경찰관직무집행법」은 직접강제에 관한 일반적 근거를 규정하고 있다.
② 행정대집행을 실행할 때 대집행 상대방이 저항하는 경우에 대집행 책임자가 실력행사를 하여 직접강제를 할 수 있다는 것이 판례의 입장이다.
③ 행정조사의 상대방이 조사를 거부하는 경우에 공무원이 실력행사를 하여 강제로 조사할 수 있는지 여부에 대해서는 견해가 대립한다.
④ 조세체납자의 관허사업 제한을 명시하고 있는 「국세징수법」 관련규정은 부당결부금지원칙에 반하여 위헌이라는 것이 판례의 입장이다.

12 행정대집행에 대한 설명으로 옳지 않은 것은? (다툼이 있는 경우 판례에 의함)

2014. 4. 19 안전행정부

① 행정청이 대집행계고처분을 함에 있어 대집행할 내용 및 범위는 반드시 대집행계고서에 의해서만 특정되어야 한다.

② 「건축법」상 위반건축물에 대한 행정대집행과 이행강제금은 합리적인 재량에 의해 선택하여 활용하는 이상 중첩적인 제재에 해당한다고 볼 수 없다.

③ 행정대집행의 절차가 인정되는 경우에 관리청은 따로 민사소송의 방법으로 공작물의 철거·수거 등을 구할 수는 없다.

④ 도시공원시설 점유자의 퇴거 및 토지·건물의 명도의무는 직접강제의 대상이 될 뿐 「행정대집행법」에 의한 대집행의 대상이 아니다.

13 행정상 즉시강제에 대한 설명으로 옳은 것은? (다툼이 있는 경우 판례에 의함)

2014. 6. 21 제1회 지방직

① 구 「음반·비디오물 및 게임물에 관한 법률」상 등급분류를 받지 아니한 게임물을 발견한 경우 관계행정청이 관계공무원으로 하여금 이를 수거·폐기하게 할 수 있도록 한 규정은 헌법상 영장주의와 피해 최소성의 요건을 위배하는 과도한 입법으로 헌법에 위반된다.

② 재범의 위험성이 현저한 자를 상대로 긴급히 보호할 필요가 있는 경우에 단기간의 동행보호를 허용한 구 「사회안전법」상 동행보호규정은 사전영장주의를 규정한 헌법규정에 반한다.

③ 「식품위생법」상 영업소 폐쇄명령을 받은 후에도 계속하여 영업을 하는 경우 해당 영업소를 폐쇄하는 조치는 행정상 즉시강제의 수단에 해당한다.

④ 손실발생의 원인에 대하여 책임이 없는 자가 경찰관의 적법한 보호조치에 자발적으로 협조하여 재산상의 손실을 입은 경우, 국가는 손실을 입은 자에 대하여 정당한 보상을 하여야 한다.

14 행정상 강제집행에 대한 판례의 입장으로 옳은 것은?

2014. 6. 21 제1회 지방직

① 「건축법」상 무허가 건축행위에 대한 형사 처분과 시정명령 위반에 대한 이행강제금의 부과는 헌법 제13조 제1항이 금지하는 이중처벌에 해당한다.

② 이행강제금은 부작위의무나 비대체적 작위의무에 대한 강제집행수단이므로, 대체적 작위의무의 위반의 경우에 이행강제금은 부과할 수 없다.

③ 구「토지수용법」상 피수용자가 기업자에 대하여 부담하는 수용대상 토지의 인도의무에는 명도도 포함되고, 이러한 명도의무는 특별한 사정이 없는 한 「행정대집행법」상 대집행의 대상이 된다.

④ 「국제징수법」상 압류재산에 대한 공매에서 체납자에 대한 공매통지는 항고소송의 대상이 되지 아니한다.

15 「행정대집행법」상 대집행을 위한 요건으로 볼 수 없는 것은?

① 행정대집행의 대상이 되는 의무는 공법상 의무이어야 한다.

② 행정대집행의 대상이 되는 의무는 대체성이 있는 의무이어야 한다.

③ 불이행된 의무를 다른 수단으로 이행을 확보하기 곤란해야 한다.

④ 의무를 명한 행정처분에 불가쟁력이 발생해야 한다.

16 「건축법」상의 이행강제금에 관한 다음 설명 중 옳지 않은 것은?

① 장래에 향하여 의무를 이행시키기 위한 수단이다.

② 집행벌이라 부르기도 한다.

③ 의무불이행이 있는 경우에 반복하여 부과할 수 있다.

④ 이행강제금부과처분에 대한 불복방법은 과태료와 마찬가지로 「비송사건절차법」에 따른 재판에 의한다.

17 직접강제와 즉시강제를 구분하는 전통적 견해에 의할 때 성질이 다른 하나는?

2013. 7. 27 안전행정부

① 「출입국관리법」상의 외국인 등록의무를 위반한 사람에 대한 강제퇴거
② 「소방기본법」상의 소방활동에 방해가 되는 물건 등에 대한 강제처분
③ 「식품위생법」상의 위해식품에 대한 압류
④ 「마약류 관리에 관한 법률」상의 승인을 받지 못한 마약류에 대한 폐기

18 행정상 대집행에 대한 설명으로 옳지 않은 것은? (다툼이 있는 경우 판례에 의함)

2013. 8. 24 제1회 지방직

① 계고처분과 대집행 비용납부명령 사이에는 하자의 승계가 인정되지 않는다.
② 의무의 불이행만으로 대집행이 가능한 것은 아니며 의무의 불이행을 방치하는 것이 심히 공익을 해한다고 인정되는 경우에 비로소 대집행이 허용된다.
③ 행정상 대집행의 대상이 되기 위해서는 불이행된 의무가 대체적 작위의무이어야 한다. 따라서 건물의 인도의무와 같이 비대체적 작위의무는 행정상 대집행의 대상이 되지 못한다.
④ 「행정대집행법」상의 건물철거의무는 제1차 철거명령 및 계고처분으로써 발생하였고 제2차, 제3차 계고처분은 새로운 철거의무를 부과한 것이 아니고 다만 대집행기한의 연기통지에 불과하여 행정처분이 아니다.

19 행정의 실효성 확보수단에 대한 설명으로 옳지 않은 것은? (다툼이 있는 경우 판례에 의함)

2012. 4. 7 행정안전부

① 과징금 부과·징수에 하자가 있는 경우, 납부의무자는 행정쟁송절차에 따라 다툴 수 있다.
② 공정거래위원회의 과징금부과처분은 재량행위적 성질을 가진다.
③ 세법상 가산세는 정당한 이유 없이 법에 규정된 신고·납세의무 등을 이행하지 않은 경우에 부과하는 행정상 제재로서 고의·과실 또한 중요한 고려요소가 된다.
④ 행정재산의 사용·수익 허가에 따른 사용료에 대하여는 국세징수법에 따라 가산금과 중가산금을 징수할 수 있고, 이는 미납분에 관한 지연이자의 의미로 부과되는 부대세의 일종이다.

20 「행정조사기본법」에 관한 설명으로 옳지 않은 것은?

2012. 5. 12 상반기 지방직

① 「근로기준법」상 근로감독관의 직무에 관한 사항에 대하여는 「행정조사기본법」이 적용된다.
② 금융감독기관의 감독·검사·조사 및 감리에 관한 사항에 대하여는 「행정조사기본법」을 적용하지 아니한다.
③ 행정조사란 행정기관이 정책을 결정하거나 직무를 수행하는 데 필요한 정보나 자료를 수집하기 위하여 현장조사·문서열람·시료채취 등을 하거나 조사대상자에게 보고요구·자료제출요구 및 출석·진술요구를 행하는 활동을 말한다.
④ 행정기관은 유사하거나 동일한 사안에 대하여는 공동조사 등을 실시함으로써 행정조사가 중복되지 아니하도록 하여야 한다.

21 행정대집행에 대한 설명으로 옳지 않은 것은?

2012. 9. 22 하반기 지방직

① 위법한 행정처분에 의해 부과된 대체적 작위의무의 불이행에 대해서는 대집행을 할 수 없다.
② 대집행의 주체는 당해 행정청이다.
③ 대집행의 계고는 문서에 의한 것이어야 하고, 구두에 의한 계고는 무효가 된다.
④ 대집행영장에 의한 통지는 그 자체가 독립하여 취소소송의 대상이 된다.

22 행정상 즉시강제에 해당하지 않는 것은?

2012. 9. 22 하반기 지방직

① 감염병의 예방 및 관리에 관한 법률상의 감염병환자의 강제입원
② 경찰관직무집행법 상의 보호조치
③ 건축법상의 이행강제금의 부과
④ 도로교통법상의 위법인공구조물에 대한 제거

23 행정의 실효성확보수단에 대한 설명으로 옳지 않은 것은? (다툼이 있는 경우 판례에 의함)

2011. 4. 9 행정안전부

① 비상시 또는 위험이 절박한 경우에 있어서 계고·대집행영장의 통지규정에서 정하는 수속을 취할 여유가 없을 때에는 두 가지 수속 모두를 거치지 아니하고 대집행을 할 수 있다.

② 과세관청이 체납처분으로 행하는 공매는 우월한 공권력의 행사로 행정소송의 대상이 되는 공법상 행정처분이다.

③ 부당지원행위에 대한 과징금은 행정상 제재금의 기본적 성격에 부당이득환수적 요소도 부가되어 있는 것으로 이중처벌금지원칙에 위반된다고 할 수 없다.

④ 현행 「건축법」은 이 법 또는 이 법의 규정에 의한 명령이나 처분에 위반하여 허가가 취소되거나 개축 등의 시정명령을 받고 이행하지 아니한 건축물에 대하여 전기·전화·수도의 공급자 등에게 그 공급을 중지하도록 요청할 수 있다고 규정하고 있다.

24 행정상 즉시강제에 해당하지 않는 것은?

2011. 5. 14 상반기 지방직

① 「행정대집행법」에 의한 무허가 건물의 강제철거
② 「소방기본법」에 의한 강제처분
③ 「경찰관직무집행법」에 의한 범죄의 예방과 제지
④ 「재난 및 안전관리 기본법」에 의한 응급조치

25 행정상 강제집행에 관한 설명으로 옳지 않은 것은?

① 대집행의 계고는 반드시 문서로써 하여야 하며, 국유지로부터의 퇴거의무는 대집행의 대상이 된다.

② 이행강제금은 일정한 금액의 부과라는 심리적 압박에 의하여 장래에 향하여 행정상 의무이행을 확보하려는 강제집행 수단의 일종이다.

③ 직접강제는 행정법상의 의무불이행이 있는 경우에 직접 의무자의 신체나 재산에 실력을 가하여 의무의 이행이 있었던 것과 같은 상태를 실현하는 작용이다.

④ 행정상 강제징수는 금전지급의무의 이행을 강제하기 위한 수단으로, 국세징수법상의 강제징수 절차는 독촉 및 체납처분으로 이루어진다.

26 행정상 강제집행에 관한 설명으로 옳지 않은 것은?

① 사업장의 폐쇄, 외국인의 강제퇴거는 직접강제의 예에 해당한다.
② 행정법상의 의무를 명할 수 있는 명령권의 근거가 되는 법은 동시에 행정강제의 근거가 될 수 있다.
③ 행정상 강제집행 수단으로는 대집행과 강제징수가 일반적으로 인정되고 직접강제와 집행벌은 예외적으로만 인정된다.
④ 허가권자는 「건축법」상의 이행강제금 부과처분을 받은 자가 이행강제금을 납부기한까지 내지 아니하면 「지방세외수입금의 징수 등에 관한 법률」에 따라 징수한다.

27 허가업의 식품접객업자가 행정청의 영업소폐쇄명령을 받은 후에 계속하여 영업을 하는 경우 행정청이 사용할 수 있는 행정의 실효성 확보수단은?

① 집행벌　　　　　　　　　　② 행정상 강제징수
③ 직접강제　　　　　　　　　④ 행정상 즉시강제

28 다음 중 연결이 옳지 않은 것은?

① 대집행 – 무허가 영업소의 강제폐쇄
② 집행벌 – 이행강제금
③ 행정상 강제징수 – 재산압류
④ 직접강제 – 예방접종 실시

29 다음 중 행정상 즉시강제에 관한 설명으로 옳지 않은 것은?

① 행정상 즉시강제의 법적 성질은 권력적 사실행위이다.
② 행정상 강제집행이 가능한 경우에는 행정상 즉시강제는 인정되지 않는다.
③ 타인의 재산에 대한 위해를 제거하기 위하여 인신을 구속하는 것은 비례의 원칙에 반한다.
④ 위법한 행정상 즉시강제는 언제나 행정쟁송의 대상이 된다.

30 무단으로 용도를 변경하여 건물을 사용하고 있는 건물 소유주에 대해 관할 행정청이 시정명령을 발하고 시정명령이 정한 기간 내에 시정이 이루어지지 않자 이행강제금을 부과하였다. 옳지 않은 것은?

① 이행강제금은 간접벌이라고도 하며, 과거에 잘못에 대한 비난으로서의 제재수단이다.
② 비대체적 작위의무, 부작위의무, 수인의무의 불이행에 대한 강제집행수단이다.
③ 하자의 승계론에 의하면 시정명령의 하자는 이행강제금에 승계된다고 할 수 없다.
④ 위의 시정명령은 경찰하명에 속한다.

31 다음 중 행정상의 직접강제에 해당하는 것은?

① 「건축법」상의 이행강제금
② 「국세징수법」상의 중가산금
③ 「도로교통법」상의 위반차량견인
④ 무허가건물의 강제철거

32 다음 중 이행강제금에 대한 설명으로 옳지 않은 것은?

① 집행벌은 과거의 의무 위반에 대한 제재인 행정벌과 구별된다.
② 행정벌과 병과하여 부과할 수 있다.
③ 불이행시 반복이 허용되며 일사부재리원칙이 적용되지 않는다.
④ 「건축법」에 따른 이행강제금 부과처분은 행정소송의 대상이 되는 행정처분이 아니다.

33 다음 중 행정상 강제집행수단이 아닌 것은?

① 직접강제   ② 과징금
③ 집행벌   ④ 행정상 강제징수

34 다음 중 대집행에 대한 설명으로 옳지 않은 것은?

① 사람이 점유하고 있는 토지·건물 등의 점유이전의무는 대집행의 대상이 아니라는 것이 판례의 입장이다.

② 대집행의 요건은 원칙적으로 계고를 할 때에 충족되어 있어야 한다.

③ 의무를 명하는 행위가 위법한 경우에 그 하자는 당연히 후행행위인 계고에 승계된다.

④ 계고·대집행영장에 의한 통지·대집행비용 납부명령이 법률상 이익이 있는 한, 행정쟁송의 대상인 처분에 속한다는 데 대해서는 학설과 판례가 일치되어 있다.

35 위법한 행정상 즉시강제에 대한 직접적이고도 실질적인 권리구제수단으로 옳은 것은?

① 감독권에 의한 취소·정지

②「국가배상법」에 의한 손해배상의 청구 또는 원상회복의 청구

③ 행정심판 및 행정소송

④ 청원 및 소청

36 이행강제금은 다음 중 어느 것에 해당하는가?

① 직접강제   ② 집행벌

③ 과태료   ④ 대집행

37 행정상 의무이행확보수단의 적용사례 중에서 가장 옳지 않은 것은?

① 세금체납 – 행정상 강제징수

② 불법건축물에 대한 대집행이 곤란한 경우 – 이행강제금

③ 식중독 원인의 음식물 – 행정상 즉시강제

④ 대체적 작위의무 – 행정벌

38 행정청이 영업정지명령에도 불구하고 불법적으로 영업을 계속하는 업소에 대한 행정청의 영업
폐쇄조치와 같은 것을 설명하기에 가장 적합한 용어는?

① 행정대집행   ② 직접강제
③ 집행벌   ④ 과징금

39 다음 중 대집행의 주체는?

① 제3자   ② 법원
③ 집달리   ④ 당해 행정청

40 행정법상 의무이행확보수단에 관한 설명 중 옳지 않은 것은?

① 영업정지처분에 갈음하여 과징금이 부과되는 경우가 있다.
②「행정대집행법」상의 대집행은 제3자를 통하여서만 행해져야 한다.
③ 대집행 계고처분에 대한 취소소송의 변론종결 전에 대집행의 실행이 완료되면 당해 계고
처분에 대한 취소소송은 각하된다.
④ 대집행영장의 통지는「행정소송법」상 취소소송의 대상이 될 수 있다.

41 다음 중 대집행에 대한 설명으로 옳지 않은 것은?

① 비용은 의무자가 부담한다.
② 계고는 문서로 하여야 한다.
③ 대집행영장통지에 대해서는 행정쟁송이 인정되지 않는다.
④ 대집행은 의무불이행을 방치하는 것이 공익을 해한다고 인정될 때 할 수 있는 것이다.

42 행정상 강제징수에 대한 설명으로 옳지 않은 것은?

① 기본법으로 「국세징수법」이 있다.
② 독촉 및 체납처분으로 이루어진다.
③ 압류재산은 공매에 의하나, 예외적으로 수의계약에 의할 수도 있다.
④ 조세부과처분이 무효인 경우에도 그것이 강제징수절차에는 승계되지 않는다는 것이 일반적 견해이다.

43 다음 중 행정대집행의 대상이 될 수 있는 것은?

① 조세의 강제징수
② 위법한 건축물의 철거
③ 감염병환자의 강제격리
④ 사증 없이 입국한 외국인의 강제퇴거

44 「행정대집행법」상 대집행의 요건이 아닌 것은?

① 대체적 작위의무 불이행시에 한다.
② 의무이행을 하지 않을 의사를 명백하게 밝혔을 것
③ 다른 수단으로 의무이행 확보가 곤란할 것
④ 불이행을 방치함이 심히 공익에 해할 것

45 행정상 강제집행에 대한 설명 중 옳지 않은 것은?

① 행정상 강제집행의 수단에는 대집행, 직접강제, 집행벌, 행정상 강제징수 등이 있다.
② 대집행은 대체적 작위의무의 불이행에 대한 강제수단으로 그 근거법으로 「행정대집행법」이 있다.
③ 「국세징수법」이 정하는 강제징수의 절차는 독촉 및 체납처분으로 이루어지고, 체납처분은 재산압류·매각·청산의 3단계로 행해진다.
④ 선행행위인 조세 등 부과처분이 무효이거나 취소되어 그 효력을 상실한 경우에도 후행행위인 체납처분이 당연 무효가 되는 것은 아니다.

46 행정상 즉시강제로 볼 수 없는 것은?

① 감염병환자의 강제격리
② 「경찰관직무집행법」에 의한 무기사용
③ 유해식품의 수거 및 폐기조치
④ 불법입국한 외국인의 강제출국조치

47 다음 중 행정법상의 의무의 불이행에 대한 직접적인 이행의 강제수단이 아닌 것은?

① 대집행
② 행정상의 즉시강제
③ 집행벌
④ 행정상의 강제징수

48 다음 중 행정상의 강제집행이라고 할 수 없는 것은?

① 검사를 위한 유해음식물의 무상수거
② 무허가 건축물의 철거
③ 조세의 강제징수
④ 실력에 의한 예방접종 실시

49 행정상의 강제집행과 즉시강제의 공통점은?

① 행정목적 실현의 긴급성
② 행정법상의 의무의 불이행
③ 비권력적 사실행위
④ 국민의 신체·재산에 대한 실력 행사

50 행정상 강제집행에 관한 설명으로 타당한 것은?

① 행정상 강제집행은 원칙적으로 법률의 근거 없이도 가능하다.
② 일반법으로 「행정대집행법」이 있다.
③ 대집행은 사실행위이므로 행정상 쟁송이 인정되지 않는다.
④ 행정질서벌도 강제집행의 한 수단이다.

51 다음 중 행정강제에 관하여 타당한 것은?

① 직접강제는 의무의 불이행의 경우에 직접 의무자의 신체 또는 재산에 실력을 가하여 의무의 이행이 있는 것과 동일한 상태를 실현하는 작용이다.
② 즉시강제는 행정상 의무의 불이행에 대하여 장래에 향하여 실력으로 그 의무를 이행시키는 작용이다.
③ 행정상 강제징수에 대한 일반법으로 「국세기본법」이 있다.
④ 대집행은 법률에 의해 직접 명해진 행위가 이행되지 않는 경우에는 곧바로 행하는 것이 원칙이다.

52 다음 중 대집행에 관한 설명으로 옳지 않은 것은?

① 언제나 미리 계고를 한 후에만 대집행을 실행할 수 있다.
② 대집행이 실행되어 종료한 때에는 취소소송을 통하여 취소를 구할 법률상 이익은 없다고 본다.
③ 행정청이 대집행을 하지 않는 경우 이해관계자는 원칙적으로 그 부작위를 이유로 행정청을 상대로 소송을 제기할 수는 없다.
④ 계고는 준법률행위적 행정행위이다.

53 다음 중 대집행에 관한 설명으로 옳은 것은?

① 계고, 대집행영장의 통지, 대집행 실행, 비용납부명령은 모두 행정쟁송의 대상이 된다.
② 대집행의 실시 여부는 원칙적으로 기속사항이다.
③ 대집행의 일반법은 「경찰관직무집행법」이다.
④ 부작위의무 위반도 대집행의 대상이 된다.

54 대집행절차에 있어서의 계고에 관한 설명으로 옳지 않은 것은?

① 대집행을 하려면 상당한 이행기간을 정하여 그때까지 의무를 이행하지 아니한 때에는 대집행을 한다는 뜻을 미리 문서로 계고하여야 한다.
② 계고는 상대방에 대하여 대집행에 대한 예측가능성을 부여하는 것으로, 대집행절차의 중요한 부분으로서 필요적 전치절차이다.
③ 위험이 절박한 경우에 당해 행위의 급속한 실시를 요하여 사전절차를 취할 여유가 없는 경우에는 계고없이 대집행을 할 수 있다.
④ 대체적 작위의무의 불이행이 일어날 것이 명확한 경우에는 계고 이후에 그 요건이 충족되어도 무방하다.

55 대집행의 계고에 관한 설명으로 옳지 않은 것은?

① 비상시에는 계고없이 대집행을 실행할 수 있다.
② 계고는 준법률행위적 행정행위인 통지에 해당한다.
③ 계고에 하자가 있어도 이는 독자적인 취소소송의 대상이 되지 않는다.
④ 계고의 하자는 후행행위에 승계된다.

56 다음 중 대집행의 실행에 관한 설명으로 옳지 않은 것은?

① 대집행의 실행은 권력적 사실행위로서 의무자는 이를 수인할 의무를 진다.
② 대집행의 실행은 당해 처분을 한 행정청만이 할 수 있다.
③ 대집행의 실행에 대한 항거를 「형법」상의 공무집행방해죄로 처벌할 수 있다.
④ 집행책임자는 그 증표를 휴대하여 이해관계인에게 제시하여야 한다.

57 다음 중 대집행의 대상이 되는 것은?

① 의사의 진료의무
② 증인으로 출석할 의무
③ 선전광고물을 제거할 의무
④ 건물의 명도의무

58 행정상 대집행에 관한 설명 중 옳은 것은?

① 대집행은 비대체적 작위의무를 대상으로 한다.
② 절차로서의 계고행위는 사실행위로서의 성질을 갖는다.
③ 대집행이 실행되어 종료한 때에는 취소소송을 통하여 취소를 구할 법률상 이익은 없다고 보는 것이 타당하다.
④ 대집행의 소요비용은 행정청이 스스로 부담한다.

59 다음 사례 중 대집행을 할 수 있는 경우는?

① 토지수용의 대상인 토지와 건물의 인도를 대집행함에 있어서 거주하고 있는 사람을 강제로 퇴거시켜야 할 경우
② 의사가 환자의 진료를 거부하는 경우
③ 불법으로 개간한 산림을 원상회복하지 아니할 경우
④ 건축허가면적보다 불과 0.02m^2를 초과하여 건축물을 건축한 경우

60 행정상 강제집행의 수단으로서 대집행에 관한 설명 중 통설이나 판례에 어긋나는 것은?

① 원칙적으로 상당한 기간 내에 불이행시 대집행함을 미리 문서로 계고하여야 한다.
② 의무부과행위와 계고는 결합시킬 수 있다.
③ 당해 행정청은 대집행영장을 문서로 의무자에게 통지하여야 한다.
④ 대집행의 비용은 행정청이 의무자에게 비용납부명령서에 의하여 납부를 명하여야 한다.

☞ 정답 및 해설 P.273

1 과태료에 대한 설명으로 옳지 않은 것은? (다툼이 있는 경우 판례에 의함)

2016. 4. 9 인사혁신처

① 행정법규 위반행위에 대하여 과하여지는 과태료는 행정형벌이 아니라 행정질서벌에 해당한다.
②「질서위반행위규제법」에 따르면 고의 또는 과실이 없는 질서위반행위에는 과태료를 부과하지 아니한다.
③ 지방자치단체의 조례도 과태료 부과의 근거가 될 수 있다.
④「질서위반행위규제법」에 따른 과태료부과처분은 항고소송의 대상인 행정처분에 해당한다.

2 다음 중 행정질서벌에 대한 설명으로 옳지 않은 것은?

2016. 6. 25 서울특별시

① 행정질서벌이란 행정법규 위반에 대한 제재로서 과태료가 과하여지는 행정벌을 말한다.
② 하나의 행위가 둘 이상의 질서위반행위에 해당하는 경우에는 각 질서위반행위에 대하여 정한 과태료를 각각 부과한다.
③ 자신의 행위가 위법하지 아니한 것으로 오인하고 행한 질서위반행위는 그 오인에 정당한 이유가 있는 때에 한하여 과태료를 부과하지 아니한다.
④ 신분에 의하여 성립하는 질서위반행위에 신분이 없는 자가 가담한 때에는 신분이 없는 자에 대하여도 질서위반행위가 성립한다.

3 통고처분에 대한 설명으로 옳은 것은? (다툼이 있는 경우 판례에 의함)

2015. 6. 27 제1회 지방직

① 「조세범 처벌절차법」에 근거한 범칙자에 대한 세무관서의 통고처분은 행정소송의 대상이 되는 행정처분이다.

② 법률에 따라 통고처분을 할 수 있으면 행정청은 통고처분을 하여야 하며, 통고처분 이외의 조치를 취할 재량은 없다.

③ 행정법규 위반자가 법정기간 내에 통고처분에 의해 부과된 금액을 납부하지 않으면 「비송사건절차법」에 의해 처리된다.

④ 행정법규 위반자가 통고처분에 의해 부과된 금액을 납부하면 과벌절차가 종료되며 동일한 사건에 대하여 다시 처벌받지 아니한다.

4 「질서위반행위규제법」의 내용에 대한 설명으로 옳지 않은 것은?

2015. 6. 27 제1회 지방직

① 고의 또는 과실이 없는 질서위반행위는 과태료를 부과하지 아니한다.

② 과태료는 행정청의 과태료 부과처분이나 법원의 과태료 재판이 확정된 후 5년간 징수하지 아니하거나 집행하지 아니하면 시효로 인하여 소멸한다.

③ 신분에 의하여 성립하는 질서위반행위에 신분이 없는 자가 가담한 때에는 신분이 없는 자에 대하여는 질서위반행위가 성립하지 않는다.

④ 행정청이 질서위반행위에 대하여 과태료를 부과하고자 하는 때에는 미리 당사자에게 대통령령으로 정하는 사항을 통지하고, 10일 이상의 기간을 정하여 의견을 제출할 기회를 주어야 한다.

5 「질서위반행위규제법」의 내용에 대한 설명 중 옳지 않은 것은?

2015. 6. 13 서울특별시

① 과태료 사건은 다른 법령에 특별한 규정이 있는 경우를 제외하고는 과태료를 부과한 행정청의 소재지를 관할하는 행정법원의 관할로 한다.

② 행정청의 과태료 부과에 불복하는 당사자는 과태료 부과통지를 받은 날부터 60일 이내에 해당 행정청에 서면으로 이의제기를 할 수 있는 바, 이의제기가 있는 경우에는 행정청의 과태료 부과처분은 그 효력을 상실한다.

③ 이의제기를 받은 행정청은 이의제기를 받은 날부터 14일 이내에 이에 대한 의견 및 증빙서류를 첨부하여 관할 법원에 통보하여야 하는 것이 원칙이다.

④ 질서위반행위가 종료된 날부터 5년이 경과한 경우에는 해당 질서위반행위에 대하여 과태료를 부과할 수 없는바, 다수인이 질서위반행위에 가담한 경우에는 질서위반 행위가 종료된 날은 최종행위가 종료된 날을 말한다.

6 행정벌에 대한 설명으로 옳지 않은 것은? (다툼이 있는 경우 판례에 의함)

2014. 4. 19 안전행정부

① 조세범처벌절차에 의하여 범칙자에 대한 세무관서의 통고 처분은 행정소송의 대상이 아니다.

② 구「대기환경보전법」에 따라 배출허용기준을 초과하는 배출가스를 배출하는 자동차를 운행하는 행위를 처벌하는 규정은 과실범의 경우에 적용하지 아니한다.

③ 행정청은 질서위반행위가 종료된 날(다수인이 질서위반행위에 가담한 경우에는 최종행위가 종료된 날을 말한다)부터 5년이 경과한 경우에는 해당 질서위반행위에 대하여 과태료를 부과할 수 없다.

④ 임시운행허가기간을 벗어난 무등록차량을 운행한 자는 과태료와 별도로 형사 처분의 대상이 된다.

7 행정벌에 대한 설명으로 옳지 않은 것은? (다툼이 있는 경우 판례에 의함)

2014. 6. 21 제1회 지방직

① 어떤 행정법규 위반행위에 대해 과태료를 과할 것인지 행정형벌을 과할 것인지는 기본적으로 입법재량에 속한다.

② 지방공무원이 자치사무를 수행하던 중 「도로법」을 위반한 경우 지방자치단체는 「도로법」의 양벌규정에 따라 처벌대상이 된다.

③ 「도로교통법」에 따른 경찰서장의 통고처분에 대하여 항고소송을 제기할 수 있다.

④ 「질서위반행위규제법」상 고의 또는 과실이 없는 질서위반행위는 과태료를 부과하지 아니한다.

8 행정의 실효성확보 수단 중 ㉠에 들어갈 말로 옳은 것은?

2013. 7. 27 안전행정부

> 「대기환경보전법」 제37조 ① 시·도지사는 다음 각 호의 어느 하나에 해당하는 배출시설을 설치·운영하는 사업자에 대하여 제36조에 따라 조업정지를 명하여야 하는 경우로서 그 조업정지가 주민의 생활, 대외적인 신용·고용·물가 등 국민경제, 그 밖에 공익에 현저한 지장을 줄 우려가 있다고 인정되는 경우 등 그 밖에 대통령령으로 정하는 경우에는 조업정지처분을 갈음하여 2억원 이하의 (㉠)을(를) 부과할 수 있다.
> 1. 「의료법」에 따른 의료기관의 배출시설
> 2. 사회복지시설 및 공동주택의 냉난방시설
> 3. 발전소의 발전 설비
> 4. 「집단에너지사업법」에 따른 집단에너지시설
> 5. 「초·중등교육법」 및 「고등교육법」에 따른 학교의 배출시설
> 6. 제조업의 배출시설
> 7. 그 밖에 대통령령으로 정하는 배출시설

① 과태료   ② 과징금

③ 가산금   ④ 이행강제금

9 행정의 실효성확보수단에 대한 설명으로 옳지 않은 것은? (다툼이 있는 경우 판례에 의함)

2013. 8. 24 제1회 지방직

① 「행정대집행법」 절차에 따라 「국세징수법」의 예에 의하여 대집행비용을 징수할 수 있음에도 민사소송절차에 의하여 그 비용의 상환을 청구할 수 있다.

② 이행강제금은 대체적 작위의무의 위반에 대하여도 부과될 수 있다.

③ 계고처분시 대집행할 행위의 내용 및 범위는 반드시 대집행계고서에 의하여서만 특정되어야 하는 것은 아니다.

④ 이행강제금과 행정벌은 병과하여도 헌법상 이중처벌금지의 원칙에 위반되지 않는다.

10 행정범 및 행정형벌에 관한 설명으로 옳지 않은 것은? (다툼이 있는 경우 판례에 의함)

2012. 5. 12 상반기 지방직

① 행정범의 경우에는 과실행위를 벌한다는 명문의 규정이 없는 경우에도 그 법률 규정 중에 과실 행위를 벌한다는 명백한 취지를 알 수 있는 경우에는 과실행위에 행정형벌을 부과할 수 있다.

② 행정범의 경우에는 법인의 대표자 또는 종업원 등의 행위자뿐 아니라 법인도 아울러 처벌하는 규정을 두는 경우가 있다.

③ 종업원의 위반행위에 대해 사업주도 처벌하는 경우, 사업주가 지는 책임은 무과실책임이다.

④ 통고처분에 의해 범칙금이 부과되는 경우, 부과된 금액을 납부하면 동일한 사건에 대하여 다시 처벌받지 아니한다.

11 다음 글이 설명하고 있는 것은?

2011. 4. 9 행정안전부

> 경미한 교통법규 위반자로 하여금 형사 처벌절차에 수반되는 심리적 불안, 시간과 비용의 소모, 명예와 신용의 훼손 등의 여러 불이익을 당하지 않고 범칙금 납부로써 위반행위에 대한 제재를 신속·간편하게 종결할 수 있게 하여 주며, 교통법규 위반행위가 홍수를 이루고 있는 현실에서 행정공무원에 의한 전문적이고 신속한 사건처리를 가능하게 하고, 검찰 및 법원의 과중한 업무 부담을 덜어 준다.

① 행정질서벌　　　　　　　　　② 통고처분

③ 과징금　　　　　　　　　　　④ 즉결심판

12 다음은 현행 「질서위반행위규제법」의 일부이다. 괄호 안에 공통적으로 들어갈 용어는?

2011. 4. 9 행정안전부

> '질서위반행위'란 법률(지방자치단체의 조례를 포함한다. 이하 같다)상의 의무를 위반하여 (   )을
> (를) 부과하는 행위를 말한다. 다만, 다음 각 목의 어느 하나에 해당하는 행위를 제외한다.
> 가. 대통령령으로 정하는 사법(私法)상·소송법상 의무를 위반하여 (   )을(를) 부과하는 행위
> 나. 대통령령으로 정하는 법률에 따른 징계사유에 해당하여 (   )을(를) 부과하는 행위

① 가산금   ② 과태료
③ 부당이득세   ④ 이행강제금

13 다음 중 질서위반행위규제법에 대한 설명으로 옳지 <u>않은</u> 것은?

① 고의 또는 과실이 없는 질서위반행위는 과태료를 부과하지 아니한다.
② 자신의 행위가 위법하지 아니한 것으로 오인하고 행한 질서위반행위는 그 오인에 정당한
  이유가 있는 때에 한하여 과태료를 부과하지 아니한다.
③ 질서위반행위시 만 14세가 되지 아니한 자에게는 과태료를 부과하지 아니한다.
④ 신분에 의하여 성립하는 질서위반행위에 신분이 없는 자가 가담한 때에는 신분이 없는
  자에게는 질서위반행위가 성립하지 않는다.

14 「질서위반행위규제법」의 내용에 관한 설명으로 옳지 <u>않은</u> 것은?

2010. 5. 22 상반기 지방직

① 행정청의 과태료 부과에 불복하는 당사자는 과태료 부과 통지를 받은 날부터 60일 이내
  에 해당 행정청에 서면으로 이의제기를 할 수 있고, 이 경우 행정청의 과태료 부과처분
  은 그 효력을 상실한다.
② 하나의 행위가 2 이상의 질서위반행위에 해당하는 경우에는 각 질서위반행위에 대하여
  정한 과태료 중 가장 중한 과태료를 부과한다.
③ 질서위반행위는 행정질서벌이므로 대한민국 영역 밖에서 질서위반행위를 한 대한민국의
  국민에게는 적용되지 않는다.
④ 신분에 의하여 성립하는 질서위반행위에 신분이 없는 자가 가담한 때에도 질서위반행위
  가 성립한다.

15 행정상 과징금에 관한 설명 중 옳지 않은 것은?

① 우리나라의 과징금제도는 「독점규제 및 공정거래에 관한 법률」에 의하여 처음 도입되었다.
② 인·허가의 철회·정지에 갈음하여 과징금을 부과하는 것은 현행법상 허용되지 않는다.
③ 과징금 납부의무를 불이행한 경우에는 「지방세외수입금의 징수 등에 관한 법률」에 따라 징수한다.
④ 행정권에 의한 과징금 부과는 합헌이라는 헌법재판소의 결정이 있다.

16 현행법상 통고처분이 인정되지 않는 것은?

① 경제범
② 출입국관리사범
③ 조세범
④ 교통사범

17 다음 중 통고처분에 대한 설명으로 옳지 않은 것은?

① 국세청 등의 행정기관이 발령한다.
② 통지행위의 성질을 가진다.
③ 통고처분을 이행하면 일사부재리의 원칙이 적용된다.
④ 통고처분을 따르지 않으면 통고처분의 효력은 소멸한다.

18 행정벌에 관한 설명으로 옳은 것은?

① 목전의 급박한 장애를 제거할 필요에서 과하는 실력작용이다.
② 국가가 국민에게 의무 이행을 강제하기 위하여 과한다.
③ 특별권력관계의 내부질서를 유지하기 위해 질서문란자에게 과하는 제재로서의 처벌이다.
④ 행정법상의 의무위반행위에 대하여 일반통치권에 근거하여 과하는 제재로서의 처벌이다.

19 행정벌에 대한 설명 중 가장 옳지 않은 것은?

① 모든 행정벌에는 원칙적으로 「형법」 총칙이 적용된다.
② 행정질서벌에는 「형법」 총칙이 적용되지 않는다.
③ 행정형벌에는 죄형법정주의가 적용된다.
④ 행정형벌은 「형사소송법」이 정하는 절차에 의하여 과하는 것이 원칙이다.

20 행정형벌과 행정질서벌에 대한 설명으로 옳지 않은 것은?

① 행정형벌엔 형법총칙이 적용되지만 행정질서벌은 적용되지 않는다.
② 형법에 형명이 없는 과태료를 부과하는 행정벌을 행정질서벌이라 한다.
③ 행정형벌은 직접적 행정침해시 가하는 것이고, 행정질서벌은 단순한 위반사항에 한한다.
④ 행정질서벌의 부과에는 원칙적으로 행위자의 고의·과실을 요건으로 한다.

21 행정형벌과 행정질서벌에 대한 설명이다. 옳지 않은 것은?

① 행정벌은 행정법상 의무 위반에 대한 제재이다.
② 행정형벌의 과벌절차는 「형사소송법」에 의하는 것이 원칙이다.
③ 행정형벌은 「형법」상의 형벌을, 행정질서벌은 과태료를 그 수단으로 한다.
④ 판례는 행정형벌과 행정질서벌은 일사부재리가 적용되지 않고 함께 병과할 수 있다고 본다.

22 다음 중 통고처분에 관한 설명으로 옳지 않은 것은?

① 취소소송의 대상이 된다.
② 법원부담의 완화에 기여한다.
③ 전과자의 발생방지에 기여한다.
④ 범죄자가 통고처분상의 의무를 이행하면 과형절차가 종료되고, 형사소추되지 않는다.

23 통고처분에 관한 설명 중 가장 맞는 것은?

① 통고처분이라 함은 일정한 벌금 또는 과료에 상당하는 금액의 납부를 명하는 행정처분이다.
② 통고처분권자는 검찰청 검사이다.
③ 범칙자가 통고처분에 따른 내용을 이행하지 아니하면, 통고처분권자는 민사소송을 제기할 수 있다.
④ 통고처분을 행정심판이나 행정소송의 대상에서 제외하는 것을 재판청구권이나 적법절차에 위배되어 위헌이라고 볼 수 없다는 것이 헌법재판소의 입장이다.

24 다음 중 행정벌과 행정질서벌에 관한 내용으로 옳은 것은?

① 행정형벌과 행정질서벌은 성질상 명확히 구분된다.
② 통고처분은 행정심판의 대상이 되지 않는다.
③ 행정벌과 행정질서벌은 일사부재리가 적용되지 않고 함께 병과할 수 있다.
④ 통고처분은 법정기간 내에 이행하지 않으면 검사의 신청 없이 약식재판으로 이행된다.

25 다음 중 행정형벌에 관한 설명으로 옳은 것은?

① 행정형벌을 과하기 위해서는 원칙적으로 고의 · 과실을 요한다.
② 행정형벌에서는 형사미성년자를 처벌하는 경우도 있다.
③ 법인에 대하여도 재산형을 과할 수 있다.
④ 타인의 비행으로 인한 책임은 인정하지 않는다.

26 다음 중 통고처분에 관한 설명으로 옳지 않은 것은?

① 통고처분은 준사법적 행정행위로서의 성격을 갖는다.
② 통고처분을 받은 자가 이를 이행하지 아니하면 강제집행을 받는다.
③ 통고처분은 취소소송의 대상이 되지 아니한다.
④ 조세범, 관세범, 출입국사범, 교통사범 등에 적용된다.

27 행정청의 과태료 부과 및 징수에 관한 설명 중 옳지 않은 것은?

① 행정청의 과태료 부과에 불복하는 당사자는 과태료 부과 통지를 받은 날부터 60일 이내에 해당 행정청에 서면으로 이의제기를 할 수 있다.

② 이의제기가 있는 경우에는 행정청의 과태료 부과처분은 그 효력을 상실한다.

③ 당사자는 행정청으로부터 통지를 받기 전까지는 행정청에 대하여 서면으로 이의제기를 철회할 수 있다.

④ 이의제기를 받은 행정청은 이의제기를 받은 날부터 7일 이내에 이에 대한 의견 및 증빙서류를 첨부하여 관할 법원에 통보하여야 한다.

28 다음 중 「질서위반행위규제법」에 관한 설명 중 옳지 않은 것은?

① 법률상 의무의 효율적인 이행을 확보하고 국민의 권리와 이익을 보호하기 위하여 질서위반행위의 성립요건과 과태료의 부과·징수 및 재판 등에 관한 사항을 규정하는 것을 목적으로 한다.

② 질서위반행위의 성립과 과태료 처분은 처분시의 법률에 따른다.

③ 질서위반행위 후 법률이 변경되어 그 행위가 질서위반행위에 해당하지 아니하게 되거나 과태료가 변경되기 전의 법률보다 가볍게 된 때에는 법률에 특별한 규정이 없는 한 변경된 법률을 적용한다.

④ 행정청의 과태료 처분이나 법원의 과태료 재판이 확정된 후 법률이 변경되어 그 행위가 질서위반행위에 해당하지 아니하게 된 때에는 변경된 법률에 특별한 규정이 없는 한 과태료의 징수 또는 집행을 면제한다.

29 행정의 실효성 확보를 위하여 새로운 수단으로 등장한 것은?

① 대집행
② 집행벌
③ 직접강제
④ 국세고액체납자의 명단공표

30 다음에서 새로운 행정상 의무이행확보수단은?

① 행정상 즉시강제
② 허가 등의 거부
③ 행정질서벌
④ 행정상 강제징수

31 질서위반행위의 성립과 관련한 설명 중 옳지 않은 것은?

① 법률에 따르지 아니하고는 어떤 행위도 질서위반행위로 과태료를 부과하지 아니한다.
② 고의 또는 과실이 없는 질서위반행위는 과태료를 부과하지 아니한다.
③ 자신의 행위가 위법하지 아니한 것으로 오인하고 행한 질서위반행위는 그 오인에 정당한 이유가 있는 때에 한하여 과태료를 부과하지 아니한다.
④ 15세가 되지 아니한 자의 질서위반행위는 과태료를 부과하지 아니한다.

32 질서행위위반을 처리하는 방법에 대한 설명으로 옳지 않은 것은?

① 법인의 대표자, 법인 또는 개인의 대리인·사용인 및 그 밖의 종업원이 업무에 관하여 법인 또는 그 개인에게 부과된 법률상의 의무를 위반한 때에는 법인 또는 그 개인에게 과태료를 부과한다.
② 2인 이상이 질서위반행위에 가담한 때에는 각자가 질서위반행위를 한 것으로 본다.
③ 신분에 의하여 성립하는 질서위반행위에 신분이 없는 자가 가담한 때에는 신분이 없는 자에 대하여도 질서위반행위가 성립한다.
④ 하나의 행위가 2 이상의 질서위반행위에 해당하는 경우에는 각 질서위반행위에 대하여 정한 과태료 중 가장 경한 과태료를 부과한다.

33 행정벌과 형사벌을 구별하는 기준이 되는 것은?

① 죄형법정주의　　　　　　　② 의무 불이행
③ 비행의 성질　　　　　　　　④ 공익목적의 달성

34 행정범과 형사범의 구별에 관한 설명 중 옳지 않은 것은?

① 행정범의 경우 법인의 책임능력을 인정하는 경우가 많다.
② 행정범은 타인의 행위로 인한 책임을 인정하지 않는다.
③ 형사범에 있어서 책임능력에 관한 규정이 행정범에는 적용되지 않는 경우가 많다.
④ 행정형벌에 관해서는 원칙적으로 형법총칙이 적용된다.

35 다음 중 행정청의 과태료 부과 및 징수절차에 관한 설명으로 옳지 않은 것은?

① 행정청이 질서위반행위에 대하여 과태료를 부과하고자 하는 때에는 미리 당사자에게 대통령령으로 정하는 사항을 통지하고, 10일 이상의 기간을 정하여 의견을 제출할 기회를 주어야 한다.

② 당사자가 지정된 기일까지 의견 제출이 없는 경우에는 의견이 있는 것으로 본다.

③ 당사자는 의견 제출 기한 이내에 대통령령으로 정하는 방법에 따라 행정청에 의견을 진술하거나 필요한 자료를 제출할 수 있다.

④ 당사자가 제출한 의견에 상당한 이유가 있는 경우에는 과태료를 부과하지 아니하거나 통지한 내용을 변경할 수 있다.

36 다음 중 「질서위반행위규제법」과 관련한 설명으로 옳지 않은 것은?

① 행정청은 당사자가 의견 제출 기한 이내에 과태료를 자진하여 납부하고자 하는 경우에는 대통령령으로 정하는 바에 따라 과태료를 감면할 수 있다.

② 당사자가 감경된 과태료를 납부한 경우에는 해당 질서위반행위에 대한 과태료 부과 및 징수절차는 종료한다.

③ 행정청의 과태료 부과에 불복하는 당사자는 과태료 부과 통지를 받은 날부터 60일 이내에 해당 행정청에 서면으로 이의제기를 할 수 있다.

④ 이의제기가 있는 경우에는 행정청의 과태료 부과처분은 그 효력을 상실한다.

37 가산금 징수 및 체납처분 등에 관한 설명 중 옳지 않은 것은?

① 행정청은 당사자가 납부기한까지 과태료를 납부하지 아니한 때에는 납부기한을 경과한 날부터 체납된 과태료에 대하여 100분의 5에 상당하는 가산금을 징수한다.

② 체납된 과태료를 납부하지 아니한 때에는 납부기한이 경과한 날부터 매 2개월이 경과할 때마다 중가산금을 가산금에 가산하여 징수한다.

③ 행정청은 당사자가 기한 이내에 이의를 제기하지 아니하고 가산금을 납부하지 아니한 때에는 국세 또는 지방세 체납처분의 예에 따라 징수한다.

④ 중가산금을 가산하여 징수하는 기간은 60개월을 초과하지 못한다.

38 질서위반행위의 재판 및 집행에 관한 설명으로 옳지 않은 것은?

① 과태료 사건은 다른 법령에 특별한 규정이 있는 경우를 제외하고는 당사자의 주소지의 지방법원 또는 그 지원의 관할로 한다.
② 법원의 관할은 행정청에 따라 이의제기 사실을 통보한 때를 표준으로 정한다.
③ 법원은 과태료 사건의 전부 또는 일부에 대하여 관할권이 없다고 인정하는 경우에는 결정으로 이를 관할 법원으로 이송한다.
④ 당사자 또는 검사는 이송결정에 대하여 즉시항고를 할 수 없다.

39 「질서위반행위규제법」에 관한 설명 중 고액·상습체납자에 대한 제재에 대한 설명 중 옳지 않은 것은?

① 법원은 검사의 청구에 따라 결정으로 50일의 범위 이내에서 과태료의 납부가 있을 때까지 고액·상습체납자를 감치할 수 있다.
② 과태료를 3회 이상 체납하고 있고, 체납발생일부터 각 1년이 경과하였으며, 체납금액의 합계가 1천만원 이상인 체납자 중 대통령령으로 정하는 횟수와 금액 이상을 체납한 경우와 과태료 납부능력이 있음에도 불구하고 정당한 사유없이 체납한 경우 고액·상습체납자에 해당한다.
③ 행정청은 고액·상습체납자에 해당하는 경우 관할 지방검찰청 또는 지청의 검사에게 체납자의 감치를 신청할 수 있다.
④ 감치에 처하여진 과태료 체납자는 동일한 체납사실로 인하여 재차 감치되지 아니한다.

40 「질서위반행위규제법」에 관한 설명으로 옳지 않은 것은?

① 「질서위반행위규제법」은 대한민국 영역 밖에서 질서위반행위를 한 자에게 적용한다.
② 「질서위반행위규제법」은 대한민국 영역 밖에서 질서위반행위를 한 대한민국의 국민에게 적용한다.
③ 「질서위반행위규제법」은 대한민국 영역 밖에 있는 대한민국의 선박 또는 항공기 안에서 질서위반행위를 한 외국인에게 적용한다.
④ 법률에 따르지 아니하고는 어떤 행위도 질서위반행위로 과태료를 부과하지 아니한다.

행정구제법

① 행정구제제도

☞ 정답 및 해설 P.277

1 행정구제제도에 대한 판례의 입장으로 옳지 않은 것은?

2015. 6. 27 제1회 지방직

① 조세심판에서의 재결청의 재조사결정에 따른 행정소송의 제소기간은 이의신청인 등이 후속 처분의 통지를 받은 날부터 기산된다.

② 재결의 기속력은 재결의 주문 및 그 전제가 된 요건사실의 인정과 판단, 즉 처분 등의 구체적 위법사유에 관한 판단에만 미친다.

③ 법률상 이의신청을 제기해야 할 사람이 처분청에 표제를 '행정심판청구서'로 한 서류를 제출하였다면, 서류의 내용에 이의신청 요건에 맞는 불복취지와 사유가 충분히 기재되어 있다고 하여도 이를 처분에 대한 이의신청으로 볼 수 없다.

④ 피해자에게 손해를 직접 배상한 경과실이 있는 공무원은 특별한 사정이 없는 한 국가에 대하여 국가의 피해자에 대한 손해배상책임의 범위 내에서 공무원이 변제한 금액에 관하여 구상권을 취득한다.

2 다음 설명 중 옳지 않은 것은? (다툼이 있는 경우 판례에 의함)

2012. 9. 22 하반기 지방직

① 과태료는 행정청의 과태료 부과처분이나 법원의 과태료 재판이 확정된 후 5년간 징수하지 않거나 집행하지 아니하면 시효로 인하여 소멸한다.

② 수리를 요하는 신고를 거부한 경우에는 행정소송을 제기할 수 있다.

③ 특정한 사익의 보호가 필요한 경우에도 헌법상의 기본권 규정만으로는 특정한 개인의 이익보호를 위한 공권을 도출할 수 없다.

④ 거부처분은 행정소송법상의 집행정지의 대상이 되지 아니한다.

3 공법상 객관적 권리구제의 성질이 가장 강한 것은?

① 취소소송
② 처분의 상대방에 의한 이의신청
③「지방자치법」상 주민소송
④ 민주화운동관련보상을 위한 당사자소송

4 다음 중 행정구제의 방법 중 사전구제에 해당하는 것은?

① 행정심판　　　　　　　② 행정소송
③ 손해배상　　　　　　　④ 청원제도

5 다음 중 행정구제제도에 관한 설명으로 옳지 않은 것은?

① 최근에는 사전적 구제보다 사후적 구제가 중요시되고 있다.
② 옴부즈만제도는 사전구제수단의 성격을 가진다.
③ 청원은 모든 국가기관 및 지방자치단체 등에 대하여 문서로써 한다.
④ 우리나라에는 「행정절차법」과 「민원사무처리에 관한 법률」 등이 있다.

6 다음 옴부즈만제도에 관한 설명 중 옳지 않은 것은?

① 1809년 스웨덴에서 최초로 시행되었다.
② 행정처분에 대하여 직접 취소·변경을 할 권한이 있다.
③ 국민으로부터 민원제기가 없더라도 자발적으로 조사할 수 있다.
④ 직무에 대하여 독립성과 중립성을 가진다.

7 다음 중 국민권익위원회에 관한 설명으로 옳지 않은 것은?

① 대통령 소속하에 둔다.
② 조사의 결과 처분 등이 위법·부당하다고 판단될 경우에는 관계기관의 장에게 적절한 시정조치를 권고할 수 있다.
③ 위원회의 위원, 전문위원 또는 직원이나 그 직에 있었던 자 및 위원회에 파견되거나 위원회의 위촉에 의하여 위원회의 업무를 수행하거나 수행하였던 자는 업무처리 중 알게 된 비밀을 누설하여서는 아니 된다.
④ 위원회가 고충민원을 접수한 때에는 지체없이 필요한 사항을 조사하여야 한다.

8 다음 중 국민권익위원회의 업무로 옳지 않은 것은?

① 고충민원의 조사와 처리 및 이와 관련된 시정권고 또는 의견표명
② 공공기관의 부패방지를 위한 시책 및 제도개선 사항의 수립·권고와 이를 위한 공공기관에 대한 실태조사
③ 행정기관 등의 직원에 관한 인사행정상의 행위에 관한 사항
④ 부패행위 신고 안내·상담 및 접수 등

9 다음 중 국민권익위원회의 민원에 관한 설명으로 잘못된 것은?

① 권익위원회는 접수된 고충민원을 접수일부터 90일 이내에 처리하여야 한다.
② 다만, 조정이 필요한 경우 등 부득이한 사유로 기간 내에 처리가 불가능한 경우에는 60일의 범위에서 그 처리기간을 연장할 수 있다.
③ 권익위원회는 신청인이 동일한 내용의 고충민원을 정당한 사유없이 3회 이상 반복하여 신청한 경우로서 2회 이상 그 처리결과를 통지한 후에 신청되는 사안에 대하여는 종결처리 할 수 있다.
④ 권익위원회는 조정회의의 원활한 진행을 위하여 고충민원의 신청인과 책임 있는 관계 행정기관 등의 직원에게 출석을 요구할 수 있다.

10 국민권익위원회에 관한 설명으로 옳지 않은 것은?

① 고충민원의 처리와 이에 관련된 불합리한 행정제도를 개선하고, 부패의 발생을 예방하며 부패행위를 효율적으로 규제하도록 하기 위하여 국무총리 소속으로 설치하였다.

② 국민권익위원회는 필요하다고 인정하는 경우 공공기관의 장에게 제도개선의 권고를 할수 있으며, 제도개선 권고를 받은 공공기관의 장은 이를 제도개선에 반영하여야 하며 그 조치에 대한 결과를 국민권익위원회에 통보할 필요까지는 없다.

③ 국민권익위원회는 「행정심판법」에 따른 중앙행정심판위원회의 운영에 관한 사항을 관장한다.

④ 지방자치단체 및 그 소속 기관에 관한 고충민원의 처리와 행정제도의 개선 등을 위하여 「부패방지 및 국민권익위원회의 설치와 운영에 관한 법률」에서 각 지방자치단체에 시민고충처리위원회를 설치할 수 있는 근거조항을 두고 있다.

☞ 정답 및 해설 P.278

1 「국가배상법」 제5조에 따른 배상책임에 대한 설명으로 옳지 않은 것은? (다툼이 있는 경우 판례에 의함)

2016. 4. 9 인사혁신처

① '공공의 영조물'이란 국가 또는 지방자치단체가 소유권, 임차권 그 밖의 권한에 기하여 관리하고 있는 경우를 의미하고, 그러한 권원 없이 사실상의 관리를 하고 있는 경우는 제외된다.

② '영조물의 설치 또는 관리의 하자'란 공공의 목적에 제공된 영조물이 그 용도에 따라 통상 갖추어야 할 안전성을 갖추지 못한 상태에 있음을 말한다.

③ 예산부족 등 설치·관리자의 재정사정은 배상책임 판단에 있어 참작사유는 될 수 있으나 안전성을 결정지을 절대적 요건은 아니다.

④ 소음 등을 포함한 공해 등의 위험지역으로 이주하여 거주하는 것이 피해자가 위험의 존재를 인식하고 그로 인한 피해를 용인하면서 접근한 것이라고 볼 수 있는 경우 가해자의 면책이 인정될 수 있다.

2 국가배상에 대한 판례의 입장으로 옳지 않은 것은?

2016. 6. 18 제1회 지방직

① 국회의원의 입법행위는 그 입법 내용이 헌법의 문언에 명백히 위배됨에도 불구하고 국회가 굳이 당해 입법을 한 것과 같은 특수한 경우가 아닌 한 「국가배상법」 제2조 제1항 소정의 위법행위에 해당된다고 볼 수 없다.

② 일반적으로 공무원이 관계법규를 알지 못하거나 필요한 지식을 갖추지 못하고 법규의 해석을 그르쳐 행정처분을 하였다면 그가 법률전문가가 아닌 행정직 공무원이라고 하여 과실이 없다고는 할 수 없다.

③ 법령의 규정을 따르지 아니한 법관의 재판상 직무행위는 곧바로 「국가배상법」 제2조 제1항에서 규정하고 있는 위법행위가 되어 국가의 손해배상책임이 발생한다.

④ 영업허가취소처분이 행정심판에 의하여 재량권의 일탈을 이유로 취소되었다고 하더라도 그 처분이 당시 시행되던 「공중위생법 시행규칙」에 정해진 행정처분의 기준에 따른 것인 이상 그 영업허가취소처분을 한 행정청 공무원에게 그와 같은 위법한 처분을 한 데 있어 직무집행상의 과실이 있다고 할 수는 없다.

3 행정상 손해배상(국가배상)에 대한 설명으로 가장 옳은 것은?

2016. 6. 25 서울특별시

① 국가배상은 공행정작용을 대상으로 하므로 국가배상청구소송은 당사자소송이다.

② 대한민국 구역 내에 있다면 외국인에게도 국가배상청구권은 당연히 인정된다.

③ 공무원이 고의 또는 중과실로 불법행위를 하여 손해를 입힌 경우 피해자는 공무원 개인에 대하여 손해배상을 청구할 수 있다.

④ 사무귀속주체와 비용부담주체가 동일하지 아니한 경우에는 사무귀속주체가 손해를 우선적으로 배상하여야 한다.

4 「국가배상법」에 대한 설명으로 옳지 않은 것은?

2015. 3. 14 사회복지직

① 「국가배상법」은 국가배상책임의 주체를 국가 또는 공공단체로 규정하고 있다.

② 피해자가 손해를 입은 동시에 이익을 얻은 경우에는 손해배상액에서 그 이익에 상당하는 금액을 빼야 한다.

③ 국가배상소송은 배상심의회에 배상신청을 하지 아니하고도 제기할 수 있다.

④ 국가배상청구권은 피해자나 그 법정대리인이 그 손해 및 가해자를 안 날로부터 3년간 이를 행사하지 아니하면 시효로 인하여 소멸한다.

5 「국가배상법」 내지 국가배상책임에 관한 설명으로 옳지 않은 것은?

2015. 6. 13 서울특별시

① 행정상 손해배상에 관하여는 「국가배상법」이 일반법적 지위를 갖는다고 본다.

② 「국가배상법」은 직무행위로 인한 행정상 손해배상에 대하여 무과실책임을 명시하고 있다.

③ 「국가배상법」은 외국인이 피해자인 경우에는 해당 국가와 상호 보증이 있을 때에만 적용한다.

④ 국가배상책임을 공법적 책임으로 보는 견해는 국가배상 청구소송은 당사자소송으로 제기되어야 한다고 보나, 재판실무에서는 민사소송으로 다루고 있다.

6 다음 설명 중 옳은 것은? (다툼이 있는 경우 판례에 의함)

2015. 6. 27 제1회 지방직

① 「자동차손해배상 보장법」은 배상책임의 성립요건에 관하여 「국가배상법」에 우선하여 적용된다.

② 「개인정보 보호법」상 단체소송을 허가하거나 불허가하는 법원의 결정에 대하여는 더 이상 소송으로 다툴 수 없다.

③ 행정심판에 있어서 사건의 심리·의결에 관한 사무에 관여하는 직원에게는 「행정심판법」 제10조의 위원의 제척·기피·회피가 적용되지 않는다.

④ 「공익사업을 위한 토지 등의 취득 및 보상에 관한 법률」상 행정청이 아닌 사업시행자가 이주대책을 수립·실시하는 경우에 이주정착지에 대한 도로 등 통상적인 생활기본시설에 필요한 비용은 지방자치단체가 부담하여야 한다.

7 「국가배상법」 제2조 제1항에서 규정하는 공무원의 과실에 관한 판례의 입장과 가장 부합하는 설명은?

2015. 6. 13 서울특별시

① 당해 직무를 담당하는 평균적 공무원의 주의능력을 기준으로 판단한다.

② 직무행위가 위법하다고 판단되면 과실의 손재도 추정된다.

③ 행정소송에서 행정처분이 위법한 것으로 확정되었고 그 이유가 법령 해석의 잘못이었다면 그 행정처분을 한 공무원의 과실은 당연히 인정된다.

④ 과실의 입증책임은 원고가 아니라 피고인 국가 또는 지방자치단체로 전환된다.

8 국가배상책임의 요건에 대한 판례의 입장으로 옳은 것은?

2014. 6. 21 제1회 지방직

① 사인이 지방자치단체로부터 공무를 위탁받아 공무에 종사하는 경우 공무의 위탁이 일시적이고 한정적인 사항에 관한 활동이라면 국가배상법상 공무원에 해당하지 아니한다.

② 국가배상법상 공무원의 직무에는 사경제의 주체로서 하는 작용이 포함된다.

③ 인사업무담당 공무원이 다른 공무원의 공무원증 등을 위조하여 대출받은 경우, 인사업무담당 공무원의 공무원증 위조행위는 실질적으로 직무행위에 속하지 아니하므로 대출은행은 국가배상청구를 할 수 없다.

④ 유흥주점의 화재로 여종업원들이 사망한 경우, 담당 공무원의 유흥주점의 용도변경, 무허가 영업 및 시설기준에 위배된 개축에 대하여 시정명령 등 식품위생법상 취하여야 할 조치를 게을리 한 직무상 의무위반행위와 여종업원들의 사망 사이에는 상당인과관계가 존재하지 아니한다.

9 국가배상청구권에 관한 다음 설명 중 옳은 것은? (다툼이 있을 경우 판례에 의함)

① 공무원이 관계법규를 알지 못하거나 법규의 해석을 그르쳐 행정처분을 한 경우라고 할지라도 법률전문가가 아닌 행정직 공무원인 경우에는 과실을 인정할 수 없다.

② 어떠한 행정처분이 뒤에 항고소송에서 취소되었다고 하더라도 곧바로 공무원의 고의 또는 과실로 인한 것으로서 불법행위를 구성한다고 단정할 수는 없다.

③ 과실개념의 주관화(主觀化) 경향이 나타나고 있다.

④ 「국가배상법」 제2조 제1항의 공무원의 직무에는 권력적 작용만 포함된다.

10 행정상 손해배상에 관한 설명으로 옳지 않은 것은? (다툼이 있는 경우 판례에 의함)

2013. 7. 27 안전행정부

① 「국가배상법」이 정한 손해배상청구의 요건인 '공무원의 직무'에는 국가나 지방자치단체의 권력적 작용뿐만 아니라 비권력적 작용도 포함되지만 단순한 사경제의 주체로서 하는 작용은 포함되지 않는다.

② 지방자치단체장이 설치하여 관할 지방경찰청장에게 관리권한이 위임된 교통신호기 고장에 의한 교통사고가 발생한 경우 해당 지방자치단체뿐만 아니라 국가도 손해배상책임을 진다.

③ 어떠한 행정처분이 후에 항고소송에서 취소되었다면 그 기판력에 의하여 당해 행정처분은 곧바로 공무원의 고의 또는 과실로 인한 것으로서 불법행위를 구성한다.

④ 생명·신체의 침해로 인한 국가배상을 받을 권리는 양도하거나 압류하지 못한다.

11 행정상 손해배상에 대한 설명으로 옳지 않은 것은 몇 개인가? (다툼이 있는 경우 판례에 의함)

2012. 4. 7 행정안전부

> ㉠ 법령해석에 여러 견해가 있어 관계 공무원이 신중한 태도로 어느 일설을 취하여 처분한 경우, 위법한 것으로 판명되었다고 하더라도 그것만으로 배상책임을 인정할 수 없다.
>
> ㉡ 법령에 명시적으로 공무원이 작위의무가 규정되어 있지 않은 경우라 할지라도 공무원의 부작위로 인한 국가배상 책임을 인정할 수 있다.
>
> ㉢ 실질적으로 직무행위가 아니거나 또는 직무행위를 수행한다는 행위자의 주관적 의사가 없는 공무원의 행위는 국가배상법상 공무원의 직무행위가 될 수 없다.
>
> ㉣ 국가배상법상 과실을 판단할 경우 보통 일반의 공무원을 그 표준으로 하고 반드시 누구의 행위인지 가해공무원을 특정하여야 한다.
>
> ㉤ 재판행위로 인한 국가배상에 있어서 위법은 판결 자체의 위법이 아니라 법관의 공정한 재판을 위한 직무수행상의무의 위반으로서의 위법이다.
>
> ㉥ 서울특별시 강서구 교통할아버지사건과 같은 경우 공무를 위탁받아 수행하는 일반 사인(私人)은 국가배상법 제2조 제1항에 따른 공무원이 될 수 없다.

① 2개   ② 3개

③ 4개   ④ 5개

12 「국가배상법」 제2조의 배상책임에 관한 설명으로 옳지 않은 것은? (다툼이 있는 경우 판례에 의함)

2012. 5. 12 상반기 지방직

① 공무원에는 널리 공무를 위탁받아 실질적으로 공무에 종사하고 있는 일체의 자가 포함되지만, 공무의 위탁이 일시적이고 한정적인 사항에 관한 활동을 위한 것인 경우에는 공무원에 해당하지 않는다.

② 국가 또는 공공단체라 할지라도 사경제의 주체로 활동하였을 경우에는 그 손해배상의 책임에 국가배상법의 규정이 적용될 수 없고 민법이 적용된다.

③ 공무원의 직무상 의무는 명문의 규정이 없는 경우에도 관련 규정에 비추어 조리상 인정될 수 있다.

④ 법령 위반에는 엄격한 의미의 법령 위반뿐만 아니라 인권존중, 권력남용금지, 신의성실, 공서양속 등의 위반도 포함된다.

13 국가배상책임에 대한 판례의 입장으로 옳지 않은 것은?

2012. 9. 22 하반기 지방직

① 지방자치단체장으로부터 교통신호기의 관리권한을 위임받은 기관 소속의 공무원이 위임사무 처리에 있어 고의 또는 과실로 타인에게 손해를 가하였거나 위임사무로 설치·관리하는 영조물의 하자로 타인에게 손해를 발생하게 한 경우에는 권한을 위임한 관청이 소속된 지방자치단체가 국가배상법 제2조 또는 제5조에 의한 배상책임을 부담한다.

② 관리청이 하천법 등 관련규정에 의해 책정한 하천정비기본계획 등에 따라 개수를 완료한 하천 또는 아직 개수중이라 하더라도 개수를 완료한 부분에 있어서는, 위 하천정비기본계획 등에서 정한 계획홍수량 및 계획홍수위를 충족하여 하천이 관리되고 있다면 당초부터 계획홍수량 및 계획홍수위를 잘못 책정하였다거나 그 후 이를 시급히 변경해야 할 사정이 생겼음에도 불구하고 이를 해태하였다는 등의 특별한 사정이 없는 한, 그 하천은 용도에 따라 통상 갖추어야 할 안전성을 갖추고 있다고 보아야 한다.

③ 공무원이 직무상 의무를 위반함으로 인하여 피해자가 입은 손해에 대하여는 상당인과관계가 인정되는 범위 내에서 국가가 배상책임을 지는 것이고, 이때 상당인과관계의 유무를 판단함에 있어서는 일반적인 결과 발생의 개연성은 물론 직무상 의무를 부과하는 법령 기타 행동규범의 목적, 그 수행하는 직무의 목적 내지 기능으로부터 예견 가능한 행위 후의 사정, 가해행위의 태양 및 피해의 정도 등을 종합적으로 고려하여야 한다.

④ 국가배상법 제5조 제1항 소정의 '공공의 영조물'이라 함은 일반 공중의 자유로운 사용에 직접적으로 제공되는 공공용물에 한하지 아니하고, 행정주체 자신의 사용에 제공되는 공용물도 포함하며 국가 또는 지방자치단체가 소유권, 임차권, 그 밖의 권한에 기하여 관리하고 있는 경우는 포함하나 사실상의 관리를 하고 있는 경우는 포함되지 아니한다.

14 「국가배상법」 제5조의 국가배상에 대한 설명으로 옳지 않은 것은?

2011. 5. 14 상반기 지방직

① 「국가배상법」 제5조 제1항의 '공공의 영조물'이라 함은 국가 또는 지방자치단체에 의하여 특정 공공의 목적에 공여된 유체물 내지 물적 설비라고 보는 것이 판례의 입장이다.

② 판례는 사격장에서 발생하는 소음 등으로 지역주민들이 입은 피해가 수인한도를 넘는 경우 사격장의 설치 또는 관리에 하자가 있다고 한다.

③ 판례는 영조물의 설치·관리에 있어서 항상 완전무결한 상태를 유지할 정도의 고도의 안전성을 갖추지 아니하였다고 하여 영조물의 설치 또는 관리에 하자가 있다고 단정할 수 없다고 한다.

④ 판례는 예산부족은 절대적인 면책사유가 된다고 보고 있다.

15 「국가배상법」 제2조 제1항에 따른 국가배상의 요건에 대한 설명으로 옳은 것은? (다툼이 있는 경우 판례에 의함)

① 공무원의 범위에 판사는 포함되지 않는다.

② 직무행위란 법률행위와 권력적 사실행위를 의미하며 비권력적 사실행위는 포함되지 않는다.

③ 공무원의 고의 또는 과실에 의한 불법행위가 성립해야만 한다.

④ 위법성의 판단기준인 법령은 성문법을 의미한다.

16 국가배상에 관한 판례의 입장으로 옳지 않은 것은?

2010. 5. 22 상반기 지방직

① 공무원의 부작위로 인한 국가배상책임을 인정하고 있다.

② 「국가배상법」상 과실은 담당공무원이 보통 일반의 공무원을 표준으로 하여 볼 때 객관적 주의의무를 결하여 그 행정처분이 객관적 정당성을 상실하였다고 인정될 정도에 이른 경우를 말한다.

③ 교통할아버지 봉사원도 「국가배상법」상 공무원으로 보고 있다.

④ 행정처분이 항고소송에 의하여 취소된 경우 당해 행정처분은 곧바로 공무원의 고의 또는 과실로 인한 불법행위를 구성한다.

17 「국가배상법」 제5조에 관한 설명으로 옳지 않은 것은? (다툼이 있는 경우 판례에 의함)

2010. 5. 22 상반기 지방직

① 공공의 영조물이라 함은 국가 또는 지방자치단체에 의하여 특정 공공의 목적에 공여된 유체물 내지 물적 설비를 말하며, 국가 또는 지방자치단체가 소유권, 임차권 그 밖의 권한에 기하여 관리하고 있는 경우뿐만 아니라 사실상 관리하고 있는 경우도 포함된다.

② 판례는 영조물의 결함이 영조물의 설치 또는 관리자의 관리행위가 미칠 수 없는 상황 아래에 있는 경우 그 하자를 인정할 수 없다고 보고 있다.

③ 지방자치단체장이 설치하여 관할 지방경찰청장에게 관리권한이 위임된 교통신호기의 고장으로 교통사고가 발생한 경우에는 국가는 배상책임을 지지 않는다.

④ 가변차로에 설치된 2개의 신호등에서 서로 모순된 신호가 들어오는 오작동이 발생하였고 그 고장이 현재의 기술수준상 부득이 하다는 사정만으로 영조물의 하자가 면책되는 것은 아니다.

18 국가배상법 제2조의 국가배상책임 요건에 대한 설명으로 옳은 것은?

① '직무행위'와 관련하여 국회의원의 입법행위는 그 입법내용이 헌법의 문언에 명백히 위반된 경우에는 입법기관의 국가배상책임을 인정하는 데에 별다른 어려움이 없다.

② '직무행위'의 범위에는 원칙적으로 공법상 권력작용을 중심으로 하여 공법상 비권력작용을 포함하는 것이므로 준법률행위적 행정행위나 사실행위, 부작위는 포함되지 않는다.

③ 해당 공무원이 관계 법규를 알지 못하거나 필요한 지식을 갖추지 못하고 법규의 해석을 그르쳐 행정처분을 하였다 하더라도 그가 법률전문가가 아닌 한 고의나 과실이 있다고 볼 수는 없다.

④ 판례에 의하면 어떠한 행정처분이 항고소송에서 취소가 확정되었다 할지라도 그 자체만으로 당해 처분이 공무원의 고의 또는 과실로 인한 불법행위를 구성한다고 단정할 수 없다.

19 다음 중 행정상 손해배상에 관한 설명으로 옳은 것은?

① 가해행위를 한 공무원의 선임감독자와 비용부담자가 다른 경우 그 비용을 부담하는 자는 배상책임이 없다.

② 권력적 사실행위는 국가배상법 제2조의 직무에 해당하지 아니한다.

③ 국가배상청구소송제기 전에 반드시 배상심의회의 전심절차를 거쳐야 한다.

④ 판례에 의하면 소집 중인 향토예비군은 「국가배상법」상 공무원에 해당한다.

20 다음 중 「국가배상법」상 배상책임에 대한 설명으로 옳은 것은?

① 「국가배상법」상 배상책임자는 위법한 직무행위를 한 공무원이 소속된 국가 및 공공단체이다.

② 가해행위를 한 공무원의 선임·감독자와 비용부담자가 다른 경우, 그 비용을 부담하는 자는 배상책임이 없다.

③ 한정액설에 의하면 국가배상법 제3조상의 배상기준규정은 배상액의 하한을 규정한 절대규정이다.

④ 생명·신체의 침해로 인한 국가배상을 받을 권리는 이를 양도하거나 압류하지 못한다.

21 공무원의 직무상 불법행위로 인한 국가배상책임에 관한 설명으로 옳지 않은 것은?

① 여기서의 공무원은 「국가공무원법」 및 「지방공무원법」상의 공무원만을 의미한다.

② 공무원의 직무행위 여부는 객관적·외형적으로 판단해야 한다.

③ 생명·신체 이외의 법익이 침해되어 성립한 손해배상청구권은 양도가 가능하다.

④ 어떠한 행정처분이 뒤에 항고소송에서 취소되었다고 할지라도 당해 행정처분이 곧바로 공무원의 고의 또는 과실로 인한 것으로서 불법행위를 구성한다고 단정할 수는 없다.

22 폭설로 인하여 인근 지역 고속국도에서 교통사고가 발생하였고 이와 관련하여 사전에 이 지역에 폭설이 내릴 것이라는 일기예보가 수차례 있었지만, 특별히 이 고속국도의 차량통행을 통제하는 등의 조치는 없었다. 이에 대한 설명 중 옳지 않은 것은?

① 불가항력적 사유로 인정되는 경우에는 도로관리청의 손해배상책임이 부인될 수 있다.

② 최근 대법원은 교통사고로 인한 손해발생의 예견가능성이나 회피가능성이 없었다면 도로의 관리상의 하자를 인정할 수 없다는 입장을 취하고 있다.

③ 위 사례는 객관설에 따를 경우 도로의 객관적 하자가 존재하고, 주관설에 의할 경우에도 통상적인 주의의무를 통하여 손해발생의 회피가능성이 있었다고 판단되므로 결국 도로의 관리상의 하자가 인정된다.

④ 절충설의 입장에 따른다면 위 경우 도로의 설치관리상의 하자가 없다고 보아 도로관리청의 손해배상책임을 부인하게 된다.

23 국가배상법 제2조의 '공무원'에 대한 학설과 판례 내용 중 옳지 않은 것은?

① 공무원을 반드시 개별적으로 특정될 필요는 없다.
② 군인이 직무 집행과 관련하여 전사하여 본인이나 그 유족이 보상을 지급 받을 수 있을 때에는 손해배상을 청구할 수 없다.
③ 직무 집행과 관련하여 공상을 입은 경찰공무원은 「국가배상법」상 공무원이다.
④ 「국가공무원법」상의 공무원만을 의미하지 않는다.

24 공무원의 직무상 불법행위로 인한 손해배상에 관한 설명으로 옳지 않은 것은?

① 공무원에게 중대한 과실이 있어야 한다.
② 상대방에게 손해가 발생하여야 한다.
③ 지방자치단체의 공무원으로 인한 손해배상책임자는 지방자치단체이다.
④ 공무원의 직무를 집행함에 있어서 행한 행위여야 한다.

25 국가배상법 제2조에 의한 배상책임요건이 아닌 것은?

① 여기서 말하는 공무원은 공무원의 신분을 갖지 않더라도 널리 공무를 위탁받아 종사하는 자가 모두 포함된다는 것이 통설과 판례의 입장이다.
② 여기서 말하는 공무원은 특정될 필요가 없다는 것이 오늘날의 일반적 견해이다.
③ 여기서 말하는 공무원의 직무는 행정작용에 의한 것이지 입법·사법작용은 포함되지 않는다.
④ 여기서 말하는 손해는 공무원의 가해행위로 입은 모든 불이익을 의미한다.

26 다음 중 「국가배상법」상 영조물에 해당하지 않는 것은?

① 국립병원   ② 공립학교교사(校舍)
③ 국유임야   ④ 경찰마

27 국가배상법 제2조에 의한 손해배상책임에 대한 설명으로 옳은 것은?

① 공무원의 신분을 가진 자의 직무집행행위만이 배상책임의 대상이 된다.
② 부작위로 인한 손해의 배상책임은 인정되지 않는다.
③ 가해공무원에게 중과실이 있는 경우, 가해공무원에게도 배상책임을 물을 수 있다.
④ 가해공무원에게 경과실이 있는 경우, 국가의 배상책임은 인정되지 않는다.

28 다음 중 국가배상에 관한 설명으로 옳은 것은?

① 공무를 위임받은 사인에 의해 초래된 손해에 대한 배상에는 「국가배상법」이 적용되지 않는다.
② 「헌법」은 공무원의 직무상 불법행위로 인한 국가배상만을 규정하고 있을 뿐이고, 영조물의 설치·관리의 하자로 인한 국가배상에 대해서는 규정하고 있지 않다.
③ 현행 「국가배상법」은 능동적이고 적극적인 공무수행을 위해서 국가배상의 경우 공무원 개인에 대해서는 책임을 묻지 않도록 하고 있다.
④ '직무행위'의 범위를 정함에 있어서 '외형설'을 취할 경우 국가배상책임은 축소된다.

29 국가배상제도와 관련된 설명 중 옳지 않은 것은?

① 「국가배상법」은 배상주체를 국가 또는 지방자치단체로 한정하고 있다.
② 「국가배상법」은 외국인이 피해자인 경우에는 상호의 보증이 있는 때에 한하여 적용된다.
③ 피해자는 배상심의회의 결정을 거치지 아니하고는 국가배상소송을 제기할 수 없다.
④ 생명·신체의 침해에 대한 배상청구권은 이를 양도하거나 압류할 수 없다.

30 「국가배상법」 제2조 제1항의 '직무를 집행하면서'에 관한 설명으로 가장 옳은 것은?

① 직접적인 공무원의 직무집행행위만을 의미한다.
② 행위자는 주관적으로 공무 집행의 의사가 있어야 한다.
③ 판례는 공무원이 통상적으로 근무하는 근무지로 출근하기 위하여 자기 소유의 자동차를 운행하는 경우는 특별한 사정이 없는 한 직무행위에 해당되지 아니한다고 하였다.
④ 비록 직무와 밀접한 관련이 있다 할지라도 직무행위에 부수하여 행하여지는 행위는 직무행위에서 제외된다.

31 국가배상법 제2조 제1항 본문에 의한 국가배상과 관련된 설명으로 가장 부적절한 것은?

① 공무원의 고의·과실에 의한 불법행위가 성립해야 한다.
② 책임주체는 국가 또는 지방자치단체이다.
③ 불법행위가 성립되는 공무원의 직무범위에 행정작용 이외에 입법작용과 사법작용도 포함된다.
④ 피해자가 공무원이어서는 안 된다.

32 다음 중 국가배상에 관한 설명으로 옳지 않은 것은?

① 판례에 의하면 공무원에게 고의 또는 중과실이 있는 경우에 한하여 가해 공무원은 피해자에 대하여 직접 배상책임을 진다.
② 영조물의 설치·관리상의 하자책임은 공무원의 과실을 그 요건으로 하고 있지 않다.
③ 가해행위를 한 공무원이 특정되어야 국가배상책임이 인정될 수 있다.
④ 근래 대법원은 지방자치단체의 공무원이 국가의 기관위임사무를 수행 중 국민에게 손해를 입힌 경우에 국민은 지방자치단체에 대하여도 배상청구를 할 수 있다고 판시한 바 있다.

33 다음 중 「국가배상법」에 대한 설명이 아닌 것은?

① 권력적 사실행위도 국가배상법 제2조에 의한 직무에 해당한다.
② 판례에 의할 때 집달관도 「국가배상법」상 공무원에 해당한다.
③ 국가가 배상을 한 경우에는 공무원에게 배상책임이 없다.
④ 손해란 법익침해결과로서 나타난 불이익을 의미한다.

34 국가배상제도에 관한 설명 중 가장 옳지 않은 것은?

① 손해배상 소송은 배상심의회에 배상신청을 하지 아니하고도 제기할 수 있다.
② 공무원의 직무집행상의 불법행위로 인한 손해배상의 경우 직무집행의 판단기준은 외형주의(외형설)에 의한다.
③ 공공의 영조물의 설치·관리상의 하자로 인한 손해배상의 경우 무과실책임이 인정된다.
④ 국유재산 중 일반재산은 국가배상법 제5조의 '공공의 영조물'에 포함된다.

35 다음 중 국가배상의 대상이 되지 않는 것은?

① 소집중인 향토예비군 대원에 의한 총기사고피해
② 지진으로 인한 고속도로의 손괴에 따른 사고피해
③ 경찰견으로 인한 상해사고피해
④ 공무원의 조리법 위반으로 인한 피해

36 국가를 상대로 하는 손해배상청구소송에서 국가를 대표하는 자는?

① 대통령
② 국무총리
③ 행정자치부장관
④ 법무부장관

37 행정상 손해배상에 관한 설명으로 옳지 않은 것은?

① 「국가배상법」은 이에 관한 일반법이라고 볼 수 있다.
② 「우편법」에 의하여 행정주체의 배상책임이 경감될 수도 있다.
③ 실무상 이에 관한 분쟁은 공법상의 당사자소송으로 하고 있다.
④ 공공시설의 하자의 경우에도 인정된다.

38 행정상 손해배상에 관한 다음 설명 중 옳지 않은 것은?

① 「헌법」에도 국가 · 공공단체의 배상책임에 관하여 규정하고 있다.
② 행정상의 손해배상은 정당한 배상이어야 한다.
③ 생명 · 신체의 침해로 인한 국가배상을 받을 권리는 압류 · 양도가 금지된다.
④ 손해배상청구권은 10년의 소멸시효기간을 가진다.

39 현행 국가배상제도와 거리가 먼 것은?

① 「국가배상법」은 국가나 지방자치단체의 손해배상의 책임과 배상절차를 규정함을 목적으로 한다.
② 공권력 행사 등으로 인한 손해배상의 경우 공무원은 특별권력관계에 있는 공무원만을 말한다.
③ 생명·신체에 대한 배상청구권은 이를 양도하거나 압류하지 못한다.
④ 군인과 군무원의 경우 이중배상은 제한된다.

40 공무원의 직무상의 불법행위로 인한 손해배상책임의 요건이 되지 않는 것은?

① 법령에 위반하여 행한 행위
② 직무를 집행하면서 행한 행위
③ 타인에게 손해를 가한 행위
④ 중과실에 의한 행위

41 공무원의 직무상 불법행위책임의 성립과 관계없는 내용은?

① 공무원이란 공무를 위탁받아 그에 종사하는 모든 자를 의미한다.
② 직무행위 여부의 판단기준은 객관적·외형적으로 판단해야 한다.
③ 고의, 과실은 그 요건이 아니다.
④ 법령 위반이란 법규 위반뿐만 아니라 행위가 객관적으로 부당함을 의미한다.

42 공무원의 직무상 불법행위로 인하여 발생하는 국가배상책임에 관한 설명 중 옳지 않은 것은?

① 공공조합이나 영조물단체의 직원은 「국가배상법」의 공무원에 속하지 않는다.
② 대법원 판결에 따르면 피해자는 가해자인 공무원이나 국가에 대하여 선택적으로 손해배상청구를 할 수 있다.
③ 휴가중인 공무원의 불법행위로 타인에게 손해를 가하였을 때에는 공무원만이 손해배상의 책임을 진다.
④ 공무원의 고의·과실에 대한 입증책임은 피해자가 진다.

43 다음 중 「국가배상법」상의 손해배상책임이 인정되지 않는 경우는?

① 국립공원의 그네줄이 끊어져 어린이가 다친 경우
② 파손된 국도를 방치하여 지나가던 자동차가 전복된 경우
③ 음주운전하는 차량을 단속하지 못하여 사고가 발생한 경우
④ 배수펌프가 고장나서 주택이 침수된 경우

44 우리나라 국가배상법 제5조가 규정하는 공공의 영조물의 설치·관리의 하자로 인한 손해배상책임에 관한 설명으로 가장 타당한 것은?

① 재정적 이유로 국가책임은 면제될 수 있다.
② 영조물에는 동산은 포함되지 않는다.
③ 천재지변에 의한 경우도 무조건 배상한다.
④ 손해배상의 원인조성자가 따로 있는 경우 국가 등은 구상권을 행사할 수 있다.

45 공무원의 위법한 직무행위로 인한 손해배상에 관한 설명으로서 옳지 않은 것은?

① 국가가 배상한 경우에 당해 공무원에게 고의 또는 중과실이 있으면 구상권을 행사한다.
② 군인, 군속 등이 피해자인 경우에는 특례가 있다.
③ 공무원은 널리 공무를 위탁받아 이에 종사하는 모든 자를 포함한다.
④ 외국인이 피해자인 경우에도 내국인이 피해자인 경우와 동일하게 적용된다.

☞ 정답 및 해설 P.283

1 행정상 손실보상에 대한 설명으로 옳지 않은 것은?

2016. 6. 25 서울특별시

① 민간기업을 토지수용의 주체로 정한 법률조항도 헌법 제23조 제3항에서 정한 '공공필요'를 충족하면 헌법에 위반되지 아니한다.

② 수용대상 토지의 보상가격이 당해 토지의 개별공시지가를 기준으로 하여 산정한 것보다 저렴하게 되었다는 사정만으로 그 보상액 산정이 위법한 것은 아니다.

③ 공익사업의 시행으로 지가가 상승하여 발생한 개발이익을 손실보상금액에 포함시키지 않더라도 헌법이 규정한 정당 보상의 원리에 어긋나는 것은 아니다.

④ 토지소유자가 손실보상금의 액수를 다투고자 할 경우에는 사업시행자가 아니라 토지수용위원회를 상대로 보상금의 증액을 구하는 소송을 제기하여야 한다.

2 행정상 손실보상에 대한 판례의 입장으로 옳은 것은?

2014. 6. 21 제1회 지방직

① 정비기반시설과 그 부지의 소유·관리·유지관계를 정한 「도시 및 주거환경정비법」 제65조 제2항의 전단에 따른 정비기반시설의 소유권 귀속은 헌법 제23조 제3항의 수용에 해당한다.

② 법률 제3782호 「하천법」 중 개정법률 부칙 제2조의 규정에 의한 보상청구권의 소멸시효가 만료된 구 「하천구역 편입토지보상에 관한 특별조치법」 제2조에 의한 손실보상청구권은 사법상의 권리이고 그에 관한 쟁송도 민사소송절차에 의하여야 한다.

③ 헌법재판소는 구 「도시계획법」상 개발제한구역의 지정으로 일부 토지소유자에게 사회적 제약의 범위를 넘는 가혹한 부담이 발생하는 경우에 보상규정을 두지 않은 것은 위헌성이 있는 것이고, 보상의 구체적 기준과 방법은 입법자가 입법정책적으로 정할 사항이라고 결정하였다.

④ 헌법재판소는 생업의 근거를 상실하게 된 자에 대하여 일정 규모의 상업용지 또는 상가분양권 등을 공급하는 생활대책이 헌법 제23조 제3항이 규정하는 정당한 보상에 포함된다고 결정하였다.

3 손실보상에 대한 다음 설명 중 옳지 않은 것은? (다툼이 있을 경우 판례에 의함)

① 「헌법」 제23조 제3항이 헌법적 근거가 된다.

② 손실보상청구권을 발생시키는 침해는 재산권에 대한 것이면 족하며 재산권의 종류는 불문한다.

③ 피수용재산의 객관적인 재산가치를 완전하게 보상한다는 것은 불가능하므로 보상은 상당한 보상이면 족하다는 것이 대법원의 입장이다.

④ 최근에는 재산권보상뿐만 아니라 생활보상의 개념도 등장하였다.

4 「공익사업을 위한 토지 등의 취득 및 보상에 관한 법률」상 손실보상의 원칙에 대한 설명으로 옳지 않은 것은?

2013. 7. 27 안전행정부

① 공익사업에 필요한 토지등의 취득 또는 사용으로 인하여 토지소유자나 관계인이 입은 손실은 사업시행자가 보상하여야 한다.

② 사업시행자는 동일한 사업지역에 보상시기를 달리하는 동일인 소유의 토지등이 여러 개 있는 경우 토지소유자나 관계인이 요구할 때에는 한꺼번에 보상금을 지급하도록 하여야 한다.

③ 재결에 의한 수용 또는 사용의 경우 보상액의 산정은 재결 당시의 가격을 기준으로 하고, 해당 공익사업으로 인하여 토지등의 가격이 변동되었을 때에는 이를 고려하여야 한다.

④ 사업시행자는 동일한 소유자에게 속하는 일단의 토지의 일부를 취득하거나 사용하는 경우 해당 공익사업의 시행으로 인하여 잔여지의 가격이 증가하거나 그 밖의 이익이 발생한 경우에도 그 이익을 그 취득 또는 사용으로 인한 손실과 상계할 수 없다.

5 손실보상에 대한 설명으로 옳지 않은 것은? (다툼이 있는 경우 판례에 의함)

2012. 4. 7 행정안전부

① 손실보상이 인정되기 위하여 재산권에 대한 침해가 현실적으로 발생하여야 하는 것은 아니다.

② 토지의 문화적·학술적 가치는 특별한 사정이 없는 한 손실보상의 대상이 되지 않는다.

③ 공익사업의 시행으로 인한 개발이익을 손실보상액에서 배제하는 것은 헌법에 위반되지 않는다.

④ 손실보상의 지급에서는 개인별 보상의 원칙이 적용된다.

6 손실보상청구권에 대한 설명으로 옳지 않은 것은?

2011. 5. 14 상반기 지방직

① 대법원은 구 「하천법」상 하천구역 편입토지에 대한 손실보상 청구를 공법상의 권리라고 보아 당사자소송에 의하여야 한다고 보고 있다.
② 헌법재판소는 개발이익배제의 원칙이 「헌법」 제23조 제3항의 정당보상의 원리에 반한다고 본다.
③ 기대이익은 재산권의 보호대상에 포함되지 않는다.
④ 대법원은 이주대책이 생활보상의 일환으로 마련된 제도라고 보고 있다.

7 행정상 손실보상에 대한 설명으로 옳지 않은 것은? (다툼이 있는 경우 판례에 의함)

2011. 4. 9 행정안전부

① 토지수용위원회는 손실보상의 신청범위와 관계없이 손실보상의 증액재결을 할 수 없다.
② 공공용물에 관하여 적법한 개발행위 등이 이루어짐으로 말미암아 이에 대한 일정 범위의 사람들의 일반사용이 종전에 비하여 제한받게 되었다 하더라도 특별한 사정이 없는 한 그로 인한 불이익은 손실보상의 대상이 되는 특별한 손실에 해당한다고 할 수 없다.
③ 손실보상청구권의 성질에 관하여 대법원은 전통적으로 사권설의 입장에서 민사소송으로 다루어 왔으나, 최근에는 당사자소송으로 보는 판례도 나타나고 있다.
④ 헌법재판소는 재산권의 제한이 특별한 희생에 해당하는 경우에 보상규정을 두지 않는 것은 위헌이라고 하면서도 단순위헌이 아닌 헌법불합치결정을 하였다.

8 재산권에 대한 손실보상에 관한 설명 중 옳지 않은 것은?

2010. 11. 7 국회사무처

① 보상액의 산정은 협의에 의한 경우에는 협의성립 당시의 가격을, 재결에 의한 경우에는 수용 또는 사용의 재결 당시의 가격을 기준으로 한다.
② 보상액의 산정에 있어서 당해 공익사업으로 인하여 토지 등의 가격 변동이 있는 때, 즉 개발이익이 발생한 때에는 이를 고려하여 산정하여야 한다.
③ 협의 또는 재결에 의하여 취득하는 토지에 대하여는 「부동산 가격공시 및 감정평가에 관한 법률」에 의한 공시지가를 기준으로 하여 보상한다.
④ 토지에 대한 보상액은 가격시점에 있어서의 현실적인 이용 상황과 일반적인 이용 방법에 의한 객관적 상황을 고려하여 산정한다.

9 손실보상의 원인이 될 수 없는 것은?

① 부담금의 징수 　　　　　　② 전쟁물자의 징발
③ 공용징수 　　　　　　　　 ④ 광업권의 수용

10 다음 중 손실보상에 관한 설명으로 옳지 않은 것은?

① 분묘의 이전에 대하여는 이장에 소요되는 비용 등을 산정하여 보상하여야 한다.
② 사업시행자가 공익사업에 직접 사용할 목적으로 이전 대상물건을 취득하는 경우에는 공시지가보다 낮은 가격으로 보상하여야 한다.
③ 휴직하는 근로자의 임금손실에 대해서는 「근로기준법」에 의한 평균임금 등을 고려하여 보상하여야 한다.
④ 영업을 폐지하거나 휴업함에 따른 영업손실에 대하여는 영업이익과 시설의 이전비용 등을 고려하여 보상하여야 한다.

11 다음 중 「공익사업을 위한 토지 등의 취득 및 보상에 관한 법률」이 인정하지 않는 보상은?

① 위자료보상 　　　　　　　　② 채권보상
③ 영업손실에 대한 보상 　　　 ④ 권리에 대한 보상

12 손실보상규정의 흠결시 권리구제에 대한 다음 설명 중 옳지 않은 것은?

① 방침규정설은 손실보상에 관한 헌법규정은 입법의 방침을 정한 것에 불과한 프로그램 규정으로 보고 있다.
② 직접효력설에 의하면 재산권의 침해를 당한 국민은 헌법규정에 의하여 직접 정당한 보상을 청구할 수 있다.
③ 위헌무효설을 입법자에 대한 직접효력설이라고 부르기도 한다.
④ 대법원은 일관되게 위헌무효설을 따르고 있다.

13 다음 중 손실보상에 대한 설명으로 옳지 않은 것은?

① 특별한 희생에 대한 보상이다.
② 공익과 사익을 조절한다.
③ 행정주체의 과실을 요건으로 하는 책임이다.
④ 적법한 공행정작용으로 인한 보상이다.

14 행정상 손실보상의 요건에 대한 설명으로 옳지 않은 것은?

① 공공필요를 위한 재산권에 대한 공권적 침해여야 한다.
② 침해로 인하여 개인에게 특별한 희생이 발생하여야 한다.
③ 재산적 가치가 있는 모든 공권과 사권이 침해의 대상이 된다.
④ 현존하는 구체적인 재산가치는 물론 기대이익도 보호대상이 된다.

15 다음 중 손실보상에 관한 설명으로 옳지 않은 것은?

① 후급지불의 원칙
② 현금보상, 현물보상
③ 일시급, 분할급
④ 사업시행자 보상의 원칙

16 다음 중 손실보상에 대한 설명으로 옳지 않은 것은?

① 이론적 근거는 정의와 형평의 원리이다.
② 보상액 결정시 기업자의 재산상태를 고려하여야 한다.
③ 금전보상이 원칙이나, 채권보상도 가능하다.
④ 특허권 수용시도 손실보상의 원인이 된다.

17 다음 중 손실보상제도에 관한 판례의 입장이 아닌 것은?

① 도시계획사업의 시행자가 그 사업에 필요한 토지를 협의취득하는 행위는 공법상의 법률행위로서 공법상 계약에 해당한다.
② 사업시행자가 토지수용의 재결이 있은 후 토지보상금을 공탁하였다면 그 수용재결이 당연무효이거나 소송 등에 의하여 취소되지 않는 한 사업시행자는 그 공탁금에 대한 회수청구를 할 수 없다.
③ 수용대상토지를 평가함에 있어서는 수용재결에서 정한 수용시기가 아니라 수용재결일을 기준으로 하고 당해 수용사업의 계획 또는 시행으로 인한 개발이익은 이를 배제하고 평가하여야 한다.
④ 공익상의 필요에 의한 어업면허제한 등으로 인한 보상을 청구하려는 자는 지방자치단체 또는 국가를 상대로 민사소송으로 직접 손실보상금지급청구를 하여야 한다.

18 행정상 손실보상제도에 관한 설명 중 옳지 않은 것은?

① 손실보상에 관한 「헌법」 규정은 입법에 대한 방침규정일 뿐이라는 것이 일반적 견해이다.
② 손실보상의 이론적 근거로서는 특별희생설이 통설이다.
③ 다수의 개별 법률은 공용수용에 관한 법률적 근거와 그 일반적 요건을 규정함과 동시에 그에 따르는 손실에 대한 보상규정을 두고 있다.
④ 개인의 재산권을 제한하는 경우 재산권에 대한 사회적 구속에 해당되어 보상을 요하지 않을 수도 있다.

19 행정상 손실보상제도와 관계없는 것은?

① 도지사가 위법하게 영업허가를 철회한 경우 손실보상을 해야 한다.
② 토지의 수용은 행정상 손실보상의 원인이다.
③ 손실보상은 당해 재산권 자체에 내재하는 사회적인 제약에 해당하는 경우에는 인정되지 않는다.
④ 제약되는 재산권의 의미는 소유권에만 한정되지 않는다.

20 행정상 손실보상에 관한 다음 설명 중 옳지 않은 것은?

① 공공의 필요에 의한 재산권 침해에 대한 구제제도이다.
② 공평부담의 원칙에 기초하고 있다.
③ 손실보상액을 결정함에 있어서는 기업자의 재산상태를 고려해야 한다.
④ 재산권에 내재하는 사회적 제약의 범위 내의 침해에 대해서는 보상을 요하지 않는다.

21 특별희생여부를 판단하는 데 있어서 실질적 기준설에 해당하지 않는 것은?

① 수인한도설   ② 보호가치설
③ 개별행위설   ④ 상황구속성설

22 행정상 손실보상의 요건에 관한 다음 설명 중 옳지 않은 것은?

① 공행정작용으로 인하여 침해가 발생할 것
② 그 침해가 공공의 필요를 위하여 행하여질 것
③ 침해가 적법할 것
④ 신체·생명 및 재산권에 대한 침해가 이루어질 것

23 토지수용의 재결에 대한 불복방법으로 옳지 않은 것은?

① 재결에 대한 불복절차로는 중앙토지수용위원회에 제기하는 이의신청과 행정소송이 있다.
② 이의신청 없이 바로 행정소송을 제기할 수도 있다.
③ 토지보상금증감에 관한 소송에 있어 토지소유자 등이 제기하는 경우에는 사업시행자를
   피고로 한다.
④ 재결에 대한 불복이 있는 경우에는 재결서를 받은 날부터 90일 이내에, 이의신청을 거친
   때에는 재결서를 받은 날부터 30일 이내에 각각 행정소송을 제기할 수 있다.

24 다음은 행정상 손실보상에 관한 규정이 흠결된 경우에 있어서 손실보상에 관한 헌법조문의 성격에 관한 학설이다. 이들 학설 중에서 손실보상을 해주지 않는 것은?

① 방침규정설   ② 직접효력설

③ 위헌무효설   ④ 간접적용설

25 「공익사업을 위한 토지 등의 취득 및 보상에 관한 법률」에 관한 설명으로 타당한 것은?

① 공용수용의 목적물은 토지소유권이고 광업권이나 어업권 등은 그 대상이 될 수 없음이 원칙이다.

② 토지수용위원회는 열람기간이 경과한 때에는 20일 이내에 당해 신청에 대한 조사 및 심리를 하여야 한다.

③ 토지수용위원회는 재결이 있기 전에 위원 2인으로 구성되는 소위원회로 하여금 사업시행자 · 토지소유자 및 관계인에게 화해를 권고하도록 할 수 있다.

④ 사업인정고시가 있은 후 협의가 성립되지 아니한 때에는 토지소유자 및 관계인은 서면으로 사업시행자에게 재결의 신청을 할 것을 청구할 수 있다.

26 다음 중 손실보상에 대한 설명으로 옳지 않은 것은?

① 손실보상은 금전보상이 원칙이다.

② 이주대책은 생활보상에 포함된다.

③ 손실보상액을 결정함에 있어서 사업시행자의 재산상태를 고려할 필요는 없다.

④ 판례에 의하면 문화적 · 학술적 가치는 원칙적으로 손실보상의 대상이 된다.

27 행정상 손실보상의 원인이 될 수 없는 것은?

① 공용징수

② 토지의 수용

③ 특허권의 수용

④ 도로관리의 흠으로 인하여 입은 손해

28 행정상 손실보상의 생활보상으로 볼 수 없는 것은?

① 이주대책보상   ② 전시보상

③ 잔지보상   ④ 영업손실보상

29 다음 중 생활보상의 성질에 가장 가까운 것은?

① 복지국가의 원리   ② 신뢰보호의 원리

③ 법치국가의 원리   ④ 반사적 이익

30 행정상 손실보상에 관한 설명으로 옳지 않은 것은?

① 사회적 공평부담의 견지에서 인정되는 제도이다.

② 오늘날에는 재산권 침해뿐만 아니라 생활권 침해도 보상하는 경우가 있다.

③ 행정상 손실보상제도는 재산권 가치 보장이 존속 보장으로 변한 것이다.

④ 의욕된 침해가 대상이나 의욕되지 않은 침해도 보상대상이 될 수 있다.

☞ 정답 및 해설 P.286

1 도시계획결정으로 지하철구역으로 고시되었으나 공사를 하지 않고 장기간 방치함에 따라 도시구역 내의 토지소유자가 큰 재산상의 불이익을 입게 되는 경우 이에 대한 보상으로 가장 타당한 것은?

① 손실보상　　　　　　　　　　② 수용적 침해보상
③ 수용유사 침해보상　　　　　　④ 생활보상

2 수용유사침해보상에 관한 설명으로 옳은 것은?

① 적법한 공행정작용의 비전형적이고 비의도적인 부수적 효과로써 발생한 개인의 재산권에 대한 손해를 전보하는 것을 말한다.
② 분리이론보다는 경계이론과 밀접한 관련이 있다.
③ 통상적인 공용침해가 적법·무책인데 비하여, 수용유사침해는 위법·유책이다.
④ 수용유사침해는 우리 내법원의 판례를 통해서 발전된 이론으로 그에 관한 명시적인 법률규정은 없다.

3 공법상 결과제거청구권에 관한 설명으로 가장 옳지 않은 것은?

① 공행정작용으로 인한 침해의 존재를 전제로 한다.
② 위법상태의 계속이 필요하다.
③ 가해행위의 위법 및 가해자의 과실이 필요하다.
④ 타인의 권리 또는 법률상 이익의 침해가 있어야 한다.

4 적법한 행정활동의 의도되지 아니한 부수적 효과로서 발생한 사인의 재산권에 대한 손실을 보상해 주기 위하여 관습법적으로 발전되어온 희생보상제도를 근거로 하여 독일연방사법재판소가 고안해 낸 이론은?

① 수용적 침해론　　　　　　　　② 수용유사침해론
③ 희생유사침해론　　　　　　　　④ 희생보상청구권론

5 다음 중 수용유사·수용적 침해법리에 관한 설명으로 옳지 않은 것은?

① 수용유사·수용적 침해법리는 손해배상제도와 손실보상제도가 지닌 결함을 보완하기 위하여 독일에서 성립·발전한 이론이다.

② 수용유사의 침해란 타인의 재산권에 대한 위법한 공용침해를 말하고, 수용적 침해란 적법한 행정작용의 이형적·비의욕적인 부수적 결과로서 타인의 재산권에 수용적 영향을 가하는 침해를 말한다.

③ 대법원의 판례는 개발제한구역 지정으로 인한 재산권 제한을 수용유사침해로 보아 손실보상을 인정하고 있다.

④ 개발제한구역의 지정으로 개인이 입는 현격한 재산권의 제한은 수용유사침해의 법리를 수용하면 손실보상이 가능하다.

6 다음 중 수용유사침해이론의 이론적 배경이 되지 않는 것은?

① 위헌무효설 ② 유추적용설
③ 입법상 불비 ④ 위법·무과실

7 공법상 결과제거청구권(행정상 원상회복청구권)에 관한 설명으로 옳은 것은?

① 결과제거청구소송은 행정상 항고소송이다.
② 가해행위의 위법 및 가해자의 과실을 요건으로 한다.
③ 공행정작용의 직접적인 결과만을 그 대상으로 한다.
④ 관리작용에 의한 침해인 경우에도 인정되나 법률행위에 한정된다.

8 수용적 침해와 가장 관련이 많은 것은?

① 위법침해
② 고의적 침해
③ 비정형적·비의도적 침해
④ 위법·무책의 침해

9 개별법률에서 재산권의 수용·사용·제한 등을 규정하면서 손실보상규정을 두지 않는 경우 독일의 수용유사침해이론을 우리나라에 도입하고자 하는 학자들이 주장하고 있는 것은?

① 사례에 따라 개별적으로 「민법」 상의 불법행위이론이나 공법규정의 유추적용 등을 통하여 문제를 해결하여야 한다.

② 이러한 법률은 위헌·무효이며, 이에 의거한 침해행위는 당연히 위헌·위법행위가 되므로 이론상 손해배상을 청구할 수 있다.

③ 이러한 법률은 위헌·무효이므로 피해자는 '정당한 보상'을 규정한 헌법 제23조 제3항에 의거하여 직접 손실보상을 청구할 수 있다.

④ 헌법 제23조 제1항(재산권 보장)과 제11조(평등원칙)를 근거로 하여 헌법 제23조 제3항 및 관계법률의 보상조항을 유추적용할 수 있다.

10 수용적 침해에 대한 설명 중 옳지 않은 것은?

① 적법한 행정작용으로 인한 비정형적 손실이 발생한 경우에 관한 이론이다.

② 행정기관에 의한 비의도적인 손실이 발생하는 경우에 대상이 된다.

③ 독일에서의 인정논거는 희생보상청구권이다.

④ 우리나라 대법원 판례도 이를 인정해오고 있다.

11 행정청의 결과제거청구권의 요건이 아닌 것은?

① 행정청의 비권력적 침해

② 타인의 권익침해

③ 위법한 상태의 존재

④ 위법한 상태의 계속

12 행정상 결과제거청구권에 관한 다음 설명 중 옳지 않은 것은?

① 행정작용으로 인한 위법한 결과상태의 제거를 청구하는 권리이다.

② 공행정주체의 침해행위가 있어야 한다.

③ 위법상태는 가해자의 고의·과실에 의한 것이어야 한다.

④ 민법상 소유권에 기한 방해배제청구권과 유사한 제도이다.

13 다음 중 수용유사침해에 대한 설명으로 옳은 것은?

① 수용유사침해란 타인의 재산권에 대한 위법·무책한 공용침해를 말한다.
② 독일 자갈채취사건에서 수용유사침해법리를 적용하여 손실보상의 청구가 가능하다고 본다.
③ 우리나라 대법원은 문화방송주식사건에서 이 법리를 명시적으로 인정하였다.
④ 전통적인 손해전보제도의 흠결을 보완해주지 못한다.

14 공용침해에 대해 법규가 손실보상규정을 두고 있지 않은 경우에 관한 설명 중 옳은 것은?

① 입법방침설에 의하면 재산권을 침해당한 자에 대한 보상여부는 입법자가 자유로이 결정할 문제는 아니다.
② 유추적용설은 독일에서 발전된 수용유사침해이론을 도입하여 손실보상의 문제를 해결하려는 입장이다.
③ 위헌무효설에 의하면 손실보상은 청구할 수 있으나 손해배상은 청구할 수 없다.
④ 직접효력설에 의하면 피해자의 보상구제는 「공익사업을 위한 토지 등의 취득 및 보상에 관한 법률」의 보상절차에 의한다.

15 손실보상에 대한 규정이 없는 법규에 의한 공용침해의 경우 헌법 제23조 제3항의 효력에 대한 다음 학설 중 옳지 않은 것은?

① 입법방침설에 따르면 헌법 제23조 제3항은 입법자를 구속하는 효력을 갖지 못하기 때문에 입법자는 재산권 침해에 대한 보상여부를 자유로이 결정할 수 있다.
② 위헌무효설에 의하면 손실보상을 청구할 수는 없고 손해배상을 청구할 수 있다.
③ 직접효력설에 의하면 헌법 제23조 제3항의 규정을 근거로 법률에 보상규정이 결여된 경우에도 국민은 직접 손실보상을 청구할 수 있다.
④ 수용유사침해설에 의하면 국민은 직접 손실보상을 청구할 수 없고, 위헌무효설과 마찬가지로 손해배상을 청구할 수밖에 없다.

16 다음 중 수용적 침해이론에 관한 설명으로 옳지 않은 것은?

① 예측할 수 없는 피해 등 보상규정을 두기 어려운 경우에 적용된다.
② 적법한 행정작용으로 인한 비정형적 손실이 발생한 경우에 관한 이론이다.
③ 우리나라 대법원도 이를 인정하고 있다.
④ 행정기관이 의도하지 않은 손실이 발생하는 경우에 대상이 된다.

17 다음 중 수용유사침해에 해당하는 것은?

① 공무원의 공석에서의 명예훼손발언
② 제방의 설치 하자로 인한 수해
③ 개발제한구역의 지정
④ 지하철공사로 인한 인근상점의 매출 감소

18 수용적 침해에 대한 보상과 가장 관계가 있는 것은?

① 과실책임
② 결과책임
③ 위법·유책행위에 대한 책임
④ 위법·무책행위에 대한 책임

19 「감염병의 예방 및 관리에 관한 법률」 제71조에 의할 경우 국가는 동법규정에 의해 예방접종을 받은 자가 그 예방접종으로 인하여 질병에 걸리거나 장애인이 된 경우나 사망한 경우에는 대통령이 정하는 기준과 절차에 따라서 보상을 하여야 하는데 이러한 보상과 관련이 깊은 것은?

① 생활보상
② 희생보상청구권
③ 간접손실보상
④ 「헌법」상의 결과제거청구권

☞ 정답 및 해설 **P.288**

1 **행정심판에 대한 설명으로 옳지 않은 것은?**

2016. 4. 9 인사혁신처

① 행정청의 위법·부당한 거부처분이나 부작위에 대하여 일정한 처분을 하도록 하는 의무이행심판은 현행법상 인정된다.

② 행정심판위원회는 심판청구의 대상이 되는 처분보다 청구인에게 불리한 재결을 하지 못한다.

③ 행정심판의 재결에 대해서는 재결 자체에 고유한 위법이 있음을 이유로 하는 경우에 한하여 다시 행정심판을 청구할 수 있다.

④ 행정심판위원회는 당사자의 신청에 의한 경우는 물론 직권으로도 임시처분을 결정할 수 있다.

2 **「행정심판법」상 심판절차에 대한 설명으로 옳은 것은?**

2016. 6. 18 제1회 지방직

① 취소심판이 제기된 경우, 행정청이 처분시에 심판청구 기간을 알리지 아니하였다 할지라도 당사자가 처분이 있음을 알게 된 날부터 90일이 경과하면 행정심판위원회는 부적법 각하재결을 하여야 한다.

② 행정심판위원회는 당사자가 주장하지 아니한 사실에 대하여 심리할 수 없다.

③ 당사자의 신청을 거부하거나 부작위로 방치한 처분의 이행을 명하는 재결이 있으면 행정청은 지체 없이 이전의 신청에 대하여 재결의 취지에 따라 처분을 하여야 한다.

④ 시·도 행정심판위원회의 기각 재결이 내려진 경우 청구인은 중앙행정심판위원회에 그 재결에 대하여 다시 행정심판을 청구할 수 있다.

3 행정심판과 행정소송의 관계에 관한 설명으로 가장 타당한 것은? (다툼이 있는 경우 판례에 의함)

2015. 6. 13 서울특별시

① 양자는 행정권에 대한 국민의 권리구제 기능을 한다는 점에서는 공통되지만, 행정소송이 제3자 기관인 법원에 의해 심판되므로 당사자가 청구한 범위 내에서만 심리·판단하는 데 대하여, 행정심판은 행정조직 내에서 자기통제 기능을 겸하기 때문에 심판청구의 대상이 되는 처분 또는 부작위 외의 사항에 대하여도 재결할 수 있다.

② 행정소송은 철저한 대심주의를 관철하여 당사자가 제출한 공격·방어방법에 한정하여서만 심리 판단하지만, 행정심판에서는 직권탐지주의를 원칙으로 한다.

③ 행정심판에서는 변경재결과 같이 원처분을 적극적으로 변경하는 것도 가능하다.

④ 행정심판과 행정소송이 동시에 제기되어 진행 중 행정심판의 인용재결이 행해지면 동일한 처분 등을 다투는 행정소송에 영향이 없지만, 기각재결이 있으면 행정소송은 소의 이익을 상실한다.

4 「행정심판법」상 행정심판에 대한 설명으로 옳지 않은 것은?

2015. 3. 14 사회복지직

① 대통령의 처분 또는 부작위에 대하여는 다른 법률에서 행정심판을 청구할 수 있도록 정한 경우 외에는 행정심판을 청구할 수 없다.

② 행정심판위원회는 심판청구의 대상이 되는 처분 또는 부작위 외의 사항에 대하여도 재결할 수 있다.

③ 행정심판의 결과에 이해관계가 있는 제3자 또는 행정청은 행정심판위원회의 허가를 받아 그 사건에 참가할 수 있다.

④ 무효등확인심판의 경우에는 사정재결이 인정되지 않는다.

5 행정심판에 대한 설명으로 옳지 않은 것은? (다툼이 있는 경우 판례에 의함)

2015. 6. 27 제1회 지방직

① 시·도의 관할구역에 있는 둘 이상의 시·군·자치구 등이 공동으로 설립한 행정청의 처분에 대하여는 시·도지사 소속 행정심판위원회에서 심리·재결한다.

② 행정청이 행정심판 청구기간 등을 고지하지 아니하였다고 하여도 처분의 상대방이 처분이 있었다는 사실을 알았을 경우에는 처분이 있은 날로부터 90일 이내에 심판청구를 하여야 한다.

③ 행정심판 청구 후 피청구인인 행정청이 새로운 처분을 하거나 대상인 처분을 변경한 때에는 청구인은 새로운 처분이나 변경된 처분에 맞추어 청구의 취지 또는 이유를 변경할 수 있다.

④ 행정심판에 있어서 행정처분의 위법·부당 여부는 원칙적으로 처분시를 기준으로 판단하여야 할 것이나, 재결 당시까지 제출된 모든 자료를 종합하여 처분 당시 존재하였던 객관적 사실을 확정하고 그 사실에 기초하여 처분의 위법·부당 여부를 판단할 수 있다.

6 행정심판에 관한 설명으로 옳지 않은 것은? (다툼이 있는 경우 판례에 의함)

2015. 6. 13 서울특별시

① 법인이 아닌 사단 또는 재단으로서 대표자나 관리인이 정하여져 있는 경우에는 그 사단이나 재단의 이름으로 심판청구를 할 수 있다.

② 행정심판청구는 엄격한 형식을 요하지 아니하는 서면 행위이다.

③ 행정심판을 청구하려는 자는 심판청구서를 작성하여 피청구인이나 위원회에 제출하여야 하며 피청구인의 수만큼 심판청구서 부본을 함께 제출하여야 한다.

④ 개별 법률에서 정한 심판청구기간이 「행정심판법」이 정한 심판청구기간보다 짧은 경우, 행정청이 행정처분을 하면서 그 개별 법률상 심판청구기간을 고지하지 아니하였다면 그 개별 법률에서 정한 심판청구기간 내에 한하여 심판청구가 가능하다.

7 국민권익위원회에 두는 중앙행정심판위원회가 심리·재결하는 행정처분이 아닌 것은?

① 국가정보원장의 행정처분
② 서울특별시 의회의 행정처분
③ 대구광역시 교육감의 행정처분
④ 제주도특별자치도 도지사의 행정처분

8 행정심판에 대한 설명으로 옳은 것은?

2014. 6. 21 제1회 지방직

① 행정심판위원회는 직접 처분을 하였을 때에는 그 사실을 해당 행정청에 통보하여야 하며, 그 통보를 받은 행정청은 행정심판위원회가 한 처분을 자기가 한 처분으로 보아 관계 법령에 따라 관리·감독 등 필요한 조치를 하여야 한다.
② 임시처분은 집행정지와 보충성 관계가 없고, 행정심판위원회는 집행정지로 목적을 달성할 수 있는 경우에도 임시처분 결정을 할 수 있다.
③ 취소심판의 인용재결에는 취소재결, 취소명령재결, 변경재결, 변경명령재결이 있다.
④ 행정심판법 에서는 재결의 집행력을 확보하는 수단으로서 간접강제제도를 두고 있다.

9 서울특별시 소속 행정청의 처분에 대한 행정심판을 관할하는 기관은?

① 서울특별시행정심판위원회
② 해당 행정청이 위치한 구(區)행정심판위원회
③ 중앙행정심판위원회
④ 서울특별시장

10 의무이행심판에 대한 다음 설명 중 옳지 않은 것은?

① 당사자의 신청에 대한 행정청의 위법 또는 부당한 거부 처분이나 부작위에 대하여 일정한 처분을 하도록 하는 행정심판을 말한다.
② 행정청의 적극적인 행위로 인한 침해로부터 권익을 보호하는 기능을 한다.
③ 부작위에 대한 의무이행심판에는 심판청구의 기간상 제한이 따르지 않는다.
④ 의무이행심판에도 사정재결의 적용이 있다.

11 행정소송과 행정심판의 관계에 관한 설명으로 옳지 않은 것은? (다툼이 있는 경우 판례에 의함)

2013. 7. 27 안전행정부

① 원처분의 위법을 이유로 행정심판재결에 대한 취소소송을 제기할 수 없다.

② 원고가 전심절차에서 주장하지 아니한 처분의 위법사유를 소송절차에서 새로이 주장한 경우 다시 그 처분에 대하여 별도의 전심절차를 거쳐야 한다.

③ 「행정소송법」 이외의 법률에 당해 처분에 대한 행정심판의 재결을 거치지 아니하면 취소소송을 제기할 수 없다는 규정이 있는 경우에도, 처분의 집행 또는 절차의 속행으로 생길 중대한 손해를 예방하여야 할 긴급한 필요가 있는 때에는 행정심판의 재결을 거치지 아니하고 취소소송을 제기할 수 있다.

④ 「행정소송법」 이외의 법률에 당해 처분에 대한 행정심판의 재결을 거치지 아니하면 취소소송을 제기할 수 없다는 규정이 있는 경우에도, 동종사건에 관하여 이미 행정심판의 기각재결이 있은 때에는 행정심판을 제기함이 없이 취소소송을 제기할 수 있다.

12 행정심판에 대한 설명으로 옳지 않은 것은?

2013. 8. 24 제1회 지방직

① 행정심판은 행정의 자기통제절차이므로 심판청구의 대상이 되는 처분보다 청구인에게 불리한 재결을 하는 것도 가능하다.

② 기속력은 인용재결에만 발생하고 각하재결이나 기각재결에는 발생하지 않는다.

③ 처분청은 기각재결을 받은 후에도 정당한 이유가 있으면 원처분을 취소 · 변경할 수 있다.

④ 무효등확인심판의 경우에는 사정재결이 인정되지 않는다.

13 행정심판에 있어 피청구인은?

① 처분의 상대방   ② 법무부장관

③ 직근상급행정청   ④ 처분행정청

14 「행정심판법」의 행정심판에 대한 설명으로 옳지 않은 것은?

2011. 5. 14 상반기 지방직

① 심판청구서를 받은 행정청은 그 심판청구가 이유있다고 인정할 때에는 심판청구의 취지에 따라 처분을 취소·변경 또는 확인을 하거나 신청에 따른 처분을 할 수 있고, 이를 청구인에게 알리고 행정심판위원회에 그 증명서류를 제출하여야 한다.
② 중앙행정심판위원회의 위원장은 국민권익위원회의 부위원장 중 1명이 되며 필요한 경우에는 상임위원이 그 직무를 대행한다.
③ 사정재결은 무효등확인심판에는 적용하지 아니한다.
④ 행정심판위원회로부터 재결서의 정본을 송달받은 행정청은 청구인 및 참가인에게 재결서의 등본을 송달하여야 한다.

15 필요적 행정심판전치가 요구됨에도 불구하고 행정심판을 제기함이 없이 직접 취소소송을 제기할 수 있는 경우가 아닌 것은?

① 법령의 규정에 의한 행정심판기관이 의결 또는 재결을 하지 못할 사유가 있는 때
② 동종사건에 관하여 이미 행정심판의 기각재결이 있은 때
③ 서로 내용상 관련되는 처분 또는 같은 목적을 위하여 단계적으로 진행되는 처분 중 어느 하나가 이미 행정심판의 재결을 거친 때
④ 행정청이 사실심의 변론종결 후 소송의 대상인 처분을 변경하여 당해 변경된 처분에 관하여 소를 제기하는 때

16 다음 중 옳지 않은 것은?

① 행정심판에서 의무이행심판이 허용된다.
② 현행 「국세기본법」에서는 행정소송 제기 시 심사청구 또는 심판청구 둘 중 하나만 거치면 된다.
③ 「행정심판법」상 행정심판사항에 관하여 개괄주의를 채택하고 있다.
④ 「행정심판법」상의 행정심판의 종류에는 부작위위법확인심판이 있다.

17 「행정심판법」상 행정심판의 심리방식 내지 범위에 대한 기본원칙의 설명으로 옳은 것은?

① 행정심판은 준사법절차로서 진술과 증거조사를 구술에 의하도록 하는 구술심리주의를 원칙으로 하고 있다.

② 행정심판에서 심판청구기간이 제한되거나 청구인락(認諾)이 부인되는 점을 고려할 때, 처분권주의는 채택되고 있지 않다고 볼 수 있다.

③ 「행정심판법」상 명문규정은 없으나 법의 전체적 구조상 비공개심리주의를 채택하고 있다고 볼 수 있다.

④ 행정심판은 불고불리의 원칙을 채택하고 있다는 점에서 직권심리주의를 채택하고 있다고 볼 수 없다.

18 다음 중 사정재결에 관한 설명으로 옳지 않은 것은?

① 사정재결은 심판청구가 이유 있다고 인정하는 경우에도 이를 인용하는 것이 현저히 공공복리에 적합하지 아니할 때에 행한다.

② 취소심판과는 달리 의무이행심판에는 사정재결이 인정되지 않는다.

③ 행정심판위원회의 의결을 거쳐야 한다.

④ 사정재결을 할 때에는 재결청은 재결주문에 그 처분 또는 부작위가 위법 또는 부당함을 명시하여야 한다.

19 다음 중 행정심판에 관한 설명으로 옳지 않은 것은?

① 행정심판은 신속하고 경제적인 권리구제수단이기는 하지만 행정소송을 제기하기에 앞서 반드시 행정심판을 청구하여야 하는 것은 아니다.

② 처분의 취소 또는 변경을 구하는 취소심판에서 변경의 의미는 취소소송과는 달리 소극적 변경으로서 처분의 일부취소를 의미한다.

③ 행정심판은 처분의 적법, 위법문제에 국한하지 않고 부당한 경우까지도 심판대상으로 하는데, 이는 행정심판의 행정의 자율적 통제수단으로서의 성질에 기인하는 것이다.

④ 행정심판위원회의 위원장은 그 행정심판위원회가 소속된 행정청이 된다.

20 다음 행정심판의 청구기간에 관한 설명 중 옳지 않은 것은?

① 행정심판청구기간은 처분이 있음을 안 날로부터 90일 이내, 처분이 있은 날로부터 180일 이내이다.

② 처분이 있음을 안 날이란 도달주의에 의하여 처분을 통지받은 날을 의미하고 처분이 있은 날이란 처분의 효력발생일을 의미한다.

③ 90일은 불변기간이나 천재지변, 전쟁, 사변 등의 불가항력인 경우에는 그 사유가 소멸한 날로부터 국내에서는 14일 이내에 심판청구를 하면 된다.

④ 180일은 불변기간으로 처분의 상대방이 아닌 제3자에 대하여도 엄격히 적용된다.

21 행정심판의 재결에 관한 설명 중 옳지 않은 것은?

① 위원회는 심판청구의 대상이 되는 처분보다 불리한 재결을 할 수 있다.

② 행정심판의 본안심리결과 이유가 없으면 기각한다.

③ 행정심판의 본안심리결과 이유가 있고 원처분이 위법 또는 부당하면 인용한다.

④ 재결에 대하여는 다시 심판청구를 할 수 없다.

22 행정심판과 행정소송의 차이점에 관한 설명으로 옳은 것은?

① 합목적성(위법성 및 부당성)의 심사가 심판대상이 되는지 여부

② 불이익변경금지원칙의 채택 여부

③ 처분의 집행부정지원칙의 채택 여부

④ 직권심리의 인정 여부

23 다음 중 현행 「행정심판법」상의 행정심판의 종류를 정확히 열거한 것은?

① 취소심판, 당사자심판, 의무이행심판

② 취소심판, 무효등확인심판, 의무이행심판

③ 취소심판, 무효등확인심판, 부작위위법확인심판

④ 취소심판, 예방적 부작위심판, 의무이행심판

24 다음 중 재결에 대한 설명으로 옳지 않은 것은?

① 행정심판은 본안심리결과 이유가 없으면 기각한다.
② 본안심리결과 행정심판이 이유 있고 원처분이 위법 또는 부당하면 인용한다.
③ 「행정심판법」은 행정심판위원회에 대한 재심사청구를 인정하나, 특별법상으로는 재심청구가 인정된 예가 없다.
④ 행정심판의 재결은 불가쟁력, 불가변력, 구속력이 발생한다.

25 행정심판에 관한 다음 설명 중 옳은 것은?

① 심판절차는 공개 구두심의로 행하는 것이 원칙이다.
② 「행정심판법」은 일반법이기는 하지만 모든 유형의 행정심판에 적용되지는 못한다.
③ 의무이행을 청구하는 내용은 현행법상 허용될 수 없다.
④ 사정재결이 내려지는 행정행위의 위법성의 하자는 치유된다.

26 다음 중 「행정심판법」상의 행정심판에 관한 설명으로 옳지 않은 것은?

① 행정심판은 처분을 한 행정청을 피청구인으로 하여 청구하여야 한다.
② 행정심판위원회는 위원장 1인을 포함한 30인 이내의 위원으로 구성한다.
③ 행정심판위원회의 위원장은 해당 행정심판위원회가 소속된 행정청이 되며, 필요한 경우에는 위원이 직무를 대행한다.
④ 중앙행정심판위원회 상임위원의 임기는 2년으로 한다.

27 행정심판위원회에 대한 설명으로 옳지 않은 것은?

① 행정심판위원회가 행정심판사건에 대하여 직접 재결하도록 하였다.
② 처분청에서 답변서를 행정심판위원회에 바로 송부하여, 행정심판위원회에서 행정심판 사건의 심리를 마치면 직접 재결을 하도록 하였다.
③ 「부패방지 및 국민권익위원회의 설치와 운영에 관한 법률」이 제정됨에 따라 국민권익위원회에 중앙행정심판위원회를 둔다.
④ 우리나라는 재결청과 심의기관을 이원화 하였다.

28 다음 중 행정심판의 필요성으로 보기 어려운 것은?

① 독립된 행정기관에 의한 재결의 객관성 보장
② 행정의 전문지식 활용
③ 소송경제의 달성
④ 행정의 자기통제기능

29 현행 「행정심판법」이 규정하고 있지 않은 것은?

① 직권심리제도　　　　　　　　　② 구술심리
③ 단기제소기간　　　　　　　　　④ 행정심판전치주의

30 다음 중 행정심판의 당사자에 관한 설명으로 옳지 않은 것은?

① 법률상 이익이 침해된 자가 원고적격을 가진다.
② 국가 또는 공공단체가 피고가 된다.
③ 청구인이 사망한 때에는 상속인 등 권익을 승계한 자가 청구인의 지위를 승계한다.
④ 청구인은 일정한 자를 대리인으로 선임할 수 있다.

31 다음 중 행정심판의 제기기간으로 옳은 것은?

① 처분이 있은 날로부터 90일 이내
② 처분이 있은 날로부터 180일 이내
③ 처분이 있은 날로부터 1년 이내
④ 처분이 있음을 안 날로부터 180일 이내

32 다음 중 중앙행정심판위원회에 대한 설명으로 옳지 않은 것은?

① 중앙행정심판위원회는 위원장 1인을 포함한 50인 이내의 위원으로 구성하되, 위원 중 상임위원은 4인 이내로 한다.
② 중앙행정심판위원회의 위원장은 국민권익위원회의 부위원장 중 1명이 되며, 필요한 경우에는 상임위원이 직무를 대행한다.
③ 법제처장이 심판청구를 심리·의결하기 위하여 대통령소속하에 중앙행정심판위원회를 둔다.
④ 중앙행정심판위원회의 상임위원은 중앙행정심판위원회 위원장의 제청으로 국무총리를 거쳐 대통령이 임명하고, 그 임기는 3년으로 하며, 1차에 한하여 연임할 수 있다.

33 행정심판의 청구인의 권리가 아닌 것은?

① 위원·직원의 기피신청권
② 구술심리신청권
③ 보충서면제출권
④ 행정심판참가신청권

34 다음 중 행정심판위원회에 관한 설명으로 옳지 않은 것은?

① 위원회가 심판청구를 받은 후 법령의 개폐 또는 피청구인의 경정결정에 의하여 당해 심판청구에 대한 재결을 행할 권한을 잃게 된 때에는 해당 위원회는 심판청구서·관계서류 및 그 밖의 자료를 새로 재결할 권한을 가지게 된 위원회에 보내야 한다.
② 송부를 받은 위원회는 지체없이 그 사실을 심판청구인, 심판피청구인 및 참가인에게 통지하여야 한다.
③ 중앙행정심판위원회의 회의는 위원장, 상임위원과 위원장이 회의마다 지정하는 비상임위원을 포함하여 총 9인으로 구성한다.
④ 행정심판위원회 및 중앙행정심판위원회는 위원장 1인을 포함한 30인 이내의 위원으로 구성한다.

35 다음 중 행정심판위원회에 대한 설명으로 옳지 않은 것은?

① 행정심판위원회는 위원장 1명을 포함한 30면 이내의 위원으로 구성한다.
② 특별시장 · 광역시장 · 도지사 · 특별자치도지사에 소속된 각급 국가행정기관 또는 그 관할 구역안에 있는 자치행정기관의 처분 또는 부작위에 대한 심판청구를 심리 · 재결하기 위하여 각각 특별시장 · 광역시장 · 도지사 · 특별자치도지사 소속으로 행정심판위원회를 둔다.
③ 국가특별지방행정기관(대통령령이 정하는 중앙행정기관에 소속된 국가특별지방행정기관을 제외)의 처분 또는 부작위에 대하여는 당해 국가특별지방행정기관이 소속된 중앙행정기관의 장이 재결청이 된다.
④ 행정심판위원회의 위원장은 해당 행정심판위원회가 소속된 행정청이 되며, 필요한 경우에는 위원이 위원장의 직무를 대행한다.

36 다음 중 행정심판의 대상이 될 수 없는 것은?

① 행정청의 부당한 처분
② 대통령의 위법한 처분
③ 감사원의 부작위
④ 도지사의 취소처분

37 다음 중 행정심판의 대상이 되는 것은?

① 경찰서장의 통고처분
② 행정조직 내부행위
③ 부당한 거부처분
④ 대통령의 처분

38 다음 중 행정심판의 청구기간에 관한 설명으로 옳지 않은 것은?

① 행정법관계의 조속한 안정을 기하기 위한 제도이다.
② 심판청구는 원칙적으로 처분이 있음을 안 날로부터 90일 이내, 처분이 있은 날로부터 180일 이내에 제기하여야 한다.
③ 위의 두 기간 중 어느 하나라도 먼저 경과하면 행정심판을 제기할 수 없다.
④ 착오로 원래보다 장기로 고지한 경우 원래 기간이 종료하면 행정심판을 제기할 수 없다.

39 다음 중 행정심판의 심리방식에 대한 설명으로 옳지 않은 것은?

① 당사자가 구술심리를 신청하는 경우에는 반드시 구술심리를 하여야 한다.
② 비공개주의가 원칙이다.
③ 「행정심판법」은 서면심리와 구술심리를 동시에 규정하고 있다.
④ 관련청구를 병합하여 심리할 수 있다.

40 다음 중 행정심판에 대한 설명으로 옳지 않은 것은?

① 행정심판위원회는 행정심판청구사건을 심리·재결하기 위하여 설치된 합의제 행정관청이다.
② 상급행정기관이란 처분청 또는 부작위청을 지휘·감독하는 권한을 가진 행정청을 가리킨다.
③ 중앙행정심판위원회의 위원중 상임위원은 4명 이내로 한다.
④ 중앙행정심판위원회의 위원장은 법제처장이 된다.

☞ 정답 및 해설 P.292

1 행정소송에 대한 설명으로 옳지 않은 것은? (다툼이 있는 경우 판례에 의함)

2016. 4. 9 인사혁신처

① 재량행위의 경우 법원은 독자의 결론을 도출함이 없이 당해 행위에 재량권의 일탈·남용이 있는지의 여부만을 심사한다.

② 사정판결을 하는 경우 처분의 위법성은 변론종결시를 기준으로 판단하여야 한다.

③ 조례가 집행행위의 개입 없이도 그 자체로서 직접 국민의 구체적인 권리·의무나 법적 이익에 영향을 미치는 경우에는 항고소송의 대상이 된다.

④ 취소소송의 기각판결이 확정되면 기판력은 발생하나 기속력은 발생하지 않는다.

2 갑은 관할 행정청 A에 도로점용허가를 신청하였고, 이에 대하여 행정청 A는 주민의 민원을 고려하여 갑에 대하여 공원부지를 기부채납할 것을 부관으로 하여 도로점용허가를 하였다. 이와 관련한 판례의 입장으로 옳지 않은 것은?

2016. 4. 9 인사혁신처

① 위 부관을 조건으로 본다면, 갑은 부관부 행정행위 전체를 취소소송의 대상으로 하여 부관만의 일부취소를 구하여야 한다.

② 위 부관을 부담으로 본다면, 부관만 독립하여 취소소송의 대상으로 할 수 있으며 부관만의 독립취소가 가능하다.

③ 위 부관을 부담으로 보는 경우, 갑이 정해진 기간 내에 공원부지를 기부채납하지 않은 경우에도 도로점용허가를 철회하지 않는 한 도로점용허가는 유효하다.

④ 부가된 부담이 무효임에도 불구하고 갑이 부관을 이행하여 기부채납을 완료한 경우, 갑의 기부채납 행위가 당연히 무효로 되는 것은 아니다.

3 취소소송에서 협의의 소의 이익에 대한 판례의 입장으로 옳지 않은 것은?

2016. 4. 9 인사혁신처

① 장래의 제재적 가중처분 기준을 대통령령이 아닌 부령의 형식으로 정한 경우에는 이미 제재기간이 경과한 제재적 처분의 취소를 구할 법률상 이익이 인정되지 않는다.

② 건축허가가 「건축법」에 따른 이격거리를 두지 아니하고 건축물을 건축하도록 되어 있어 위법하다 하더라도 건축이 완료되어 위법한 처분을 취소한다 하더라도 원상회복이 불가능한 경우에는 그 취소를 구할 법률상 이익이 없다.

③ 현역입영대상자가 입영한 후에도 현역입영통지처분이 취소되면 원상회복이 가능하므로 이미 처분이 집행된 후라고 할지라도 현역입영통지처분의 취소를 구할 소의 이익이 있다.

④ 지방의회 의원이 제명의결 취소소송 계속 중 임기가 만료되어 제명의결의 취소로 의원 지위를 회복할 수 없다고 할지라도 제명의결시부터 임기만료일까지의 기간에 대한 월정수당의 지급을 구할 수 있으므로 그 제명의결의 취소를 구할 법률상 이익이 인정된다.

4 행정소송에 대한 설명으로 옳은 것은? (다툼이 있는 경우 판례에 의함)

2016. 4. 9 인사혁신처

① 납세의무자에 대한 국가의 부가가치세 환급세액 지급의무는 부당이득반환의무에 해당하므로, 그에 대한 지급청구는 민사소송의 절차에 따라야 한다.

② 국가기관인 시·도 선거관리위원회 위원장은 국민권익위원회가 그에게 소속직원에 대한 중징계요구를 취소하라는 등의 조치요구를 한 것에 대해서 취소소송을 제기할 원고적격을 가진다고 볼 수 없다.

③ 생태·자연도 1등급으로 지정되었던 지역을 2등급 또는 3등급으로 변경하는 내용의 환경부장관의 결정에 대해 해당 1등급 권역의 인근 주민은 취소소송을 제기할 원고적격이 인정된다.

④ 처분청이 처분 당시 적시한 구체적 사실을 변경하지 아니하는 범위 내에서 단지 처분의 근거 법령만을 추가·변경하는 경우에 법원은 처분청이 처분 당시 적시한 구체적 사실에 대하여 처분 후 추가·변경한 법령을 적용하여 처분의 적법 여부를 판단할 수 있다.

5 항고소송의 대상이 되는 행정처분에 대한 판례의 입장으로 옳지 않은 것은?

2016. 4. 9 인사혁신처

① 교도소장이 특정 수형자를 '접견내용 녹음·녹화 및 접견 시 교도관 참여대상자'로 지정한 행위는 수형자의 구체적 권리의무에 직접적 변동을 가져오는 행위로서 항고소송의 대상이 되는 행정처분에 해당한다.

② 토지대장의 기재는 토지소유권을 제대로 행사하기 위한 전제요건으로서 토지소유자의 실체적 권리관계에 밀접하게 관련되어 있으므로 토지대장상의 소유자명의변경신청을 거부한 행위는 국민의 권리관계에 영향을 미치는 것이어서 항고소송의 대상이 되는 행정처분에 해당한다.

③ 금융감독원장으로부터 문책경고를 받은 금융기관의 임원이 일정기간 금융업종 임원선임의 자격제한을 받도록 관계법령에 규정되어 있는 경우, 금융기관 임원에 대한 문책경고는 상대방의 권리의무에 직접 영향을 미치는 행위이므로 행정처분에 해당한다.

④ 「국가공무원법」상 당연퇴직의 인사발령은 법률상 당연히 발생하는 퇴직사유를 공적으로 확인하여 알려주는 이른바 관념의 통지에 불과하므로 행정소송의 대상이 되는 독립한 행정처분이라고 할 수 없다.

6 행정소송상 가구제제도에 대한 설명으로 옳지 않은 것은? (다툼이 있는 경우 판례에 의함)

2016. 6. 18 제1회 지방직

① 무효등확인소송의 제기는 처분의 효력이나 그 집행 또는 절차의 속행에 영향을 주지 아니한다.

② 취소소송을 제기한 경우 법원은 당사자의 신청이나 직권으로 「민사집행법」상 가처분을 내릴 수 있다.

③ 신청에 대한 거부처분의 효력을 정지하더라도 거부처분이 있기 전의 신청 시 상태로 되돌아가는 데에 불과하므로, 신청인에게는 거부처분에 대한 효력정지를 구할 이익이 없다.

④ 처분의 효력정지는 처분등의 집행 또는 절차의 속행을 정지함으로써 목적을 달성할 수 있는 경우에는 허용되지 아니한다.

7 항고소송의 원고적격에 대한 판례의 입장으로 옳지 않은 것은?

2016. 6. 18 제1회 지방직

① 기존의 고속형 시외버스운송사업자 A는 경업관계에 있는 직행형 시외버스운송사업자에 대한 사업계획변경인가처분의 취소를 구할 법률상 이익이 있다.

② 학교법인에 의하여 임원으로 선임된 B는 자신에 대한 관할청의 임원취임승인신청 반려처분 취소소송의 원고적격이 있다.

③ 예탁금회원제 골프장에 가입되어 있는 기존 회원 C는 그 골프장 운영자가 당초 승인을 받을 때 정한 예정인원을 초과하여 회원을 모집하는 내용의 회원모집계획서에 대한 시 · 도지사의 검토결과통보의 취소를 구할 법률상 이익이 있다.

④ 재단법인인 수녀원 D는 소속된 수녀 등이 쾌적한 환경에서 생활할 수 있는 환경상 이익을 침해받는다면 매립목적을 택지조성에서 조선시설용지로 변경하는 내용의 공유수면매립목적 변경 승인처분의 무효확인을 구할 원고적격이 있다.

8 행정소송에 대한 설명으로 옳은 것은? (다툼이 있는 경우 판례에 의함)

2016. 6. 18 제1회 지방직

① 행정처분의 당연무효를 주장하여 그 무효확인을 구하는 행정소송에 있어서는 피고 행정청이 그 행정처분에 중대 · 명백한 하자가 없음을 주장 · 입증할 책임이 있다.

② 재결취소소송에 있어서 재결 자체의 고유한 위법은 재결의 주체, 절차 및 형식상의 위법만을 의미하고, 내용상의 위법은 이에 포함되지 않는다.

③ 무효인 과세처분에 의해 조세를 납부한 자가 부당이득반환청구소송을 제기할 수 있는 경우에도 과세처분에 대한 무효확인소송을 제기할 수 있다.

④ 행정심판을 거친 후 부작위위법확인소송을 제기하는 경우에는 제소기간이 적용되지 않는다.

 항고소송의 대상이 되는 행정처분으로 인정되는 것만을 모두 고른 것은? (다툼이 있는 경우 판례에 의함)

2015. 6. 27 제1회 지방직

> ㉠ 「산업재해보상보험법」상 장해보상금 결정의 기준이 되는 장애등급결정
> ㉡ 한국마사회의 기수에 대한 징계처분
> ㉢ 지적 소관청의 토지분할신청 거부행위
> ㉣ 「하수도법」상 하수도정비기본계획
> ㉤ 건축계획심의신청에 대한 반려처분
> ㉥ 진실·화해를 위한 과거사정리위원회의 진실규명결정
> ㉦ 어업권면허에 선행하는 우선순위결정

① ㉠, ㉡, ㉢, ㉣
② ㉠, ㉢, ㉤, ㉥
③ ㉡, ㉣, ㉤, ㉦
④ ㉢, ㉤, ㉥, ㉦

10 「행정소송법」상 집행정지에 대한 설명으로 옳지 않은 것은? (다툼이 있는 경우 판례에 의함)

2015. 3. 14 사회복지직

① 집행정지의 대상은 처분 등의 효력, 그 집행 또는 절차의 속행이다.
② '회복하기 어려운 손해'란 금전보상이 불가능한 경우뿐만 아니라 금전보상으로는 사회관념상 행정처분을 받은 당사자가 참고 견딜 수 없거나 또는 참고 견디기가 현저히 곤란한 경우의 유형·무형의 손해를 말한다.
③ 적법한 본안소송이 법원에 계속되어 있을 것을 요하지만, 본안소송의 제기와 집행정지신청이 동시에 행하여지는 경우도 허용된다.
④ 본안에 관한 이유 유무는 원칙적으로 집행정지 결정단계에서 판단할 것은 아니므로 집행정지사건 자체에 의하여 신청인의 본안청구가 이유없음이 명백한 때에도 집행정지를 명할 수 있다.

11 사정판결에 대한 설명으로 옳지 않은 것은? (다툼이 있는 경우 판례에 의함)

2015. 4. 18 인사혁신처

① 당연무효의 행정처분을 대상으로 하는 행정소송에서도 사정판결을 할 수 있다.

② 당사자의 명백한 주장이 없는 경우에도 직권으로 사정판결을 할 수 있다.

③ 처분이 위법하여 청구가 이유 있는 경우이어야 한다.

④ 청구의 인용판결이 현저히 공공복리에 적합하지 아니하여야 한다.

12 당사자소송에 해당하지 않는 것은? (다툼이 있는 경우 판례에 의함)

2015. 4. 18 인사혁신처

① 국가를 상대로 하는 납세의무자의 부가가치세 환급세액 지급청구소송

② 「국가를 당사자로 하는 계약에 관한 법률」에 따른 입찰보증금 국고귀속조치의 취소를 구하는 소송

③ 공무원 퇴직자가 미지급 퇴직연금에 대한 지급을 구하는 소송

④ 지방자치단체가 보조금 지급결정을 하면서 일정 기한 내에 보조금을 반환하도록 하는 교부조건을 부가한 경우, 보조금을 교부받은 사업자에 대한 지방자치단체의 보조금반환청구소송

13 취소소송의 적법요건에 대한 설명으로 옳지 않은 것은? (다툼이 있는 경우 판례에 의함)

2015. 3. 14 사회복지직

① 무효인 처분에 대하여 무효선언을 구하는 취소소송을 제기하는 경우 제소기간을 준수하여야 한다.

② 제소기간의 적용에 있어 '처분이 있음을 안 날'이란 처분의 존재를 현실적으로 안 날을 의미하는 것이 아니라 처분의 위법 여부를 인식한 날을 말한다.

③ 부령인 시행규칙의 형식으로 정한 처분기준에서 선행처분을 받은 것을 가중사유나 전제요건으로 삼아 후행처분을 하도록 정한 경우, 선행처분을 받은 상대방은 비록 그 처분에서 정한 제재기간이 경과하였다 하더라도 선행처분의 취소소송을 제기할 법률상 이익이 있다.

④ 취소소송의 원고적격은 소송요건의 하나이므로 사실심 변론종결시는 물론 상고심에서도 존속하여야 하고 이를 흠결하면 부적법한 소가 된다.

14 행정소송에 대한 판례의 입장으로 옳은 것은?

2015. 4. 18 인사혁신처

① 사립학교 교원에 대한 학교법인의 해임처분을 취소소송의 대상이 되는 행정청의 처분으로 볼 수 있으므로 학교법인을 상대로 한 불복은 행정소송에 의한다.
② 취소소송에 당해 처분의 취소를 선결문제로 하는 부당이득반환청구가 병합된 경우 그 청구가 인용되려면 소송절차에서 당해 처분의 취소가 확정되어야 한다.
③ 특정 소송사건에서 당사자 일방을 보조하기 위하여 보조참가를 하려면 당해 소송의 결과에 대하여 사실상, 경제상 또는 감정상의 이해관계가 있으면 충분하며 법률상의 이해관계가 요구되는 것은 아니다.
④ 행정처분에 대한 무효확인과 취소청구는 서로 양립할 수 없는 청구로서 주위적 · 예비적 청구로서만 병합이 가능하고 선택적 청구로서의 병합은 허용되지 않는다.

15 취소소송의 원고적격 및 협의의 소익에 대한 설명으로 옳지 않은 것은? (다툼이 있는 경우 판례에 의함)

2015. 4. 18 인사혁신처

① 허가를 받은 경업자에게는 원고적격이 인정되나, 특허사업의 경업자는 특별한 사정이 없는 한 원고적격이 부인된다.
② 원천납세의무자는 원천징수의무자에 대한 납세고지를 다툴 수 있는 원고적격이 없다.
③ 사법시험 제2차 시험 불합격처분 이후 새로 실시된 제2차 및 제3차 시험에 합격한 자는 불합격처분의 취소를 구할 협의의 소익이 없다.
④ 고등학교졸업학력검정고시에 합격하였다 하더라도, 고등학교에서 퇴학처분을 받은 자는 퇴학처분의 취소를 구할 협의의 소익이 있다.

16 항고소송에서 처분과 피고가 옳게 연결된 것은?

2015. 4. 18 인사혁신처

① 교육 · 학예에 관한 도의회의 조례 – 도의회
② 지방의회의 지방의회의원에 대한 징계의결 – 지방의회의장
③ 내부위임을 받은 경찰서장의 권한 없는 자동차운전면허정지처분 – 지방경찰청장
④ 중앙노동위원회의 처분 – 중앙노동위원회 위원장

17 취소소송에 대한 설명으로 옳지 않은 것은? (다툼이 있는 경우 판례에 의함)

2015. 4. 18 인사혁신처

① 제재적 행정처분이 제재기간의 경과로 인하여 그 효과가 소멸되었고, 제재적 행정처분을 받은 것을 가중사유로 삼아 장래의 제재적 행정처분을 하도록 정한 처분기준이 부령인 시행규칙이라면 처분의 취소를 구할 이익이 없다.

② 거부처분에 대해서는 집행정지가 인정되지 않는다.

③ 자연물인 도롱뇽 또는 그를 포함한 자연 그 자체로서는 소송을 수행할 당사자능력을 인정할 수 없다.

④ 처분 등이 있은 뒤에 그 처분 등에 관계되는 권한이 다른 행정청에 승계된 때에는 이를 승계한 행정청을 피고로 한다.

18 판례에 따를 때, 다음 중 당사자소송에 해당하는 것은?

2015. 6. 13 서울특별시

① 「민주화운동관련자 명예회복 및 보상 등에 관한 법률」에 의한 보상금지급청구소송

② 「광주민주화운동관련자 보상 등에 관한 법률」에 의거한 손실보상청구소송

③ 「도시 및 주거환경정비법」상의 주택재건축 정비사업조합이 수립한 관리처분 계획에 대하여 관할 행정청의 인가·고시가 있은 후에 제기하는 관리처분 계획에 대한 소송

④ 공무원연금관리공단의 퇴직급여결정에 대한 소송

19 「행정소송법」에서 규정하고 있는 항고소송은?

2014. 4. 19 안전행정부

① 기관소송

② 당사자소송

③ 예방적 금지소송

④ 부작위위법확인소송

20 〈보기1〉의 내용을 근거로 판단할 때 〈보기2〉 설명의 옳고 그름이 바르게 나열된 것은? (다툼이 있는 경우 판례에 의함)

2014. 4. 19 안전행정부

〈보기 1〉

「건강기능식품에 관한 법률」 제20조에 따라 식품의약품안전처장은 위생적 관리 및 영업의 질서유지를 위해 필요하다고 인정하는 때에는 관계 공무원으로 하여금 영업장소 등을 검사하게 할 수 있다. 식품의약품안전처 소속 공무원 갑은 식품회사 을의 영업시설 등을 검사하면서 심각한 주의의무 태만으로 영업시설 등의 일부를 손괴하였다. 갑의 행위에 대하여 정직 3개월의 징계처분이 내려졌다.

〈보기 2〉

㉠ 갑은 징계처분에 대하여 소청심사위원회의 심사·결정을 거치지 아니하고 행정소송을 바로 제기할 수 있다.
㉡ 국가가 을에 대한 손해배상책임을 부담한 경우, 국가는 갑에 대한 구상권을 행사할 수 있다.
㉢ 을이 갑에 대하여 불법행위에 기한 손해배상청구소송을 제기할 경우, 갑의 민사상 책임이 인정될 수 있다.

① ㉠-○, ㉡-○, ㉢-○
② ㉠-×, ㉡-○, ㉢-○
③ ㉠-○, ㉡-×, ㉢-×
④ ㉠-×, ㉡-×, ㉢-×

21 갑은 자신이 운영하는 사회복지시설의 재정이 어려워지자 관할 행정청에 보조금을 신청하였으나 거부되었다. 이와 관련한 법률관계에 대한 설명으로 옳은 것은? (다툼이 있는 경우 판례에 의함)

2014. 4. 19 안전행정부

① 갑이 위 거부행위에 대해 취소소송으로 다투기 위해서는 갑에게 보조금을 신청할 수 있는 권리가 성문법령에 규정되어 있어야만 한다.
② 갑이 위 거부행위에 대하여 취소소송을 제기하여 다투는 경우에 집행정지를 통한 권리구제는 허용되지 않는다.
③ 위 거부행위는 불이익처분이므로 관할 행정청이 갑의 신청을 거부하는 경우에는 「행정절차법」상 사전통지절차를 거쳐야 한다.
④ 위 거부행위가 있은 후에 갑은 보조금지급을 요구하는 의무이행소송을 제기할 수 있다.

22 행정소송에서의 가구제에 대한 설명으로 옳지 않은 것은? (다툼이 있는 경우 판례에 의함)

2014. 4. 19 안전행정부

① 처분의 효력정지는 처분 등의 집행 또는 절차의 속행을 정지함으로써 목적을 달성할 수 있는 경우에는 허용되지 아니한다.
② 본안문제인 행정처분 자체의 적법여부는 집행정지 신청의 요건이 되지 아니하는 것이 원칙이지만, 본안소송의 제기 자체는 적법한 것이어야 한다.
③ 유흥접객영업허가의 취소처분으로 5,000여만 원의 시설비를 회수하지 못하게 된다면 생계까지 위협받을 수 있다는 등의 사정이 집행정지를 인정하기 위한 회복하기 어려운 손해가 생길 우려가 있는 경우에 해당하지 아니한다.
④ 행정소송법은 다툼이 있는 법률관계에 대하여 임시의 지위를 정하기 위한 가처분신청의 경우 현저한 손해나 급박한 위험을 피할 것을 목적으로 한다고 규정하고 있다.

23 행정소송의 심리에 대한 설명으로 옳지 않은 것은? (다툼이 있는 경우 판례에 의함)

2014. 4. 19 안전행정부

① 소송요건의 존부는 사실심 변론종결시를 기준으로 판단한다.
② 「행정소송법」은 법원이 직권으로 관계행정청에 자료제출을 요구할 수 있음을 규정하고 있다.
③ 법원은 소송제기가 없는 사건에 대하여 심리·재판할 수 없다.
④ 법원은 행정소송에서 기록상 자료가 나타나 있다면 당사자가 주장하지 않았더라도 판단할 수 있다.

24 행정소송상 판결의 효력에 대한 설명으로 옳지 않은 것은? (다툼이 있는 경우 판례에 의함)

2014. 6. 21 제1회 지방직

① 취소확정판결이 있으면 당사자는 동일한 소송물을 대상으로 다시 소를 제기할 수 없다.
② 과세처분의 취소소송에서 청구가 기각된 확정판결의 기판력은 그 과세처분의 무효확인을 구하는 소송에는 미치지 아니한다.
③ 과세처분시 납세고지서에 절차 내지 형식의 위법을 이유로 과세처분을 취소하는 판결이 확정된 경우에, 과세처분권자가 그 확정판결에 적시된 위법사유를 보완하여 행한 새로운 과세처분은 확정판결의 기판력에 저촉되지 아니한다.
④ 어떠한 행정처분을 취소하는 판결이 선고되어 확정된 경우에 처분행정청이 그 행정소송의 사실심 변론종결 이전의 사유를 내세워 다시 확정판결에 저촉되는 행정처분을 하는 것은 확정판결의 기판력에 저촉된다.

25 「행정소송법」상 취소소송의 변경에 관한 설명으로 옳지 않은 것은?

① 취소소송이 계속되고 있을 것
② 1심 법원의 판결 시까지 원고의 신청이 있을 것
③ 청구의 기초에 변경이 없을 것
④ 법원이 상당하다고 인정하여 허가결정을 할 것

26 「행정소송법」상 취소소송에 관한 규정 중 부작위위법확인소송에 준용되는 것을 모두 옳게 고른 것은?

2013. 7. 27 안전행정부

㉠ 행정심판과의 관계
㉡ 제소기간
㉢ 집행정지
㉣ 사정판결
㉤ 거부처분취소판결의 간접강제

① ㉠, ㉣
② ㉠, ㉡, ㉤
③ ㉠, ㉡, ㉢, ㉣
④ ㉠, ㉡, ㉢, ㉤

27 당사자소송에 대한 설명으로 옳지 않은 것은? (다툼이 있는 경우 판례에 의함)

2013. 8. 24 제1회 지방직

① 대등 당사자 간에 다투어지는 공법상의 법률관계를 소송의 대상으로 한다.
② 개인의 권익구제를 주된 목적으로 하는 주관적 소송이다.
③ 당사자소송에도 제3자의 소송참가가 허용된다.
④ 당사자소송이 부적법하여 각하되는 경우 그에 병합된 관련청구소송 역시 부적법 각하되어야 하는 것은 아니다.

28 행정소송법상 집행정지에 대한 설명으로 옳지 않은 것은? (다툼이 있는 경우 판례에 의함)

2012. 4. 7 행정안전부

① 행정소송법은 처분의 일부에 대한 집행정지도 가능하다고 규정하고 있다.

② 접견허가신청에 대한 교도소장의 거부처분은 집행정지의 대상이 된다.

③ 집행정지의 소극적 요건으로서 '공공복리'는 그 처분의 집행과 관련된 구체적이고도 개별적인 공익으로서 이러한 소극적 요건에 대한 주장·소명책임은 행정청에게 있다.

④ 처분의 취소가능성이 없음에도 처분의 효력이나 집행의 정지를 인정한다는 것은 집행정지제도의 취지에 반하므로 집행정지사건 자체에 의하여도 신청인의 본안청구가 이유 없음이 명백하지 않아야 한다는 것도 집행정지의 요건이다.

29 제3자의 소송참가에 대한 설명으로 옳지 않은 것은?

2012. 4. 7 행정안전부

① 제3자의 소송참가에는 신청에 의한 경우와 직권에 의한 경우가 있다.

② 행정소송법은 제3자 보호를 위하여 제3자의 소송참가 외에 제3자의 재심청구를 인정하고 있다.

③ 취소소송의 제3자 소송참가에 관한 규정은 무효 등 확인소송, 부작위위법확인소송, 당사자소송에도 준용된다.

④ 제3자는 판결의 형성력에 의해 권리 또는 이익의 침해를 받을 자를 말하며, 판결의 기속력에 의해 권리 또는 이익의 침해를 받는 경우는 포함되지 않는다.

30 항고소송의 대상에 대한 설명으로 판례의 태도와 다른 것은?

2012. 4. 7 행정안전부

① 국가균형발전 특별법에 따른 혁신도시 최종입지 선정행위는 항고소송의 대상이 되는 행정처분이다.

② 국가공무원법에 따른 당연퇴직의 인사발령은 항고소송의 대상이 되는 독립한 행정처분이라고 할 수 없다.

③ 지적공부 소관청의 지목변경신청 반려행위는 항고소송의 대상이 되는 행정처분에 해당한다.

④ 공무원에 대한 불문경고조치는 항고소송의 대상이 되는 행정처분에 해당한다.

31 다음 대법원 판결요지 중 괄호 안에 들어 갈 내용으로 옳지 않은 것은?

2012. 4. 7 행정안전부

> 구 도시 및 주거환경정비법 (2007. 12. 21. 법률 제8785호로 개정되기 전의 것)에 따른 주택재건축정비사업조합은 관할행정청의 감독 아래 위 법상 주택재건축사업을 시행하는 공법인으로서, 그 목적 범위 내에서 법령이 정하는 바에 따라 일정한 행정작용을 행하는 행정주체의 지위를 가진다할 것인데, 재건축정비사업조합이 이러한 행정주체의 지위에서 위 법에 기초하여 수립한 사업시행계획은 인가고시를 통해 확정되면 이해관계인에 대한 (㉠)으로서 독립된 행정처분에 해당하고, 이와 같은 사업시행계획안에 대한 조합 총회결의는 그 행정처분에 이르는 절차적 요건 중 하나에 불과한 것으로서, 그 계획이 확정된 후에는 (㉡)의 방법으로 계획의 취소 또는 무효확인을 구할 수 있을 뿐, 절차적 요건에 불과한 총회결의 부분만을 대상으로 그 효력유무를 다투는 확인의 소를 제기하는 것은 허용되지 아니하고, 한편 이러한 (㉢)의 대상이 되는 행정처분의 효력이나 집행 혹은 절차속행 등의 정지를 구하는 신청은 행정소송법상 (㉣)의 방법으로서만 가능할 뿐 민사소송법 상 가처분의 방법으로는 허용될 수 없다.

① ㉠ – 구속적 행정계획
② ㉡ – 항고소송
③ ㉢ – 당사자소송
④ ㉣ – 집행정지신청

32 「행정소송법」상 취소소송에 관한 설명으로 옳은 것은? (다툼이 있는 경우 판례에 의함)

2012. 5. 12 상반기 지방직

① 취소소송의 원고적격은 처분 등의 취소를 구할 법률상 이익이 있는 자에게 인정되기 때문에, 직접 처분 또는 재결을 받은 상대방 이외의 자에게는 인정되지 아니한다.
② 형성소송설에 따를 경우 취소판결이 확정되면 당해 처분의 효력은 행정청이 취소하지 않더라도 소급하여 효력을 상실한다.
③ 취소소송의 피고는 원칙적으로 당해 처분을 한 행정청이 소속하는 국가 또는 공공단체이다.
④ 행정청의 재량행위에 속하는 처분은 취소소송의 대상이 되지 않는다.

33 항고소송의 대상이 되는 행정처분은? (다툼이 있는 경우 판례에 의함)

2012. 5. 12 상반기 지방직

① 행정대집행상 1차 계고처분 후에 이루어진 제2차, 제3차 계고처분
② 혁신도시 최종입지 선정 행위
③ 청소년유해매체물 결정 및 고시처분
④ 당연퇴직의 인사발령

34 「행정소송법」에 관한 설명으로 옳지 않은 것은?

2012. 5. 12 상반기 지방직

① 「행정소송법」 제3조에서는 행정소송을 취소소송, 당사자소송, 민중소송, 기관소송으로 구분한다.
② 당사자소송이란 행정청의 처분 등을 원인으로 하는 법률관계에 관한 소송 그 밖에 공법상의 법률관계에 관한 소송으로서 그 법률관계의 한쪽 당사자를 피고로 하는 소송을 말한다.
③ 취소소송이란 행정청의 위법한 처분 등을 취소 또는 변경하는 소송을 말한다.
④ 기관소송이란 국가 또는 공공단체의 기관상호 간에 있어서의 권한의 존부 또는 그 행사에 관한 다툼이 있을 때에 이에 대하여 제기하는 소송을 말한다.

35 다음 중 행정소송법상 행정소송의 유형이 다른 하나는?

2012. 9. 22 하반기 지방직

① 구 광주민주화운동 관련자 보상 등에 관한 법률에 따른 보상금지급청구소송
② 주민투표법에 따른 주민투표의 효력에 관한 소송
③ 구 석탄산업법상의 석탄가격안정지원금 지급청구에 관한 소송
④ 구 방송법에 근거한 수신료부과행위를 다투는 소송

36 행정소송법상 취소소송의 요건에 대한 설명으로 옳지 않은 것은?

2012. 9. 22 하반기 지방직

① 처분 등의 취소를 구할 정당한 이익이 있는 자가 취소소송을 제기할 수 있다.
② 제3자효 행정행위의 경우 제3자가 어떠한 경위로든 행정처분이 있음을 안 이상 그 처분이 있음을 안 날로부터 90일 이내에 취소소송을 제기하여야 한다.
③ 취소소송은 처분 등을 대상으로 하나, 재결취소소송의 경우에는 재결 자체에 고유한 위법이 있음을 이유로 하는 경우에 한한다.
④ 처분 등이 있은 뒤에 그 처분 등에 관계되는 권한이 다른 행정청에 승계된 때에는 이를 승계한 행정청을 피고로 한다.

37 「행정소송법」상의 취소소송에 관한 설명으로 옳지 않은 것은?

① 취소소송의 제1심 관할법원은 피고의 소재지를 관할하는 행정법원으로 함을 원칙으로 한다.
② 취소소송은 법령의 규정에 의하여 행정심판을 제기할 수 있는 경우에도 이를 거치지 아니하고 제기할 수 있다.
③ 취소소송은 처분 등의 취소를 구할 법률상 이익이 있는 자가 제기할 수 있다.
④ 처분 등을 취소하는 확정판결은 당사자 이외의 제3자에게는 효력이 없다.

38 항고소송의 소의 이익에 관한 판례의 내용으로 옳지 않은 것은?

① 상등병에서 병장으로의 진급요건을 갖춘 자에 대하여 그 진급처분을 행하지 아니한 상태에서 예비역으로 편입하는 처분을 한 경우, 진급처분 부작위위법을 이유로 예비역편입처분취소를 구할 소의 이익이 있다고 할 수 없다.
② 임기 만료된 지방의회 의원이 군의회를 상대로 한 의원제명처분취소 소송에서 승소한다고 하더라도 군의회 의원으로서의 지위를 회복할 수는 없는 것이므로 위 위원은 이 사건 소를 유지할 법률상의 이익이 없다.
③ 행정처분에 효력기간이 정하어저 있는 경우, 그 기간의 경과루 그 행정처분의 효력은 상실되므로 그 기간 경과 후에는 그 처분이 외형상 잔존함으로 인하여 어떠한 법률상 이익이 침해되었다고 볼 만한 별다른 사정이 없는 한 그 처분의 취소를 구할 법률상의 이익이 없다.
④ 제재적 행정처분이 그 처분에서 정한 제재기간의 경과로 인하여 그 효과가 소멸되었다면, 부령인 시행규칙의 형식으로 정한 처분기준에서 제재적 행정처분을 받은 것을 가중사유로 정하여 장래 제재적 행정처분을 하도록 정하였더라도 그 취소를 구할 법률상 이익이 없다.

39 항고소송의 대상인 처분에 관한 판례의 내용으로 옳지 않은 것은?

① 대학교원의 임용권자가 임용기간이 만료된 조교수에 대하여 재임용을 거부하는 취지로 한 임용기간만료의 통지는 대학교원의 법률관계에 영향을 주는 것으로서 처분에 해당한다.

② 「국가공무원법」상의 당연퇴직사유가 있어 행한 인사권자의 당연퇴직의 인사발령은 공무원의 신분을 상실시키는 형성적 행정행위로서 처분에 해당한다.

③ 「지적법」상의 지목은 토지소유권을 제대로 행사하기 위한 전제요건으로서 토지소유자의 실체적 권리관계에 밀접하게 관련되어 있으므로 지적공부 소관청의 지목변경신청 반려행위는 국민의 권리관계에 영향을 미치는 것으로서 항고소송의 대상이 되는 행정처분에 해당한다.

④ 조례가 집행행위의 개입 없이도 그 자체로서 직접 국민의 구체적인 권리·의무나 법적 이익에 영향을 미치는 등의 법률상 효과를 발생하는 경우 그 조례는 항고소송의 대상이 되는 행정처분에 해당한다.

40 갑은 관할 행정청에 하천점용허가를 신청하였으나, 이에 대하여 관할 행정청은 상당한 기간이 경과하여도 아무런 응답이 없었다. 이 경우 갑의 현행 행정쟁송법상의 권리구제수단에 관한 설명으로 옳은 것은?

① 갑은 의무이행심판을 청구하거나 취소소송을 제기하여 권리구제를 받을 수 있다.

② 갑은 의무이행심판을 제기할 수 있으며, 의무이행심판의 인용재결이 내려질 경우 하천점용허가는 기속행위이므로 관할 행정청은 갑의 신청대로 처분을 하여야 한다.

③ 갑은 의무이행소송을 제기하여야 하며, 이 소송에서 법원은 행정청이 발급하여야 할 실체적 처분의 내용까지 심리할 수 있다는 것이 판례의 입장이다.

④ 갑은 의무이행심판을 청구하거나 부작위위법확인소송을 제기하여 권리구제를 받을 수 있다.

41 사정판결에 관한 설명으로 옳지 않은 것은?

① 사정판결은 원고의 주장을 기각하는 판결이므로 당해 처분은 적법한 처분으로 인정된다.

② 「행정소송법」은 취소소송의 경우에만 사정판결이 가능하다고 명시적으로 규정하고 있다.

③ 사정판결에서의 소송비용은 피고가 부담한다.

④ 원고는 피고 행정청이 속하는 국가 또는 공공단체를 상대로 손해배상 등 적당한 구제방법의 청구를 당해 취소소송 등이 계속된 법원에 병합하여 제기할 수 있다.

42 「행정소송법」상 처분성의 인정에 관한 판례의 입장으로 옳지 않은 것은?

① 지방의회 의장에 대한 불신임의결은 의장으로서의 권한을 박탈하는 행정처분의 일종으로서 항고소송의 대상이 된다.
② 어업권면허에 선행하는 우선순위결정은 강학상의 확약에 불과하고 행정처분은 아니다.
③ 청소년유해매체물 결정 및 고시처분은 행정처분의 종류 중 하나인 일반처분에 해당한다.
④ 개별공시지가결정은 행정청의 중간행위에 불과하여 항고소송의 대상이 되는 처분이 아니다.

43 행정처분을 취소하는 확정판결의 기속력에 관한 설명으로 옳은 것은?

① 행정처분을 취소하는 확정판결은 그 사건에 관하여 당사자인 행정청을 기속하지만 그 밖의 관계행정청을 기속하지는 아니한다.
② 특정의 행정처분이 절차상의 위법사유로 인하여 취소된 경우에는 행정청은 이러한 절차상의 하자를 보완하여 다시 새로운 행정처분을 할 수 있다.
③ 취소판결의 기속력에 위반하여 행정청이 행한 처분은 취소의 대상이 될 뿐이고 무효는 아니라는 것이 판례의 입장이다.
④ 판결에 의하여 취소되는 처분이 당사자의 신청을 인용하는 것을 내용으로 하는 경우에는 그 처분을 행한 행정청은 판결의 취지에 따라 다시 이전의 신청에 대한 처분을 하여야 한다.

44 행정소송의 한계에 관한 설명으로 옳지 않은 것은?

① 단순한 사실관계의 존부 등의 문제는 행정소송의 대상이 되지 아니한다.
② 반사적 이익의 침해는 행정소송의 대상이 되지 아니한다.
③ 통치행위는 행정소송의 대상에서 제외된다는 것이 우리의 학설과 판례의 경향이다.
④ 법령은 그 자체가 직접 국민의 권리의무를 침해하는 경우에도 행정소송의 대상이 되지 아니한다.

45 취소소송 판결의 효력에 관한 설명으로 옳지 않은 것은?

① 확정된 청구기각판결의 형성력은 소송당사자인 원고와 피고 행정청 사이에 발생할 뿐 아니라 제3자에게도 미친다.
② 청구기각판결이 확정되면 처분의 적법함에 관하여 기판력이 발생하므로 무효확인청구도 할 수 없다.
③ 판례에 의하면 처분의 위법함을 인정하는 청구인용판결이 확정된 경우에도 처분 시점 이후에 생긴 새로운 사유나 사실관계를 들어 동일한 내용의 처분을 하는 것은 무방하다.
④ 기속력에 반하는 행정청의 행위는 위법하며 판례는 무효원인으로 본다.

46 「공익사업을 위한 토지 등의 취득 및 보상에 관한 법률」상 토지수용위원회의 재결에 대하여 토지소유자인 甲이 보상금의 증감에 관한 행정소송을 제기하고자 할 때, 누구를 피고로 하여야 하는가? (단, 사업시행자는 乙광역시로 전제함)

① 乙광역시장
② 乙광역시
③ 乙광역시와 토지수용위원회
④ 乙광역시장과 토지수용위원회

47 현행 「행정소송법」의 내용으로 옳은 것은?

① 취소소송은 처분 등의 취소를 구할 법적으로 정당한 이익이 있는 자가 제기할 수 있다.
② 취소소송은 법령의 규정에 의하여 당해 처분에 대한 행정심판을 제기할 수 있는 경우에는 반드시 이를 거치고 제기하여야 한다.
③ 법원의 소송의 결과에 따라 권리 또는 이익의 침해를 받을 제3자가 있는 경우에는 당사자 또는 제3자의 신청 또는 직권에 의하여 결정으로써 그 제3자를 소송에 참가시킬 수 있다.
④ 취소청구가 기각되거나 행정청이 처분 등을 취소 또는 변경함으로 인하여 청구가 각하 또는 기각된 경우에는 소송비용은 원고의 부담으로 한다.

48 다음 중 행정소송의 대상이 되는 처분이 아닌 것은? (단, 판례에 의함)

① 분교를 폐교하는 도의 조례
② 정년에 달한 공무원에게 발하는 정년퇴직 발령
③ 지방노동위원회가 노동쟁의에 대하여 행한 중재회부결정
④ 임용기간이 만료된 조교수에 대하여 재임용을 거부하는 취지로 한 임용기간만료의 통지

49 다음 중 항고소송에 관한 설명으로 옳지 않은 것은?

① 항고소송은 심리에 있어서 직권탐지주의를 원칙으로 한다.
② 취소판결의 효력은 제3자에게도 미친다.
③ 판례는 무명항고소송의 인정에 대하여 소극적인 입장이다.
④ 「행정소송법」상 취소소송에서 임의적 행정심판전치주의를 취하고 있다.

50 취소판결의 효력 가운데서 제3자에게 직접적으로 영향을 미치는 것은?

① 기속력 ② 공정력
③ 기판력 ④ 형성력

51 甲은 자신의 주거지 인근에 위치한 대기오염을 야기하는 공장에 대하여 관할 관청에 대기환경
보전법의 관련규정에 의거하여 개선명령을 발동해 줄 것을 요구하였으나, 이에 대하여 주무장
관인 환경부장관은 아무런 응답이 없었다. 이에 대한 甲의 현행 행정소송법상의 권리구제수단
에 대한 설명으로 옳지 않은 것은?

① 甲은 이 경우 의무이행심판을 청구할 수는 있으나 취소심판은 청구할 수는 없다.
② 의무이행심판의 인용재결의 경우는 중앙행정심판위원회의 의결에 따라 환경부장관이 스
스로 甲의 신청에 따르는 처분을 하면 된다.
③ 甲은 행정소송으로서 부작위위법확인소송을 제기할 수 있으나 이 소송에서 법원은 부작
위가 위법임을 확인하는 데 그쳐야 하고 그 이상으로 행정청이 발동하여야 할 실체적 처
분의 내용까지 심리할 수 없다고 보는 것이 대법원의 입장이다.
④ 대법원의 입장에 따르면 부작위위법확인소송에서 법원의 인용판결이 있으면, 환경부장관
은 판결의 기속력에 따라 적극적으로 개선명령을 발동하여야 하고, 또다시 거부처분과
같은 소극적 처분을 하여서는 안 된다.

52 행정소송법 제29조 제1항은 "처분 등을 취소하는 확정판결은 제3자에 대하여도 효력이 있다."
라고 규정하여 취소판결의 대세효를 인정하고 있다. 이 규정과 관련하여 확정판결의 효력으로
제3자효의 범위로 가장 옳은 것은?

① 취소소송과 무효등확인소송
② 취소소송
③ 항고소송과 당사자소송
④ 법정항고소송

53 다음 중 항고소송이 아닌 것은?

① 조세부과처분을 무효확인을 구하는 소송
② 보상금 증·감청구소송
③ 재량권의 일탈·남용이 있는 처분에 대한 행정소송
④ 공무원의 징계처분에 대한 소송

54 다음 중 집행정지제도에 대한 설명으로 옳지 않은 것은?

① 취소소송과 무효등확인소송에서 인정된다.
② 집행정지결정의 효력은 신청인과 피고 행정청에게만 미친다.
③ 판례의 입장에 따르면 집행정지결정을 하기 위해 본안청구가 이유없음이 명백하지 않아
　 야 한다.
④ 집행정지결정에 대해 즉시항고를 제기하는 경우에 집행정지결정의 효력은 정지되지 않는다.

55 다음 중 판례상 공법상 당사자소송에 해당하지 않는 것은?

① 주택개량재개발조합의 조합원지위확인소송
② 과세처분의 무효를 전제로 한 과오납금환급청구소송
③ 「석탄산업법」에 의한 석탄가격안정지원금 청구소송
④ 서울시립 무용단원 해촉에 관한 무효확인소송

56 다음 중 판례가 항고소송의 대상이 되는 행정처분으로 본 것은?

① 「도로교통법」상의 범칙금 납부통고
② 국세환급 신청거부
③ 개별공시지가의 결정
④ 공무원에 대한 당연퇴직의 통보

57 다음 중 취소소송에 관한 설명으로 옳지 않은 것은?

① 취소소송은 원고의 소재지를 관할하는 법원에 제기하는 것이 원칙이다.
② 취소소송은 처분이 있음을 안 날로부터 90일 이내, 처분이 있은 날로부터 1년 이내에 제기하여야 한다.
③ 취소소송을 제기하기 위해 행정심판을 반드시 거쳐야 하는 것은 아니다.
④ 권한이 위임된 경우는 위임청이 아닌 권한을 위임받은 수임청을 피고로 하여야 한다.

58 행정소송과 관련한 설명 중 옳지 않은 것은?

① 거부처분에 대해 취소판결이 내려졌다 하더라도, 재량적 처분인 경우에는 다른 이유로 재차 거부할 수 있다.
② 판례에 의하면 민사소송의 확인소송에 요구되는 보충성이 무효등확인소송에도 그대로 통용된다.
③ 무효등확인소송에 있어서도 집행정지결정이 허용된다.
④ 부작위위법확인소송에 있어서 당해 부작위의 직접상대방이 아닌 제3자는 원고적격이 부정된다.

59 「행정소송법」에 의해 인정되지 않는 행정소송의 종류는?

① 의무이행소송　　　　　　　　② 취소소송
③ 당사자소송　　　　　　　　　④ 무효등확인소송

60 다음 중 취소소송을 제기했을 때의 효력은?

① 행정행위의 효력은 원칙적으로 정지되지 않는다.
② 당사자는 동일 사건에 대하여 중복제소가 가능하다.
③ 법원은 직권에 의해서 필요한 경우에 처분의 집행정지를 결정할 수 없다.
④ 당사자의 신청이 있을 때에만 정지된다.

61 행정심판을 거친 경우 행정소송의 제기기간은 재결서를 송달받은 날로부터 며칠 후인가?

① 30일
② 90일
③ 180일
④ 1년

62 대법원 판례에 의할 때 행정쟁송의 대상이 되는 '처분'이 아닌 것은?

① 분교를 폐교하는 도의 조례
② 위법건물 단속기관이 수도공급기관에 수도공급을 거부하도록 요청하는 행위
③ 국유재산 무단점유자에 대한 변상금 부과처분
④ 지방노동위원회가 노동쟁의에 대하여 행한 중재회부 결정

63 취소소송에 관한 규정 중 부작위위법확인소송에 준용되지 않는 것은?

① 재판관할
② 피고적격
③ 사정판결
④ 판결의 대세효

64 다음 중 사정판결에 관한 설명으로 옳지 않은 것은?

① 행정상 공공복리를 위한 제도이다.
② 판례에 의하면 취소소송에만 인정된다.
③ 판례는 직권에 의한 사정판결을 인정하고 있다.
④ 사정판결의 소송비용은 패소자인 원고가 부담해야 한다.

65 다음 청구 중 행정소송에서 인정되지 않는 것은?

① 행정처분의 부존재확인청구
② 거부처분에 대한 행정처분의 이행청구
③ 행정처분의 취소청구
④ 행정처분의 무효확인청구

66 당사자소송에 있어 취소소송의 규정이 준용되는 것은?

① 관련청구의 병합
② 제소기간의 제한
③ 집행부정지원칙
④ 사정판결

67 선거의 효력에 관하여 이의가 있는 선거인·정당 또는 후보자는 선거일부터 30일 이내에 선거구선거관리위원장을 피고로 제기하는 소송을 무엇이라 하는가?

① 당사자소송
② 기관소송
③ 항고소송
④ 선거소송

68 다음 중 확정판결의 효력이 제3자에게도 미치는 소송형태는?

① 취소소송
② 취소소송과 무효등확인소송
③ 취소소송과 부작위위법확인소송
④ 취소소송과 당사자소송

69 항고소송에 관한 설명 중 옳지 않은 것은?

① 위법판단의 기준시는 판결시이다.
② 사정판결에 있어서 소송비용은 피고의 부담으로 한다.
③ 판례는 확인의 이익을 무효확인소송의 소송요건의 하나로 보고 있다.
④ '신청인의 본안청구가 이유 없음이 명백하지 않을 것'을 집행정지의 요건으로 포함시키는 판례가 있다.

70 행정소송에 대한 설명 중 옳지 않은 것은?

① 통고처분은 취소소송의 대상이 아니다.
② 비례성을 결한 공무원징계처분은 행정소송의 대상이 될 수 있다.
③ 무효등확인소송에는 행정심판전치주의가 적용되지 않는다.
④ 법원은 당사자가 주장하지 않는 사실에 대해서는 판단할 수 없다.

정답 및 해설

행정법 서론

● **1. 행정**

1 ①

① 행정관청인 법무부장관은 행정주체가 아니다.

2 ③

③ 남북정상회담의 개최는 고도의 정치적 성격을 지니고 있는 행위라 할 것이므로 특별한 사정이 없는 한 그 당부를 심판하는 것은 사법권의 내재적·본질적 한계를 넘어서는 것이 되어 적절하지 못하지만, 남북정상회담의 개최과정에서 위 피고인들이 공모하여 재정경제부장관에게 신고하지 아니하거나 통일부장관의 협력사업 승인을 얻지 아니한 채 위와 같이 북한측에 사업권의 대가 명목으로 4억 5,000만 달러를 송금한 행위 자체는 헌법상 법치국가의 원리와 법 앞에 평등원칙 등에 비추어 볼 때 사법심사의 대상이 된다(대판 2004.3.26, 2003도7878).

3 ②

② 남북정상회담의 개최는 고도의 정치적 성격을 지니고 있는 행위라 할 것이므로 특별한 사정이 없는 한 그 당부를 심판하는 것은 사법권의 내재적·본질적 한계를 넘어서는 것이 되어 적절하지 못하지만, 남북정상회담의 개최과정에서 재정경제부장관에게 신고하지 아니하거나 통일부장관의 협력사업 승인을 얻지 아니한 채 북한 측에 사업권의 대가 명목으로 송금한 행위 자체는 헌법상 법치국가의 원리와 법 앞에 평등원칙 등에 비추어 볼 때 사법심사의 대상이 된다고 판단한 원심판결을 수긍(대판 2004.3.26, 2003도7878).

4 ①

행정주체는 행정권을 행사하고 법적효과가 귀속되는 당사자이고, 행정기관은 행정주체를 위해 대외적으로 의사를 표시하는 기관이다. 행정주체에는 국가, 광의의 공공단체, 공무수탁 사인이 있으며 서울특별시장은 행정기관에 해당한다.

5 ②

행정소송에 있어서 개괄주의는 통치행위의 부정설에 근거가 된다.

6 ④

행정의 분류
㉠ **주체에 의한 분류**: 국가행정, 자치행정, 위임행정
㉡ **목적에 의한 분류**: 질서행정, 급부행정, 유도행정, 공과행정, 계획행정, 조달행정
㉢ **수단에 의한 분류**: 권력적 행정, 비권력적 행정
㉣ **법적 효과에 의한 분류**: 수익적 행정, 침익적 행정, 복효적 행정
㉤ **법적 형식에 의한 분류**: 공법상 행정, 사법상 행정

7 ④

①②③ 행정부에서 담당하는 일체의 작용으로 형식적·실질적의미의 행정에 해당한다.
④ 국회사무총장의 소속공무원 임명은 입법기관의 권한에 속하는 작용으로 형식적 의미의 입법이다.

8 ②

② 통치행위 부정설은 법치주의 원칙과 행정소송의 개괄주의를 근거로 한다. 행정소송의 개괄주의에 따르면 행정청의 위법한 행위에 대하여 제한 없이 행정소송을 제기할 수 있어 통치행위를 이유로 사법심사를 부정할 수 없기 때문이다.

9 ①

① 현행법상 대통령에게 국회해산권은 부여되어 있지 않다.
② 헌법 제77조
③ 헌법 제72조
④ 헌법 제53조 제2항

10 ④

① 통치행위는 국회와 여론에 의해 정치적 통제를 받으며, 사법심사의 대상은 아니나 국민의 기본권을 침해하는 사항에 대하여 제한적인 범위 내에서 헌법재판소 심판의 대상으로 인정하고 있다.

② 대법원은 한·일국교정상화를 반대하는 6·3사태 수습을 위한 대통령의 비상계엄선포에 대하여 대통령의 계엄 선포행위는 고도의 정치적·군사적 성격의 행위로서 그것이 누구나 일견 헌법이나 법률에 위반되는 것이 명백하게 인정될 수 있는 것이라면 몰라도 그렇지 아니한 이상 당연무효라고 단정할 수 없고 계엄선포의 당·부당을 판단할 권한은 오로지 정치기관인 국회에만 있다고 보았다(대판 1964. 7. 21, 64초4). 또한, 10·26사태 수습을 위한 대통령의 비상계엄선포에 대하여는 사법기관인 법원이 계엄선포의 요건 구비나 선포의 당·부당을 심사하는 것은 사법권의 내재적 본질적 한계를 넘어서는 것이 되어 적절한 바가 못된다고 판시하였다(대판 1979. 12. 7, 79초70).

③④ 헌법재판소는 대통령의 긴급재정·경제명령은 국가긴급권의 일종으로서 고도의 정치적 결단에 의해 발동되는 행위로 이른바 통치행위에 속한다고 할 수 있으나, 통치행위를 포함하는 모든 국가작용은 비록 고도의 정치적 결단에 의해 행해지는 국가작용이라 할지라도 그것이 국민의 기본권 침해와 직접 관련되는 경우에는 당연히 헌법재판소의 심판대상이 된다고 하였다(헌재 1996. 2. 29, 93헌마186).

11 ④

①②③ 국가의 행정목적 달성을 위한 행정
④ 국민의 복리 증진을 위한 행정

12 ④

④ 기관양태설은 통치행위와 관련된 견해가 아니라 행정의 개념과 관련된 견해이다.

※ **통치행위** … 고도의 정치성을 가지는 국가기관의 행위로서 법적 구속을 받지 않으며 사법심사에서 제외되는 행위로, 제한된 범위 내에서 인정함이 일반적이다. 최근에는 남북정상회담에 따른 대북송금사건과 관련하여 우리 법원은 남북정상회담은 통치행위에 해당하여 회담 그 자체는 합헌성·적법성 여부가 법원의 심판대상에 속하지 않음을 분명히 하였다. 다만, 그에 따른 대북송금은 통치행위에 해당되지 않는다고 판시한 바 있다.

13 ④

④ 행정규칙의 제정행위는 형식적 의미의 행정이다.

※ **통치행위**

㉠ **의의** : 고도의 정치성을 가지는 국가기관의 행위로서 법적 구속을 받지 않으며 사법심사에서 제외되는 행위로서, 오늘날 제도나 이론상으로 제한된 범위 내에서 통치행위를 인정함이 일반적이다.

㉡ **인정근거** : 사법권의 내재적 한계설(권력분립설), 사법자제설, 자유재량설 등이 제시된다. 학계는 대체로 사법자제설을 지지한다.

㉢ **인정범위** : 대통령의 국가원수 또는 행정부 수반으로서의 행위와 관련하여 문제된다.

14 ③

③ 시행규칙의 개정은 행정기관의 권한에 속하는 작용으로 형식적 의미의 행정에 해당하지만, 실질적 의미의 행정에는 포함되지 않는다. 즉, 실질적 의미의 입법이다.

15 ③

③ 과세처분은 법률행위적 행정행위 중 하명에 해당한다.

※ **통치행위** … 대통령의 비상조치·조약체결·계엄선포 등과 같은 고도의 정치문제로서, 사법심사의 대상에서 제외되는 행위를 말한다. 이러한 통치행위는 입법·행정·사법 어느 것에도 속하지 아니하는 제4의 국가작용으로 협의의 행정개념에서 제외된다.

㉠ **국회에 관련된 사항** : 의결정족수, 국회의 의사진행에 관한 사항, 의원의 자격심사·징계·제명에 관한 사항

㉡ **대통령에 관련된 사항** : 국무총리·국무위원의 임면, 조약의 체결·비준, 국가·정부의 승인, 선전포고, 사면, 국군의 외국 파견 등

㉢ **국회와 대통령에 관련된 사항** : 국무총리·국무위원에 대한 해임건의, 임시국회소집 요구, 법률안거부권

16 ④

④ 행정자치부장관은 행정기관에 해당한다.

17 ④

①②③은 상호 견제와 균형을 이루는 데 장애가 되나, ④는 반대로 설명된다.

※ **고전적 권력분립론의 위기요인**

㉠ 국가간 긴장관계의 지속으로 인한 비상사태의 만성화
㉡ 정당정치로 인한 권력통합현상
㉢ 복지국가이념의 실천을 위한 행정부의 비대화
㉣ 행정입법의 증가와 이로 인한 의회의 통법기관으로의 전락 등

18 ④

④ 소극설(공제설)은 행정의 관념을 정의하기가 지극히 곤란하다는 전제하에 주장되는 학설이나 그렇다고 행정의 관념을 부정하는 것은 아니다. 소극설은 긍정설로 분류된다.

19 ④

통치행위는 권력행위 중 고도의 정치적 행위를 지칭하는 것으로서 비권력행위는 통치행위에 해당하지 않는다. 통치행위이론에는 대권행위설, 사법자제설, 재량행위설, 권력분립설, 내재적 제약설 등이 있다.

20 ①

① 통치행위는 실정법상의 명문규정에 의한 것이 아니라, 주로 학설과 판례에 의하여 인정되고 있다.

21 ③

③ 사법심사에서 배제되는 이유는 통치행위가 고도의 정치성을 띠고 있기 때문이다.
② 독일에서는 제2차 세계대전 전에 행정소송사항에 대하여 열기주의를 채택하였기 때문에 통치행위개념이 판례를 통해서는 성립할 수 없었고, 순수한 이론적 문제로만 다루어져 왔다.
④ 통치행위에도 법률적 측면이 있으며 따라서 법적 판단도 가능하다.

22 ②

② 통치행위는 사법심사의 대상이 되는지 여부의 문제인 대상의 문제인 데 반해, 재량행위는 일탈·남용이 있는 경우에만 사법심사의 대상이 되는 범위의 문제이다.
① 우리나라는 통치행위는 긍정하지만 사법권의 중립성을 확보하기 위하여 통치행위를 사법심사의 대상에서 제외하는 것이 타당하는 사법자제설이 다수설이다.
③ 권력분립설은 통치행위의 인정 자체가 권력분립의 원칙에 반하며, 정치적 행위에 대한 기준이 없다는 점에서 비판을 받는다.
④ 사법자제설은 사법의 독립성을 유지하기 위해서는 정치문제에 대한 간섭을 해서는 안 된다는 견해이다.

23 ③

③ 국가행정작용의 하나이다.
①②④ 이외에 대통령의 외교, 국방, 통일, 기타 국가안위에 관한 중요 정책의 국민투표회부권 등도 통치행위에 속한다.

※ 통치행위에 해당하지 않는다고 본 사례는 국헌문란을 목적으로 행하여진 군사반란, 내란행위(대판 96도3376)계엄관련 집행행위, 대북송금행위(2003도7878) 신행정수도 건설 및 수도이전(2004헌마554) 지방의회의원의 징계(93누7341)등이 있다.

24 ②

② 대통령선거는 「공직선거법」에 의하여 당선소송 및 선거소송이 가능하기 때문에 통치행위가 아니다.
※ 통치행위는 고도의 정치적 행위에 대하여 판례상 재판통제가 제외되고 있는 행위이다.

25 ③

①②④ 실질적·형식적 의미의 행정작용이다.
③ 형식적 의미의 행정작용이나 실질적 의미의 사법작용이다.

26 ②

② 형식적 의미의 입법작용에 속하나, 실질적 의미의 행정에 해당한다.
① 실질적 의미의 입법작용이다.
③④ 실질적 의미의 사법작용이다.

27 ①

② 실질적 의미의 입법
③ 형식적 의미의 사법과 실질적 의미의 행정
④ 형식적 의미의 사법

28 ④

도로관리는 공물관리권의 작용으로 비권력작용이다.

29 ②

② 급부행정이란 국민의 복지를 적극적으로 증진하기 위하여 행하는 수익적 행정작용을 말한다. 행정목적 달성에 필요한 자원의 공급은 조달행정을 의미한다.

30 ④

법치행정에 입각하여 행정과 사법은 그 기속성의 정도에 차이가 있을 뿐 ④와 같이 행정이 법으로부터 완전히 자유로운 것은 아니다. 즉, 사법은 과거의 사실에 대한 법의 판단작용이므로 기속성이 크고, 행정은 장래에 대한 형성작용이므로 재량성이 크나, 그것은 상대적일 뿐이다.

1 ①

② 상급행정기관이 하급행정기관에 대하여 업무처리 지침이나 법령의 해석적용에 관한 기준을 정하여 발하는 이른바 행정규칙이나 내부지침은 일반적으로 행정조직 내부에서만 효력을 가질 뿐 대외적인 구속력을 갖는 것은 아니므로 행정처분이 그에 위반하였다고 하여 그러한 사정만으로 곧바로 위법하게 되는 것은 아니고, 다만 재량권 행사의 준칙인 행정규칙이 그 정한 바에 따라 되풀이 시행되어 행정관행이 이루어지게 되면 평등의 원칙이나 신뢰보호의 원칙에 따라 행정기관은 그 상대방에 대한 관계에서 그 규칙에 따라야 할 자기구속을 받게 되므로, 이러한 경우에는 특별한 사정이 없는 한 그에 위반하는 처분은 평등의 원칙이나 신뢰보호의 원칙에 위배되어 재량권을 일탈·남용한 위법한 처분이 된다(대판 2009.3.26. 선고 2007다88828, 88835). 원심은, 그 채용증거를 종합하여 그 판시와 같은 사실을 인정한 다음, 이 사건에서 2008년도 농림사업시행지침서가 농림부에 의하여 공표됨으로써 신규 미곡종합처리장 또는 신규 건조저장시설 사업자로 선정되기를 희망하는 자는 이 사건 지침에 명시된 요건을 충족할 경우 사업자로 선정되어 벼 매입자금 지원 등의 혜택을 받을 수 있다는 보호가치 있는 신뢰를 가지게 되었으므로 이 사건 지침에 명시되어 있지 아니한 시·군별 신규 DSC 개소당 논 면적 기준을 충족하지 못하였다는 이유를 들어 원고의 DSC 사업자 인정신청을 반려한 이 사건 처분은 이 사건 지침이 예기하고 있는 자기구속을 위반한 것이거나 자의적인 조치로서 평등의 원칙에 부합하지 아니하고, 따라서 이 사건 처분 당시 이 사건 지침과 달리 DSC 개소당 논 면적 기준을 적용할 특별한 사정이 보이지 않는 이 사건에서 피고의 이 사건 처분은 재량권을 일탈·남용한 것으로서 위법하다고 판단하였다. 그러나 위 법리 및 기록에 의하면, 행정청 내부의 사무처리준칙에 해당하는 이 사건 지침이 그 정한 바에 따라 되풀이 시행되어 행정관행이 이루어졌다고 인정할 만한 자료를 찾아볼 수 없을 뿐만 아니라, 이 사건 지침의 공표만으로는 원고가 이 사건 지침에 명시된 요건을 충족할 경우 사업자로 선정되어 벼 매입자금 지원 등의 혜택을 받을 수 있다는 보호가치 있는 신뢰를 가지게 되었다고 보기도 어렵다(대판 2009.12.24. 선고 2009두7967).

③ 신뢰보호원칙이 적용되기 위한 행정청의 공적 견해표명이 있었는지 여부는 실질적인 지위와 임무 구체적 경위에 의해 결정된다.

④ 자기구속의 법리는 적법한 경우에만 인정된다.

2 ②

① 국유잡종재산은 사경제적 거래의 대상으로서 사적 자치의 원칙이 지배되고 있으므로 시효제도의 적용에 있어서도 동일하게 보아야 하고, 국유잡종재산에 대한 시효취득을 부인하는 동규정은 합리적 근거 없이 국가만을 우대하는 불평등한 규정으로서 헌법상의 평등의 원칙과 사유재산권 보장의 이념 및 과잉금지의 원칙에 반한다(헌재 1991.5.13. 89헌가97).

③ 조세에 관한 소멸시효가 완성되면 국가의 조세부과권과 납세의무자의 납세의무는 당연히 소멸한다 할 것이므로 소멸시효완성 후에 부과된 부과처분은 납세의무 없는 자에 대하여 부과처분을 한 것으로서 그와 같은 하자는 중대하고 명백하여 그 처분의 효력은 당연무효이다(대판 1985.05.14. 선고 83누655).

④ 소멸시효의 중단은 소멸시효의 기초가 되는 권리의 불행사라는 사실상태와 맞지 않는 사실이 생긴 것을 이유로 소멸시효의 진행을 차단케 하는 제도인 만큼, 납입고지에 의한 변상금 징수권자의 권리행사에 의하여 이미 발생한 소멸시효중단의 효력은 그 부과처분이 취소(쟁송취소에 의한 것이든 또는 직권취소에 의한 것이든 불문한다)되었다 하여 사라지지 아니한다(대판 1996.03.08. 선고 95누12804).

3 ④

① 감사원규칙에 대해서는 헌법에 근거가 없다는 이유로 행정규칙으로 보는 견해와 법규명령으로 보는 견해가 대립한다. 헌법재판소는 헌법의 위임에 관한 규정을 예로 들어 감사원규칙에 대하여 법규명령으로 인정한다.

② 법원은 법의 인식근거가 되며 헌법은 성문의 최고규범으로 당연히 행정법의 법원이 된다.

③ 법률유보 원칙은 행정권의 발동은 법률의 근거를 요한다는 법치행정의 원칙이다. 법률유보에서의 법률은 성문법령만을 의미하며 관습법은 해당하지 않는다.

4 ②

② 일반적으로 국민이 소급입법을 예상할 수 있었거나 법적 상태가 불확실하고 혼란스러워 보호할 만한 신뢰이익이 적은 경우와 소급입법에 의한 당사자의 손실이 없거나 아주 경미한 경우 그리고 신뢰보호의 요청에 우선하는 심히 중대한 공익상의 사유가 소급입법을 정당화하는 경우 등에는 예외적으로 진정소급입법이 허용된다.(헌재 1999. 7. 22. 97헌바76)

5　④

④ 지방의회의 의장이 공포하는 경우에는 공보나 일간신문에 게재하거나 게시판에 게시한다〈지방자치법 시행령 제30조 제1항〉.

6　④

④ 원고가 운전한 승합자동차는 1종 보통, 1종 대형 면허로 모두 운전할 수 있는 자동차이므로 위 운전면허 전부가 취소의 대상이 된다. 원고에 대한 이 사건 처분 중 1종 대형 운전면허의 취소만이 재량권을 일탈한 것으로 위법하다면 원고는 위 운전면허로 다시 승용 및 승합자동차를 운전할 수 있게 되어 위 주취운전에도 불구하고 아무런 불이익을 받지 아니하게 되는 점에서도 현저히 형평을 잃게 되는 결과를 초래하고 있으므로, 원심판결이 들고 있는 사정만으로는 이 사건 처분이 재량권의 한계를 일탈하였거나 남용한 위법한 처분이라고 할 수 없다(대판 1997.3.11, 96누15176).

7　④

④ 행정청이 상대방에게 장차 어떤 처분을 하겠다고 확약 또는 공적인 의사표명을 하였다고 하더라도, 그 자체에서 상대방으로 하여금 언제까지 처분의 발령을 신청을 하도록 유효기간을 두었는데도 그 기간 내에 상대방의 신청이 없었다거나 확약 또는 공직인 의사표멍이 있은 후에 사실석·법률적 상태가 변경되었다면, 그와 같은 확약 또는 공적인 의사표명은 행정청의 별다른 의사표시를 기다리지 않고 실효된다(대판 1996.08.20, 95누10877)
① 신뢰보호원칙의 이론적 근거는 사회국가원리가 아니라 법치국가원리의 한 내용인 법적안정성에서 찾고 있다.
② 신뢰보호원칙은 제3자의 정당한 이익을 희생시켜서는 안 된다.
③ 행정기관의 선행조치는 적법행위인가, 위법행위인가를 가리지 않는다.

8　③

③ 재량권 행사의 준칙인 규칙이 그 정한 바에 따라 되풀이 시행되어 행정관행이 이룩되게 되면 평등의 원칙이나 신뢰보호의 원칙에 따라 행정기관은 그 상대방에 대한 관계에서 그 규칙에 따라야 할 자기구속을 당하게 되고, 그러한 경우에는 대외적인 구속력을 가지게 된다 할 것이다.(헌재 1990. 9.3, 90헌마13)
② 대판 2002.11.8, 2001두1512
④ 대판 1988.4.27, 87누915

9　④

④ 「국세기본법」 제18조 제2항의 규정은 납세자의 권리보호와 과세관청에 대한 납세자의 신뢰보호에 그 목적이 있는 것이므로, 이 사건 보세운송면허세의 부과근거였던 「지방세법 시행령」이 1973.10.1 제정되어 1977.9.20에 폐지될 때까지 4년 동안 그 면허세를 부과할 수 있는 점을 알면서도 피고가 수출확대라는 공익상 필요에서 한 건도 이를 부과한 일이 없었다면, 납세자인 원고는 그것을 믿을 수밖에 없고 그로써 비과세의 관행이 이루어졌다고 보아도 무방하다(대판 1980.6.10, 80누6). 비과세관행을 일종의 행정선례법으로 볼 수 있으나 착오로 인한 장기간의 과세누락은 비과세관행으로 인정하지 아니한다(대판 1985.3.12, 84누398).

10　②

② 사후적으로 위헌 결정된 법률에 근거한 행정처분이 이미 취소소송의 제기기간이 경과하여 확정력이 발생한 경우에는 위헌결정의 소급효가 미치지 않는다(대판 2002.11.8, 2001두3181).

11　③

③ 위법한 행정처분이 수차례에 걸쳐 반복적으로 행하여진 경우 위법한 선례로 행정의 자기구속 원칙이 배제된다.

12　④

부당이득 : 법률상 원인 없이 타인의 재산이나 노무로 이득을 취하는 것을 말한다.
㉠ **행정주체의 부당이득** : 행정행위로 인한 부당이득은 당해 행위가 무효이거나 실효 또는 취소되는 경우에 발생하는데 행정행위가 취소사유에 불과한 경우(공정력 존재)에는 취소되기 전까지 부당이득의 문제는 발생하지 않는다. 그밖에 행정행위 이외의 행정작용으로 인한 경우는 법률상 특별한 규정이 없는 한 부당이득반환청구권 행사가 가능하다.
㉡ **사인의 부당이득** : 사인이 부당이득을 취하는 경우로는 행정행위로 인한 경우와 행정행위 이외의 작용으로 인한 경우가 있다.
① 행정주체의 부당이득의 예이다.
② 사인의 부당이득의 예이다.
③ 사인의 이득이 행정행위에 근거하였으나 그 행정행위가 무효 또는 취소되는 경우로서 사인의 부당이득의 예이다.
④ 수난구호와 같이 행정주체가 상대방의 보호를 위하여 관리하는 사무관리의 예이다.

13 ②

남북 사이의 화해와 불가침 및 교류협력에 관한 합의서는 남북관계가 '나라와 나라 사이의 관계가 아닌 통일을 지향하는 과정에서 잠정적으로 형성되는 특수관계임을 전제로, 조국의 평화적 통일을 이룩해야 할 공동의 정치적 책무를 지는 남북한 당국이 특수관계인 남북관계에 관하여 채택한 합의문서로서, 남북한 당국이 각기 정치적인 책임을 지고 상호간에 그 성의 있는 이행을 약속한 것이기는 하나 법적 구속력이 있는 것은 아니어서 이를 국가 간의 조약 또는 이에 준하는 것으로 볼 수 없고, 따라서 국내법과 동일한 효력이 인정되는 것도 아니다(대판 1999. 7. 23, 98두14525).

14 ①

① 대판 2002.12.10. 2001두3228
② 법령, 특히 행정법규의 소급적용은 법치주의의 원리에 반하고, 개인의 자유와 권리에 대한 부당한 침해를 가져오므로 이를 인정하지 않는 것이 원칙이다. 다만 법령을 소급적용하더라도 일반 국민의 이해에 직접 관계가 없는 경우, 오히려 그 이익을 증진하는 경우, 불이익이나 고통을 제거하는 경우 등 특별한 사정이 있는 경우 예외적으로 소급적용이 허용된다.(대판2005.5.13. 2004다8630)
③ 계속된 사실이나, 새로운 법령 시행 후에 발생한 부과요건사실에 대하여 새로운 법령을 적용하는 것, 즉 이른바 부진정 소급효의 경우에는 소급적용금지의 원칙에 저촉되지 않는다.(대판 1995.4.25. 93누13728)
④ 명문의 규정으로 법령의 유효기간을 정한 한시법의 경우, 유효기간이 경과하면 별도의 법령 폐지가 없더라도 당연히 효력이 소멸된다.

15 ③

③ 「폐기물 관리법령」에 의한 폐기물처리업 사업계획에 대한 적정통보와 「국토의 계획 및 이에 관한 법령」에 의한 국토이용계획변경은 제도적 취지가 다르므로, 폐기물처리업 사업계획에 대하여 적정통보를 한 것만으로 그 사업부지인 토지에 대한 국토이용계획변경신청을 승인한다는 취지의 공적인 견해를 표명한 것으로 볼 수는 없다.(대판 2005.4.28. 2004두8828)
① 행정의 법률적합성원칙과 신뢰보호원칙이 충돌할 경우 비교교량 하여 어느 것을 우위에 둘 것인가를 정하여야 한다는 이익형량설이 통설과 판례의 태도이다.
② 행정청의 공적 견해표명이 있었는지를 판단할 때에는 행정조직상의 형식적인 권한분장에 구애될 것이 아니고 담당자의 조직상의 지위와 임무, 당해 언동을 하게 된 구체적인 경위 등에 의하여 판단하여야 한다.(대판 2008.1.17. 2006두10931)
④ 대판 2008.1.17. 2006두 10931

16 ③

③ 영미법계 국가에서는 행정상 법률관계도 사인 간의 법률관계와 마찬가지로 사법의 적용을 받는다고 하여 행정법이 성립할 여지가 없었다. 그러나 19세기말 자본주의의 발전과 함께 사회문제가 빈번하게 발생하자 국가 개입의 필요성이 대두되었고 이 과정에서 법의 공법화가 진행되었다. 이러한 이유로 영미법계 국가에서는 행정법이 보통법의 특별법적인 성격을 갖고, 행정기관의 결정에 대한 재판권도 원칙적으로 통상의 사법재판소가 갖는다.

17 ②

② 법률시행 이후의 사항에 대하여 신법을 적용하는 것은 소급입법금지의 원칙에 저촉되지 않는다.

18 ①

① 대통령령·총리령 및 부령은 특별한 규정이 없는 한 공포한 날로부터 20일을 경과함으로서 효력을 발생한다〈법령 등 공포에 관한 법률 제13조〉.

19 ①

① 국세기본법 제18조 제3항에서 행정선례법을 명문으로 규정하고 있다.
② 법원조직법 제8조에 "상급법원의 재판에 있어서의 판단은 당해 사건에 관해 하급심을 기속한다"고 규정하고 있을 뿐 유사사건에 관한 대법원 판례가 하급심 법원을 직접 기속한다는 판시는 없었다.
③ 일반적으로 승인된 국제법규는 의회에 의한 입법절차를 거치지 않아도 행정법의 법원이 된다.
④ 성문법으로 모든 내용을 규정하기 어렵기 때문에 조리법의 법원성은 인정하여야 한다.

20 ④

④ 행정입법의 증가로 인해 입법에 있어서 행정부의 역할이 증대된다.

21 ③

① 국세기본법 제18조 제3항
③ 관습법의 효력에 대해서는 성문법의 개폐적 효력설과 보충적 효력설이 대립하는 바, 관습법은 성문법을 개폐하는 효력은 없으며 다만 보충적 효력만을 가질 뿐이라는 것이 다수설의 입장이다.

22 ③

③ 경찰관 직무집행법 제1조 제2항
① 자기구속의 법리는 재량행정영역 중 재량준칙에만 인정된다.
② 실정법상 근거로는 행정절차법 제4조 제2항, 행정심판법 제27조 제5항, 국세기본법 제18조 제3항 등이 있다.
④ 평등의 원칙에서 그 근거를 구하는 것이 다수설의 입장이다.

23 ①

① 신뢰보호의 이론적 근거에 관해서는 오늘날 법적 안정설이 다수설·판례이다.
② 신뢰보호의 원칙에 관한 실정법적 근거는 행정절차법과 국세기본법이다.
③ 법적 안정성의 원칙에서 파생된 신뢰보호의 원칙과 헌법상의 행정의 법률적합성의 원칙 중에서 어떤 가치를 보다 우위에 둘 것인지에 대해 두 가지를 서로 비교·형량하여 그 한계를 결정하여야 한다는 이익교량설이 통설·판례이다.
④ 행정법상 신뢰보호의 원칙은 선행조치를 요건으로 하고 이러한 선행조치의 존재 여부에 대하여 판례는 '풍산금속 법인세부과사건'에서 공적인 견해표명을 하여야 한다고 판시하여 선행조치의 요건을 엄격하게 적용하고 있다(대판 1985. 4. 23, 84누593).

24 ④

④ 어업권(수산업법) 광업권(광업법)은 성문법상 권리이다. 민중관습의 예로는 입어권, 유수사용권, 지하수사용권, 온천사용권, 관계용수사용권(=관개용수사용권), 음용용수권 등이 있다.

25 ③

부당결부금지의 원칙 … 행정기관이 공권력적 조치를 취함에 있어 그것과 실질적인 관련이 없는 반대급부와 결부시켜서는 안 된다는 것으로 수도·전기 등의 공급거부 등과 관련하여 주로 논의되고 있다.

26 ④

④ 특별권력관계에서도 기본권 제한을 위하여 헌법 또는 법률에 근거가 있어야 한다.
① 현대적의미의 법치행정의 원리는 형식적 법치주의에서 실질적 법치주의에로의 전환을 의미한다.
② 법률유보원칙의 모든 행정영역에의 적용은 전부유보설의 입장으로 이 견해에 따르면 행정권의 고유영역이 없어지게 되므로 권력분립의 원칙에 반하게 된다.
③ 법률우위에서 말하는 법률의 개념은 오늘날 국회에서 제정한 형식적 의미의 법률뿐만 아니라 법률의 위임에 따른 법규명령, 관습법·판례법과 같은 불문법을 포함한다.

27 ③

③ 전부유보설은 국가의 모든 행정작용에 법률의 근거를 필요로 한다는 설로 의회의 우월성을 강조하는 입장이다.
① 급부행정유보설이 '행정을 통한 자유'를, 침해행정유보설이 '행정에 대한 자유'를 중요시한다.
② 침해행정유보설에 대한 설명이다.
④ 급부행정유보설은 수익적 행정활동인 급부행정의 전반에 대해서 법률의 근거를 요한다고 강조한다.

28 ②

행정규칙이 법령의 규정에 의하여 행정관청에 법령의 구체적 내용을 보충할 권한을 부여한 경우 또는 재량권 행사의 준칙인 규칙이 규정한 바에 따라 되풀이 시행되어 행정관행이 정착되면 평등의 원칙에 따라 행정기관은 그 상대방에게 대한 관계에서 그 규칙에 따라야 할 자기구속을 다하게 되고 이러한 경우에는 대외적인 구속력을 가지게 된다(헌재 1990. 9. 3, 90헌마13).

29 ②

② 신뢰보호원칙의 이론적 근거에 대해서는 신의칙설과 법적 안정성설이 대립하나 오늘날의 통설·판례는 법적 안정성설을 취하고 있다.

30 ③

③ 법률유보의 원칙이 적용되는 행정활동의 범위가 어디까지인지에 관하여는 여러가지 학설이 있다. 그 중 중요사항유보설은 독일의 헌법재판소 판례를 바탕으로 정립되었으며, 특별권력관계 내부의 행위라도 본질적인 사항에 관한 결정은 의회 스스로 해야 한다는 입장이다. 그러나, 행정유보는 행정권이 입법권에 의한 제한을 받지 않고 스스로 규율할 수 있는 행정의 고유영역을 의미하는 것으로 법률유보의 한계를 의미한다. 따라서 행정유보와 중요사항유보설(본질사항유보설)은 관련이 없다.

31 ③

③ 행정법의 일반원칙은 법적 효력을 가지고 있으므로 부당결부금지의 원칙을 위반하였다면 위법한 작용이 된다.

32 ④

④ 현대 국가는 그 사회국가적 성격으로 말미암아 행정권의 확대·강화를 특징으로 하는 행정국가임을 특색으로 한다. 그러나 사회정의 실현을 위해 국가권력이 지나치게 개입하게 되면 국가경쟁력이 저해되므로 규제완화와 작은 정부가 강조된다.

※ 행정법의 기본원리

   ㉠ **민주행정의 원리** : 국민주권주의와 자유민주적 기본질서는 헌법상 최고원리의 하나인 바, 이에 따라 행정의 조직과 작용도 민주주의 원칙에 입각하여야 한다. 이를 위해 우리나라는 행정조직법정주의, 직업공무원제, 행정과정에의 국민참여 등을 채택하고 있다.

   ㉡ **실질적 법치주의의 원리** : 국민의 기본권 보호를 위해 행정권의 발동이 법률에 근거하여야 한다. 우리나라는 위헌법률심사제도, 행정구제제도 등을 통해 실질적인 법치주의를 보장하고 있다.

   ㉢ **사회국가의 원리**(복지국가주의) : 19세기의 자유방임주의를 지양하고 국민의 자유와 평등을 실질적으로 보장하기 위해 행정부가 적극 개입하여 국민의 사회적 기본권을 보장하는 원리이다.

   ㉣ **자치행정의 원리** : 현행 헌법은 각 지방의 독자성을 보장과 활성화를 위해 지방자치제도를 규정하고 있으며 그 기본법으로서 지방자치법 등이 제정되어 있다.

   ㉤ **사법국가의 원리** : 우리나라는 영·미식의 사법국가주의를 채택하고 있다. 그러나 공·사법 이원적 체제를 취하고 있으므로 행정소송에 있어 민사소송에 대한 특례가 다수 인정되고 있다.

33 ②

「헌법」은 인간의 존엄과 가치를 바탕으로 국민의 기본권을 최대한 보장함으로써, 국민주권 내지 민주주의를 실현하기 위해서 국가권력의 행사를 기본권에 기속시킨다. 따라서 모든 행정작용과 행정조직은 기본권에 의한 제한을 받는다. 그러므로 행정주체가 사인과 대등한 지위에서 경제적 활동을 하는 국고작용의 경우에도 기본권의 효력이 미친다.

34 ④

실질적 법치주의는 법률에 의한 법률유보의 원칙 및 법률우위의 원칙을 통한 권력을 규제하는 데 실질적 의미가 있다. 따라서 합헌적 법률우위, 법률유보범위의 확대(침해유보설에서 전부유보설로의 확대), 법률의 법규창조력 확대, 법의 기속의 확대, 행정에 대한 절차적 확대, 법치주의 기능변화 등의 양태를 보인다.

35 ③

③ 신뢰보호의 원칙은 독일에서 미망인 판결을 계기로 발전하게 되었으며, 비례의 원칙이 독일에서 경찰법상 판례법으로 형성되었다.

36 ③

①②④ 관습법과 자치단체장이 제정한 규칙, 조약의 경우도 법원성이 인정된다.

③ 조리는 법 해석의 기본원리로서 가장 중요한 최후·보충적 법원성을 지닌다.

37 ④

④ 각종 행정활동은 여하한 경우에도 법률의 근거를 요한다는 학설은 전부유보이론이다.

38 ①

행정법은 역사적으로 대륙법계 국가에서는 행정의 법률에의 구속과 행정재판소제도를 근간으로 하는 법치국가 요청을 중심으로, 영·미법계 국가는 법의 지배의 원리에 터잡은 행정위원회를 중심으로 성립·발전해오고 있다.

39 ④

④ 행정법은 다수인을 대상으로 하기 때문에 획일성, 강행성을 갖는다.

※ **행정법의 특수성**

㉠ **형식상의 특수성**

• 성문성 : 행정작용은 획일적이고 강행적인 규율이 대부분이고 국민생활의 법적 안정성과 예측 가능성이 중요하므로 행정법은 성문법주의를 원칙으로 한다. 다만, 불문법도 보충적인 법원이 될 수 있다.

• 다양성 : 행정은 그 규율대상이 복잡·다양하고 수시로 변화하므로 행정법을 구성하는 법의 형식도 단일의 행정법전이 존재함이 없이 헌법, 명령, 자치법규(조례·규칙), 국제법규 등으로 다양하다.

㉡ **성질상의 특수성**

• 재량성 : 행정법은 구체적인 상황에 적절히 대처하도록 행정청에 재량을 부여하는 경우가 많다. 그러나 이러한 재량도 일탈·남용의 경우 위법하여 사법심사의 대상이 된다.

• 수단·기술성 : 헌법 등에 비해 목적 달성을 위한 수단적·기술적 성격을 가진다.

• 획일성 : 행정법은 전체 국민에 적용되는 경우가 많으므로 획일적이고 강행적인 성질을 지닌다.

• 외관성 : 행정법은 일반 국민의 신뢰 보호를 위해 외형상 나타나는 모습을 기준으로 판단하는 것이 원칙이다.

• 명령성 : 행정법은 국민에게 의무를 명령규정(단속법규)으로 이루어져 있는 것이 일반적이다.

㉢ **내용상의 특수성**

• 행정주체의 우월성 : 행정주체와 국민 간의 관계를 규율하는 행정법은 행정주체에게 우월한 법적 힘을 인정하는 것이 일반적이다. 이러한 우월성으로 인해 행정주체의 명령권과 형성권, 행정행위의 공정력, 행정상 자력집행력 등이 인정된다.

• 공익추구성 : 행정법은 공익 달성을 위해 일반사법과는 다른 특별한 규율을 하는 경우가 있다. 이것은 사익을 무시하는 것이 아니고, 공익과 사익의 조화를 도모하여 전체로서 공익목적의 실현을 기하고 있는 것인데, 이 점에서도 행정법의 특수성을 발견할 수 있다.

• 집단·평등성 : 행정법은 불특정 다수인을 대상으로 획일적으로 규율함이 보통이므로 집단적 성격을 띠며 평등성을 내용으로 한다.

40　④

④ 법치행정의 원리는 법률에 의한 행정 그 자체가 목적이 아니라, 이를 통해 자의적인 국가권력으로부터 국민의 권리와 자유를 보호하기 위한 수단의 의미를 가진다.

41　④

④ 침해유보설을 의미하며, 이 침해유보설은 형식적 법치주의의 내용이다.

42　①

① 행정재판에서의 열기주의란 법률에 규정되어 있는 일정한 사항에 대해서만 재판통제의 대상으로 삼는 원칙임에 반하여, 개괄주의는 원칙적으로 모든 사항에 대하여 사법심사의 대상이 될 수 있는 원칙이다. 제2차 세계대전 이전의 독일·일본과 같은 형식적 법치주의국가에서는 열기주의를 택하여 국민의 기본권을 제한하고 있었던 것에 반하여, 실질적 법치주의를 택하는 현대적 법치주의에서는 개괄주의를 택하여 국민의 기본권을 폭넓게 보호하고 있다.

43　④

④ 실질적 법치주의는 국민의 기본권의 보호를 위하여 특별권력관계의 적용영역을 축소하는 경향이다.

44　③

①②④ 법률우위의 원칙이란 모든 행정활동은 법률의 규정에 위반해서는 안 된다는 원리로, 법치행정원리의 소극적 기능을 수행한다. 법률유보의 원칙이란 행정은 법률의 근거에 의해 행해져야 한다는 원리로 법치행정원리의 적극적 기능을 수행한다.

45　①

① 중요사항유보설(본질성설)은 의회유보설과 맥락을 같이하는 학설이다.

● 3. 행정법관계

1　③

③ 현행법상 국가에 대한 금전채권의 소멸시효에 대하여는 「민법」의 규정과 달리 5년간 행사하지 않으면 소멸한다.

2　④

ⓛ 국유잡종재산에 관한 대부료의 납부고지 역시 사법상의 이행청구에 해당하고, 이를 행정처분이라고 할 수 없다(대판 2000.02.11, 99다61675).

ⓜ 기부채납받은 공유재산을 무상으로 기부자에게 사용을 허용하는 행위는 사경제주체로서 상대방과 대등한 입장에서 하는 사법상 행위이지 행정청이 공권력의 주체로서 행하는 공법상 행위라고 할 수 없다(대판 1994.01.25, 93누7365).

ⓗ 환매는 환매기간내에 환매의 요건이 발생하면 환매권자가 환매대금을 지급하고 일방적으로 환매의 의사표시를 함으로써 사업시행자의 의사여하에 관계없이 그 환매가 성립되는 것이다(대판 1987.04.14, 86다324).

ⓢ 서울특별시지하철공사의 임원과 직원의 근무관계의 성질은 지방공기업법의 모든 규정을 살펴보아도 공법상의 특별권력관계라고는 볼 수 없고 사법관계이다(대판 1989.09.12, 89누2103).

ⓖ 국유재산의 관리청이 그 무단점유자에 대하여 하는 변상금부과처분은 순전히 사경제 주체로서 행하는 사법상의 법률행위라 할 수 없고 이는 관리청이 공권력을 가진 우월적 지위에서 행한 것으로서 행정소송의 대상이 되는 행정처분이라고 보아야 한다(대판 1988.02.23, 87누1046).

ⓒ 지방자치단체에 근무하는 청원경찰의 근무관계를 사법상의 고용계약관계로 보기는 어려우므로 그에 대한징계처분의 시정을 구하는 소는 행정소송이 대상이지 민사소송의 대상이 이니디(대판 1993.07.13, 92다47564).

ⓔ 농지개량조합과 그 직원과의 관계는 사법상의 근로계약관계가 아닌 공법상의 특별권력관계이고, 그 조합의 직원에 대한 징계처분의 취소를 구하는 소송은 행정소송사항에 속한다(대판 1995.06.09, 94누10870).

3　②

① 건축법 및 기타 관계 법령에 국민이 행정청에 대하여 제3자에 대한 건축허가의 취소나 준공검사의 취소 또는 제3자 소유의 건축물에 대한 철거 등의 조치를 요구할 수 있다는 취지의 규정이 없고, 건축법은 각 조항 소정의 사유가 있는 경우에 시장·군수·구청장에게 건축허가 등을 취소하거나 건축물의 철거 등 필요한 조치를 명할 수 있는 권한 내지 권능을 부여한 것에 불과할 뿐, 시장·군수·구청장에게 그러한 의무가 있음을 규정한 것은 아니므로 위 조항들도 그 근거 규정이 될 수 없으며, 그 밖에 조리상 이러한 권리가 인정된다고 볼 수도 없다(대판 1999.12.7, 97누17568).

③ 검사의 임용여부는 임용권자의 자유재량에 속하는 사항이나, 임용권자는 임용신청자들에게 전형의 결과인 임용여부의 응답을 해 줄 조리상 의무가 있다(대판 1991.2.12, 90누5825).

④ 사익보호성은 무하자재량 행사청구권이나 행정개
입청구권에 있어서도 필요하다.

4　①

① 행정청이 도시 및 주거환경정비법 등 관련 법령
에 의하여 행하는 조합설립인가처분의 법적 성격 및
조합설립인가처분이 있은 후에 조합설립결의의 하자
를 이유로 그 결의 부분만을 따로 떼어내어 무효 등
확인의 소를 제기하는 것이 허용되지 않는다(대판
2009.9.24, 2008다60568).

5　④

④ 구내소매인과 일반소매인 사이에서는 구내소매인
의 영업소와 일반소매인의 영업소 간에 거리 제한을
두지 아니할 뿐 아니라 건축물 또는 시설물의 구조
와 상주인원 및 이용인원 등을 고려하여 동일 시설
물 내 2개소 이상의 장소에 구내소매인을 지정할 수
있으며, 이 경우 일반소매인이 지정된 장소가 구내소
매인 지정대상이 된 때에는 동일 건축물 또는 시설
물 안에 지정된 일반소매인은 구내소매인으로 보고,
구내소매인이 지정된 건축물 등에는 일반소매인을
지정할 수 없으며, 구내소매인은 담뱃진열장 및 담배
소매점 표시판을 건물 또는 시설물의 외부에 설치하
여서는 아니 된다고 규정하는 등 일반소매인의 입장
에서 구내소매인과의 과당경쟁으로 인한 경영의 불
합리를 방지하는 것을 그 목적으로 할 수 있다고 보
기 어려우므로, 일반소매인으로 지정되어 영업을 하
고 있는 기존업자의 신규 구내소매인에 대한 이익은
법률상 보호되는 이익이 아니라 단순한 사실상의 반
사적 이익이라고 해석함이 상당하므로, 기존 일반소
매인은 신규 구내소매인 지정처분의 취소를 구할 원
고적격이 없다(대판 2008.4.10, 2008두402).

6　④

행정주체는 국가와 공공단체 등 공권력의 담당자로,
국가나 공공단체가 행정활동을 하기 위해 그 의사를
결정하고 집행하는 행정기관과 구분된다.
④ 행정자치부장관은 행정기관으로 행정주체가 아니다.

7　①

① 헌법상의 사회적 기본권과 청구권적 기본권은 그
내용이 법률에 의하여 비로소 구체적 권리로 되
기 때문에 개인적 공권을 도출시킬 수 없지만, 기
본권의 내용상 법률에 의하여 구체화되지 않아도
되는 자유권적 기본권의 경우에는 개인적 공권의
근거규정이 될 수 있다고 봄이 일반적이다.
②③ 개인적 공권은 법률의 규정에 의한 경우뿐만 아
니라 헌법상 기본권, 공법상 계약, 관습법, 법규명
령, 행정행위에 근거하여 성립할 수도 있다.

④ 개인적 공권이 인정되기 위해서는 강행법규(공법)에
의해 행정주체에게 일정한 행위(작위·부작위 등)를
하여야 할 의무가 부과되고 있어야 한다. 또한 당해
법규의 입법취지나 목적이 공익추구뿐만 아니라 개
인의 특정한 이익도 보호하는 것이어야 한다.

8　④

㉠ 국립 교육대학 학생에 대한 퇴학처분은, 국가가
설립·경영하는 교육기관인 동 대학의 교무를 통
할하고 학생을 지도하는 지위에 있는 학장이 교육
목적실현과 학교의 내부질서유지를 위해 학칙 위
반자인 재학생에 대한 구체적 법집행으로서 국가
공권력의 하나인 징계권을 발동하여 학생으로서의
신분을 일방적으로 박탈하는 국가의 교육행정에
관한 의사를 외부에 표시한 것이므로, 행정처분임
이 명백하다.
㉡ 학생에 대한 징계권의 발동이나 징계의 양정이 징
계권자의 교육적 재량에 맡겨져 있다할지라도 법
원이 심리한 결과 그 징계처분에 위법사유가 있다고
판단되는 경우에는 이를 취소할 수 있는 것이고,
징계처분이 교육적 재량행위라는 이유만으로 사법
심사의 대상에서 당연히 제외되는 것은 아니다.
㉢ 국립 교육대학의 학칙에 학장이 학생에 대한 징계
처분을 하고자 할 때에는 교수회의 심의·의결을
먼저 거쳐야 하도록 규정되어 있는 경우, 교수회의
학생에 대한 무기정학처분의 징계의결에 대하여 학
장이 징계의 재심을 요청하여 다시 개최된 교수회
에서 학장이 교수회의 징계의결내용에 대한 직권
조정권한을 위임하여 줄 것을 요청한 후 일부 교수
들의 찬반토론은 거쳤으나 표결은 거치지 아니한
채 자신의 책임 아래 직권으로 위 교수회의 징계의
결내용을 변경하여 퇴학처분을 하였다면, 위 퇴학
처분은 교수회의 심의·의결을 거침이 없이 학장이
독자적으로 행한 것에 지나지 아니하여 위법하다
(대판 1991.11.22. 91누2144).

9　④

④ 법령에 의하여 공무를 위탁받은 공무수탁사인이
행한 처분에 대하여 항고소송을 제기하는 경우 피고
는 일반적으로 공무수탁사인이 된다.
※ 공수수탁사인이란 공행정사무를 위탁받아 자신의
이름으로 처리할 수 있는 권한을 부여받은 행정
주체인 사인을 말한다. 사인이 별정우체국의 지정
을 받아 체신업무를 수행하는 경우, 사립대학교의
장이 고등교육법에 의해 학위를 수여하는 경우,
공증업무를 수행하는 공증인 등이 공무수탁 사인
에 해당된다.

10　②

② 무하자재량행사청구권에 대한 설명이다.

11 ④

거부처분의 처분성을 인정하기 위한 전제요건이 되는 신청권의 존부는 구체적 사건에서 신청인이 누구인가를 고려하지 않고 관계 법규의 해석에 의하여 일반 국민에게 그러한 신청권을 인정하고 있는가를 살펴 추상적으로 결정되는 것이고, 신청인이 그 신청에 따른 단순한 응답을 받을 권리를 넘어서 신청의 인용이라는 만족적 결과를 얻을 권리를 의미하는 것은 아니다. 따라서 국민이 어떤 신청을 한 경우에 그 신청의 근거가 된 조항의 해석상 행정발동에 대한 개인의 신청권을 인정하고 있다고 보여지면 그 거부행위는 항고소송의 대상이 되는 처분으로 보아야 할 것이고, 구체적으로 그 신청이 인용될 수 있는가 하는 점은 본안에서 판단하여야 할 사항인 것이다(대판 1996. 6. 11, 95누12460).

12 ①

관리관계는 원칙적으로 사법작용이므로 사법규정이 적용되고 예외적으로 공법규정이 적용된다.

13 ③

③ 나이를 속여 발급받은 운전면허라 해도 취소의 권한 있는 기관이 이를 취소하기 전까지는 타국가기관은 그 효력을 부인할 수 없으므로 형사소송에서 무면허운전죄로 처벌할 수 없다(대판 1982. 6. 8, 80도2646).

14 ①

① 상수원보호구역 설정의 근거가 되는 수도법 제5조 제1항 및 수도법 시행령 제7조 제1항이 보호하고자 하는 것은 상수원의 확보와 수질보전일 뿐이고, 그 상수원에서 급수를 받고 있는 지역주민들이 가지는 상수원의 오염을 막아 양질의 급수를 받을 이익은 직접적이고 구체적으로는 보호하고 있지 않음이 명백하여 위 지역주민들이 가지는 이익은 상수원의 확보와 수질보호라는 공공의 이익이 달성됨에 따라 반사적으로 얻게 되는 이익에 불과하므로 지역주민들에 불과한 원고들에게는 위 상수원보호구역변경처분의 취소를 구할 법률상의 이익이 없다(대판 1995. 9. 26, 94누14544).
② 주거지역 안에서는 구 도시계획법 제19조 제1항(현 국토의 계획 및 이용에 관한 법률 제76조)과 개정 전 건축기본법 제32조 제1항에 의하여 공익상 부득이 하다고 인정될 경우를 제외하고는 거주의 안녕과 건전한 생활환경의 보호를 해치는 모든 건축이 금지되고 있을 뿐 아니라 주거지역 내에 거주하는 사람이 받는 위와 같은 보호이익은 법률에 의하여 보호되는 이익이라고 할 것이므로 주거지역 내에 위 법조 소정 제한면적을 초과한 연탄공장 건축허가처분으로 불이익을 받고 있는 제3거주자는 비록 당해 행정처분의 상대자가 아니라 하더라도 그 행

정처분으로 말미암아 위와 같은 법률에 의하여 보호되는 이익을 침해받고 있다면 당해 행정처분의 취소를 소구하여 그 당부의 판단을 받을 법률상의 자격이 있다(대판 1975. 5. 13, 73누96 · 97).
③ 환경영향평가에 관한 자연공원법령 및 환경영향평가법령의 규정들의 취지는 집단시설지구개발사업이 환경을 해치지 아니하는 방법으로 시행되도록 함으로써 집단시설지구개발사업과 관련된 환경공익을 보호하려는 데에 그치는 것이 아니라 그 사업으로 인하여 직접적이고 중대한 환경피해를 입으리라고 예상되는 환경영향평가 대상지역 안의 주민들이 개발 전과 비교하여 수인한도를 넘는 환경침해를 받지 아니하고 쾌적한 환경에서 생활할 수 있는 개별적 이익까지도 이를 보호하려는 데에 있다 할 것이므로, 위 주민들이 당해 변경승인 및 허가처분과 관련하여 갖고 있는 위와 같은 환경상의 이익은 단순히 환경공익 보호의 결과로 국민 일반이 공통적으로 가지게 되는 추상적 · 평균적 · 일반적인 이익에 그치지 아니하고 주민 개개인에 대하여 개별적으로 보호되는 직접적 · 구체적인 이익이라고 보아야 한다(대판 1998. 4. 24, 97누3286).
④ 구 도시계획법 제12조 제3항의 위임에 따라 제정된 도시계획시설기준에 관한 규칙 제125조 제1항이 화장장의 구조 및 설치에 관하여는 매장 및 묘지 등에 관한 법률이 정하는 바에 의한다고 규정하고 있어, 도시계획의 내용이 화장장의 설치에 관한 것일 때에는 구 도시계획법 제12조뿐만 아니라 매장 및 묘지 등에 관한 법률 및 동법 시행령 역시 그 근거법률이 된다고 보아야 할 것이므로, 동법 시행령 제4조 제2호가 공설화장장은 20호 이상의 인가가 밀집한 지역, 학교 또는 공중이 수시 집합하는 시설 또는 장소로부터 1,000m 이상 떨어진 곳에 설치하도록 제한을 가하고, 동법 시행령 제9조가 국민보건상 위해를 끼칠 우려가 있는 지역, 구 도시계획법 제17조의 규정에 의한 주거지역, 상업지역, 공업지역 및 녹지지역 안의 풍치지구 등에의 공설화장장설치를 금지함에 의하여 보호되는 부근주민들의 이익은 위 도시계획결정처분의 근거법률에 의하여 보호되는 법률상 이익이다(대판 1995. 9. 26, 94누14544).

15 ②

② 국립대는 영조물이지만 법인격을 취득하지 않았기 때문에 행정주체가 될 수 없다.
※ **행정주체** … 행정기관이 행하는 법적 효과의 통일적 · 계속적 귀속체인 국가 또는 공공단체를 말한다. 국가, 지방자치단체, 공공조합, 공재단, 영조물법인, 공무수탁사인 등이 있다.

16 ③

③ 사법관계로 행정주체가 사법상 재산권의 주체로서 사인 상호 간의 관계처럼 사법의 적용을 받는 것이다.
② 사립대학 총장이 공인된 학위의 수여라는 제한된 범위 내의 행정주체의 지위에서 하는 행위이므로 공법관계에 해당한다.

17 ③

③ 무하자재량행사청구권에 관한 행정청의 의무는 특정한 처분의 의무가 아니라 재량권 한계의 준수의무를 진다.
② 절차적 권리로 보는 설과 실체적 권리로 보는 설이 대립하고 있고 있으나, 형식적·절차적 권리로 보는 것이 다수설이다.

18 ④

④ 행정법규가 행정주체에게 부여한 권한인 국가적 공권에 해당한다.
①②③ 개인적 공권으로 개인 또는 단체가 국가 또는 공공단체에 대하여 가지는 권리로서 국민의 권리라고 할 수 있다.

19 ④

④ 재량행위인 경우도 재량이 영(0)으로 수축할 때에는 행정청은 처분을 하여야 할 의무를 진다.

20 ④

④ 민사소송이나 형사소송에서 본안판단의 전제로서 행정행위의 위법 여부나 효력 유무에 관한 판단을 할 수 있는가를 선결문제라 하며, 형사사건의 경우에 민사사건의 경우와 마찬가지로 행정행위 효력 유무가 선결문제인 경우에는 행정행위가 무효임을 형사법원이 판단할 수 있고 단순위법인 경우에는 공정력 때문에 형사법원은 판단할 수 없다. 판례도 같다(대판 1986. 1. 28, 85도2489).

21 ④

④ 판례는 특별권력관계에 있는 자에 대한 징계처분의 취소를 구하는 소송은 행정소송법상 항고소송사항에 속하여 동장과 구청장의 관계를 공법상 특별권력관계로 인정하고 구청장에 의한 동장 면직처분을 행정소송의 대상이라고 하였다(대판 1982. 7. 27, 80누86).

22 ③

③ 수용유사침해론은 위법한 공용침해로 인한 특별한 희생자에 대한 보상을 의미하는 것으로 손실보상규정이 결여된 경우의 이론이다.

23 ④

① 조세과오납 환급청구권과 부당이득 반환 청구권 행사와 관련하여 다수설을 공법관계로 보며 판례는 사법관계로 본다.
④ 구 도시재개발법(현 도시 및 주거환경정비법)에 의한 재개발조합은 조합원에 대한 법률관계에서 적어도 특수한 존립목적을 부여받은 특수한 행정주체로서 국가의 감독하에 그 존립목적인 특정한 공공사무를 행하고 있다고 볼 수 있는 범위 내에서는 공법상의 권리의무관계에 서 있다. 따라서 조합을 상대로 한 쟁송에 있어서 강제가입제를 특색으로 한 조합원의 자격인정 여부에 관하여 다툼이 있는 경우에는 그 단계에서는 아직 조합의 어떠한 처분 등이 개입될 여지는 없으므로 공법상의 당사자소송에 의하여 그 조합원 자격의 확인을 구할 수 있다고 본다(대판 1996. 2. 15, 선고94다31235 전원합의체 판결).

24 ②

① 공무수탁사인의 행정주체성을 인정하는 것이 다수설이다.
② 소득세원천징수 의무자가 공무수탁사인인지에 대하여 다수설은 긍정하나, 판례는 법령에서 규정된 징수 및 납부의무를 이행하기 위한 것에 불과하여 행정처분에 해당하지 아니한다고 판시하였다(대판 1990. 3. 23, 89누4789).

25 ④

④ 훈령이란 상급기관이 하급기관에 대하여 그 권한의 행사를 지시하기 위하여 발하는 명령으로, 근무규칙·영조물이용규칙·감독규칙·사원규칙 등으로 나눌 수 있다. 이들 특별규칙들은 법령의 위임 없이 정할 수 있는 행정규칙의 성질을 갖게 되므로 공무원의 훈령에 관한 행위는 사법심사의 대상이 되기에는 부적절하다는 것이 일반적이다.

※ 우리나라에서는 일반권력관계와 특별권력관계에 대한 본질적 차이를 부인하면서도 특별권력관계는 그 제도의 존립목적에 필요한 범위 내에서 법치주의가 완화되어 적용될 수 있다고 보는 제한적 긍정설이 통설이다.

26 ①

① 특별권력관계이론은 O. Mayer에 의하여 체계화된 독일 특유의 공법이론이다.
② 특별권력관계는 법률의 규정에 의한 경우(병역의무자의 입대, 전염병 환자의 강제입원 등)와 상대방의 동의에 의한 경우(임의적 동의 – 공무원관계의 설정, 의무적 동의 – 학령아동의 초등학교 취학)가 있다.
③ 형벌이 아닌 징계벌이 부과된다.
④ 특별권력관계가 성립되더라도 일반권력관계의 지위는 유지한다.

27 ④

④ 국고수표의 발행이나 지방채·공채의 발행은 사법관계에 해당한다.
① 관리관계에 해당하는 공물의 이용관계로 원칙적으로 공법관계이다.
② 사립대학의 학위수여는 국가적 공권을 위임받아 사립대학이 행하는 공법작용이다.
③ 공무수탁사인의 공행정작용이므로 공법관계에 해당하는 작용이다.

※ **판례가 공법관계로 본 사안** … 국유재산 무단점유사에 대한 변상금 부과처분, 공무원 연금관리공단의 급여결정, 서우시 무용단원의 위촉, 지방자치단체에 근무하는 청원 경찰, 국립의료원 부설 주차장에 관한 위탁관리용역 문영계약.

28 ②

② 상대적 구별설이 통설이다.
① Kelsen과 Merkl로 대표되는 순수법학파는 공법과 사법은 모두 본질적으로 동일한 것이기 때문에 구별할 필요가 없다고 하였다.

※ **공법관계와 사법관계의 구별실익**

	공법관계	사법관계
적용원리	공법원리 적용	사법원리 적용
관할	행정법원	지방법원
소송	행정소송	민사소송
공정력	권력관계에서 인정됨	공정력 인정 안됨

29 ②

공법과 사법의 구별은 법본질적·절대적인 것이 아니라 역설적·상대적이다.

30 ④

① 행정행위의 공정력에 대한 내용이다.
② 행정행위의 자력집행력에 대한 내용이다.

③ 행정행위의 불가쟁력에 대한 내용이다.

31 ①

관리관계는 행정주체가 공권력의 주체로서가 아니라 재산 또는 사업의 관리주체로서의 지위에서 행하는 법률관계로, 다수설에서 원칙적으로 사법규정이 적용된다고 보고 있다.

32 ④

④ 판례는 이를 사법작용으로 파악한다.

33 ①

① 국유재산의 매각관계는 행정주체가 일반경제주체와 같은 지위에서 행하는 행위로서 행정상 사법관계이다.

34 ④

④ 국가의 사경제작용에 관한 다툼은 민사소송으로 해결한다.

35 ③

③ 행정사법은 원칙상으로 사법의 성격을 가지나, 제한된 범위 내에서 공법적 규율을 받기 때문에 전체로서는 사법으로의 본질을 가지므로, 이에 대한 구제는 민사소송을 통합이 원칙이다.

36 ③

③ 공정력, 자력집행력, 불가쟁력 등의 효력은 권력행위에만 인정된다.

37 ②

② 조달행정은 국고관계에 해당하므로 원칙적으로 사법규정이 적용된다.

38 ③

③ 공법의 규정에 흠결이 있을 때에는 사법규정이나 사법원리가 준용될 수 있다.
② 예로는 어업면허(특허)에 의한 어업권(사권) 취득, 광업면허(특허)에 의한 광업권(사권) 취득 등이 있다.

39 ②

② 공중보건의 채용계약 해지의 의사표시에 대하여는 대등한 당사자 간의 소송형식인 공법상의 당사자소송으로 그 의사표시의 무효확인을 청구할 수 있는 것이지, 이를 행정처분으로 보아 취소소송을 제기할 수는 없다(대판 1996. 5. 31, 95누10617). 판례는 일반공무원 근무관계는 동의를 요하는 행정행위이고, 공중보건의·서울시립무용단 채용은 공법상계약으로 공법관계이며, 수도공급관계(단수처분 등) 역시 공법관계라 하였다. 그러나 창덕궁의 안내원 채용은 사법상 계약이고 전기·전화 공급관계 역시 사법관계라 하였다.

40 ③

③ 불가변력설은 공익성 요구에 의하여 제한을 받는다.
※ 행정행위의 불가쟁력과 불가변력을 합하여 행정행위의 확정력이라고 한다. 불가쟁력은 행정행위에 있어서 불복기간의 경과, 판결의 확정, 기타 사유로 상대편 기타의 관계인측에서 다툴 수 없게 하는 효력이다. 불가변력은 행위의 성질상 행정청도 이를 직권으로 취소·철회·변경하지 못하는 효력이다. 불가쟁력과 불가변력의 효력은 독립성을 띠므로 불가쟁력이 발생하였지만 불가변력이 발생하지 않는 경우 직권취소가 가능하며, 불가변력이 발생하였지만 불가쟁력이 발생하지 않았다면 쟁송제기가 가능하다.

● 4. 행정법상의 법률요건과 법률사실

1 ④

① 식품위생법과 건축법은 그 입법 목적, 규정사항, 적용범위 등을 서로 달리하고 있어 식품접객업에 관하여 식품위생법이 건축법에 우선하여 배타적으로 적용되는 관계에 있다고는 해석되지 않는다. 그러므로 식품위생법에 따른 식품접객업(일반음식점영업)의 영업신고의 요건을 갖춘 자라고 하더라도, 그 영업신고를 한 당해 건축물이 건축법 소정의 허가를 받지 아니한 무허가 건물이라면 적법한 신고를 할 수 없다(대판 2009.04.23. 선고 2008도6829).
② 건축법에서 인·허가의제 제도를 둔 취지는, 인·허가의제사항과 관련하여 건축허가 또는 건축신고의 관할 행정청으로 그 창구를 단일화하고 절차를 간소화하며 비용과 시간을 절감함으로써 국민의 권익을 보호하려는 것이지, 인·허가의제사항 관련 법률에 따른 각각의 인·허가 요건에 관한 일체의 심사를 배제하려는 것으로 보기는 어렵다. 왜냐하면, 건축법과 인·허가의제사항 관련 법률은 각기 고유한 목적이 있고, 건축신고와 인·허가의제사항도 각각 별개의 제도적 취지가 있으며

그 요건 또한 달리하기 때문이다. 나아가 인·허가의제사항 관련 법률에 규정된 요건 중 상당수는 공익에 관한 것으로서 행정청의 전문적이고 종합적인 심사가 요구되는데, 만약 건축신고만으로 인·허가의제사항에 관한 일체의 요건 심사가 배제된다고 한다면, 중대한 공익상의 침해나 이해관계인의 피해를 야기하고 관련 법률에서 인·허가 제도를 통하여 사인의 행위를 사전에 감독하고자 하는 규율체계 전반을 무너뜨릴 우려가 있다. 또한 무엇보다도 건축신고를 하려는 자는 인·허가의제사항 관련 법령에서 제출하도록 의무화하고 있는 신청서와 구비서류를 제출하여야 하는데, 이는 건축신고를 수리하는 행정청으로 하여금 인·허가의제사항 관련 법률에 규정된 요건에 관하여도 심사를 하도록 하기 위한 것으로 볼 수밖에 없다. 따라서 인·허가의제 효과를 수반하는 건축신고는 일반적인 건축신고와는 달리, 특별한 사정이 없는 한 행정청이 그 실체적 요건에 관한 심사를 한 후 수리하여야 하는 이른바 '수리를 요하는 신고'로 보는 것이 옳다(대판 2011.01.20. 선고 2010두14954).
③ 법령 등에서 행정청에 대하여 일정한 사항을 통지함으로써 의무가 끝나는 신고를 규정하고 있는 경우에는 법령상 요건을 갖춘 적법한 신고서가 도달하였을 때에 신고의 의무가 이행된 것으로 본다.

2 ②

② 판례에 의하면 「민법」상 비진의 의사표시의 무효에 관한 규정은 사인의 공법행위에는 적용되지 않는다.

3 ②

② 검사임용거부처분취소소송에서 임용여부는 임용권자의 재량사항이지만 적어도 재량권의 한계 일탈이나 남용이 없는 적법한 응답을 할 의무가 있고, 그에 대응하여 임용신청자도 응답신청권이 있다고 판시하고 있다.

4 ③

③ 주민들의 거주지 이동에 따른 주민등록전입신고에 대하여 행정청이 이를 심사하여 그 수리를 거부할 수는 있다고 하더라도, 그러한 행위는 자칫 헌법상 보장된 국민의 거주·이전의 자유를 침해하는 결과를 가져올 수도 있으므로, 시장·군수 또는 구청장의 주민등록전입신고 수리여부에 대한 심사는 주민등록법의 입법 목적의 범위 내에서 제한적으로 이루어져야 한다. 한편, 주민등록법의 입법 목적에 관한 제1조 및 주민등록 대상자에 관한 제6조의 규정을 고려해 보면, 전입신고를 받은 시장·군수 또는 구청장의 심사 대상은 전입신고자가 30일 이상 생활의 근거로 거주할 목적으로 거주지를 옮기는지 여부만으로 제한된다고 보아

야 한다. 따라서 전입신고자가 거주의 목적 이외에 다른 이해관계에 관한 의도를 가지고 있는지 여부, 무허가 건축물의 관리, 전입신고를 수리함으로써 당해 지방자치단체에 미치는 영향 등과 같은 사유는 주민등록법이 아닌 다른 법률에 의하여 규율되어야 하고, 주민등록전입신고의 수리 여부를 심사하는 단계에서는 고려 대상이 될 수 없다(대판 2009.6.18, 2008두10997 전원합의체 판결).

5 ①

① 건축법 관련 규정의 내용 및 취지에 의하면, 건축주 등으로서는 신고제 하에서도 건축신고가 반려될 경우 당해 건축물의 건축을 개시하면 시정명령, 이행강제금, 벌금의 대상이 되거나 당해 건축물을 사용하여 행할 행위의 허가가 거부될 우려가 있어 불안정한 지위에 놓이게 된다. 따라서 건축신고 반려행위가 이루어진 단계에서 당사자로 하여금 반려행위의 적법성을 다투어 그 법적 불안을 해소한 다음 건축행위에 나아가도록 함으로써 장차 있을지도 모르는 위험에서 미리 벗어날 수 있도록 길을 열어 주고, 위법한 건축물의 양산과 그 철거를 둘러싼 분쟁을 조기에 근본적으로 해결할 수 있게 하는 것이 법치행정의 원리에 부합한다. 그러므로 이 사건 건축신고 반려행위는 항고소송의 대상이 된다고 보는 것이 옳다(대판 2010. 11. 18, 2008두167 전원합의체).

6 ③

③ 공법의 특수성상 소멸시효의 중단·정지에 관하여는 민법의 규정이 그대로 적용된다.

7 ③

③ 수리를 요하는 신고는 행정청의 수리가 있어야 그 법적 효과가 발생하는 것이다.

※ 행위의 효과에 따른 사인의 공법행위

	자기완결적공법행위	행위요건적 공법행위
개념	사인의 공법행위만으로 법률효과를 완결시키는 행위	사인의 공법행위가 단순히 행정작용의 요건 등에 그치고 그 자체만으로 법률효과를 완성하지 못하는 행위
예	건축신고, 투표행위, 출생신고	신청, 공법상 계약의 승낙

8 ④

④ 사인의 공법행위에는 공정력이 인정되지 않는다. 공정력은 행정행위에 있어 그 성립에 흠이 있는 경우에도 그 흠이 중대·명백하여 당연무효로 되는 경

우를 제외하고는 일단 유효한 행위로 통용되는 권한 있는 기관 또는 일정한 쟁송수단에 의하여 취소되기 전까지는 그 효력을 부인할 수 없는 힘을 말한다.

9 ③

③ 사인의 공법행위는 공법적 효과를 발생한다는 점에서 사인의 사법행위와는 구별이 되고, 공권력의 행사가 아니라는 점에서 행정주체의 공법행위와 구별된다. 사인의 공법행위에는 공정력, 확정력 등은 발생하지 않는다.

10 ④

④ 신고에 대한 수리는 행정주체의 행위이다.

11 ②

② 사인의 공법행위는 행정법관계의 명확성과 신속한 확정을 위해 부관을 붙일 수 없음이 원칙이다.
④ 사인의 공법행위는 도달주의가 원칙이지만 국세기본법 제5조의 2처럼 발신주의를 규정하고 있는 경우도 있다.

12 ④

국가나 지방자치단체가 사인과 물품매매계약이나 건설도급계약을 체결하거나 국·공유 일반재산을 매각하는 등의 관계는 협의의 국고작용에 해당하고, 이러한 경우 행정주체의 행위는 그 자체가 사법작용이기 때문에, 그 성질상 사법이 전면적으로 그대로 적용되므로 사법행위이다.

13 ①

① 자기완결적 신고는 본래적 의미의 신고로서 행정청의 수리가 필요하지 않으며 신고의 접수 내지 수리를 거부하는 행위에 대해서 취소소송이 인정되지 않는다.
②④ 행위요건적 신고는 행정청의 수리를 요하므로 수리를 거부하거나 수리에 하자가 있는 경우에는 취소소송의 대상이 된다. 또한 직권취소의 대상이 된다. 판례는 수산업법 제44조 소정의 어업신고와 같이 수리를 요하는 신고의 거부는 처분성이 인정된다고 하였다.
③ 행정절차법 제40조에 신고에 대하여 규정되어 있다.

14 ①

②③④ 행정객체로서의 지위에서의 사인의 공법행위로 본다.

15 ②

② 거소, 가주소에 관한 「민법」의 규정은 행정법관계에도 원칙적으로 적용된다. 또한 공법상의 주소는 민법과 달리 1개만 가능하다.

16 ③

① 「민법」상 채권의 소멸시효는 10년이나, 공법상 채권의 소멸시효는 5년이다.
② 조세의 과오납은 공법상 부당이득이다.
④ 사인과 국가 간의 공사도급계약은 사법상 계약이다.

17 ①

① 개별법률의 규정 또는 일신전속적 성질을 가지지 않는 행위에 대해서는 대리가 허용된다.
② 사인의 공법행위는 획일성·확실성·명확성이 요구되므로 조건, 기한 등의 부관을 붙일 수 없다.
③ 사인의 공법행위에서도 사법상의 경우와 같이 의사능력이 없는 자의 행위는 무효이다.
④ 의사와 표시의 불일치나 하자 있는 의사표시에 관한 민법의 원리는 공법행위에도 원칙적으로 적용된다.

18 ②

부관은 행정청의 의사를 제한 또는 보충하는 역할을 하는 것으로서, 사인의 공법행위는 일반적으로 법률의 규정에 의하여 발생하는 것으로 획일성·확실성·명확성이 요구되므로 조건, 기한 등의 부관을 붙일 수 없다.

19 ④

사인의 공법행위는 사인의 행위로서 공법상의 효과를 발생·변경·소멸시키는 것으로, 사인이 국가와 행하는 물품의 납품계약은 사법적 효과의 발생을 목적으로 하는 것으로 행정상 사법관계에 불과하여 사법행위에 속한다.

20 ③

③ 법적 행위는 일정한 법적 효과를 수반하는 것으로 사실행위에 대비되는 개념이다. 대집행의 실행은 권력적 사실행위에 해당한다.

21 ②

② 사인의 공법행위로서 용태에 해당한다.

22 ④

④ 국유토지는 이를 도로부지 등으로 사용하기로 결정하지 아니하는 한 원칙적으로 일반재산의 성질을 지니며, 이러한 일반재산의 사용허가 신청은 그 표현에도 불구하고 사법행위이며, 당해 토지의 사용을 위한 임대차계약의 청약행위에 해당한다고 할 것이다.

23 ④

④ 행정절차법이 정하는 신고는 자기완결적 공법행위의 신고에 해당되므로 요건을 갖추고 있으면 행정청이 수리를 거부하더라도 신고의 법적 효력이 발생한다.

24 ①

① 행정청은 요건을 갖추지 못한 신고서가 제출된 경우 지체없이 상당한 기간을 정하여 신고인에게 보완을 요구하여야 하며, 행정청은 신고인이 그 기간 내에 보완을 하지 아니한 때에는 그 이유를 구체적으로 밝혀 당해 신고서를 되돌려 보내야 한다〈행정절차법 제40조 제3항, 제4항〉.

25 ②

② 공법상의 사무관리이다.

26 ②

② 행정행위에 하자가 있어도 그것이 단순 취소사유에 그치는 것인 때에는 행정행위의 공정력으로 인하여 권한 있는 기관이 취소하기 전까지는 부당이득의 문제는 발생하지 않는다.

27 ④

④ 공법상의 부당이득반환청구권에 대해 통설은 공권설을 취하고 있으나 판례는 일관하여 사권설을 취하고 있다.

※ **공법상 사무관리의 종류**

　㉠ **강제관리** : 국가의 특별한 감독하에 있는 사업에 대하여 감독권을 행사하는 것.
　　예) 비리재단의 사립학교에 대한 관선이사 파견
　㉡ **보호관리** : 재해가 발생할 경우에 실시하는 구호조치, 행려병자등에 대한 관리.
　㉢ **역무제공** : 개인이 비상 재해시 임의로 행정사무의 일부를 관리하는 것.

28 ②

공법상 용태 … 사람의 정신작용을 요소로 하는 공법상의 사실행위로, 이는 외부적 용태(작위, 부작위)와 내부적 용태(고의·과실, 선의·악의)로 나뉜다.

29 ①

① 정신적 요소를 필요로 하지 않는 공법상 사건으로서 주소, 시간의 경과 등이 있다.
②③④ 정신적 요소를 요하는 공법상 용태이다.

행정법상의 사건 … 사람의 정신작용을 요소로 하지 않는 행정법상의 법률 사실을 말하며, 출생, 사망, 시간의 경과, 일정한 연령의 도달, 물건의 소유·점유, 거주 등이 있다.

30 ①

① 공법상 금전채권의 소멸시효에 대하여 법률에 특별한 규정이 없으므로 일반원칙에 따라 초일은 산입되지 않는다.

일반행정작용법

● 1. 행정입법

1 ①

삼권분립의 원칙, 법치행정의 원칙을 당연한 전제로 하고 있는 우리 헌법 하에서 행정권의 행정입법 등 법집행의무는 헌법적 의무라고 보아야 할 것이다. 그런데 이는 행정입법의 제정이 법률의 집행에 필수불가결한 경우로서 행정입법을 제정하지 아니하는 것이 곧 행정권에 의한 입법권 침해의 결과를 초래하는 경우를 말하는 것이므로, 만일 하위 행정입법의 제정 없이 상위 법령의 규정만으로도 집행이 이루어질 수 있는 경우라면 하위 행정입법을 하여야 할 헌법적 작위의무는 인정되지 아니한다(헌재 2005.12.22. 2004헌마66).

2 ③

① 행정소송은 구체적 사건에 대한 법률상 분쟁을 법에 의하여 해결함으로써 법적 안정을 기하자는 것이므로 부작위법확인소송의대상이 될 수 있는 것은 구체적 권리의무에 관한 분쟁이어야 하고 추상적인 법령에 관하여 제정의 여부 등은 그 자체로서 국민의 구체적인 권리의무에 직접적 변동을 초래하는 것이 아니어서 행정소송의 대상이 될 수 없으므로 이 사건 소는 부적법하다(대판 1992.5.8, 91누11261).

② 의료기관의 명칭표시판에 진료과목을 함께 표시하는 경우 그 글자의 크기를 의료기관 명칭을 표시하는 글자 크기의 2분의 1 이내로 제한하고 있지만, 위 규정은 그 위반자에 대하여 과태료를 부과하는 등의 별도의 집행행위 매개 없이는 그 자체로서 국민의 구체적인 권리의무나 법률관계에 직접적인 변동을 초래하지 아니하므로 항고소송의 대상이 되는 행정처분이라고 할 수 없다(대판 2007.4.12, 2005두15168).

④ 국립대학인 서울대학교의 "94학년도 대학입학고사 주요요강"은 사실상의 준비행위 내지 사전안내로서 행정쟁송의 대상이 될 수 있는 행정처분이나 공권력의 행사는 될 수 없지만 그 내용이 국민의 기본권에 직접 영향을 끼치는 내용이고 앞으로 법령의 뒷받침에 의하여 그대로 실시될 것이 틀림없

을 것으로 예상되어 그로 인하여 직접적으로 기본권 침해를 받게 되는 사람에게는 사실상의 규범작용으로 인한 위험성이 이미 현실적으로 발생하였다고 보아야 할 것이므로 이는 헌법소원의 대상이 되는 헌법재판소법 제68조 제1항 소정의 공권력의 행사에 해당된다고 할 것이며, 이 경우 헌법소원 외에 달리 구제방법이 없다(헌재 1992.10.1, 92헌마68·76)

3 ①

① 부령제정권은 각 부 장관이 갖는다. 따라서 국무총리 직속기관은 총리령으로 발하여야 한다.

② 헌법이 인정하고 있는 위임입법의 형식은 예시적인 것으로 보아야 할 것이고, 그것은 법률이 행정규칙에 위임하더라도 그 행정규칙은 위임된 사항만을 규율할 수 있으므로, 국회입법의 원칙과 상치되지도 않는다(헌재 2004.10.28, 99헌바91).

③ 집행명령은 법률의 집행을 위한 구체적·기술적 사항을 규율하기 위하여 발하는 명령으로 법률의 명시적 근거가 없어도 발할 수 있다.

④ 위임명령은 국민의 권리·의무 사항을 새로이 설정할 수 있기 때문에 법률유보원칙이 적용된다.

4 ②

② 행정규칙이나 규정이 상위법령의 위임범위를 벗어난 경우에는 법규명령으로서의 대외적 구속력을 인정할 여지는 없다(대판 1987. 9. 29. 선고 86누484 판결, 대법원 1999. 11. 26. 선고 97누13474 판결 등 참조). 이는 행정규칙이나 규정의 '내용'이 위임범위를 벗어난 경우뿐 아니라 상위법령의 위임규정에서 특정하여 정한 권한행사의 '절차'나 '방식'에 위배되는 경우도 마찬가지라 할 것이므로, 상위법령에서 세부사항 등을 시행규칙으로 정하도록 위임하였음에도 이를 고시 등 행정규칙으로 정하였다면 그 역시 대외적 구속력을 가지는 법규명령으로서의 효력이 인정될 수 없다(대판 2012.7.5, 2010다72076).

5 ③

③ 경찰공무원임용령 제46조 제1항은 행정청 내부의
사무처리기준을 규정한 재량준칙이 아니라 일반
국민이나 법원을 구속하는 법규명령에 해당하므
로, 그에 의한 처분은 재량행위가 아니라 기속행
위라고 한 사례(대판 2008.05.29. 2007두18321)
① 대판 2007. 6. 1. 2005두11500
② 대판 2001. 3. 9. 99두5207
④ 대판 2002. 7. 26. 2001두3532

6 ①

① 일반적으로 법률의 위임에 의하여 효력을 갖는
법규명령의 경우, 구법에 위임의 근거가 없어 무
효였더라도 사후에 법 개정으로 위임의 근거가
부여되면 그 때부터는 유효한 법규명령이 되나,
반대로 구법의 위임에 의한 유효한 법규명령이
법 개정으로 위임의 근거가 없어지게 되면 그 때
부터 무효인 법규명령이 되므로, 어떤 법령의 위
임 근거 유무에 따른 유효 여부를 심사하려면 법
개정의 전·후에 걸쳐 모두 심사하여야만 그 법
규명령의 시기에 따른 유효·무효를 판단할 수
있다(대판 1995.6.30, 93추83).
② 헌재 1997.2.20, 95헌바27
③ 헌재 1996.2.29, 94헌마213
④ 헌재 1990.10.15, 89헌마178

7 ④

④ 법인은 법인세 신고 시 세무조정사항을 기입한 소
득금액조정합계표와 유보소득 계산 서류인 적정
유보초과 소득조정명세서(을) 등을 신고서에 첨부
하여 제출하여야 하는데, 위 소득금액조정합계표
작성요령 제4호 단서는 잉여금 증감에 따른 익금
산입 및 손금산입 사항의 처분인 경우 익금산입
은 기타 사외유출로, 손금산입은 기타로 구분하여
기입한다고 규정하고 있고, 위 적정유보초과소득
조정명세서(을) 작성요령 제6호는 각 사업연도 소
득금액계산상 배당·상여·기타소득 및 기타 사
외유출은 소득금액조정합계표의 배당·상여·기
타소득 및 기타 사외유출 처분액을 기입한다고
규정하고 있는바, 위와 같은 작성요령은 법률의
위임을 받은 것이기는 하나 법인세의 부과징수라
는 행정적 편의를 도모하기 위한 절차적 규정으
로서 단순히 행정규칙의 성질을 가지는데 불과하
여 관세관청이나 일반국민을 기속하는 것이 아니
므로, 비록 납세의무자가 소득금액조정합계표 작
성요령 제4호 단서에 의하여 잉여금 증감에 따라
익금산입된 금원을 기타 사외유출로 처분하였다
고 하더라도 그 금원이 사회에 유출된 것이 분명
하지 아니한 경우에는 이를 기타 사외유출로 보
아 유보소득을 계산함에 있어 공제할 수 없다.(대
판 2003.9.5, 2001두403)

① 행정업무의 효율적 운영에 관한 규정 제4조 제2호
② 대판 1994.9.10, 94두33
③ 대판 2013.9.12, 2012두28865

8 ③

① 조례는 포괄적 위임이 가능하다.
② 헌법규정에서 입법사항임을 명시한 것이라고 해도,
헌법 제57조의 일반적 위임의 한계에 비추어 구
체적 사안을 위임하는 경우는 위임이 가능하다고
본다.
④ 형벌규정이나 조세법규는 국민의 권익침해의 정도
가 현저하므로 구체적 위임의 원칙이 엄격히 관철
되어야 한다.
※ 헌법재판소 처벌법규의 위임
  ㉠ 긴급한 경우
  ㉡ 법률로써 자세히 정할 수 없는 부득이한 사정
     이 있는 경우(단, 법률에서 범죄의 구성요건을
     예측할 수 있을 정도로 구체적으로 정하여 형
     벌의 종류 및 그 상한과 폭을 명백히 규정)

9 ①

① 「도로교통법 시행규칙」 제53조 제1항(운전면허 행
   정처분기준)이 정한 [별표 16]의 운전면허 행정처
   분기준은 운전면허의 취소처분 등에 관한 사무처
   리기준과 처분절차 등 행정청 내부의 사무처리준
   칙을 규정한 것에 지나지 아니하여 대외적으로
   국민이나 법원을 기속하는 효력이 없음(대판
   1997.10.24, 96누17288).
② 「공익사업을 위한 토지 등의 취득 및 보상에 관한
   법률」 제68조 제3항은 협의취득의 보상액 산정에
   관한 구체적 기준을 시행규칙에 위임하고 있고,
   위임 범위 내에서 「공익사업을 위한 토지 등의 취
   득 및 보상에 관한 법률 시행규칙」 제22조는 토지
   에 건축물 등이 있는 경우에는 건축물 등이 없는
   상태를 상정하여 토지를 평가하도록 규정하고 있
   는데, 이는 비록 행정규칙의 형식이나 공익사업법
   의 내용이 될 사항을 구체적으로 정하여 내용을
   보충하는 기능을 갖는 것이므로, 공익사업법 규정
   과 결합하여 대외적인 구속력을 가진다(대판
   2012.3.29 선고, 2011다104253 판결)
③ 구「여객자동차 운수사업법 시행규칙」 제31조 제2
   항 제1호, 제2호, 제6호는 구「여객자동차 운수사
   업법」 제11조 제4항의 위임에 따라 시외버스운송
   사업의 사업계획변경에 관한 절차, 인가기준 등을
   구체적으로 규정한 것으로서, 대외적인 구속력이
   있는 법규명령이라고 할 것이고, 그것을 행정청
   내부의 사무처리준칙을 규정한 행정규칙에 불과하
   다고 할 수는 없다(대판 2006.6.27, 2003두4355).

④ 「공중위생법」 제23조 제1항은 처분권자에게 영업
자가 법에 위반하는 종류와 정도의 경중에 따라
제반사정을 참작하여 같은 법에 규정된 것 중 적
절한 종류를 선택하여 합리적인 범위내의 행정처
분을 할 수 있는 재량권을 부여한 것이고, 이를
시행하기 위하여 제4항에 의하여 마련된 「공중위
생법 시행규칙」 제41조 [별표 7]에서 위 행정처분
의 기준을 정하고 있더라도 위 시행규칙은 형식은
부령으로 되어 있으나 그 성질은 행정기관 내부의
사무처리준칙을 규정한 것에 불과한 것으로서 보
건사회부장관이 관계 행정기관 및 직원에 대하여
그 직무권한 행사의 지침을 정하여 주기 위하여
발한 행정명령의 성질을 가지는 것이지, 같은 법
제23조 제1항에 의하여 보장된 재량권을 기속하
거나 대외적으로 국민을 기속하는 것은 아니다(대
판 1991.3.8 선고, 90누6545 판결).

10 ④

④ 법률에서 위임받은 사항을 전혀 규정하지 않고
재위임하는 것은 이위임금지(履委任禁止)의 법리에
반할 뿐 아니라 수권법의 내용변경을 초래하는 것이
되므로 허용되지 아니한다할 것이나, 위임받은 사항
에 관하여 대강을 정하고 그 중의 특정사항을 범위
를 정하여 하위법령에 다시 위임하는 경우에는 재위
임이 허용된다 할 것이다(대판 2006.4.14, 2004두
14793, 헌재 1996.2.29, 94헌마213).

11 ②

② 구 「청소년보호법」(1999.2.5. 법률 제5817호로 개
정되기 전의 것) 제49조 제1항, 제2항에 따른 같은법
시행령(1999.6.30. 대통령령 제16461호로 개정되기
전의 것) 제40조 [별표 6]의 위반행위의종별에따른과
징금처분기준은 법규명령이기는 하나 모법의 위임규
정의 내용과 취지 및 헌법상의 과잉금지의 원칙과
평등의 원칙 등에 비추어 같은 유형의 위반행위라
하더라도 그 규모나 기간·사회적 비난 정도·위반
행위로 인하여 다른 법률에 의하여 처벌받은 다른
사정·행위자의 개인적 사정 및 위반행위로 얻은 불
법이익의 규모 등 여러 요소를 종합적으로 고려하여
사안에 따라 적정한 과징금의 액수를 정하여야 할
것이므로 그 수액은 정액이 아니라 최고한도액이다
(대판 2001.3.9, 99두5207).

12 ③

③ 행정소송은 구체적 사건에 대한 법률상 분쟁을 법
에 의하여 해결함으로써 법적 안정을 기하자는 것이므
로 부작위법확인소송의 대상이 될 수 있는 것은 구
체적 권리의무에 관한 분쟁이어야 하고 추상적인 법령
에 관하여 제정의 여부 등은 그 자체로서 국민의 구체
적인 권리의무에 직접적 변동을 초래하는 것이 아니어
서 행정소송의 대상이 될 수 없으므로 이 사건 소는 부
적법하다고 판단하였다(대판 1992. 5. 8, 91누11261).

13 ④

① 법규명령 형식의 행정규칙과 관련하여 대법원은
대통령령의 경우 법규성은 인정하나 부령의 법규
성은 인정하지 않는다.
② '독점규제 및 공정거래에 관한 법률' 제23조 또는
'대외무역법'에 근거한 불공정거래행위의 지정고시
는 실질적인 법규명령의 성격을 갖는다.
③ 행정조직 내부에서의 효력을 가질 뿐 대외적 구속
력은 없다.
④ 고시 또는 공고의 법적 성질은 고시의 내용에 따
라 달리 결정된다. 즉, 고시가 일반적·추상적 성
격을 가질 때는 법규명령 또는 행정규칙에 해당하
지만, 고시가 구체적인 규율의 성격을 띤다면 행
정처분에 해당한다.

※ **법규명령 형식의 행정규칙**
  ㉠ 학설 : 법규명령설(다수설)
  ㉡ 판례
   • 부령 형식 - 제재적 처분 기준 (법규성 부정)특허
     의 인가기준(법규성 긍정)
   • 대통령 형식 - 법규명령설

14 ④

④ 행정소송법 제30조에 따르면 판결에 의하여 취소
되는 처분이 당사자의 신청을 거부하는 것을 내
용으로 하는 경우에는 그 처분을 행한 행정청은
판결의 취지에 따라 다시 이전의 신청에 대한 처
분을 하여야 한다.
① 이에 관한 일관된 입장은 존재하지 않는다.
② 위임한계를 벗어난 법령은 무효로서 공정력이 부
정된다.
③ 명령·규칙 또는 처분이 헌법이나 법률에 위반되
는 여부가 재판의 전제가 된 경우에는 대법원은
이를 최종적으로 심사할 권한을 가진다.

15 ③

③ 규칙이 정한 바에 따라 선행처분을 가중사유 또
는 전제요건으로 하는 후행처분을 받을 우려가 현실
적으로 존재하는 경우에는, 선행처분을 받은 상대방
은 비록 그 처분에서 정한 제재기간이 경과하였다
하더라도 그 처분의 취소소송을 통하여 그러한 불이
익을 제거할 권리보호의 필요성이 충분히 인정된다
고 할 것이므로, 선행처분의 취소를 구할 법률상 이
익이 있다고 보아야 한다(대판 2006.6.22. 2003두
1684 전원합의체 판결).

16 ③

행정부가 행정입법을 제정할 법적의무가 있는 경우
입법부작위는 공권력의 불행사에 해당하므로 행정입
법권의 불행사로 국민의 기본권이 직접·구체적으로
침해 될 경우 헌법소원이 가능하다. 헌재는 치과전문

의 자격시험제도를 실시하기위한 절차를 마련하지
않은 행정입법 부작위에 대하여 치과의사면허를 받
은 청구인의 기본권을 침해했다고 판시하였다(1998.
7. 16, 96헌마246).

17 ④

④ 헌법 제107조 제2항에서 명령·규칙 또는 처분이
헌법이나 법률에 위반되는 여부가 재판의 전제가
된 경우에는 대법원은 이를 최종적으로 심사할
권한을 가진다라고 위헌심사권을 법원에 부여하
고 있기 때문에 헌법재판소는 이에 대한 위헌심
사권을 행사할 수 있다는 것이 헌법재판소의 입
장이다.
① 국회전속적 입법사항이라 하더라도 국민의 권리와
의미의 형성에 관한 사항과 국가의 통치조직과 작
용에 관한 본질적인 사항이 아닌 세부적·기술적사
항의 경우 구체적 범위를 정하여 행정입법에 위임
하는 것은 허용된다.

18 ②

② 행정규칙 형식의 법규명령 또한 통상적인 법규명
령에 해당하므로 헌법상 위임입법의 제한원리가
그대로 적용된다.
① 판례의 의해 법규성이 인정된 행정규칙에는 국무
총리훈령인 개별토지조사가격합동조사지침, 청소
년유해 매체물의 표시방법에 관한 정보통신부고시
에 건설교통부(현 국토교통부)장관의 택지개발업
무지침 등이 있다.

19 ③

③ 헌법 제107조 제2항이 규정한 명령·규칙에 대한
대법원의 최종심사권이란 구체적인 소송사건에서 명
령·규칙의 위헌 여부가 재판의 전제가 되었을 경우
법률의 경우와는 달리 헌법재판소에 제청할 것 없이
대법원이 최종적으로 심사할 수 있다는 의미이며, 명
령·규칙 그 자체에 의하여 직접 기본권이 침해되었
음을 이유로 하여 헌법소원심판을 청구하는 것은 위
헌법규정과는 아무런 상관이 없는 문제이다. 따라서
입법부·행정부·사법부에서 제정한 규칙이 별도의
집행행위를 기다리지 않고 직접 기본권을 침해하는
것일 때에는 모두 헌법소원심판의 대상이 될 수 있
는 것이다(헌재 1990. 10. 15, 89헌마178).

20 ④

① 행정입법은 행정주체가 정하는 일반적·추상적 규
범으로 처분성이 인정되지 않는다.
② 법률에 의하여 위임된 입법권을 그대로 재위임하
는 것은 허용되지 않지만 구체적 범위를 정하여
하위법령에 재위임하는 것은 허용된다.

③ 반드시 법률로만 정해야 하는 것은 아니다. 헌재의
견해인 의회유보설에 따르면 국민의 권리의무 통치
조직과 작용에 관한 본질적인 내용이 아닐 경우 구
체적인 범위를 정하여 위임하는 것은 허용된다.

21 ④

④ 국립대학인 서울대학교의 "94학년도 대학입학고
사주요요강"은 사실상의 준비행위 내지 사전안내로서
행정쟁송의 대상이 될 수 있는 행정처분이나 공권력
의 행사는 될 수 없지만 그 내용이 국민의 기본권에
직접 영향을 끼치는 내용이고 앞으로 법령의 뒷받침
에 의하여 그대로 실시될 것이 틀림없을 것으로 예
상되어 그로 인하여 직접적으로 기본권 침해를 받게
되는 사람에게는 사실상의 규범작용으로 인한 위험
성이 이미 현실적으로 발생하였다고 보아야 할 것이
므로 이는 헌법소원의 대상이 되는 헌법재판소법 제
68조 제1항 소정의 공권력의 행사에 해당된다고 할
것이며, 이 경우 헌법소원 외에 달리 구제방법이 없
다(헌재 1992.10.1, 92헌마68·76)

22 ①

② 상급기관이 하급기관에 대하여 상당히 장기간에
걸쳐서 그 권한을 일반적으로 지휘·감독하기 위
하여 발하는 명령이다.
③ 상급기관이 직권 또는 하급기관의 문의에 대하여
개별직·구체적으로 발하는 명령이다.
④ 당직·출장·시간외근무 등 일일사무에 관한 명령
이다.

23 ①

① 행정규칙은 법규가 아니므로 수명기관이 위반하여
도 위법이 되지 아니하며, 그 위반을 이유로 행정소
송을 제기할 수 없다.

24 ③

③ 대법원에 의하여 구체적 사건에서 법규명령의 특
정 조항이 위헌·위법으로 확정 판단되는 경우에
는 현행 법률에 특별한 규정이 없다. 간접통제방
식의 한계로서 당해 사건에서만 적용이 배제될 뿐
이고 형식적으로는 여전히 유효한 것으로 남는다.
그러나 위헌 또는 위법으로 확정·판단된 후에도
다른 사건에 적용되는 것은 합리적이지 않으므로
실질적으로 다른 사건에의 적용이 배제된다.
② 우리나라에서는 법규명령에 대하여는 추상적 규범
통제를 인정하지 아니하고 구체적 사건에 대한 재
판의 전제가 된 경우에 법원이 이를 심리·판단하
는 선결문제심리방식에 의한 간접적 통제만이 인정
되고 있다.

25 ③

③ 우리나라는 국정감사와 국정조사, 대정부질문 등을 통한 간접통제만이 가능하다.
① 행정입법은 일반적·추상적 규율로서 처분성이 인정되지 않는다.
② 법규명령은 법규의 성질을 지닌 법 규범으로, 행정주체와 국민에 대하여 직접 구속력을 가지며 재판규범이 된다.
④ 규범해석규칙은 법원을 구속하는 재판규범의 성질을 갖지 못한다.

26 ①

행정규칙은 원칙적으로 내부적 효력(위반하면 징계사유)을 가지며, 시민에 대한 외부적 효력은 간접적이고 사실상의 효력에 그치므로 행정규칙에 위반한 행정행위는 직접 위법하지는 않지만, 행정기관이 정당한 합리적 이유 없이 행정규칙에 의하여 성립된 행정관행에 어긋난 행위를 한 경우에는 평등의 원칙·신뢰보호의 원칙 위반을 이유로 위법성을 주장할 수 있다.

27 ①

① 법규명령은 법규범이므로 그 위반의 효과는 위법하나, 행정규칙은 법규범이 아니고 행정 내부적 규율에 그치므로 그 위반은 위법하지는 않지만, 당사자는 행정규칙 위반이 아니라 평등의 원칙·신뢰보호의 원칙의 위반을 이유로 위법성을 주장할 수 있게 된다. 그리고 그 위법성의 정도에 따라 각각 무효 또는 취소사유가 된다.

28 ①

① 국회는 국정조사와 국정감사, 국무위원 해임건의, 대정부질문 등의 간접적인 통제수단을 통해 행정규칙을 통제할 수 있으나 행정규칙에 대한 동의, 승인권의 유보 등의 직접적인 통제방법은 없다.

29 ④

헌법 제107조 제2항이 규정한 명령·규칙에 대한 대법원의 최종심사권이란 구체적인 소송사건에서 명령·규칙의 위헌 여부가 재판의 전제가 되었을 경우 헌법재판소에 제청할 것 없이 대법원이 최종적으로 심사할 수 있다는 의미이다. 헌법 제111조 제1항 제1호에서 법률의 위헌여부심사권을 헌법재판소에 부여한 이상 통일적인 헌법해석과 규범통제를 위하여 공권력에 의한 기본권 침해를 이유로 하는 헌법소원심판청구사건에 있어서 법률의 하위법규인 명령·규칙의 위헌여부심사권이 헌법재판소의 관할에 속함은 당연한 것으로서 헌법 제107조 제2항의 규정이 이를 배제한 것이라고는 볼 수 없다. …… 헌법재판소법 제68조 제1항이 규정하고 있는 헌법소원심판의 대상으로서의 '공권력'이란 입법·사법·행정 등 모든 공권력을 말하는 것이므로 입

법부에서 제정한 법률, 행정부에서 제정한 시행령이나 시행규칙 및 사법부에서 제정한 규칙 등은 그것들이 별도의 집행행위를 기다리지 않고 직접 기본권을 침해하는 것일 때에는 모두 헌법소원심판의 대상이 될 수 있는 것이다(헌재 1990. 1. 15, 89헌마178).

30 ③

③ 법규명령은 특별한 규정이 없는 한 공포한 날로부터 20일이 경과하면 효력이 발생하지만, 행정규칙은 수범자에게 도달한 때부터 그 효력을 발생하고 특별한 공포절차를 필요로 하지 않는다.

● 2. 행정행위

1 ①

① 수익적 행정행위의 직권취소는 법적 근거가 없이도 가능하다. 단, 비례원칙, 신뢰보호원칙은 적용된다.
※ 개별토지에 대한 가격결정도 행정처분에 해당하며, 원래 행정처분을 한 처분청은 그 행위에 하자가 있는 경우에는 원칙적으로 별도의 법적 근거가 없더라도 스스로 이를 직권으로 취소할 수 있는 것이고, 행정처분에 대한 법정의 불복기간이 지나면 직권으로도 취소할 수 없게 되는 것은 아니므로, 처분청은 토지에 대한 개별토지가격의 산정에 명백한 잘못이 있다면 이를 직권으로 취소할 수 있으며, 개별토지가격합동조사지침 제12조의3에서 토지특성조사의 착오 또는 위산·오기 등 지가산정에 명백한 잘못이 있는 경우에 경정결정이 가능한 것으로 예시하고 있는 것처럼, 비교표준지 선정의 잘못으로 인하여 개별토지가격의 산정이 명백히 잘못된 경우도 개별토지가격합동조사지침 제12조의3의 규정에 의하여 개별토지의 가격결정에 대한 직권취소가 가능하다(대판 1995.09.15. 선고 95누6311).

2 ②

① 경찰공무원법에 규정되어 있는 경찰관임용 결격사유는 경찰관으로 임용되기 위한 절대적인 소극적 요건으로서 임용 당시 경찰관임용 결격사유가 있었다면 비록 임용권자의 과실에 의하여 임용결격자임을 밝혀내지 못하였다 하더라도 그 임용행위는 당연무효로 보아야 한다(대판 2005.07.28. 선고 2003두469).
③ 행정행위의 하자의 치유는 주로 절차나 형식상의 하자에 대한 것이다.
④ 처분의 근거법이 위헌결정을 받게 되면 그 처분의 집행을 위한 행정작용이나 집행을 유지하기 위한 행정작용은 위헌결정의 기속력에 위반되어 무효에 해당된다는 것이 대법원의 입장이다(여러 판례가 있음 – 대표적인 사례 : 대판 2002. 8. 23, 2001두2959).

3 ②

종전의 허가가 기한의 도래로 실효한 이상 원고가 종전 허가의 유효기간이 지나서 신청한 이 사건 기간연장신청은 그에 대한 종전의 허가처분을 전제로 하여 단순히 그 유효기간을 연장하여 주는 행정처분을 구하는 것이라기보다는 종전의 허가처분과는 별도의 새로운 허가를 내용으로 하는 행정처분을 구하는 것이라고 보아야 할 것이어서, 이러한 경우 허가권자는 이를 새로운 허가신청으로 보아 법의 관계 규정에 의하여 허가요건의 적합 여부를 새로이 판단하여 그 허가 여부를 결정하여야 할 것이다(대판 1995.11.10. 선고 94누11866).

4 ③

① 행정처분의 적법여부는 처분 당시의 사유와 사정을 기준으로 판단하여야 하고 처분청이 처분 이후에 추가한 새로운 사유를 보태어 당초 처분의 흠을 치유시킬 수는 없다(대판 1987.08.18. 선고 87누49).
② 징계처분이 중대하고 명백한 흠 때문에 당연 무효의 것이라면 징계처분을 받은 자가 이를 용인하였다 하여 그 흠이 치료되는 것은 아니다(대판 1989.12.12. 선고 88누8869).
④ 주택재개발정비사업조합 설립추진위원회가 주택재개발정비사업조합 설립인가처분의 취소소송에 대한 1심 판결 이후 정비구역 내 토지 등 소유자의 4분의 3을 초과하는 조합설립동의서를 새로 받았다고 하더라도, 위 설립인가처분의 하자가 치유된다고 볼 수 없다(대판 2010.08.26. 선고 2010두2579).

5 ③

① 행정행위의 범위에 대해서는 최협의설이 다수설이다. 비권력적 행위인 공법상 계약, 공법상 합동행위는 행정행위에 포함되지 않는다.
② 불특정 다수인을 상대방으로 구체적 사실을 규율하는 처분은 일반처분에 해당한다. 다수설은 일반처분도 행정행위라고 본다.
④ 본허가에 법적 근거가 있다면 부분허가에 별도의 법적 근거를 필요로 하는 것은 아니다.

6 ②

① 특별한 사정이 없는 한 부담적 행정행위의 취소는 원칙적으로 자유롭다.
③ 철회권유보를 이유로 철회하는 경우에 법적근거를 요하지 않는다.
④ 불가쟁력이 생긴 행정처분의 경우 취소 또는 변경을 구할 신청권이 제한적으로 인정된다.

7 ②

② 인가에 해당한다.
도시 및 주거환경정비법 제20조 제3항은 "조합이 정관을 변경하고자 하는 경우에는 조합원 과반수의 동의를 얻어 시장·군수의 인가를 받아야 한다."고 규정하고 있는바, 여기서 관할 시장 등의 인가는 그 대상이 되는 기본행위를 보충하여 법률상 효력을 완성시키는 행위로서, 이러한 인가를 받지 못한 경우 변경된 정관은 효력이 없다고 할 것이다(대판 2007.7.24, 2006마635).

8 ③

③ 인가는 기본행위인 재단법인의 정관변경에 대한 법률상의 효력을 완성시키는 보충행위로서, 그 기본이 되는 정관변경 결의에 하자가 있을 때에는 그에 대한 인가가 있었다 하여도 기본행위인 정관변경 결의가 유효한 것으로 될 수 없으므로 기본행위인 정관변경 결의가 적법 유효하고 보충행위인 인가처분 자체에만 하자가 있다면 그 인가처분의 무효나 취소를 주장할 수 있지만, 인가처분에 하자가 없다면 기본행위에 하자가 있다 하더라도 따로 그 기본행위의 하자를 다투는 것은 별론으로 하고 기본행위의 무효를 내세워 바로 그에 대한 행정청의 인가처분의 취소 또는 무효확인을 소구할 법률상의 이익이 없다(대판 1996.5.16, 95누4810).

9 ③

③ 부담은 행정행위의 주된 내용에 부가하여 그 행정행위의 상대방에게 작위·부작위·수인·급부의 의무를 부과하는 것으로 부담부 행정행위는 처음부터 효력이 발생한다는 점에서 부담을 이행하지 않더라도 효력이 소멸되는 것은 아니다.

10 ③

③ 부담과 조건의 구분이 명확하지 않을 경우 일반적으로 부담이 당사자에게 유리하기 때문에 부담으로 해석한다.

11 ②

② 행정처분에 부담인 부관을 붙인 경우 그 부관의 무효화에 의하여 본체인 행정처분 자체의 효력에도 영향이 있게 될 수는 있지만, 그 처분을 받은 사람이 그 부담의 이행으로서 사법상 매매 등의 법률행위를 한 경우에는 그 부관은 특별한 사정이 없는 한 그 법률행위를 하게 된 동기 내지 연유로 작용하였을 뿐이므로 이는 그 법률행위의 취소사유가 될 수 있음은 별론으로 하고 그 법률행위 자체를 당연히 무효화하는 것은 아니다(대판 2009.6.24, 2006다18174).

12 ③

㉠ (하자 승계 인정) 선행처분인 개별공시지가결정이 위법하여 그에 기초한 개발부담금 부과처분도 위법하게 된 경우, 그 후 적법한 절차를 거쳐 공시된 개별공시지가결정이 종전의 위법한 공시지가결정과 그 내용이 동일하다는 사정만으로 그 개발부담금 부과처분의 하자가 치유되어 적법하게 된다고 볼 수 없다(대판 2001.06.26, 99두11592).

㉡ (하자 승계 부정) 납세의무자의 신고행위에 하자가 존재하더라도 그 하자가 당연무효 사유에 해당하지 않는 한 그 하자가 후행처분인 징수처분에 그대로 승계되지는 않는다(대판 2006.09.08, 2005두14394).

㉢ (하자 승계 인정) 선행처분인 계고처분이 하자가 있는 위법한 처분이라면, 비록 하자가 중대하고도 명백한 것이 아니어서 당연무효의 처분이라고 볼 수 없고 대집행의 실행이 이미 사실행위로서 완료되어 계고처분의 취소를 구할 법률상 이익이 없게 되었으며, 또 대집행비용납부명령 자체에는 아무런 하자가 없다 하더라도, 후행처분인 대집행비용납부명령의 취소를 청구하는 소송에서 청구원인으로 선행처분인 계고처분이 위법한 것이기 때문에 그 계고처분을 전제로 행하여진 대집행비용납부명령도 위법한 것이라는 주장을 할 수 있다(대판 1993.11.09, 93누14271).

㉣ (하자 승계 인정) 표준지공시지가결정이 위법한 경우에는 그 자체를 행정소송의 대상이 되는 행정처분으로 보아 그 위법 여부를 다툴 수 있음은 물론, 수용보상금의 증액을 구하는 소송에서도 선행처분으로서 그 수용대상 토지 가격 산정의 기초가 된 비교표준지공시지가결정의 위법을 독립한 사유로 주장할 수 있다(대판 2008.08.21, 2007두13845).

13 ①

① 무권한 행위로서 원칙적으로 무효라고 할 것이나(대판 1996. 6. 28. 선고 96누4374 판결 등 참조), 행정청의 공무원에 대한 의원면직처분은 공무원의 사직의사를 수리하는 소극적 행정행위에 불과하고, 당해 공무원의 사직의사를 확인하는 확인적 행정행위의 성격이 강하며 재량의 여지가 거의 없기 때문에 의원면직처분에서의 행정청의 권한유월 행위를 다른 일반적인 행정행위에서의 그것과 반드시 같이 보아야 할 것은 아니다(대판 2007.07.26, 2005두15748).

② 행정처분의 당연무효를 선언하는 의미에서 그 취소를 청구하는 행정소송을 제기하는 경우에도 소원의 전치와 제소기간의 준수등 취소소송의 제소요건을 갖추어야 한다(대판 1984.05.29, 84누175)

③ 사정재결과 사정판결은 취소할 수 있는 행정행위에만 인정되고 무효인 행정행위에 대해서는 인정되지 않는다는 것이 판례의 입장이다.

④ 명백성보충요건설은 중대한 하자를 가진 처분은 무효이고, 제3자나 공공의 신뢰보호의 필요가 있는 경우에는 보충적으로 명백성을 요구한다는 견해이다.

14 ④

④ 취소사유에 해당한다.

세관출장소장에게 관세부과처분을 할 권한이 있다고 객관적으로 오인할 여지가 다분하다고 인정되므로 결국 적법한 권한 위임 없이 행해진 이 사건 처분은 그 하자가 중대하기는 하지만 객관적으로 명백하다고 할 수는 없어 당연무효는 아니라고 보아야 할 것이다(대판 2004.11.26, 2003두2403).

15 ②

② 부담적 행정행위의 철회는 상대방의 불이익을 제거하여 수익을 주기 때문에 원칙적으로 철회가 자유롭지만 수익적 행정처분의 경우 철회로 인해 침해되는 사익과 철회로 인해 얻는 이익을 비교형량하여 판단하여야 하는 제한이 따른다.

16 ①

① 여객자동차 운수사업법에 의한 개인택시운송사업의 면허는 특정인에게 권리나 이익을 부여하는 행정청의 재량행위이고, 위 법과 그 시행규칙의 범위 내에서 면허를 위하여 필요한 기준을 정하는 것 역시 행정청의 재량에 속하는 것이므로, 그 설정된 기준이 객관적으로 합리적이 아니라거나 타당하지 않다고 볼 만한 다른 특별한 사정이 없는 이상 행정청의 의사는 가능한 한 존중되어야 하는바, 행정청이 개인택시운송사업의 면허를 하면서, 택시 운전경력이 버스 등 다른 차종의 운전경력보다 개인택시의 운전업무에 더 유용할 수 있다는 점 등을 고려하여 택시의 운전경력을 다소 우대하는 것이 객관적으로 합리적이 아니라거나 타당하지 않다고 볼 수 없다.(대판 2009.11.26. 2008두16087)

17 ④

④ 법률의 위헌으로 결정된 후 그 법률에 근거하여 발령되는 행정처분은 위헌결정의 기속력에 반하므로 그 하자가 중대하고 명백하여 당연무효가 된다.

18 ③

③ 불가변력이 인정되는 행정행위라 하더라도 불가쟁력이 발생하고 있지 않다면 상대방은 행정쟁송절차를 통해 그 효력을 다툴 수 있다.

19 ④

④ 부과처분을 위한 과세관청의 질문조사권이 행해지는 세무조사결정이 있는 경우 납세의무자는 세무공무원의 과세자료 수집을 위한 질문에 대답하고 검사를 수인하여야 할 법적 의무를 부담하게 되는 점, 세무조사는 기본적으로 적정하고 공평한 과세의 실현을 위하여 필요한 최소한의 범위 안에서 행하여져야 하고, 더욱이 동일한 세목 및 과세기간에 대한 재조사는 납세자이 영업의 자유 등 권익을 심각하게 침해할 뿐만 아니라 과세관청에 의한 자의적인 세무조사의 위험마저 있으므로 조세공평의 원칙에 현저히 반하는 예외적인 경우를 제외하고는 금지될 필요가 있는 점, 납세의무자로 하여금 개개의 과태료 처분에 대하여 불복하거나 조사 종료 후의 과세처분에 대하여만 다툴 수 있도록 하는 것보다는 그에 앞서 세무조사결정에 대하여 다툼으로써 분쟁을 조기에 근본적으로 해결할 수 있는 점 등을 종합하면 세무조사결정은 납세의무자의 권리·의무에 직접 영향을 미치는 공권력의 행사에 따른 행정작용으로서 항고소송의 대상이 된다.(대판 2011.3.10, 2009두23617, 23624)

① 횡단보도를 설치하여 보행자의 통행방법을 규제하는 것은 행정처분에 해당한다.

② 대판 1992.10.13, 92누2325

③ 대판 2000.9.8, 2000다12716

20 ②

② 부당한 공동행위 자진신고자 등의 시정조치 또는 과징금 감면신청에 대한 감면불인정 통지는 항고소송의 대상이 되는 행정처분에 해당한다고 보아야 한다.

① 대판 2012.2.16, 2010두10907

③ 대판 2012.1.12, 2010두5806

④ 대판 2012.2.23, 2011두5001

21 ②

② 행정행위의 부관은 부담인 경우를 제외하고는 독립하여 행정소송의 대상이 될 수 없는바, 기부채납 받은 행정재산에 대한 사용·수익 허가에서 공유재산의 관리청이 정한 사용·수익허가의 기간은 그 허가의 효력을 제한하기 위한 행정행위의 부관으로서 이러한 사용·수익 허가의 기간에 대해서는 독립하여 행정소송을 제기할 수 없다. (대판 2001.6.15, 99두509)

① 대판 1990.10.16, 90누2253

③ 대판 2009.12.10, 2007다63966

④ 대판 2009.2.12, 2005다65500

22 ③

③ 국가배상법은 '위법'한 행정작용으로 인한 손해를 배상하도록 하고 있으므로, 손해배상청구사건에 있어서 민사법원의 선결문제는 행정행위의 '위법여부' 판단이 된다. 이에 부정설(적법성추정설)과 긍정설(유효성추정설)이 대립하고 있다. 구성요건적 효력은 적법성 추정력이 아니기 때문에 민사법원 등은 행정행위의 위법성을 당연히 심사할 수 있다는 긍정설이 통설이고 타당하다.

23 ①

① 행정행위의 부관은 부담의 경우를 제외하고는 독립하여 행정소송의 대상이 될 수 없는 것인바, 행정청이 한 공유수면매립준공인가 중 매립지 일부에 대하여 한 국가귀속처분은 매립준공인가를 함에 있어서 매립의 면허를 받은 자의 매립지에 대한 소유권 취득을 규정한 공유수면매립법 제14조의 효과 일부를 배제하는 부관을 붙인 것이므로 이러한 행정행위의 부관에 대하여는 독립하여 행정소송의 대상으로 삼을 수 없다(대판 1991.12.13, 90누8503).

24 ④

④ 지방병무청장이 재신체검사 등을 거쳐 현역병입영대상편입처분을 보충역편입처분이나 제2국민역편입처분으로 변경하거나 보충역편입처분을 제2국민역편입처분으로 변경하는 경우 비록 새로운 병역처분의 성립에 하자가 있다고 하더라도 그것이 당연무효가 아닌 한 일단 유효하게 성립하고 제소기간의 경과 등 형식적 존속력이 생김과 동시에 종전의 병역처분의 효력은 취소 또는 철회되어 확정적으로 상실된다고 보아야 할 것이므로 그 후 새로운 병역처분의 성립에 하자가 있었음을 이유로 하여 이를 취소한다고 하더라도 종전의 병역처분의 효력이 되살아난다고 할 수 없다(대판 2002.05.28, 2001두9653).

25 ③

③ 등기우편과는 달리, 보통우편의 방법으로 발송되었다는 사실만으로는 그 우편물이 상당한 기간 내에 도달하였다고 추정할 수 없고, 송달의 효력을 주장하는 측에서 증거에 의하여 이를 입증하여야 한다(대판 2009.12.10, 2007두20140).

26 ②

② 독일의 행정계획의 집중효에 대응하는 것으로서 우리 실정법상 채택되고 있는 것으로 법적 근거를 통해 이루어진다.

27 ③

③ 건축허가시 건물의 소유자와 건축허가의 건축주
가 반드시 일치해야 하는 것은 아니다.

28 ②

② 인가는 기본행위를 보충해주는 행정행위이므로,
기본행위가 무효이면 인가도 당연히 무효가 된다.
즉, 행정청의 인가가 있다고 하여 무효인 기본행위가
치유되어 유효로 되는 것은 아니다(대판 1987.8.18,
86누152).

29 ③

③ 표준지공시지가결정은 이를 기초로 한 수용재결
등과는 별개의 독립된 처분으로서 서로 독립하여 별
개의 법률효과를 목적으로 하지만, 표준지공시지가는
이를 인근 토지의 소유자나 기타 이해관계인에게 개
별적으로 고지하도록 되어 있는 것이 아니어서 인근
토지의 소유자 등이 표준지공시지가결정 내용을 알고
있었다고 전제하기가 곤란할 뿐만 아니라, 결정된 표
준지공시지가가 공시될 당시 보상금 산정의 기준이
되는 표준지가 어느 토지인지를 알 수 없으므로, 인
근 토지 소유자가 표준지의 공시지가가 확정되기 전
에 이를 다투는 것은 불가능하다. 더욱이 장차 어떠
한 수용재결 등 구체적인 불이익이 현실적으로 나타
나게 되었을 경우에 비로소 권리구제의 길을 찾는 것
이 우리 국민의 권리의식임을 감안하여 볼 때, 인근
토지소유자 등으로 하여금 결정된 표준지공시지가를
기초로 하여 장차 토지보상 등이 이루어질 것에 대비
하여 항상 토지의 가격을 주시하고 표준지공시지가결
정이 잘못된 경우 정해진 시정절차를 통하여 이를 시
정하도록 요구하는 것은 부당하게 높은 주의의무를
지우는 것이고, 위법한 표준지공시지가결정에 대하여
그 정해진 시정절차를 통하여 시정하도록 요구하지
않았다는 이유로 위법한 표준지공시지가를 기초로 한
수용재결 등 후행 행정처분에서 표준지공시지가결정
의 위법을 주장할 수 없도록 하는 것은 수인한도를
넘는 불이익을 강요하는 것으로서 국민의 재산권과
재판받을 권리를 보장한 헌법의 이념에도 부합하는
것이 아니다. 따라서 표준지공시지가결정이 위법한
경우에는 그 자체를 행정소송의 대상이 되는 행정처
분으로 보아 그 위법 여부를 다툴 수 있음은 물론,
수용보상금의 증액을 구하는 소송에서도 선행처분으
로서 그 수용대상 토지 가격산정의 기초가 된 비교표
준지공시지가결정의 위법을 독립한 사유로 주장할 수
있다(대판 2008.8.21, 2007두13845).

30 ①

① 행정행위가 그 재량성의 유무 및 범위와 관련하
여 이른바 기속행위 내지 기속재량행위와 재량행위
내지 자유재량행위로 구분된다고 할 때, 그 구분은
당해 행위의 근거가 된 법규의 체재·형식과 그 문
언, 당해 행위가 속하는 행정 분야의 주된 목적과 특
성, 당해 행위 자체의 개별적 성질과 유형 등을 모두
고려하여 판단하여야 하고, 이렇게 구분되는 양자에
대한 사법심사는, 전자의 경우 그 법규에 대한 원칙
적인 기속성으로 인하여 법원이 사실인정과 관련 법
규의 해석·적용을 통하여 일정한 결론을 도출한 후
그 결론에 비추어 행정청이 한 판단의 적법 여부를
독자의 입장에서 판정하는 방식에 의하게 되나, 후자
의 경우 행정청의 재량에 기한 공익판단의 여지를
감안하여 법원은 독자의 결론을 도출함이 없이 당해
행위에 재량권의 일탈·남용이 있는지 여부만을 심
사하게 되고, 이러한 재량권의 일탈·남용 여부에 대
한 심사는 사실오인, 비례·평등의 원칙 위배, 당해
행위의 목적 위반이나 동기의 부정 유무 등을 그 판단
대상으로 한다(대판 2001.2.9, 98두17593, 2004.4.29,
2003헌마814).

31 ④

미리 그 행정처분의 취소판결이 없더라도 국가배상
담당 법원은 그 행정처분의 위법을 별도로 확인하여
배상 결정을 할 수 있다.

32 ④

㉠ 하자 있는 행정처분이 당연무효가 되기 위해서는
그 하자가 중대할 뿐만 아니라 명백한 것이어야
하는바, 일반적으로 국회에서 헌법과 법률이 정
한 절차에 의하여 제정·공포된 법률이 헌법에
위반된다는 사정은 헌법재판소의 위헌결정이 있
기 전에는 객관적으로 명백한 것이라고 할 수는
없으므로, 특별한 사정이 없는 한 이러한 하자는
행정처분의 취소사유에 해당할 뿐 당연무효 사유
는 아니다(대판 1998.4.10, 96다52359).
㉡ 어느 행정처분에 대하여 그 행정처분의 근거가 된
법률이 위헌이라는 이유로 무효확인청구의 소가
제기된 경우에는 다른 특별한 사정이 없는 한 법
원으로서는 그 법률이 위헌인지 여부에 대하여는
판단할 필요 없이 그 무효확인청구를 기각하여야
한다(대판 1994.10.28, 92누9463).

33 ③

③ 허가는 법률행위적 행정행위에 속한다. 반면, 예외적
승인의 법적 성질에 대해서는 허가의 일종으로 보는 견
해, 특허의 일종으로 보는 견해, 독자적 유형의 행위로
보는 견해 등이 있으나, 어느 견해에 의하든 법률행위적
행정행위에 속한다.

34 ②

② 위법한 행정대집행이 완료되면 그 처분의 무효확인 또는 취소를 구할 소의 이익은 없다 하더라도, 미리 그 행정처분의 취소판결이 있어야만, 그 행정처분의 위법을 이유로 한 손해배상청구를 할 수 있는 것은 아니다(대판 1972. 4. 28, 72다337).
① 기본행위인 학교법인의 임원선임행위가 무효인 경우 보충적 행위인 감독청의 취임승인이 있었다 하여도 기본행위가 유효로 되는 것은 아니다(대판 1987. 8. 18, 86누152).
③ 행정처분 당시에 별다른 하자가 없었고 또 그 처분 후에 이를 취소할 별도의 법적 근거가 없다 하더라도 별개의 행정행위로 이를 철회하거나 변경할 수 있다(대판 1992. 1. 17, 91누3130).
④ 지방재정법 제87조 제1항에 의한 변상금부과처분은 처분청의 재량이 허용되지 않은 기속행위이다(대판 2000. 1. 14, 99두9735).

35 ③

③ 행정청이 법률에 근거하여 행정처분을 한 후에 헌법재판소가 그 법률을 위헌으로 결정하였다면 그 행정처분은 결과적으로 법률의 근거가 없이 행하여진 것과 마찬가지가 되어 하자가 있다고 할 것이나, 하자 있는 행정처분이 당연 무효가 되기 위해서는 그 하자가 중대할 뿐만 아니라 명백한 것이어야 하는데, 일반적으로 법률이 헌법에 위반된다는 사정은 헌법재판소의 위헌결정이 있기 전에는 객관적으로 명백한 것이라고 할 수 없으므로 특별한 사정이 없는 한 이러한 하자는 위 행정처분의 취소사유에 해당할 뿐 당연무효사유는 아니라고 보아야 한다(대판 2000. 6. 9, 2000다16329).

36 ④

④ 환경상 이익에 대한 침해 또는 침해우려가 있는 것으로 사실상 추정되어 원고적격이 인정되는 사람에는 환경상 침해를 받으리라고 예상되는 영향권 내의 주민들을 비롯하여 그 영향권 내에서 농작물을 경작하는 등 현실적으로 환경상 이익을 향유하는 사람도 포함된다. 그러나 단지 그 영향권 내의 건물·토지를 소유하거나 환경상 이익을 일시적으로 향유하는 데 그치는 사람은 포함되지 않는다(대판 2009. 9. 24, 2009두2825).
① 정부 간 항공노선의 개설에 관한 잠정협정 및 비밀 양해각서와 건설교통부 내부지침에 의한 항공노선에 대한 운수권 배분처분은 항고소송의 대상이 되는 행정처분에 해당한다(대판 2004. 11. 26, 2003두10251·10268).
② 위법한 표준지공시지가결정에 대하여 그 정해진 시정절차를 통하여 시정하도록 요구하지 않았다는 이유로 위법한 표준지공시지가를 기초로 한 수용재결 등 후행 행정처분에서 표준지공시지가결정의 위법을 주장할 수 없도록 하는 것은 수인한도를 넘는 불이익을 강요하는 것으로서 국민의 재산권과 재판받을 권리를 보장한 헌법의 이념에도 부합하는 것이 아니다. 따라서 표준지공시지가결정이 위법한 경우에는 그 자체를 행정소송의 대상이 되는 행정처분으로 보아 그 위법 여부를 다툴 수 있음은 물론, 수용대상 토지 자격 산정의 기초가 된 비교표준지공시지가결정의 위법을 독립한 사유로 주장할 수 있다(대판 2008. 8. 21, 2007두13845).
③ 주민등록은 단순히 주민의 거주관계를 파악하고 인구의 동태를 명확히 하는 것 외에도 주민등록에 따라 공법관계상의 여러 가지 법률상 효과가 나타나게 되는 것으로서, 주민등록의 신고는 행정청에 도달하기만 하면 신고로서의 효력이 발생하는 것이 아니라 행정청이 수리한 경우에 비로소 신고의 효력이 발생한다(대판 2009. 1. 30, 2006다17850).

37 ③

③ 입목의 벌채·굴채허가는 재량행위이다. 허가관청은 허가신청 대상 토지의 현황과 주위의 상황들을 고려하여 국토 및 자연의 유지와 환경의 보전 등 중대한 공익상의 필요가 있다고 인정될 때에는 허가를 거부할 수 있다(대판 2001.11.30. 2001두58660).
① 대인적 행정행위는 일신전속적이어서 승계되지 않으나, 대물적 행정행위 중 수익적 행정행위는 그 효과가 승계될 수 있다는 데에 이설이 없다.
② 대판 1994.11.25. 94누9672
④ 행정절차법 제51조

38 ②

② 처분의 위법 여부가 민사소송인 국가배상청구소송에서의 선결문제인 경우 그 처분의 하자 정도 및 취소여부와 상관없이 민사법원이 직접 그 위법여부를 심리·판단하여 손해배상을 명할 수 있다(대판 1979.4.10. 79다262).
① 무효인 행정행위에 대해서는 공정력이 발생하지 않으며, 제소기간의 제한을 받지 않으므로 불가쟁력도 발생하지 않는다.
③ 쟁송기간의 도과로 불가쟁력이 발생한 행정행위라도 불가변력이 발생하지 아니한 이상 처분행정청은 직권으로 취소하거나 철회할 수 있다(대판 1995. 9.15. 95누6311).
④ 공정력은 취소될 때까지 잠정적으로 행정행위의 유효성을 통용시켜주는 효력에 불과하다는 유효성 추정설이 통설이며, 입증책임의 분배는 공정력과는 무관하며 법률요건에 따라 분류하여야 한다는 법률요건분류설이 통설과 판례이다.

39 ②

② 행정행위의 부관은 부담인 경우를 제외하고는 독립하여 행정소송의 대상이 될 수 없는바, 기부채납 받은 행정재산에 대한 사용·수익허가에서 공유재산의 관리청이 정한 사용·수익허가의 기간은 그 허가의 효력을 제한하기 위한 행정행위의 부관으로서 이러한 사용·수익허가의 기간에 대해서는 독립하여 행정소송을 제기할 수 없다(대판 2001. 6. 15, 99두509)
① 대판 1995. 6. 13, 94다56883
③ 대판 1995. 5. 25, 98다53134
④ 대판 1992. 1. 21, 91누1264

40 ①

① 개별법령에 명문규정이 없는 경우, 의사표시를 요소로 하는 법률행위적 행정행위와 재량행위에만 부관을 붙일 수 있고, 준법률행위적 행정행위와 기속행위는 부관을 붙일 수 없다는 것이 전통적 견해이다.
② 부담인 부관만이 독립하여 그 자체에 대한 행정쟁송의 제기가 가능하다는 것이 판례의 입장이다.
③ 행정처분에 이미 부담이 부가되어 있는 상태에서 그 의무의 범위 또는 내용 등을 변경하는 부관의 사후변경은, 법률에 명문의 규정이 있거나 그 변경이 미리 유보되어 있는 경우 또는 상대방의 동의가 있는 경우에 한하여 허용되는 것이 원칙이지만, 사정변경으로 인하여 당초에 부담을 부가한 목적을 달성할 수 없게 된 경우에도 그 목적달성에 필요한 범위 내에서 예외적으로 허용된다(대판 1997. 5. 30, 97누2627).
④ 철회권이 유보된 경우 상대방은 이후의 철회가능성을 예견하고 있었다고 볼 수 있으므로 행정행위의 계속성에 대한 상대방의 신뢰는 유보된 철회사유에 관하여는 인정되지 않는다. 따라서 신뢰보호의 원칙을 원용하여 손실보상을 청구할 수 없다.

41 ①

㉠ 확인 ㉡ 확인 ㉢ 공증
㉣ 공증(특허를 등록하는 것은 공증이고, 특허는 확인임)

42 ③

③ 면허의 취소처분에는 그 근거가 되는 법령이나 취소권 유보의 부관 등을 명시하여야 함은 물론 처분을 받은 자가 어떠한 위반사실에 대하여 당해 처분이 있었는지를 알 수 있을 정도로 사실을 적시할 것을 요하며, 이와 같은 취소처분의 근거와 위반사실의 적시를 빠뜨린 하자는 피처분자가 처분 당시 그 취지를 알고 있었다거나 그 후 알게 되었다 하여도 치유될 수 없다(대판1990. 9. 11, 90누1786).

43 ②

② 부당하게 짧은 종기가 붙은 경우 적법한 갱신신청이 있었으면 갱신이 이루어 진 것으로 보아야 한다.
① 대판 1995. 11. 10, 94누11866
③ 대판 2007. 10. 11, 2005두12404

44 ④

행정행위의 부관은 행정행위의 일반적인 효력이나 효과를 제한하기 위하여 의사표시의 주된 내용에 부가되는 종된 의사표시이지 그 자체로서 직접 법적 효과를 발생하는 독립된 처분이 아니므로 현행 행정쟁송제도 아래서는 부관 그 자체만을 독립된 쟁송의 대상으로 할 수 없는 것이 원칙이나 행정행위의 부관 중에서도 행정행위에 부수하여 그 행정행위의 상대방에게 일정한 의무를 부과하는 행정청의 의사표시인 부담의 경우에는 다른 부관과는 달리 행정행위의 불가분적인 요소가 아니고 그 존속이 본체인 행정행위의 존재를 전제로 하는 것일 뿐이므로 부담 그 자체로서 행정쟁송의 대상이 될 수 있다(대판 1992. 1. 21, 91누1264).

45 ③

③ 행정행위에 비록 흠이 있더라도 쟁송제기기간이 경과하면 불가쟁력이 발생하게 된다. 그러나 불가쟁력과 불가변력은 관계가 없기 때문에 행정청은 행정행위를 취소할 수 있다.

46 ③

③ 발명의 특허는 확인에 해당되며, 광업허가는 특허에 해당한다.

※ **행정행위의 종류**
  ㉠ 하명 : 일반통치권에 기하여 국민의 자유를 제한하고 의무를 부과하는 행정행위로 청소, 교통장애물의 제거 및 무기매매금지, 고시가격초과판매금지, 영업양도금지 등이 대상이 된다.
  ㉡ 허가 : 일반적·상대적 금지를 특정한 경우 해제하여 적법하게 일정한 사실행위 또는 법률행위를 할 수 있게 하는 행위로 의사면허, 자동차검사, 건축허가, 음식점영업허가, 석유가스사업허가 등이 대상이 된다.
  ㉢ 면제: 법령 및 법령에 의거한 행정행위에 의하여 일반적으로 과하여진 작위의무·급부의무·수인의무를 특정한 경우에 해제하는 행정행위로 예방접종면제, 조세면제 등이 해당된다.
  ㉣ 특허 : 특정인을 위하여 새로운 법률상의 힘을 부여하는 행위로 광업허가, 귀화허가, 공무원임명 등이 해당된다.

ⓛ **인가** : 행정객체가 제3자와의 사이에서 하는 법
　률적 행위를 행정주체가 보충하여 그 법률상
　효력을 완성시켜 주는 행정행위로 정관승인,
　공공조합의 설립인가 등이 해당된다.
ⓗ **확인** : 특정한 사실 및 법률관계의 존부 또는
　정부에 관하여 행정청이 공권적으로 판단하는
　행위를 말하며, 발명의 특허, 시험합격자결정
　등이 해당된다.

47 ②

재량처분의 취소 … 행정청의 재량에 속하는 처분이라
도 재량권의 한계를 넘거나 그 남용이 있는 때에는
법원은 이를 취소할 수 있다〈행정소송법 제27조〉.
④ 기속행위의 경우 법원이 독자적 결론을 도출한 후
그 결론에 비추어 행정청의 판단의 적법여부를 심
사한다. 그러나 재량행위는 법원이 독자적 결론을
도출함이 없이 당해 행위에 재량권의 일탈·남용이
있는지 여부만을 심사한다(대판 2001. 2. 9, 98두
17593).

48 ④

① 행정행위를 한 처분청은 그 행위에 하자가 있는
　경우에 별도의 법적 근거가 없더라도 스스로 이를
　취소할 수 있는 것이며, 다만 그 행위가 국민에게
　권리나 이익을 부여하는 이른바 수익적 행정행위
　인 때에는 그 행위를 취소하여야 할 공익상 필요
　와 그 취소로 인하여 당사자가 입을 기득권과 신
　뢰보호 및 법률생활 안정의 침해 등 불이익을 비
　교교량한 후 공익상 필요가 당사자의 기득권침해
　등 불이익을 정당화할 수 있을 만큼 강한 경우에
　한하여 취소할 수 있다(대판 1986. 2. 25. 선고
　85누664).
② 행정행위의 쟁송취소에 있어서 취소할 수 있는 권
　한을 가진 자는 원칙적으로 행정심판위원회와 법
　원이 된다.
③ 위임 및 위탁기관은 수임 및 수탁기관의 수임 및
　수탁사무처리에 대하여 지휘·감독하고, 그 처리
　가 위법 또는 부당하다고 인정되는 때에는 이를
　취소하거나 정지시킬 수 있다〈행정권한의 위임 및
　위탁에 관한 규정 제6조〉.

49 ①

① 불가쟁력이 발생한 행정행위도 위법이 확인되면
　행정청은 직권으로 취소나 철회를 할 수 있다.
③ 대판 2007. 4. 26, 2005두11104
④ 불가쟁력이 발생하면 더 이상 행정쟁송으로 다툴수
　없게되나, 그렇다고하여 위법한 행정행위의 하자가
　치유되는 것이 아니므로 행정행위로 손해를 입은자
　는 국가배상을 청구할 수 있다.

50 ④

폐기물처리업 허가와 관련된 법령들의 체제 또는 문
언을 살펴보면 이들 규정들은 폐기물처리업 허가를
받기 위한 최소한도의 요건을 규정해 두고 있으나,
사업계획 적정 여부에 대하여는 일률적으로 확정하여
규정하는 형식을 취하지 아니하여 그 사업의 적정 여
부에 대하여 재량의 여지를 남겨 두고 있다 할 것이
고, 이러한 경우 사업계획 적정 여부 통보를 위하여
필요한 기준을 정하는 것도 역시 행정청의 재량에 속
하는 것이므로, 그 설정된 기준이 객관적으로 합리적
이 아니라거나 타당하지 않다고 볼 만한 다른 특별한
사정이 없는 이상 행정청의 의사는 가능한 한 존중되
어야 할 것이나, 그 설정된 기준이 객관적으로 합리
적이 아니라거나 타당하지 않다고 보이는 경우 또는
그러한 기준을 설정하지 않은 채 구체적이고 합리적
인 이유의 제시 없이 사업계획의 부적정 통보를 하거
나 사업계획서를 반려하는 경우에까지 단지 행정청의
재량에 속하는 사항이라는 이유만으로 그 행정청의
의사를 존중하여야 하는 것은 아니고, 이러한 경우의
처분은 재량권을 남용하거나 그 범위를 일탈한 조치
로서 위법하다(대판 2004. 5. 28, 2004두961).

51 ②

① 형성적 행정행위에 대한 설명이다.
③ 공법상 대리는 법률 규정에 의한 법정대리를 의미
　한다.
④ 형성적 행정행위는 타인을 위하여 그 행위의 효력을
　보충·완성하는 행위와 타인을 대신하여 행하는 행
　위로 나뉘어진다.

52 ①

① 주류제조면허는 국가의 수입확보를 위하여 설정된
　재정허가의 일종이지만 일단 이 면허를 얻은 자의
　이득은 단순한 사실상의 반사적 이득에만 그치는 것
　이 아니라 주세법의 규정에 따라 보호되는 이득이
　고, 주세법상 주류제조면허의 양도가 인정되지 않고
　있으나, 국세청훈령으로 보충면허제도를 두어 기존
　면허업자가 그 면허를 자진취소함과 동시에 그에 대
　체하여 동일제조장에 동일면허종목을 신청하는 경우
　에는 그 면허를 부여함으로써 당사자간의 면허의 양
　도를 간접적으로 허용하고 있으며, 주류제조의 신규
　면허는 주세당국의 억제책으로 사실상 그 취득이 거
　의 불가능하여 위와 같은 보충면허를 받는 방법으로
　면허권의 양도가 이루어지고 있는 이상, 위 면허권
　이 가지는 재산적 가치는 현실적으로 부인할 수 없
　을 것이므로 주류제조회사의 순자산가액을 평가함에
　있어서 주류제조면허를 포함시키지 아니한 것은 잘
　못이다(대판 1989. 12. 22, 89누46).
② 운전면허는 대인적 허가에 해당한다.
③ 대판 1986. 11. 25, 84누147
④ 대판 1985. 11. 26, 85누382

53 ④

허가란 질서유지 위험예방 등을 위해 법률로써 개인의 자유를 일반적·잠재적으로 제한한 후 행정청이 일정한 요건이 구비된 경우 그 제한을 해제하여 본래의 자유를 회복시켜 주는 행정행위이다.
일반적으로 허가행위는 기속행위 또는 기속재량행위이다.

54 ③

서울특별시장으로부터 구 도시공원법(1993. 8. 5. 법률 제4571호로 개정되기 전의 것) 제6조 제1항 등의 규정에 의하여 공원시설을 조성하도록 하는 도시계획사업(공원조성) 시행허가를 받아 이 사건 시설물을 설치하여 이를 서울특별시에 기부한 다음 서울특별시장의 권한을 위임받은 피고로부터 1997. 3. 14. 이 사건 시설물에 대하여 그 기간을 20년간으로 한 무상 사용·수익의 허가(이하 '이 사건 허가'라 한다)를 받자, 위와 같은 허가기간의 산정이 위법하다고 하면서, 주위적으로는 이 사건 허가 중 원고가 신청한 사용·수익 허가기간 40년 가운데 20년간만 허가기간으로 인정하고 그 나머지 기간에 대한 신청을 받아들이지 않은 부분의 취소를 구하고, 예비적으로는 이 사건 허가 전부의 취소를 구하는 이 사건 소를 제기한 데 대하여, 지방자치단체가 구 지방재정법 시행령(2000. 10. 20. 대통령령 제16983호로 개정되기 전의 것) 제83조 제1항의 규정에 의하여 기부채납받은 공유재산을 기부자에게 무상사용하도록 허가하거나 그 무상사용기간을 정하는 행위는 사경제주체로서 상대방과 대등한 입장에서 행하는 사법상의 행위이지, 행정청이 공권력의 주체로서 행하는 공법상 행위가 아니어서 이 사건 소는 주위적 청구 및 예비적 청구 모두 부적법하다고 판단하였다(대판 1994. 3. 8, 92누1728).

55 ④

④ 법규의 표현이 불확실한 경우 허가는 원칙적으로 기속행위의 성질을 가지나 예외적 허가·승인은 원칙적으로 재량행위의 성질을 가진다.

56 ④

교과서검정이 고도의 학술상, 교육상의 전문적인 판단을 요한다는 특성에 비추어 보면, 교과용 도서를 검정함에 있어서 법령과 심사기준에 따라서 심사위원회의 심사를 거치고, 또 검정상 판단이 사실적 기초가 없다거나 사회통념상 현저히 부당하다는 등 현저히 재량권의 범위를 일탈한 것이 아닌 이상 그 검정을 위법하다고 할 수 없다(대판 1992. 4. 24, 91누6634). 판례는 재량행위로 보고 있다.

57 ①

① 행정청의 재량에 속하는 처분이라도 재량권의 한계를 넘거나 그 남용이 있는 때에는 법원은 이를 취소할 수 있다〈행정소송법 제27조〉.

58 ①

① 대판 1992. 1. 21, 91누1264
② 부담부 행정행위는 부담의 불이행이 있다 하여도 당연히 효력이 소멸되는 것은 아니며 철회하여야 비로소 효력이 소멸하게 된다.
③ 판례는 재량행위에 있어서는 관계 법령에 명시적인 금지규정이 없는 한 행정목적을 달성하기 위하여 조건이나 기한, 부담 등의 부관을 붙일 수 있고(대판 2004. 3. 25, 2003두12837), 일반적으로 기속재량행위에는 부관을 붙일 수 없고 가사 부관을 붙였다 하더라도 이는 무효(대판 1997. 6. 13, 96누12269)라고 본다.
④ 철회권이 유보되었다 할지라도 철회를 정당화할 수 있는 근거가 되는 것은 아니며 철회의 일반적 요건이 충족되어야 철회권을 행사할 수 있다.

59 ②

② 법률에 특별한 규정이 있는 경우를 제외하고는 감독청은 행정행위에 대한 철회권을 행사할 수 없다는 데에는 이견이 없지만, 직권취소의 경우에는 감독청의 취소권 행사 여부에 대하여 적극설과 소극설의 대립이 있으며 적극설이 전통적 견해이다.

60 ②

② 행정청이 법률에 근거하여 행정처분을 한 후에 헌법재판소가 그 법률을 위헌으로 결정하였다면 그 행정처분은 결과적으로 법률의 근거가 없이 행하여진 것과 마찬가지가 되어 하자가 있다고 할 것이나, 하자 있는 행정처분이 당연무효가 되기 위하여는 그 하자가 중대할 뿐만 아니라 명백한 것이어야 하는데, 일반적으로 법률이 헌법에 위반된다는 사정은 헌법재판소의 위헌결정이 있기 전에는 객관적으로 명백한 것이라고 할 수 없으므로 특별한 사정이 없는 한 이러한 하자는 위 행정처분의 취소사유에 해당할 뿐 당연무효사유는 아니라고 보아야 한다(대판 2000. 6. 9, 2000다16329).
① 대판 1993. 11. 9, 93누14271
③ 판례도 원칙적으로는 통설과 같은 견해를 취하나, 개별공시지가 결정과 과세처분의 경우 별개의 법률효과를 목적으로 하지만 예측가능성과 수인한도를 고려하여 하자의 승계를 긍정한 바 있다(1994. 1. 25, 93누8542).

1 ③

① 국립의료원 부설주차장에 관한 이 사건 위탁관리
용역운영계약에 대하여 관리청이 순전히 사경제
주체로서 행한 사법상 계약임을 전제로, 가산금
에 관한 별도의 약정이 없는 이상 원고에게 가산
금을 지급할 의무가 없다고 주장하여 그 부존재
의 확인을 구한다는 것이다. 그러나 기록에 의하
면, 위 운영계약의 실질은 행정재산인 위 부설주
차장에 대한 국유재산법 제24조 제1항에 의한 사
용·수익 허가로서 이루어진 것임을 알 수 있으므
로, 이는 위 국립의료원이 원고의 신청에 의하여
공권력을 가진 우월적 지위에서 행한 행정처분으
로서 특정인에게 행정재산을 사용할 수 있는 권
리를 설정하여 주는 강학상 특허에 해당한다 할
것이고 순전히 사경제주체로서 원고와 대등한 위
치에서 행한 사법상의 계약으로 보기 어렵다고
할 것이다(대판 2006.03.09. 선고 2004다31074).
② 「행정절차법」에는 공법상 계약에 대한 규정이 없다.
④ 수익적 행정처분에 있어서는 법령에 특별한 근거
규정이 없다고 하더라도 그 부관으로서 부담을 붙
일 수 있고, 그와 같은 부담은 행정청이 행정처분
을 하면서 일방적으로 부가할 수도 있지만 부담을
부가하기 이전에 상대방과 협의하여 부담의 내용
을 협약의 형식으로 미리 정한 다음 행정처분을
하면서 이를 부가할 수도 있다(대판 2009.02.12.
선고 2005다65500).

2 ②

② 도시계획구역 내 토지 등을 소유하고 있는 주민
으로서는 입안권자에게 도시계획입안을 요구할 수
있는 법규상 또는 조리상의 신청권이 있다고 할 것
이고, 이러한 신청에 대한 거부행위는 항고소송의 대
상이 되는 행정처분에 해당한다(대판 2004.04.28.
선고 2003두1806).

3 ③

① 행정계획에는 변화가능성이 내재되어 있으므로,
계획보장청구권은 원칙적으로 인정되지 않는다.
② 이익형량의 고려사항을 일부 누락한 경우, 형량의
흠결에 해당하여 위법하다.
④ 행정계획은 항고소송의 대상이 될 수 있다.

4 ①

② 판례는 원칙적으로 계획보장청구권을 부정한다.

③ 비구속적 행정계획안이나 행정지침이라도 국민의
기본권에 직접적으로 영향을 끼치고, 앞으로 법령
의 뒷받침에 의하여 그대로 실시될 것이 틀림없
을 것으로 예상될 수 있을 때에는, 공권력행위로
서 예외적으로 헌법소원의 대상이 될 수 있다.(헌
재 2000. 6. 1. 99헌마538)
④ 구 국토이용관리법(2002. 2. 4. 법률 제6655호 국
토의계획및이용에관한법률 부칙 제2조로 폐지)상
주민이 국토이용계획의 변경에 대하여 신청을 할
수 있다는 규정이 없을 뿐만 아니라, 국토건설종
합계획의 효율적인 추진과 국토이용질서를 확립하
기 위한 국토이용계획은 장기성, 종합성이 요구되
는 행정계획이어서 원칙적으로는 그 계획이 일단
확정된 후에 어떤 사정의 변동이 있다고 하여 그
러한 사유만으로는 지역주민이나 일반 이해관계인
에게 일일이 그 계획의 변경을 신청할 권리를 인
정하여 줄 수는 없을 것이지만, 장래 일정한 기간
내에 관계 법령이 규정하는 시설 등을 갖추어 일
정한 행정처분을 구하는 신청을 할 수 있는 법률
상 지위에 있는 자의 국토이용계획변경신청을 거
부하는 것이 실질적으로 당해 행정처분 자체를 거
부하는 결과가 되는 경우에는 예외적으로 그 신청
인에게 국토이용계획변경을 신청할 권리가 인정된
다고 봄이 상당하므로, 이러한 신청에 대한 거부
행위는 항고소송의 대상이 되는 행정처분에 해당
한다.(대판 2003.09.23. 2001두10936)

5 ④

㉠ 대판 1993. 5. 11. 92누15987
㉡ 헌재 2005. 5. 26. 2001헌마728
㉣ 헌재 2001. 10. 25. 2001헌마113
㉢ 허가관청이 액화석유가스의 안전 및 사업관리법
제7조 제2항에 의한 사업양수에 의한 지위승계신
고를 수리하는 행위는 행정처분에 해당한다(대판
1993.06.08. 91누11544).

6 ①

① 행정지도는 상대방의 임의적 협력을 전제로 하는
비권력적 사실행위이므로 법률의 근거 없이 행해
질 수 있다.
② 행정기관은 행정지도의 상대방이 행정지도에 따르
지 아니하였다는 것을 이유로 불이익한 조치를 하
여서는 아니 된다〈행정절차법 제48조 제2항〉.
③ 행정절차법 제48조 제1항에 따르면 행정지도에 비
례원칙이 적용된다.
④ 행정기관이 같은 행정목적을 실현하기 위하여 많
은 상대방에게 행정지도를 하려는 경우에는 특별
한 사정이 없으면 행정지도에 공통적인 내용이 되
는 사항을 공표하여야 한다〈행정절차법 제51조〉.

7 ①

① 계약직공무원 채용계약해지의 의사표시는 일반공무원에 대한 징계처분과는 달라서 항고소송의 대상이 되는 처분 등의 성격을 가진 것으로 인정되지 아니하고, 일정한 사유가 있을 때에 국가 또는 지방자치단체가 채용계약 관계의 한쪽 당사자로서 대등한 지위에서 행하는 의사표시로 취급되는 것으로 이해되므로, 이를 징계해고 등에서와 같이 그 징계사유에 한하여 효력 유무를 판단하여야 하거나, 행정처분과 같이 행정절차법에 의하여 근거와 이유를 제시하여야 하는 것은 아니다(대판 2002.11.26, 2002두5948).

8 ③

① 대판 2002.10.11, 2000두8226
② 대판 2003.9.23, 2001두10936
④ 대판 2004.4.28, 2003두1806

9 ④

④ 「행정절차법」 제49조(행정지도의 방식) 제2항 … 행정지도가 말로 이루어지는 경우에 상대방이 행정지도의 취지 및 내용과 신분의 사항을 적은 서면의 교부를 요구하면 그 행정지도를 하는 자는 직무 수행에 특별한 지장이 없으면 이를 교부하여야 한다.

10 ①

① 교육인적자원부장관의 대학총장들에 대한 이 사건 학칙시정요구는 「고등교육법」 제6조 제2항, 동법 시행령 제4조 제3항에 따른 것으로서 그 법적 성격은 대학총장의 임의적인 협력을 통하여 사실상의 효과를 발생시키는 행정지도의 일종이지만, 그에 따르지 않을 경우 일정한 불이익조치를 예정하고 있어 사실상 상대방에게 그에 따를 의무를 부과하는 것과 다를 바 없으므로 단순한 행정지도로서의 한계를 넘어 규제적·구속적 성격을 상당히 강하게 갖는 것으로서 헌법소원의 대상이 되는 공권력의 행사라고 볼 수 있다(헌재 2003.6.26, 2002헌마337).

11 ③

③ 구속적 계획과 같이 행정계획이 국민에게 직접적인 법적 구속력을 갖는 경우도 있다.

12 ③

③ 국가배상법이 정한 손해배상청구의 요건인 '공무원의 직무'에는 국가나 지방자치단체의 권력적 작용뿐만 아니라 비권력적 작용도 포함되지만 단순한 사경제의 주체로서 하는 작용은 포함되지 않는다(대판 1999.11.26, 98다47245).

13 ②

② 도시계획시설결정은 광범위한 지역과 상당한 기간에 걸쳐 다수의 이해관계인에게 다양한 법률적, 경제적 영향을 미치는 것이 되어 일단 도시계획시설사업의 시행에 착수한 뒤에는, 시행의 지연에 따른 손해나 손실의 배상 또는 보상을 함은 별론으로 하고, 그 결정 자체의 취소나 해제를 요구할 권리를 일부의 이해관계인에게 줄 수는 없는 것이다(헌재 2002. 5. 30, 2000헌바58, 2001헌바3 전원재판부).
① 도시 및 주거환경정비법상의 관리처분계획은 구속적 행정계획으로서 재건축조합이 행하는 독립된 행정처분에 해당한다(대판 2009. 9. 17, 2007다2428 전원합의체).
③ 도시계획의 수립에 있어서 도시계획법 제16조의2 소정의 공청회를 열지 아니하고 공공용지의 취득 및 손실보상에 관한 특례법 제8조 소정의 이주대책을 수립하지 아니하였더라도 이는 절차상의 위법으로서 취소사유에 불과하고 그 하자가 도시계획결정 또는 도시계획사업시행인가를 무효라고 할 수 있을 정도로 중대하고 명백하다고는 할 수 없다(대판 1990. 1. 23, 87누947).
④ 정당하게 도시계획결정 등의 처분을 하였다고 하더라도 이를 관보에 게재하여 고시하지 아니한 이상 대외적으로는 아무런 효력도 발생하지 아니한다(대판 1985. 12. 10, 85누186).

14 ①

①④ 행정지도는 비권력적 사실행위로서 행정지도에 따를 것인지 여부는 상대방의 임의적 결정에 달려있으므로 법적근거가 필요하지 않다.
② 행정기관이 같은 행정목적을 실현하기 위하여 많은 상대방에게 행정지도를 하려는 경우에는 특별한 사정이 없으면 행정지도에 공통적인 내용이 되는 사항을 공표하여야 한다〈행정절차법 제51조〉.
③ 행정지도는 그 목적달성에 필요한 최소한도에 그쳐야 하며, 행정지도의 상대방의 의사에 반하여 부당하게 강요하여서는 아니 된다〈행정절차법 제48조 제1항〉.

15 ④

④ 행정절차법상 행정지도는 구술로도 가능하다.
② 대판 1980. 10. 27, 80누395

16 ④

④ 국민의 신청에 대한 행정청의 거부가 행정처분이 되기 위해서는 국민이 그 신청에 따른 행정행위를 요구할 수 있는 법규상 또는 조리 상의 권리가 있어야 할 것인 바, 도시계획법상 주민이 도시계획 및 그 변경에 대하여 어떤 신청을 할 수 있다는 규정이 없을 뿐만 아니라 도시계획과 같이 장기

성, 종합성이 요구되는 행정계획에 있어서는 그 계획이 일단 확정된 후에 어떤 사정의 변경이 있다 하여 지역주민에게 일일이 그 계획의 변경을 청구할 권리를 인정해 줄 수도 없는 이치이므로 도시계획시설인 공원조성계획 취소신청을 거부한 행위는 항고소송의 대상이 되는 행정처분이라고 볼 수 없다(대판 1989. 10. 24. 89누725).
① 대판 2003. 9. 23, 2001두10936
③ 행정계획은 장기성·종합성을 특징으로 하므로 시정 변경으로 인한 변경가능성이 크다. 행정계획이 변경 될 경우 행정 계획의 존속을 신뢰하여 많은 경제적 투자를 한 상대방은 큰 불이익을 받게 된다.

17 ①

① 계약직공무원 채용계약해지의 의사표시는 항고소송의 대상이 되는 처분 등의 성격을 가지지 아니하므로 행정절차법에 의하여 근거와 이유를 제시하여야 하는 것은 아니다(대판 2002. 11. 26, 2002두5948).

18 ④

④ 행정관청이 토지거래계약신고에 관하여 공시된 기준지가를 기준으로 매매가격을 신고하도록 행정지도하여 왔고 그 기준가격이상으로 매매가격을 신고한 경우에는 거래신고서를 접수하지 않고 반려하는 것이 관행화되어 있다 하더라도 이는 법에 어긋나는 관행이라 할 것이므로 그와 같은 위법한 관행에 따라 허위신고행위에 이르렀다고 하여 그 범법행위가 사회상규에 위배되지 않는 정당한 행위라고는 볼 수 없다(대판 1992. 4. 24, 91도1609).
① 행정지도는 상대방의 임의적 협력을 전제로 하는 비권력적 사실행위이다.
② 행정지도는 상대방의 요구가 없을 경우 구술로도 가능하다〈행정절차법 제49조 제2항〉.
③ 행정지도의 임의성의 원칙에 반하는 것이다.

19 ③

③ 어업권면허에 선행하는 우선순위결정은 행정청이 우선권자로 결정된 자의 신청이 있으면 어업권면허처분을 하겠다는 것을 약속하는 행위로서 강학상 확약에 불과하고 행정처분은 아니므로, 우선순위결정에 공정력이나 불가쟁력과 같은 효력은 인정되지 아니하며, 따라서 우선순위결정이 잘못되었다는 이유로 종전의 어업권면허처분이 취소되면 행정청은 종전의 우선순위결정을 무시하고 다시 우선순위를 결정한 다음 새로운 우선순위결정에 기하여 새로운 어업권면허를 할 수 있다. 즉, 판례는 확약의 행정행위성을 부정한다(대판 1995. 1. 20, 94누6529).

20 ③

행정지도 … 비권력적 사실행위로서 법률의 근거를 요하지 않으나 조직법적 근거는 필요하다.

21 ③

① 대판 1982. 3. 9, 80누105
③ 대법원은 도시계획법상 주민이 행정청에 대하여 도시계획 및 그 변경에 대하여 어떤 신청을 할 수 있다는 규정이 없고, 도시계획과 같이 장기성, 종합성이 요구되는 행정계획에 있어서 그 계획이 일단 확정된 후 어떤 사정의 변동이 있다 하여 지역주민에게 일일이 그 계획의 변경을 청구할 권리를 인정해 줄 수도 없는 것이므로 그 변경 거부행위를 항고소송의 대상이 되는 행정처분에 해당한다고 볼 수 없다(대판 1994. 1. 28, 93누22029)고 판시함으로써 사인의 계획보장청구권 내지 계획변경청구권을 인정하지 않는다.

22 ②

② 행정주체 상호 간의 공법상 계약 – 행정주체와 사인 간의 공법상 계약
① 행정주체와 사인 간의 공법상 계약 – 공법상 사무관리
③ 행정주체와 사인 간의 공법상 계약 – 행정행위
④ 행정주체와 사인 간의 공법상 계약 – 사법상 계약

23 ④

④ 적법한 행정지도에 의하여 손실을 입은 경우에 손실보상청구권은 인정되지 않는다고 보는 것이 다수설·판례이다.
① 행정주체가 일정한 행정목적을 실현하기 위하여 상대방의 임의적 협력 또는 동의하에 일정한 행정질서의 형성을 유도하는 비권력적 사실행위로 행정지도에 속한다.
② 행정지도는 비권력적·임의적 작용이기 때문에 반드시 법적 근거를 요하지 않는다.
③ 행정지도는 그 자체로 아무런 구속력을 갖지 않는 점에서 행정소송의 요건인 행위의 처분성을 결여하여서 행정소송의 대상이 되지 않아 취소소송의 대상도 되지 아니한다.

24 ②

② 행정지도는 상대방의 임의적 협력이 필요하므로 당사자의 동의 없이는 효력이 생기지 않는다.
① 행정지도는 특정인에게 일정한 행위를 하거나 하지 않도록 지도·권고·조언 등을 하는 행정작용, 즉 비권력적 사실행위이다.
③ 행정지도는 일본에서 생성되고 발전된 개념이다.

④ 행정지도는 비권력적 사실행위이므로 행정의 대상이 되는 처분이 아니다. 행정소송법은 처분을 '공권력의 행사 또는 그 거부'라고 하여 행정지도의 처분성을 부인하고 있다.

25 ④

공법상 계약
㉠ 개념 : 공법적 효과의 발생을 목적으로 하여 복수의 당사자 사이에 반대방향의 의사표시의 합치로 성립되는 공법행위이다.
㉡ 종류
- 행정주체 상호 간의 공법상 계약(대등관계) : 공공단체 상호 간의 사무위탁, 지방자치단체 간의 도로·하천의 경비 분담에 관한 협의, 도로관리협의 기타 공무 수행에 관한 협정 등
- 행정주체와 사인 간의 공법상 계약(불대등관계) : 별정우체국장 지정(행정사무위탁), 정부와 원자력사업자 사이에 체결되는 원자력손해배상계약, 사유지의 도로부지 제공 등 임의적 공용부담 등
- 사인 상호 간의 공법상 계약 : 공익사업을 위한토지등의 취득 및 보상에관한 법률상의 토지수용시 사업시행자와 토지소유자 간의 합의

26 ④

④ 행정지도는 구술로도 이루어질 수 있다. 단, 상대방이 행정지도의 취지·내용과 행정지도를 행하는 자의 신분을 기재한 서면의 교부를 요구하는 때에는 당해 행정지도를 행하는 자는 직무 수행에 특별한 지장이 없는 한 상대방에 이를 교부하여야 한다〈행정절차법 제49조 제2항〉.
※ **행정지도** … 행정주체가 조언·권고 등으로 국민 또는 기타 관계자의 행동을 유도하여 그 의도하는 바를 실현하기 위해 행하는 비권력적 사실행위이다.

27 ③

③ 행정법상의 확약이란 일정한 행정행위를 하거나 또는 하지 않을 것을 약속하는 행정청의 구속력 있는 의사표시(각종 인·허가 발급약속 등)를 말하는데, 이는 행정절차법상에 명시되어 있지는 않다.
② 대판 1995. 1. 20, 94누6529

28 ②

② 행정지도도 행정작용이므로 행정법의 일반원칙을 준수하여야 한다. 이와 관해서는 비례성의 원칙·평등의 원칙·신뢰보호의 원칙 등이 특히 중요한 의미를 갖는다. 행정절차법도 제48조 제1항에서 "행정지도는 그 목적달성에 필요한 최소한도에 그쳐야 한다."라고 규정하여 행정지도에 비례의 원칙이 적용됨을 밝히고 있다.

29 ②

② 행정절차법은 행정지도를 '행정기관이 그 소관사무의 범위 안에서 일정한 행정목적을 실현하기 위하여 특정인에게 일정한 행위를 하거나 하지 아니하도록 지도·권고·조언 등을 하는 행정작용'으로 정의하고 있다. 따라서 행정지도는 학문상의 개념만은 아니다.

30 ①

① 행정지도는 상대방의 임의적 협력을 전제로 하고 그 자체로서는 아무런 법적 효과도 발생하지 아니하는 사실행위라는 점에서 법률의 근거를 요하지 아니한다는 것이 통설적 견해이다.

31 ①

① 계획재량은 법률로부터 자유로운 행위가 아니라 법률우위의 원칙이 적용된다.

32 ①

행정계획에는 광범위한 계획재량이 인정되는 바, 사전적 구제방법으로 계획수립과정에의 참가방법과 처분적 성질의 행정계획에 대한 행정쟁송가능성, 형량의 원리에 의한 사법통제의 방법 등이 있다. 행정계획에서 주요한 쟁점은 행정계획의 변경가능성과 당사자의 신뢰보호원칙에 따른 계획보장청구권의 인정문제가 있다. 우리나라의 경우 행정계획보장청구권이 인정되지 않으므로 ①은 적당하지 않다.

33 ①

계획재량
㉠ 개념 : 행정청이 행정계획을 수립하는 경우에는 행정청에게 광범위한 재량이 인정되는데, 이를 계획재량이라 한다.
㉡ 계획재량에 있어서 **재량권의 일탈·남용으로 볼 수있는 경우** : 형량이 전혀 없었던 경우, 형량에 있어 당연히 고려하여야 할 특정 이익을 고려하지 않은 경우, 형량에 있어 비례원칙을 위반하여 이익의 평가를 현저히 그르친 경우, 형량에 관한 법적 절차를 위반한 경우 등이 있다.

34 ④

계획재량 … 행정주체가 행정계획을 수립할 때 광범위한 형성의 자유가 인정되는데, 이 형성의 자유를 말한다.

35 ①

① 국토의 계획 및 이용에 관한 법률상의 도시관리
계획에 의하여 일정한 지역·지구·구역으로 지
정되면 건축 및 기타의 행위가 제한 또는 금지되
므로 직접 국민에 대하여 법적 효과를 미치게 된
다. 그 외에 국민에 대하여 구속력있는 계획으로
는 도시개발사업상의 환지계획, 도시재개발법상의
도시재개발계획 등이 있다.
② 국토기본법의 국토종합계획은 행정기관만을 구
속하는 장기종합계획이다.

36 ④

④ 준법률적 행정행위로서 통지행위에 해당한다.

37 ①

행정주체가 행정계획을 입안·결정함에 있어서 이익
형량을 전혀 행하지 않거나 이익형량의 고려대상에
마땅히 포함 시켜야 할 사항을 누락한 경우 또는 이
익형량을 하였으나 정당성·객관성이 결여된 경우
그 행정계획 결정은 재량권을 일탈·남용한 것으로
서 위법하다(대판 1996. 11. 29, 96누8567).

38 ④

④ 행정지도는 아무런 법적 효과도 발생하지 아니하
는 사실행위에 불과하므로 소송의 대상이 되지 않
는다는 설이 종전의 일반론이자, 판례의 태도이다.
① 법적 구속력이나 강제력이 발생하지 않는다는 점
에서 협력이 필요로 하게 된다.

39 ④

비공식적 행정작용으로는 사전절충, 처분안 및 부관
안의 사전제시, 응답유보, 규범대체형 합의, 규범집
행형 합의 등이 있는 바, ④는 확약에 해당한다.

40 ③

행정지도에 대한 손해배상 … 행정지도로 인하여 사인
에게 손해가 발생한 경우에 그 손해는 구제되어야
할 것이나, 행정지도가 상대방의 임의적 협력을 전제
로 하는 것이라는 점에서 국가배상을 인정할 것인지
가 문제된다. 원칙적·이론적으로는 손해배상청구권
이나 손실보상청구권이 성립되기는 불가능하다고 보
나, 사실상으로는 허용되고 있다.

㉠ 행정지도에 따를지의 여부에 관해 상대방에게 완전
한 자유가 보장되어 있는 경우 : 피해자의 배상청
구권은 인정되지 않는다.
㉡ 모든 사정에 비추어 보아 상대방이 행정지도에 따
를 수 밖에 없는 것으로 판단되는 경우 : 국가 등의
배상책임이 인정된다고 본다.

1 ③

① 「유아교육법」, 「초·중등교육법」, 「고등교육법」에
따른 각 급 학교 또는 그 밖의 다른 법률에 따라
설치된 학교는 모두 공공기관의 정보공개에 관한
법령상 공공기관에 해당한다.
② 정보공개를 청구하는 자가 공공기관에 대해 정보
의 사본 또는 출력물의 교부의 방법으로 공개방법
을 선택하여 정보공개청구를 한 경우, 공개청구를
받은 공공기관이 그 공개방법을 선택할 재량권이
없다(대판 2003.12.12. 선고 2003두8050).
④ 부분공개의 경우에도 이의신청이 가능하다.

2 ④

① 수익적 행정행위를 취소하는 경우에는 사전통지
대상이 된다.
② 공무원 인사관계 법령에 의한 처분에 관한 사항
전부에 대하여 행정절차법의 적용이 배제되는 것
이 아니라 성질상 행정절차를 거치기 곤란하거나
불필요하다고 인정되는 처분이나 행정절차에 준하
는 절차를 거치도록 하고 있는 처분의 경우에만
행정절차법의 적용이 배제된다(대판 2007.09.21.
선고 2006두20631).
③ 행정청이 구 식품위생법상의 영업자지위승계신고
수리처분을 하는 경우, 종전의 영업자가 행정절차
법 제2조 제4호 소정의 '당사자'에 해당하는지 여
부(적극) 및 수리처분시 종전의 영업자에게 행정
절차법 소성의 행성설자를 실시하여야 한다(대판
2003.02.14. 선고 2001두7015)

3 ③

③ 행정절차법상 전자공청회는 공청회와 병행해서만
가능하다.

4 ①

② 단체소송을 허가하거나 불허가하는 결정에 대하
여는 즉시 항고할 수 있다.
③ 단체소송에 관하여 이 법에 특별한 규정이 없는
경우에는 민사소송법을 적용한다.
④ 단체의 정회원수가 1천명 이상이어야 한다.

5 ③

③ 헌법재판소 판례에 의하면, 헌법상 위임입법의 형
식은 예시적이기 때문에 국민의 권리·의무에 관한
사항을 고시 등 행정규칙으로 정하도록 위임한 법률
조항은 위헌이 아니다.

6 ①

① 행정청은 신청인의 편의를 위하여 다른 행정청에 신청을 접수하게 할 수 있다. 이 경우 행정청은 다른 행정청에 접수할 수 있는 신청의 종류를 미리 정하여 공시하여야 한다〈행정절차법 제17조 제7항〉.

② 행정청에 처분을 구하는 신청은 문서로 하여야 한다. 다만, 다른 법령 등에 특별한 규정이 있는 경우와 행정청이 미리 다른 방법을 정하여 공시한 경우에는 그러하지 아니하다〈행정절차법 제17조 제1항〉.

③ 처분을 신청할 때 전자문서로 하는 경우에는 행정청의 컴퓨터 등에 입력된 때에 신청한 것으로 본다〈행정절차법 제17조 제2항〉.

④ 행정청은 신청에 구비서류의 미비 등 흠이 있는 경우에는 보완에 필요한 상당한 기간을 정하여 지체 없이 신청인에게 보완을 요구하여야 한다〈행정절차법 제17조 제5항〉.

7 ④

④ 헌법 제12조 제3항 본문은 동조 제1항과 함께 적법절차원리의 일반조항에 해당하는 것으로서, 형사절차상의 영역에 한정되지 않고 입법, 행정 등 국가의 모든 공권력의 작용에는 절차상의 적법성 뿐만 아니라 법률의 구체적 내용도 합리성과 정당성을 갖춘 실체적인 적법성이 있어야 한다는 적법절차의 원칙을 헌법의 기본원리로 명시하고 있다.(헌재 1992. 12. 24. 92헌가8)

8 ③

③ 신청에 따른 처분이 이루어지지 아니한 경우에는 아직 당사자에게 권익이 부과되지 아니하였으므로 특별한 사정이 없는 한 신청에 대한 거부처분이라고 하더라도 직접 당사자의 권익을 제한하는 것은 아니어서 신청에 대한 거부처분을 여기에서 말하는 '당사자의 권익을 제한하는 처분'에 해당한다고 할 수 없는 것이어서 처분의 사전통지대상이 된다고 할 수 없다고 할 것이다(대판 2003.11.28, 2003두674).

9 ④

④ 청문 주재자는 당사자등의 전부 또는 일부가 정당한 사유 없이 청문기일에 출석하지 아니하거나 제31조 제3항에 따른 의견서를 제출하지 아니한 경우에는 이들에게 다시 의견진술 및 증거제출의 기회를 주지 아니하고 청문을 마칠 수 있다〈행정절차법 제35조 제2항〉.

10 ③

③ 퇴직연금의 환수결정에 앞서 당사자에게 의견진술의 기회를 주지 아니하여도 행정절차법 제22조 제3항이나 신의칙에 어긋나지 아니한다(대판 2000.11.28, 99두5443).

① 행정절차법 제17조 제5항

② 행정절차법 제20조 제3항

④ 행정처분의 상대방이 청문일시에 불출석하였다는 이유로 청문을 실시하지 아니하고 한 침해적 행정처분은 위법하다(대판 2001.04.13, 2000두3337).

11 ③

해당 정보에 포함되어 있는 성명·주민등록번호 등 개인에 관한 사항으로서 공개될 경우 사생활의 비밀 또는 자유를 침해할 우려가 있다고 인정되는 정보는 공개하지 아니할 수 있다. 다만, 다음에 열거한 개인에 관한 정보는 제외한다〈공공기관의 정보공개에 관한 법률 제9조 제1항 제6호〉.

㉠ 법령에서 정하는 바에 따라 열람할 수 있는 정보

㉡ 공공기관이 공표를 목적으로 작성하거나 취득한 정보로서 사생활의 비밀 또는 자유를 부당하게 침해하지 아니하는 정보

㉢ 공공기관이 작성하거나 취득한 정보로서 공개하는 것이 공익이나 개인의 권리 구제를 위하여 필요하다고 인정되는 정보

㉣ 직무를 수행한 공무원의 성명·직위

㉤ 공개하는 것이 공익을 위하여 필요한 경우로서 법령에 따라 국가 또는 지방자치단체가 업무의 일부를 위탁 또는 위촉한 개인의 성명·직업

12 ③

③ 공무원이 직무와 관련 없이 개인적인 자격으로 간담회·연찬회 등 행사에 참석하고 금품을 수령한 정보는 공공기관의 정보공개에 관한 법률 제7조 제1항 제6호 단서 (다)목 소정의 '공개하는 것이 공익을 위하여 필요하다고 인정되는 정보'에 해당하지 않는다고 한 사례(대판 2003.12.12. 2003두8050).

13 ①

① (구)정보공개법 시행령 제2조 제1호가 정보공개의무를 지는 공공기관의 하나로 사립대학교를 들고 있는 것이 모법인 정보공개법의 위임 범위를 벗어났다거나 사립대학교가 국비의 지원을 받는 범위 내에서만 공공기관의 성격을 가진다고 볼 수 없다(대판 2006.8.24, 2004두2783).

14 ②

② 단순·반복적인 처분 또는 경미한 처분으로서 당사자가 그 이유를 명백히 알 수 있는 경우는 이유부기 예외사유이다〈행정절차법 제23조 제1항〉.

※ **사전통지 생략사유**〈행정절차법 제21조 제4항〉
  ㉠ 공공의 안전 또는 복리를 위하여 긴급히 처분을 할 필요가 있는 경우
  ㉡ 법령 등에서 요구된 자격이 없거나 없어지게 되면 반드시 일정한 처분을 하여야 하는 경우에 그 자격이 없거나 없어지게 된 사실이 법원의 재판 등에 의하여 객관적으로 증명된 경우
  ㉢ 해당 처분의 성질상 의견청취가 현저히 곤란하거나 명백히 불필요하다고 인정될 만한 상당한 이유가 있는 경우

15 ④

④ 청문주재자는 직권으로 또는 당사자의 신청에 따라 필요한 조사를 할 수 있으며, 당사자 등이 주장하지 아니한 사실에 대하여도 조사할 수 있다. (행정절차법 제33조 제1항)
① 행정예고기간은 예고 내용의 성격 등을 고려하여 정하되, 특별한 사정이 없으면 20일 이상으로 한다〈행정절차법 제46조 제3항〉.
② 행정청이 처분을 할 때에는 다른 법령등에 특별한 규정이 있는 경우를 제외하고는 문서로 하여야 하며, 전자문서로 하는 경우에는 당사자등의 동의가 있어야 한다. 다만, 신속히 처리할 필요가 있거나 사안이 경미한 경우에는 말 또는 그 밖의 방법으로 할 수 있다. 이 경우 당사자가 요청하면 지체 없이 처분에 관한 문서를 주어야 한다〈행정절차법 제24조 제1항〉.
③ 행정청은 공청회와 병행하여서만 정보통신망을 이용한 공청회(전자공청회)를 실시할 수 있다〈행정절차법 제38조의2 제1항〉.

16 ①

① 해당 손해에 대한 고의 또는 과실의 입증은 개인정보처리자의 할 일이지 정보주체가 할 일이 아니다.
② 개인정보 보호법 제2조 5호
③ 개인정보 보호법 제2조 1호
④ 행정절차법 제37조 제6항
※ **개인정보 보호법 제39조 제1항**(손해배상책임) … 정보주체는 개인정보처리자가 이 법을 위반한 행위로 손해를 입으면 개인정보처리자에게 손해배상을 청구할 수 있다. 이 경우 그 개인정보처리자는 고의 또는 과실이 없음을 입증하지 아니하면 책임을 면할 수 없다.

17 ①

① 신고의 요건은 행정절차법에 명시되어 있는 기본적인 요건을 갖추면 되며 신고의 기재사항에 대해서 그 진실함이 반드시 입증되어야 하는 것은 아니다.
② 대판 2007.1.11, 2006두14537
③ 대판 1993.7.6, 93마635
④ 대판 1995.2.24, 94누9146
※ **행정절차법 제40조**(신고)
  ㉠ 법령 등에서 행정청에 일정한 사항을 통지함으로써 의무가 끝나는 신고를 규정하고 있는 경우 신고를 관장하는 행정청은 신고에 필요한 구비서류, 접수기관, 그 밖에 법령 등에 따른 신고에 필요한 사항을 게시(인터넷 등을 통한 게시를 포함)하거나 이에 대한 편람을 갖추어 두고 누구나 열람할 수 있도록 하여야 한다.
  ㉡ ㉠에 따른 신고가 다음의 요건을 갖춘 경우에는 신고서가 접수기관에 도달된 때에 신고 의무가 이행된 것으로 본다.
  • 신고서의 기재사항에 흠이 없을 것.
  • 필요한 구비서류가 첨부되어 있을 것.
  • 그 밖에 법령 등에 규정된 형식상의 요건에 적합할 것
  ㉢ 행정청은 ㉡의 각 요건을 갖추지 못한 신고서가 제출된 경우에는 지체없이 상당한 기간을 정하여 신고인에게 보완을 요구하여야 한다.
  ㉣ 행정청은 신고인이 ㉢에 따른 기간 내에 보완을 하지 아니하였을 때에는 그 이유를 구체적으로 밝혀 해당 신고서를 되돌려 보내야 한다.

18 ②

② 행정청이 당사자와 사이에 도시계획사업의 시행과 관련한 협약을 체결하면서 관계 법령 및 행정절차법에 규정된 청문의 실시 등 의견청취절차를 배제하는 조항을 둔 경우, 청문 예외사유에 해당하지 않는다. 행정청이 당사자와 사이에 도시계획사업의 시행과 관련한 협약을 체결하면서 관계 법령 및 행정절차법에 규정된 청문의 실시 등 의견청취절차를 배제하는 조항을 두었다고 하더라도, 국민의 행정참여를 도모함으로써 행정의 공정성·투명성 및 신뢰성을 확보하고 국민의 권익을 보호한다는 행정절차법의 목적 및 청문제도의 취지 등에 비추어 볼 때, 위와 같은 협약의 체결로 청문의 실시에 관한 규정의 적용을 배제할 수 있다고 볼 만한 법령상의 규정이 없는 한, 이러한 협약이 체결되었다고 하여 청문의 실시에 관한 규정의 적용이 배제된다거나 청문을 실시하지 않아도 되는 예외적인 경우에 해당한다고 할 수 없다(대판 2004.7.8, 2002두8350).

19　②

② 「검찰보존사무규칙」이 「검찰청법」 제11조에 기하여 제정된 법무부령이기는 하지만, 그 사실만으로 같은 규칙 내의 모든 규정이 법규적 효력을 가지는 것은 아니다. 기록의 열람·등사의 제한을 정하고 있는 같은 규칙 제22조는 법률상의 위임근거가 없어 행정기관 내부의 사무처리준칙으로서 행정규칙에 불과하므로, 위 규칙상의 열람·등사의 제한이 공공기관의 정보공개에 관한 법률 제9조 제1항 제1호의 '다른 법률 또는 법률에 의한 명령에 의하여 비공개사항으로 규정된 경우'에 해당한다고 볼 수 없다(대판 2006.5.25, 2006두3049).

20　④

「행정절차법」 제23조(처분의 이유 제시) 제1항 … 행정청은 처분을 할 때에는 다음의 어느 하나에 해당하는 경우를 제외하고는 당사자에게 그 근거와 이유를 제시하여야 한다.
㉠ 신청 내용을 모두 그대로 인정하는 처분인 경우
㉡ 단순·반복적인 처분 또는 경미한 처분으로서 당사자가 그 이유를 명백히 알 수 있는 경우
㉢ 긴급히 처분을 할 필요가 있는 경우

21　④

④ 청구인이 정보공개와 관련한 공공기관의 결정에 대하여 불복이 있거나 정보공개 청구 후 20일이 경과하도록 정보공개 결정이 없는 때에는 「행정심판법」에서 정하는 바에 따라 행정심판을 청구할 수 있다. 이 경우 국가기관 및 지방자치단체 외의 공공기관의 결정에 대한 감독행정기관은 관계 중앙행정기관의 장 또는 지방자치단체의 장으로 한다〈공공기관의 정보공개에 관한 법률 제19조 제1항〉. 청구인은 이의신청 절차를 거치지 아니하고 행정심판을 청구할 수 있다〈동법 제19조 제2항〉.
① 공공기관〈공공기관의 정보공개에 관한 법률 제2조 제3호〉
　㉠ 국가기관
　　• 국회, 법원, 헌법재판소, 중앙선거관리위원회
　　• 중앙행정기관(대통령 소속 기관과 국무총리 소속 기관을 포함한다) 및 그 소속 기관
　　• 「행정기관 소속 위원회의 설치·운영에 관한 법률」에 따른 위원회
　㉡ 지방자치단체
　㉢ 「공공기관의 운영에 관한 법률」 제2조에 따른 공공기관
　㉣ 그 밖에 대통령령으로 정하는 기관
② 모든 국민은 정보의 공개를 청구할 권리를 가진다〈공공기관의 정보공개에 관한 법률 제5조 제1항〉.

③ 정보공개를 청구할 수 있는 외국인은 국내에 일정한 주소를 두고 거주하거나 학술·연구를 위하여 일시적으로 체류하는 사람 또는 국내에 사무소를 두고 있는 법인 또는 단체에 해당하는 자로 한다〈공공기관의 정보공개에 관한 법률 시행령 제3조〉.

22　①

① 행정조사는 행정작용의 자료를 얻기 위한 준비적, 보조적 수단이다.
② 「행정조사기본법」 제4조 제3항
③ 「행정조사기본법」 제4조 제1항
④ 「행정조사기본법」 제4조 제2항

23　②

② 지방자치단체는 그 내용이 주민의 권리의 제한 또는 의무의 부과에 관한 사항이거나 벌칙에 관한 사항이 아닌 한 법률의 위임이 없더라도 조례를 제정할 수 있다 할 것인데 청주시의회에서 의결한 청주시행정정보공개조례안은 행정에 대한 주민의 알 권리의 실현을 그 근본내용으로 하면서도 이로 인한 개인의 권익침해 가능성을 배제하고 있으므로 이를 들어 주민의 권리를 제한하거나 의무를 부과하는 조례라고는 단정할 수 없고 따라서 그 제정에 있어서 반드시 법률의 개별적 위임이 따로 필요한 것은 아니다(대판 1992.6.23, 92추17).
① 시험문항에 대한 채점위원별 채점 결과가 비공개정보인 것과 달리 답안지의 경우 공개정보에 해당한다.
③ 교도관이 작성한 근무보고서는 공개대상정보에 해당한다.
④ 학교폭력대책자치위원회의 회의록은 공개대상정보에 해당한다.

24　③

③ 「행정절차법」 제3조(적용 범위) 제1항 … 처분, 신고, 행정상 입법예고, 행정예고 및 행정지도의 절차에 관하여 다른 법률에 특별한 규정이 있는 경우를 제외하고는 이 법에서 정하는 바에 따른다.

25　①

① 개인정보자기결정권의 보호대상이 되는 개인정보는 개인의 신체, 신념, 사회적 지위, 신분 등과 같이 개인의 인격주체성을 특징짓는 사항으로서 그 개인의 동일성을 식별할 수 있게 하는 일체의 정보라고 할 수 있고, 반드시 개인의 내밀한 영역이나 사사(私事)의 영역에 속하는 정보에 국한되지 않고 공적 생활에서 형성되었거나 이미 공개된 개인정보까지 포함한다(헌재 2005. 7. 21, 2003헌마282·425병합).

② 공공기관의 정보공개에 관한 법률 제5조 제1항은 "모든 국민은 정보의 공개를 청구할 권리를 가진다."고 규정하고 있는데, 여기에서 말하는 국민에는 자연인은 물론 법인, 권리능력 없는 사단·재단도 포함되고, 법인, 권리능력 없는 사단·재단 등의 경우에는 설립목적을 불문한다(대판 2003.12.12, 2003두8050). 또한 외국인도 대통령령에 따른 일정한 요건에 해당하는 자는 정보공개청구를 할 수 있다〈정보공개법 제5조 제2항 및 동법 시행령 제3조〉.

③ 공개청구한 정보가 제9조 제1항 각 호의 1에 해당하는 부분과 공개가 가능한 부분이 혼합되어 있는 경우로서 공개청구의 취지에 어긋나지 아니하는 범위 안에서 두 부분을 분리할 수 있는 때에는 제9조 제1항 각 호의 1에 해당하는 부분을 제외하고 공개하여야 한다〈공공기관의 정보공개에 관한 법률 제14조〉.

④ 민사소송법 제344조 제2항은 같은 조 제1항에서 정한 문서에 해당하지 아니한 문서라도 문서의 소지자는 원칙적으로 그 제출을 거부하지 못하나, 다만 '공무원 또는 공무원이었던 사람이 그 직무와 관련하여 보관하거나 가지고 있는 문서'는 예외적으로 제출을 거부할 수 있다고 규정하고 있는바, 여기서 말하는 '공무원 또는 공무원이었던 사람이 그 직무와 관련하여 보관하거나 가지고 있는 문서'는 국가기관이 보유·관리하는 공문서를 의미한다고 할 것이고, 이러한 공문서의 공개에 관하여는 공공기관의 정보공개에 관한 법률에서 정한 절차와 방법에 의하여야 할 것이다(대판 2010. 1. 19, 2008마546).

26 ③

③ 신청내용을 모두 그대로 인정하는 처분인 경우 이유제시의무가 면제되고〈동법 제23조 제1항 제1호〉, 처분 후 당사자가 요청을 하더라도 그 근거와 이유를 제시하지 않을 수도 있다.

27 ④

④ 제3자의 비공개요청에도 불구하고 공공기관은 공개결정을 할 수 있다〈동법 제21조 제2항〉. 판례도 "공공기관이 보유·관리하고 있는 정보가 제3자와 관련이 있는 경우, 제3자가 비공개를 요청하였다고 하여 정보공개법상 정보의 비공개사유에 해당하는 것은 아니다."라고 판시한 바 있다(대판 2008. 9. 25, 2008두8680).
① 〈동법 제20조 제1항〉
② 정보공개청구권은 법률상 보호되는 구체적인 권리이므로 청구인이 공공기관에 대하여 정보공개를 청구하였다가 거부처분을 받은 것 자체가 법률상 이익의 침해에 해당한다(대판 2003. 12. 12, 2003두8050).
③ 〈동법 제11조 제3항〉

28 ④

④ 세액산출근거가 누락된 납세고지서에 의한 과세처분의 하자의 치유를 허용하려면 늦어도 과세처분에 대한 불복여부의 결정 및 불복신청에 편의를 줄 수 있는 상당한 기간 내에 하여야 한다고 할 것이므로 위 과세처분에 대한 전심절차가 모두 끝나고 상고심의 계류중에 세액산출근거의 통지가 있었다고 하여 이로써 위 과세처분의 하자가 치유되었다고는 볼 수 없다(대판 1984. 4. 10, 83누393).
① 행정청은 필요한 처분기준을 당해 처분의 성질에 비추어 되도록 구체적으로 정하여 공표하여야 한다. 처분기준을 변경하는 경우에도 또한 같다〈동법 제20조 제1항〉. 제1항의 규정에 의한 처분기준을 공표하는 것이 당해 처분의 성질상 현저히 곤란하거나 공공의 안전 또는 복리를 현저히 해치는 것으로 인정될 만한 상당한 이유가 있는 경우에는 이를 공표하지 아니할 수 있다〈동법 제20조 제2항〉.
② 행정청은 처분에 오기·오산 기타 이에 준하는 명백한 잘못이 있는 때에는 직권 또는 신청에 의하여 지체 없이 정정하고 이를 당사자에게 통지하여야 한다〈동법 제25조〉.
③ 동법 제23조에서 처분의 이유제시 원칙을 규정하고 있다. 처분의 이유제시는 '신청에 의한 처분절차'와 '불이익 처분절차'에 공통된 절차이다.

29 ③

① 〈동법 제2조 제5호〉
② 〈동법 제25조 제5항〉
③ 개인정보에 관한 분쟁의 조정(調停)을 위하여 위원장 1명을 포함한 20명 이내의 위원으로 구성된 개인정보 분쟁조정위원회를 둔다〈개인정보 보호법 제40조 제1항, 제2항〉.
④ 〈동법 제4조 제4호〉

30 ①

① 송달은 다른 법령 등에 특별한 규정이 있는 경우를 제외하고는 송달받을 자에게 도달됨으로써 그 효력이 발생한다〈행정절차법 제15조 제1항〉.
② 〈동법 제15조 제2항〉
③ 〈동법 제15조 제3항〉
④ 내용증명우편이나 등기우편과는 달리, 보통우편의 방법으로 발송되었다는 사실만으로는 그 우편물이 상당기간 내에 도달하였다고 추정할 수 없고 송달의 효력을 주장하는 측에서 증거에 의하여 도달사실을 입증하여야 한다(대판 2009. 12. 10, 2007두20140).

31 ④

④ 〈동법 제13조 제4항〉
① 개인 관련 정보 중에서 법령이 정하는 바에 따라 열람할 수 있는 경우, 공공기관이 공표를 목적으로 취득한 정보 등은 공개가 가능하다〈공공기관의 정보공개에 관한 법률 제9조 제1항 제6호〉.
② 외국인도 국내에 일정한 주소를 두고 거주 하거나, 학술·연구 등을 위하여 체류할 경우 정보 공개를 청구할 수 있다〈동법 제5조, 시행령 제3조〉.
③ 정보 공개의 청구는 문서나 구술로 할 수 있다〈동법 제10조〉.

32 ②

② 행정조사 기본법 제25조는 위의 경우에는 '갈음하여야 한다'가 아니라 '갈음할 수 있다'고 규정하고 있다.
④ 권력적 행정조사(강제조사)의 경우 법적 근거가 필요하나, 조사대상자의 자발적인 협조를 얻어서 실시하는 비권력적 행정조사의 경우에는 별도의 법적 근거가 필요하지 않다.

33 ④

④ 퇴직연금의 환수결정은 관련 법령에 따라서 환수금액이 정하여지는 것이므로 퇴직 연금의 환수결정에 앞서 당사자에게 의견진술의 기회를 주지 아니하여도 행정절차법 제22조 3항이나 신의칙에 위배되지 아니한다(대판 2000.11.28. 99두5443).
① 행정절차법은 대부분 절차에 관한 규정으로 이루어져있으나 신의성실 및 신뢰보호의 원칙(제4조)와 같은 실체적 규정도 존재한다.
② 행정절차법 제21조 제2항
③ 외국의 난민인정에 대해서는 행정절차법이 적용되지 않으므로〈행정절차법 제3조, 행정절차법 제23조〉도 적용이 배제된다.

34 ③

행정절차법은 다음 각호의 1에 해당하는 사항에 대하여는 적용하지 아니한다〈제3조 제2항〉.
㉠ 국회 또는 지방의회의 의결을 거치거나 동의 또는 승인을 얻어 행하는 사항
㉡ 법원 또는 군사법원의 재판에 의하거나 그 집행으로 행하는 사항
㉢ 헌법재판소의 심판을 거쳐 행하는 사항
㉣ 각급 선거관리위원회의 의결을 거쳐 행하는 사항
㉤ 감사원이 감사위원회의의 결정을 거쳐 행하는 사항
㉥ 형사·행형 및 보안처분 관계법령에 따라 행하는 사항
㉦ 국가안전보장·국방·외교 또는 통일에 관한 사항 중 행정절차를 거칠 경우 국가의 중대한 이익을 현저히 해할 우려가 있는 사항
㉧ 심사청구·해양안전심판·조세심판·특허심판·행정심판 기타 불복절차에 따른 사항
㉨ 병역법에 의한 징집·소집, 외국인의 출입국·난민인정·귀화, 공무원 인사관계 법령에 의한 징계 기타 처분 또는 이해조정을 목적으로 법령에 의한 알선·조정·중재·재정 기타 처분 등 당해 행정작용의 성질상 행정절차를 거치기 곤란하거나 불필요하다고 인정되는 사항과 행정절차에 준하는 절차를 거친 사항으로서 대통령령으로 정하는 사항

35 ③

③ 정보주체는 개인정보의 열람, 정정·삭제, 처리정지 등의 요구를 문서 등 대통령령으로 정하는 방법·절차에 따라 대리인에게 하게 할 수 있다〈개인정보 보호법 제38조 제1항〉.
① 개인정보는 살아있는 개인에 관한 정보를 말한다〈개인정보보호법 제2조 제1호〉.
④ 개인정보처리자는 열람 등 요구를 하는 자에게 대통령령이 정하는 바에 따라 수수료와 우송료를 청구할 수 있다〈개인정보보호법 제38조 제3항〉.

36 ①

전자공청회〈행정절차법 제38조의2〉
㉠ 행정청은 공청회 개최의 알림 조항에 따른 공청회와 병행하여서만 정보통신망을 이용한 공청회(이하 "전자공청회"라 함)를 실시할 수 있다.
㉡ 행정청은 전자공청회를 실시하는 경우 의견제출 및 토론 참여가 가능하도록 적절한 전자적 처리능력을 갖춘 정보통신망을 구축·운영하여야 한다.
㉢ 전자공청회를 실시하는 경우에는 누구든지 정보통신망을 이용하여 의견을 제출하거나 제출된 의견 등에 대한 토론에 참여할 수 있다.
㉣ 그 밖에 전자공청회의 실시방법 및 절차에 관하여 필요한 사항은 대통령령으로 정한다.

37 ①

① "개인정보"란 살아 있는 개인에 관한 정보로서 성명, 주민등록번호 및 영상 등을 통하여 개인을 알아볼 수 있는 정보(해당 정보만으로는 특정 개인을 알아볼 수 없더라도 다른 정보와 쉽게 결합하여 알아볼 수 있는 것을 포함한다)를 말한다〈개인정보 보호법 제2조 제1호〉.
② 개인정보 보호법 제23조
③ 개인정보 보호법 제18조 제2항 제6호
④ 개인정보 보호법 제61조 제4항

38 ①

공공기관의 정보공개에 관한 법률 제17조 제1항 정보의 공개 및 우송 등에 소요되는 비용은 실비의 범위 안에서 청구인의 부담으로 한다.

39 ②

비공개대상 정보〈동법 제9조 제1항〉 … 공공기관이 보유·관리하는 정보는 공개대상이 되나, 다음에 해당하는 정보에 대하여는 이를 공개하지 아니할 수 있다.

㉠ 다른 법률 또는 법률이 위임한 명령(국회규칙·대법원규칙·헌법재판소규칙·중앙선거관리위원회규칙·대통령령 및 조례에 한함)에 의하여 비밀 또는 비공개 사항으로 규정된 정보

㉡ 국가안전보장·국방·통일·외교관계 등에 관한 사항으로서 공개될 경우 국가의 중대한 이익을 현저히 해할 우려가 있다고 인정되는 정보

㉢ 공개될 경우 국민의 생명·신체 및 재산의 보호에 현저한 지장을 초래할 우려가 있다고 인정되는 정보

㉣ 진행 중인 재판에 관련된 정보와 범죄의 예방, 수사, 공소의 제기 및 유지, 형의 집행, 교정, 보안처분에 관한 사항으로서 공개될 경우 그 직무수행을 현저히 곤란하게 하거나 형사피고인의 공정한 재판을 받을 권리를 침해한다고 인정할만한 상당한 이유가 있는 정보

㉤ 감사·감독·검사·시험·규제·입찰계약·기술개발·인사관리·의사결정과정 또는 내부검토과정에 있는 사항 등으로서 공개될 경우 업무의 공정한 수행이나 연구·개발에 현저한 지장을 초래한다고 인정할만한 상당한 이유가 있는 정보

㉥ 당해 정보에 포함되어 있는 성명·주민등록번호 등 개인에 관한 사항으로서 공개될 경우 개인의 사생활의 비밀 또는 자유를 침해할 우려가 있다고 인정되는 정보

㉦ 법인·난체 또는 개인의 경영·영업상 비밀에 관한 사항으로서 공개될 경우 법인 등의 정당한 이익을 현저히 해할 우려가 있다고 인정되는 정보

㉧ 공개될 경우 부동산 투기·매점매석 등으로 특정인에게 이익 또는 불이익을 줄 우려가 있다고 인정되는 정보

40 ①

① 청구를 받은 날로부터 10일 이내에 공개 여부를 결정하여야 한다〈동법 제11조 제1항〉.

41 ①

① 우리나라 행정절차법은 행정행위나 공법상 계약에 관한 실체법적 규정을 포함하고 있는 독일의 행정절차법과 달리 절차규정 중심으로 되어 있다. 다만, 순수한 절차규정만으로 구성되어 있는 것은 아니고 신뢰보호의 원칙, 신의성실의 원칙 등 실체법적 규정이 일부 포함되어 있다.

42 ④

④ 대법원은 법령상의 청문절차와 같은 단순한 절차상의 하자도 독자적인 취소사유가 될 수 있다고 본다(대판 1991. 7. 9, 91누971).

43 ①

① 행정청이 처리기간을 신청인에게 공표하였으나 그 처리기간 내에 처리하기 곤란한 경우에는 당해 처분의 처리기간의 범위 내에서 1회에 한하여 그 처리기간을 연장할 수 있다〈행정절차법 제19조 제2항〉.
② 행정절차법 제20조 제2항
③ 행정절차법 제23조는 처분의 이유제시를 규정하고 있으며, 처분의 이유제시는 사실상의 근거와 법적 근거를 모두 제시하여야 한다.
④ 행정절차법 제21조 제4항 제1호

44 ③

③ 청구인이 정보공개와 관련한 공공기관의 결정에 대하여 불복이 있거나 정보공개 청구 후 20일이 경과하도록 정보공개 결정이 없는 때에는 「행정소송법」에서 정하는 바에 따라 행정소송을 제기할 수 있다〈공공기관의 정보공개에 관한 법률 제20조 제1항〉.

45 ④

④ 법령이 청문절차를 규정하고 있는 경우 이를 행하지 않고 과하는 처분은 하자 있는 행정행위가 되어 취소소송의 대상이 되나 관계법령이 청문절차를 규정하지 않는 경우에는 청문을 거치지 않고 처분을 하여도 위법한 것이 아니라는 것이 통설·판례이다.

46 ④

④ 행정절차법상 복효적 행정행위의 제3자에 대한 사전통지의무규정은 없다.

행정절차법이 규정하고 있는 것	행정절차법이 규정하고 있지 않은 것
처분절차, 신고절차, 행정예고절차, 행정상 입법예고 절차, 행동지도절차, 신뢰보호법의 원칙, 신의성실 원칙	부당결부금지의 원칙, 공법상 계약절차, 행정상 확약절차, 행정계획절차, 행정조사절차, 행정강제집행절차, 행정처분의 재심사절차

47 ④

④ 청문은 행정청의 소속 직원 또는 대통령령이 정하는 자격을 가진 자 중에서 선정하는 자가 주재한다〈행정절차법 제28조 제1항〉.

48 ③

③ 청문주재자는 당사자 등이 주장하지 아니한 사실에 대하여도 조사할 수 있다〈행정절차법 제33조 제1항 후문〉.

49 ①

① '공개'라 함은 공공기관이 이 법의 규정에 의하여 정
보를 열람하게 하거나 그 사본·복제물을 교부하는 것
또는 정보통신망을 통하여 정보를 제공하는 것이다〈공
공기관의 정보공개에 관한 법률 제2조 제2호〉.

50 ③

③ 청문은 행정청의 소속 직원 또는 대통령령이 정
하는 자격을 가진 자 중에서 선정하는 자가 주재하
며〈행정절차법 제28조 제1항〉, 독립하여 직무를 수
행한다〈행정절차법 제28조 제3항〉.

행정의 실효성 확보수단

● **1. 행정강제**

1　②

① 법령에 의해 행정대집행의 절차가 인정되는 경우에도 행정청은 따로 민사소송의 방법으로 시설물의 철거를 구할 수 없다(대판 2000.5.12. 선고 99다18909).
③ 성업공사(현, 한국자산관리공사)의 공매결정과 공매통지가 항고소송 대상인 처분이라 할 수 없다(대판 1998.6.26. 선고 96누12030).
④ 이행강제금 납부의무는 일신전속적이라서 상대방이 사망 시 종료한다(대결 2006.12.8. 자 2006마470 결정).

2　④

④ 계고서라는 명칭의 1장의 문서로서 일정기간 내에 위법건축물의 자진철거를 명함과 동시에 그 소정기한 내에 자진철거를 하지 아니할 때에는 대집행할 뜻을 미리 계고한 경우라도 건축법에 의한 철거명령과 행정대집행법에 의한 계고처분은 독립하여 있는 것으로서 각 그 요건이 충족되었다고 볼 것이다(대판 1992.06.12. 선고 91누13564).

3　④

① 행정상 의무불이행에 대하여 법령에 의한 행정상 강제집행이 인정된다면 별도의 민사상 강제집행의 방법은 사용할 수 없다.
② 부작위의무 위반이 있는 경우, 그 결과를 시정하기 위한 작위의무를 당연히 끌어낼 수는 없으며, 위반결과의 시정을 명할 수 있는 권한이 당연히 도출되는 것도 아니다.
③ 건물의 명도의무는 대체적 작위의무가 아니므로 일반적으로 대집행의 대상이 되지 않는다.

4　③

① 건물의 소유자에게 위법건축물을 일정기간까지 철거할 것을 명함과 아울러 불이행할 때에는 대집행한다는 내용의 철거대집행 계고처분을 고지한 후 이에 불응하자 다시 제2차, 제3차 계고서를 발송하여 일정기간까지의 자진철거를 촉구하고 불이행하면 대집행을 한다는 뜻을 고지하였다면 행정대집행법상의 건물철거의무는 제1차 철거명령 및 계고처분으로서 발생하였고 제2차, 제3차의 계고처분은 새로운 철거의무를 부과한 것이 아니고 다만 대집행기한의 연기 통지에 불과하므로 행정처분이 아니다(대판 1994.10.28. 94누5144).
② 대집행의 요건이 충족되면 대집행을 실행할 것인지에 대해 결정해야 하는데 아직까지 판례에서는 대집행을 반드시 행해야 하는 기속행위의 성질을 갖는 것으로 보고 있지 않다.
④ 법률(법률의 위임에 의한 명령, 지방자치단체의 조례를 포함한다)에 의하여 직접 명령되었거나 또는 법률에 의거한 행정청의 명령에 의한 행위로서 타인이 대신하여 행할 수 있는 행위를 의무자가 이행하지 아니하는 경우 다른 수단으로써 그 이행을 확보하기 곤란하고 또한 그 불이행을 방치함이 심히 공익을 해할 것으로 인정될 때에는 당해 행정청은 스스로 의무자가 하여야 할 행위를 하거나 또는 제삼자로 하여금 이를 하게 하여 그 비용을 의무자로부터 징수할 수 있다〈행정대집행법 제2조〉.

5　②

① 행정상 강제집행이 법률에 규정되어 있는 경우에는 민사상 강제집행이 인정되지 않는다.
③ 개발제한구역 내의 건축물에 대하여 허가를 받지 않고 한 용도변경행위에 대한 형사처벌과 건축법 제83조 제1항에 의한 시정명령 위반에 대한 이행강제금의 부과는 그 처벌 내지 제재대상이 되는 기본적 사실관계로서의 행위를 달리하며, 또한 그 보호법익과 목적에서도 차이가 있으므로 이중처벌에 해당한다고 할 수 없다(대판 2005.8.19, 2005마30).
④ 전통적으로 행정대집행은 대체적 작위의무에 대한 강제집행수단으로, 이행강제금은 부작위의무나 비대체적 작위의무에 대한 강제집행수단으로 이해되어 왔으나, 이는 이행강제금제도의 본질에서 오는 제약은 아니며, 이행강제금은 대체적 작위의무의 위반에 대하여도 부과될 수 있다(헌재 2004.2.26, 2001헌바80·84·102·103, 2002헌바26 병합).

6 ④

④ 국세에 대해서는 행정심판전치주의가 적용되므로 바로 취소소송을 제기할 수 없고 심판청구나 심사청구 과정을 거친 후 취소소송을 제기할 수 있다.

7 ①

세무서장은 압류한 동산, 유가증권, 부동산, 무체재산권 등과 체납자를 대위하여 받은 물건[통화(通貨)는 제외한다]을 대통령령으로 정하는 바에 따라 공매한다〈국세징수법 제61조 제1항〉. 그러나 압류재산이 다음의 어느 하나에 해당하는 경우에는 수의계약으로 매각할 수 있다〈국세징수법 제62조〉.
㉠ 수의계약으로 매각하지 아니하면 매각대금이 체납처분비에 충당하고 남을 여지가 없는 경우
㉡ 부패·변질 또는 감량되기 쉬운 재산으로서 속히 매각하지 아니하면 그 재산가액이 줄어들 우려가 있는 경우
㉢ 압류한 재산의 추산(推算) 가격이 1천만원 미만인 경우
㉣ 법령으로 소지 또는 매매가 규제된 재산인 경우
㉤ 제1회 공매 후 1년간 5회 이상 공매하여도 매각되지 아니한 경우
㉥ 공매하는 것이 공익을 위하여 적절하지 아니한 경우

8 ①

① 법령 등에서 규정하고 있지 않더라도 열람을 신청할 수 있다. 조사대상자는 조사대상 선정기준에 대한 열람을 행정기관의 장에게 신청할 수 있다〈행정조사기본법 제8조 제2항〉.

9 ①

① "이 법 또는 이 법에 의한 처분으로 인한 의무를 이행하지 아니하거나 기간 내에 완료할 가망이 없는 경우 또는 의무자로 하여금 이를 이행하게 함이 현저히 공익을 해한다고 인정되는 사유가 있을 때에는 시·도지사나 시장·군수 또는 구청장은 기업자의 신청에 의하여 행정대집행법의 정하는 바에 의하여 이를 대집행할 수 있다."라고 규정하고 있는데, 위 각 규정에서의 '인도'에는 명도도 포함되는 것으로 보아야 하고, 이러한 명도의무는 그것을 강제적으로 실현하면서 직접적인 실력행사가 필요한 것이지 대체적 작위의무라고 볼 수 없으므로 특별한 사정이 없는 한 행정대집행법에 의한 대집행의 대상이 될 수 있는 것이 아니다(대판 2005.8.19, 2004다2809).

10 ①

① 대집행의 요건으로는 '공법상 대체적 작위의무의 불이행이 있을 것', '다른 수단으로는 그 이행을 확보하기가 곤란할 것(보충성)', '그 불이행을 방치함이 심히 공익을 해할 것',이 있다. 법률상 시설설치 금지의무를 위반하여 시설을 설치하였다는 이유만으로 대집행 요건은 충족된다고 할 수 없다.
② 이러한 의무는 그것을 강제적으로 실현함에 있어 직접적인 실력행사가 필요한 것이지 대체적 작위의무에 해당하는 것은 아니어서 직접강제의 방법에 의하는 것은 별론으로 하고 행정대집행법에 의한 대집행의 대상이 되는 것은 아니다(대판 1998.10.23, 97누157).
③ 행정대집행의 방법으로 이 사건 시설물을 철거할 수 있고, 이러한 행정대집행의 절차가 인정되는 경우에는 따로 민사소송의 방법으로 피고들에 대하여 이 사건 시설물의 철거를 구하는 것은 허용되지 않는다고 할 것이다(대판 2009.06.11, 2009다1122).
④ 공법상의 의무는 법령에 의해 직접 성립하는 의무도 포함된다.

11 ③

③ 비록 부정적인 견해가 다수를 차지하지만 긍정적인 견해 또한 있으며 여기에 대해서 서로 견해가 대립하고 있다.
① 「경찰관직무집행법」에는 직접강제에 관한 일반적 근거를 규정하고 있지 않으며 이에 대한 규정은 소수의 몇몇 개별법률에 명시되어 있다.
② 행정대집행 실행 시 대집행 상대방이 저항할 경우 대집행 책임자가 실력행사를 하여 이를 직접강제할 수 있다는 판례는 아직 없다.
④ 조세체납자의 관허사업 제한을 명시하고 있는 「국세징수법」 관련규정이 부당결부금지원칙에 반하여 위헌이라는 판례는 아직 없다.

12 ①

① 대집행계고를 함에 있어서는 의무자가 스스로 이행하지 아니하는 경우에 대집행할 행위의 내용 및 범위가 구체적으로 특정되어야 하나, 그 행위의 내용 및 범위는 반드시 대집행계고서에 의하여서만 특정되어야 하는 것이 아니고 계고처분 전후에 송달된 문서나 기타 사정을 종합하여 행위의 내용이 특정되면 족하다.(대판 1994.10.28, 94누5144)
② 헌재 2004.2.26, 2001헌바80 등
③ 대판 2000.5.12, 99다18909
④ 대판 1998.10.23, 97누157

13 ④

①② 대법원은 사회안전법사건에서, 헌법재판소는 「음반비디오물 및 게임물에 관한 법률」에 대한 위헌법률심판제청사건에서 각각 절충설에 입각하여 판시하였다. 단, 다수설과 대법원은 절충설에 있어 원칙은 영장이 필요하나 예외를 허용하는 형식이나 헌법재판소는 즉시강제가 급박성을 본질로 하여 영장의 필요를 원칙으로 하면 목적달성이 아니 된다고 보아 원칙적으로 영장주의가 적용되지 아니하고 예외적으로 영장이 필요하다고 보는 입장이다.

③ 「식품위생법」 제62조의 영업소의 폐쇄조치는 직접강제 사례이다.

14 ④

① 「건축법」 제78조에 의한 무허가 건축행위에 대한 형사 처분과 「건축법」 제83조 제1항에 의한 시정명령 위반에 대한 이행강제금의 부과는 그 처벌 내지 제재대상이 되는 기본적 사실관계로서의 행위를 달리하며, 또한 그 보호법익과 목적에서도 차이가 있으므로 헌법 제13조 제1항이 금지하는 이중처벌에 해당한다고 할 수 없다[헌재결 2004. 2. 26, 2001헌바80, 84, 102, 103, 2002헌바26(병합)].

② 대체적작위의무는 대집행이 가능하나 이행강제금 부과 역시 가능하다.

③ 인도나 명도는 대집행의 대상이 아니다.

15 ④

대집행을 위한 요건
㉠ 공법상 대체적 작위의무의 불이행
㉡ 다른 수단으로써 불이행된 의무이행을 확보하기 곤란할 것(보충성)
㉢ 의무의 불이행을 방치함이 심히 공익을 해하는 것일 것

16 ④

④ 구「건축법」에서는 이행강제금부과처분에 대하여 비송사건절차법에 의해 다투도록 하였다. 이에 구「건축법」하에서는 이행강제금부과처분에 대하여 특별불복절차가 있으므로 항고소송의 대상인 처분이 아니었다. 그러나 현행 건축법에서는 이행강제금부과처분에 대하여 특별불복절차를 규정하고 있지 않으므로 항고쟁송을 통해 다투어야 한다.

① 이행강제금이란 비대체적 작위의무 또는 부작위의무나 수인의무의 불이행시에 일정액수의 금전이 부과될 것임을 의무자에게 미리 통지함으로써 심리적 압박을 주어 의무이행의 확보를 도모하는 강제수단을 말한다.

③ 이행강제금은 장래의 의무이행이라는 점에서 일종의 과거 의무위반에 대한 처벌이라 할 수 있는 과태료와는 성질이 다르다. 따라서 허가권자는 최초의 시정명령이 있었던 날을 기준으로 하여 1년에 2회 이내의 범위에서 그 시정명령이 이행될 때까지 반복하여 이행강제금을 부과·징수할 수 있다〈건축법 제80조 제4항〉.

17 ①

① 직접강제
②③④ 즉시강제

18 ①

① 대집행의 계고, 대집행영장에 의한 통지, 대집행의 실행, 대집행에 요한 비용의 납부명령 등은 타인이 대신하여 행할 수 있는 행정의무의 이행을 의무자의 비용부담하에 확보하고자 하는, 동일한 행정목적을 달성하기 위하여 단계적인 일련의 절차로 연속하여 행하여지는 것으로서, 서로 결합하여 하나의 법률효과를 발생시키는 것이므로, 선행처분인 계고처분이 하자가 있는 위법한 처분이라면, 비록 그 하자가 중대하고도 명백한 것이 아니어서 당연무효의 처분이라고 볼 수 없고 행정소송으로 효력이 다투어지지도 아니하여 이미 불가쟁력이 생겼으며, 후행처분인 대집행영장발부통보처분 자체에는 아무런 하자가 없다고 하더라도, 후행처분인 대집행영장발부통보처분의 취소를 청구하는 소송에서 청구원인으로 선행처분인 계고처분이 위법한 것이기 때문에 그 계고처분을 전제로 행하여진 대집행영장발부통보처분도 위법한 것이라는 주장을 할 수 있다(대판 1996. 2. 9, 95누12507).

19 ③

③ 세법상 가산세는 과세권의 행사 및 조세채권의 실현을 용이하게 하기 위하여 납세자가 정당한 이유 없이 법에 규정된 신고, 납세 등 각종 의무를 위반한 경우에 법이 정하는 바에 따라 부과하는 행정상 제재로서 납세자의 고의·과실은 고려되지 아니하고 법령의 부지 등은 그 의무위반을 탓할 수 없는 정당한 사유에 해당하지 아니한다(대판 2004. 2. 26, 2002두10643).

20 ①

① 근로기준법 제101조에 따른 근로감독관의 직무에 관한 사항은 행정조사기본법 적용제외 사안이다〈동법 제3조 제2항 제4호〉.
② 〈동법 제3조 제2항 제6호〉
③ 〈동법 제2조 제1호〉
④ 〈동법 제4조 제3항〉

21 ①

① 위법한 행정처분이라도 당연 무효가 아닌 한 권한 있는 기관에 의해 취소되기 전까지는 공정력이 인정되며, 공법상의 대체적 작위의무는 행정대집행의 대상이 되므로 설문의 경우 대집행을 할 수 있다.
② 대집행의 주체는 당해 행정청(처분청)이며,〈행정대집행법 제2조〉행정청의 위임이 있을 경우 수임청도 대집행의 주체가 될 수 있다.
③ 대집행의 계고는 상당한 기간을 정하여 문서로써 해야 하며 구두에 의한 계고는 무효이다〈행정대집행법 제3조〉.
④ 대집행영장에 의한 통지는 의사의 통지로 처분성이 인정되므로 항고소송의 대상이 된다.

22 ③

③ 행성상 강제집행에 해당한다.
①② 대인적 즉시강제이다.
④ 대물적 즉시강제이다.

23 ④

④ 지문과 같은 규정은 개정 건축법에서 삭제되었다.
① 비상시 또는 위험이 절박한 경우에 있어서 당해 행위의 급속한 실시를 요하여 전2항에 규정한 수속(계고와 대집행영장에 의한 통지)을 취할 여유가 없을 때에는 그 수속을 거치지 아니하고 대집행을 할 수 있다〈행정대집행법 제3조 제3항〉.
② 과세관청이 체납처분으로서 행하는 공매는 우월한 공권력의 행사로서 행정소송의 대상이 되는 공법상의 행정처분이며 공매에 의하여 재산을 매수한 자는 그 공매처분이 취소된 경우에 그 취소처분의 위법을 주장하여 행정소송을 제기할 법률상 이익이 있다(대판 1984. 9. 25, 84누201).
③ 대판 2004. 3. 12, 2001두7220

24 ①

①「행정대집행법」에 의한 무허가 건물의 강제철거는 강제집행으로, 의무부과와 불이행을 전제로 하는 즉시강제와 다르다.
②④ 대물적즉시강제
③ 대인적즉시강제

25 ①

① 국유지로부터의 퇴거의무는 대체적 작위의무에 해당되지 아니하므로 대집행의 대상이 될 수 없다.

※ 대체적 작위의무 … 대집행의 대상이 되는 의무로서 타인이 대신하여 행할 수 있는 행위가 부과된 의무를 말하며, 작위의무라 해도 타인이 대신하여 행할 수 없는 행위는 대집행의 대상이 되지 않는다.

26 ②

② 일반적 견해에 의하면 의무를 명할 수 있는 행위와 행정강제는 그 성질이 다르기 때문에 각각의 행위에 대하여 각각의 법적 근거를 요구한다.

27 ③

직접강제는 행정상 의무위반이나 불이행에 대해 직접 의무자의 신체 또는 재산에 실력을 가하여 행정상 필요한 상태를 실현하는 작용이다.

28 ①

① 대집행은 대체적 작위의무 불이행의 경우에 행해지는 강제집행수단으로, 무허가 영업소의 강제폐쇄는 직접강제에 속한다.

29 ④

④ 행정상 즉시강제는 권력적 사실행위로서「행정소송법」상 처분에 속하나 위법한 행정상의 즉시강제라고 해서 언제나 행정쟁송의 대상이 되는 것은 아니다. 즉, 침해행위가 비교적 장기에 걸쳐 계속되거나 또는 취소로 회복될 법률상의 이익이 있을 경우에는 취소소송을 통해 구제가 가능하다〈행정소송법 제12조〉.

30 ①

① 이행강제금은 장래에 그 의무 이행을 간접적으로 강제하는 집행벌의 일종으로 과거의 의무 위반에 대한 제재로서의 벌인 행정벌과 다르다.

31 ③

①② 집행벌 ④ 대집행

32 ④

④ 이행강제금부과처분은 행정소송의 대상이 되는 행정처분이다.

33 ②

행정상 강제집행의 수단으로는 대집행, 직접강제, 집행벌, 행정상 강제징수가 있으며, 과징금은 새로운 의무이행확보수단이다.

34 ③

③ 의무를 명하는 행위의 하자와 후행행위인 계고는 독립하여 별개의 효과를 가져오는 것으로서 양자 간에는 하자의 승계가 인정되지 않는다.
① 대판 1998. 10. 23, 97누157

35 ②

①④ 감독권에 의한 취소·정지, 청원 및 소청은 간접적이고 우회적인 구제수단에 속한다.
③ 행정심판이나 행정소송은 실익이 없는 경우가 많다.

36 ②

이행강제금은 불법건축물에 대한 시정명령을 이행하지 않으면 이행강제금을 부과·징수한다는 뜻을 미리 문서로써 계고하고 그 기한까지 이를 행하지 않을 경우에는 이행강제금을 부과할 수 있으며 이는 1년에 2회 이내의 범위 안에서 그 이행시까지 반복하여 부과할 수 있다. 따라서 이는 집행벌에 속한다고 볼 수 있다.

37 ④

④ 대체적 작위의무에 대한 행정상 의무이행확보수단은 대집행이다.

38 ②

영업장소의 강제폐쇄조치는 영업정지명령에 대한 행정법상 비대체적 부작위의무 불이행에 대하여 실력을 행사함으로써 이행이 있는 것과 같은 상태를 실현하는 행정작용으로, 행정상의 강제집행 중 직접강제에 해당한다.

39 ④

대집행의 주체는 당해 행정청이다. 즉, 당초에 의무를 명하는 행정행위를 한 행정청을 말한다. 당해 행정청의 위임이 있으면 다른 행정청도 대집행의 주체가 될 수 있다. 그러나 행정청의 위임을 받아 대집행을 실행하는 제3자는 대집행의 주체가 아니다.

40 ②

행정대집행의 실행은 당해 행정청이 그 의무를 스스로 행하거나 제3자로 하여금 이를 행하게 한다.

41 ③

③ 대집행절차의 4단계(계고, 대집행영장통지, 대집행 실행, 비용징수)에 위법·부당이 있으면 어떤 단계에 대해서든 항고쟁송을 제기할 수 있다. 다만, 대집행 실행이 종료되면 소의 이익이 없어 항고쟁송을 제기할 수 없다.

42 ④

국세징수법상의 강제징수(체납처분) … 독촉·재산압류·매각·청산의 단계로 이루어지며, 이들 절차는 서로 결합하여 한 개의 법률효과를 완성하므로 선행행위의 위법성은 후행행위에 승계된다. 그러나 과세처분과 체납처분은 각각 별개의 효과를 목적으로 하는 행위로서 선행행위인 과세처분이 당연무효로 되는 위법사유만이 후행행위인 체납처분에 승계된다고 본다.

43 ②

① 행정상 강제징수
② 대집행
③ 즉시강제
④ 직접강제

44 ②

대집행의 요건〈행정대집행법 제2조〉
㉠ 의무자가 대체적 작위의무를 이행하지 아니하였을 것
㉠ 다른 수단으로 그 이행을 확보하기 곤란할 것
㉢ 불이행을 방치함이 심히 공익을 해할 것으로 인정될 것

45 ④

④ 조세의 부과처분과 압류 등의 체납처분은 별개의 행정처분으로서 독립성을 가지므로 부과처분에 하자가 있더라도 그 부과처분이 취소되지 아니하는 한 그 부과처분에 의한 체납처분은 위법이라고 할 수는 없지만, 체납처분은 부과처분의 집행을 위한 절차에 불과하므로 그 부과처분에 중대하고도 명백한 하자가 있어 무효인 경우에는 그 부과처분의 집행을 위한 체납처분도 무효라 할 것이나, 그 부과처분의 무효확인 청구를 기각하는 판결이 확정된 경우에는 사실심변론 종결 이전의 사유를 들어 그 부과처분의 무효를 주장하고 이로써 압류처분의 무효를 다툴 수는 없다(대판 1988.6.28, 87누1009)

46 ④

④「출입국관리법」상에서 인정하는 직접강제로서, 이는 행정법상의 의무위반 또는 불이행에 대하여 직접 의무자의 신체 또는 재산에 실력을 가하여 행정상 필요한 상태를 실현하는 작용을 말한다. 이에 반하여 행정상 즉시강제는 목전의 급박한 행정상 장해를 제거하여야 할 필요가 있는 경우에, 미리 의무를 명할 시간적 여유가 없을 때 또는 그 성질상 의무를 명하여서는 목적달성이 곤란할 때에, 직접 국민의 신체 또는 재산에 실력을 가하여 행정상 필요한 상태를 실현하는 작용을 말한다.

47 ③

집행벌은 의무자에게 심리적 압박을 가하여 의무의 이행을 간접적으로 강제하려는 수단이다. 간접적 수단으로는 집행벌 외에 행정벌 그리고 새로운 의무이행확보 수단인 과징금, 공급거부, 공표 등을 들 수 있다.

48 ①

① 행정조사
② 대집행
③ 강제집행
④ 직접강제

49 ④

③④ 행정상 강제집행과 즉시강제 모두 국민의 신체·재산에 대한 실력 행사를 한다는 점에서 권력적 사실행위에 해당한다.
①② 행정상 강제집행은 의무의 존재 및 그 불이행을 전제로 하는 점에서, 이를 전제로 하지 아니하고 급박한 경우에 행하여지는 행정상 즉시강제와 구별된다.

50 ②

① 종래 대륙법계 국가에서 행정행위의 근거가 되는 법규는 동시에 강제집행의 근거가 되는 것으로 보아 특별한 실정법상의 근거가 없이도 행정상 강제집행이 가능한 것으로 보았으나, 오늘날에는 명령에 의하여 의무를 부과하는 것과 강제집행에 의하여 의무내용을 실현하는 것은 전혀 별개의 문제이며 따라서 강제집행에는 항상 명령권의 수권법규와는 다른 별개의 수권법규가 필요하다고 본다.
③ 대집행은 권력적 사실행위로서 행정쟁송이 가능한 처분에 해당한다.
④ 행정질서벌은 행정벌에 해당한다.

51 ①

② 행정상 의무의 불이행에 대하여 장래에 향하여 실력으로 그 의무를 이행시키는 것은 강제집행이다.
③ 행정상 강제징수에 대한 일반법은 국세징수법이다.
④ 대집행은 일정한 절차하에 인정된다. 곧바로 행할 수 없으며 원칙적으로 상당한 이행기간을 부여하여야 한다.

52 ①

① 대집행은 그에 앞서 상당한 기간을 정하여 그 기한까지 이행되지 아니할 때에는 대집행을 한다는 뜻을 미리 문서로써 계고하여야 하나, 비상시 또는 당해 행위의 급박한 실시를 요하는 때에는 예외적으로 계고를 거치지 아니하고 대집행을 실행할 수 있다.
④ 계고는 준법률행위적 행정행위로서 취소소송의 대상이 된다.

53 ①

① 계고와 대집행영장의 통지는 통지로서 준법률행위적 행정행위, 대집행의 실행은 권력적 사실행위, 비용납부명령은 행정행위로서 모두 행정쟁송의 대상이 되는 '처분 등'에 해당한다.
② 대집행의 실시 여부는 원칙적으로 관할 행정청의 재량사항이다.
③ 대집행의 일반법은 행정대집행법이다.
④ 대집행은 대체적 작위의무의 위반을 대상으로 한다. 부작위의무 위반에 대하여는 직접 대집행을 할 수 없고, 부작위의무 위반으로 인한 결과를 시정하기 위한 대체적 작위의무를 과한 후 그 대체적 작위의무의 불이행이 있는 경우에 비로소 대집행을 해야 한다.

54 ④

④ 대집행의 요건은 계고시에 충족되어야 한다. 그것은 계고가 상당한 기한까지 의무를 이행하지 아니할 때에는 대집행을 할 수 밖에 없다는 의사표시로써 장래 대집행을 한다는 것을 확실히 나타내는 것이므로 계고를 할 때에 위의 요건충족이 선행될 필요가 있다고 해석되기 때문이다. 판례도 이러한 입장이다.

55 ③

③ 계고, 통지, 실행, 비용징수는 모두 각각 독자적인 취소소송의 대상이 된다.
① 다른 법령에 규정이 있거나 비상시 또는 위험이 급박한 경우에는 계고를 생략할 수 있다.
④ 대집행의 각 단계의 행위는 하자가 승계된다. 그러나 건물철거 명령과 같이 의무를 명하는 행위와 계고 간에는 의무부과행위가 당연무효가 아닌 한 하자의 승계가 인정되지 않는다는 것이 통설·판례의 입장이다.

56 ②

② 대집행의 주체는 처분청에 한정되나 대집행의 실행은 처분청 외에 제3자도 할 수 있다. 이때 처분청과 제3자의 관계에 대해서는 공법상의 관계라는 견해와 사법상의 관계라는 견해가 대립하고 있다.

57 ③

③ 대집행의 대상은 대체적 작위의무이며 선전광고
물을 제거할 의무는 이에 속한다.

58 ③

① 대집행은 대체적 작위의무를 대상으로 한다.
② 계고행위는 통지로서 준법률행위적 행정행위이다
(통설·판례).
④ 의무자로부터 징수한다.

59 ③

① 거주자에게 있어서 퇴거는 대체적 작위의무가 아
니라 비대체적 작위의무이다.
④ 위법한 건축부분에 대한 시정의무는 대체적 작위
의무이기는 하나, 대집행의 요건상 그 불이행을
방치함이 심히 공익을 해하는 것이 아닌 경미한
의무 위반에 대하여 대집행을 하는 것은 위법한
것이 된다.

60 ②

② 대집행의 요건은 계고시 이미 충족되어 있어야 한
다. 또한 계고를 할 때는 이미 의무 불이행의 상태가
있어야 하므로, 계고는 원칙적으로 의무를 명하는 행
정행위와 동시에 결합되어 행해질 수 없다는 것이 일
반적 견해이다. 다만, 예외적으로 양자의 결합이 허
용될 수 있다(판례는 양자의 결합을 인정하고 있음을
주의해야 한다).

2. 행정제재

1 ④

④ 「질서위반행위규제법」에 따른 과태료부과처분은
항고소송의 대상인 행정처분에 해당하지 않는다.

2 ②

② 하나의 행위가 2 이상의 질서위반행위에 해당하
는 경우에는 각 질서위반행위에 대하여 정한 과태료
중 가장 중한 과태료를 부과한다〈질서위반행위규제
법 제18조 제1항〉.

3 ④

① 조세범처벌절차법에 의하여 범칙자에 대한 세무관
서의 통고처분은 행정소송의 대상이 아니다(대판
1980.10.14, 80누380).

② 통고처분을 할 것인지의 여부는 관세청장 또는 세관
장의 재량에 맡겨져 있다고 할 것이고, 따라서 관세
청장 또는 세관장이 관세범에 대하여 통고처분을 하
지 아니한 채 고발하였다는 것만으로는 그 고발 및
이에 기한 공소의 제기가 부적법하게 되는 것은 아
니라고 할 것이다(대판 2007.5.11, 2006도1993).
③ 도로교통법상의 통고처분을 받은 자가 그 처분에
대하여 이의가 있는 경우에는 통고처분에 따른 범
칙금의 납부를 이행하지 아니함으로써 경찰서장의
즉결심판청구에 의하여 법원의 심판을 받을 수 있
게 될 뿐이다(대판 1995.6.29, 95누4674).

4 ③

③ 신분에 의하여 성립하는 질서위반행위에 신분이
없는 자가 가담한 때에는 신분이 없는 자에 대하여
도 질서위반행위가 성립한다〈질서위반행위규제법 제
12조 제2항〉.

5 ①

① 과태료 사건은 다른 법령에 특별한 규정이 있는 경우
를 제외하고는 당사자의 주소지의 지방법원 또는 그
지원의 관할로 한다〈질서위반행위규제법 제25조〉.
② 질서위반행위규제법 제20조 제1항, 제2항
③ 질서위반행위규제법 제21조 제1항
④ 질서위반행위규제법 제19조 제1항

6 ②

② 구 대기환경보전법(1992.12.8. 법률 제4535호로
개정되기 전의 것)의 입법목적이나 제반 관계규정
의 취지 등을 고려하면, 법정의 배출허용기준을
초과하는 배출가스를 배출하면서 자동차를 운행
하는 행위를 처벌하는 위 법 제57조 제6호의 규
정은 자동차의 운행자가 그 자동차에서 배출되는
배출가스가 소정의 운행 자동차 배출허용기준을
초과한다는 점을 실제로 인식하면서 운행한 고의
범의 경우는 물론 과실로 인하여 그러한 내용을
인식하지 못한 과실범의 경우도 함께 처벌하는
규정이다.(대판 1993.9.10, 92도1136)
① 대판 1995.6.29, 95누4674
③ 질서위반행위규제법 제19조 제1항
④ 대판 1996.4.12, 96도158

7 ③

③ 통고처분은 조세범, 관세범, 출입국관리사범, 교
통사범 등에 대하여 행정법을 과함에 있어서 정식재
판에 갈음하여 신속 간편하게 범칙금의 납부를 명하
는 준사법적 행위이다. 다만 통고처분은 납부 불이행
이라는 별도의 구제 수단이 있으므로 항고소송의 대
상으로서 처분성이 없다는 것은 주의를 요한다.

8　②

「대기환경보전법」 제37조(과징금 처분) 제1항…시·도지사는 다음 각 호의 어느 하나에 해당하는 배출시설을 설치·운영하는 사업자에 대하여 제36조(허가의 취소 등)에 따라 조업정지를 명하여야 하는 경우로서 그 조업정지가 주민의 생활, 대외적인 신용·고용·물가 등 국민경제, 그 밖에 공익에 현저한 지장을 줄 우려가 있다고 인정되는 경우 등 그 밖에 대통령령으로 정하는 경우에는 조업정지처분을 갈음하여 2억원 이하의 <u>과징금</u>을 부과할 수 있다.
1. 「의료법」에 따른 의료기관의 배출시설
2. 사회복지시설 및 공동주택의 냉난방시설
3. 발전소의 발전 설비
4. 「집단에너지사업법」에 따른 집단에너지시설
5. 「초·중등교육법」 및 「고등교육법」에 따른 학교의 배출시설
6. 제조업의 배출시설
7. 그 밖에 대통령령으로 정하는 배출시설

9　①

① 대한주택공사가 구 「대한주택공사법」(2009.5.22. 법률 제9706호 한국토지주택공사법 부칙 제2조로 폐지) 및 구 「대한주택공사법」 시행령(2009.9.21. 대통령령 제21744호 한국토지주택공사법 시행령 부칙 제2조로 폐지)에 의하여 대집행권한을 위탁받아 공무인 대집행을 실시하기 위하여 지출한 비용을 「행정대집행법」 절차에 따라 「국세징수법」의 예에 의하여 징수할 수 있음에도 민사소송절차에 의하여 그 비용의 상환을 청구한 사안에서, 「행정대집행법」이 대집행비용의 징수에 관하여 민사소송절차에 의한 소송이 아닌 간이하고 경제적인 특별구제절차를 마련해 놓고 있으므로, 위 청구는 소의 이익이 없어 부적법하다고 본 원심판단을 수긍(대판 2011.9.8, 2010다48240).

10　③

③ 양벌규정에 의한 영업주의 처벌은 금지위반행위자인 종업원의 처벌에 종속하는 것이 아니라 독립하여 그 자신의 종업원에 대한 선임감독상의 과실로 인하여 처벌되는 것이므로 영업주의 위 과실책임을 묻는 경우 금지위반행위자인 종업원에게 구성요건상의 자격이 없다고 하더라도 영업주의 범죄성립에는 아무런 지장이 없다(대판 1987. 11. 10, 87도1213).

11　②

② 통고처분이란 일반형사소송절차에 앞서 행정청(세무서장, 경찰서장)이 일정한 위법행위를 한 범법자에게 형벌(벌금, 과료)을 대신하여 범칙금을 납부토록 하고, 범칙금을 납부하였을 경우 처벌을 종료하여 '일사부재리의 원칙'에 따라 다시 소추할 수 없는 제도를 말한다.

12　②

질서위반행위규제법 제2조 제1호

13　④

④ 신분에 의하여 성립하는 질서위반행위에 신분이 없는 자가 가담한 때에는 신분이 없는 자에게도 질서위반행위가 성립한다〈질서위반행위규제법 제12조 제2항〉.

14　③

③ 질서위반행위규제법은 대한민국 영역 밖에서 질서위반행위를 한 대한민국의 국민에게 적용한다〈질서위반행위규제법 제4조 제2항〉.
① 질서위반행위규제법 제20조 제1항, 제2항
② 질서위반행위규제법 제13조 제1항
④ 질서위반행위규제법 제12조 제2항

15　②

② 현행법상 인·허가의 철회·정지에 갈음하여 과징금을 부과하는 것은 허용된다(여객자동차 운수사업법 제88조 제1항, 대기환경보전법 제37조 제1항 등).
④ 헌재 2003. 7. 24, 2001헌가25

16　①

통고처분 … 절차의 간이·신속을 주안으로 행정청이 정식재판에 갈음하여 일정한 벌금 또는 과료에 상당하는 금액의 납부를 명하는 준사법적 행정행위로서 조세범, 관세범, 출입국관리범, 교통사범, 경범죄사범에 대하여 인정되며 경제범은 인정되지 아니한다.

17　②

② 통고처분은 준사법적 행정행위로서의 성격을 가진다.
① 통고처분권자는 국세청장, 지방국세청장, 세무서장, 관세청장, 세관장, 출입국사무소장, 경찰서장 등이다.
③ 통고처분을 받은 자가 그 통고에 따라 이행한 때에는 확정판결과 동일한 효력이 발생되어 일사부재리의 원칙이 적용되므로 다시 소추하지 못한다.
④ 법정기간 내에 이행하지 않으면 통고처분의 효력은 상실되어 검찰에 고발할 수 있다.

18　④

① 행정상 즉시강제
② 행정상 강제집행
③ 징계벌

※ **행정벌** … 행정법상의 의무위반행위(행정목적상의 명령·금지 위반)에 대하여 일반통치권에 의거하여 일반 사인에게 제재로서 과하는 처벌이다.

19 ①

① 행정벌 중 행정형벌의 경우에 형법총칙이 적용된다. 그러나 행정질서벌에는 형법총칙이 적용되지 않는다. 행정질서벌에 관하여는 일반법이 없으므로 각각 개별 근거법의 규정 및 행정벌의 성질에 따라 그 적용법리를 도출할 수 있다.

20 ③

행정질서벌은 행정법상의 의무 위반에 대한 제재라는 점에서 행정형벌과 다를 것이 없다. 그러나 행정형벌은 그 행정법규 위반이 직접적으로 행정목적과 사회공익을 침해하는 경우에 과해지지만, 행정질서벌은 신고·등록서류비치 등의 의무를 태만히 하는 것과 같이, 간접적으로 행정상의 질서에 장해를 줄 위험성이 있는 정도의 행위에 대해서 과해진다는 점에서 양자는 구별된다. 다만, 그 처벌내용은 기본적으로 입법권자가 그 입법목적이나 입법당시의 제반 사정을 고려하여 결정할 입법정책에 속하는 문제이다.

21 ④

④ 행정질서벌로 과태료처분을 받은 자에게 형벌을 부과하는 것은 일사부재리의 원칙에 반하는 것이 아니다(대판 1989. 6. 13, 88도1983). 그러나 행정형벌과 행정질서벌은 다함께 행정벌이므로 동일 행성범에 대하여 양자를 병과할 수는 없다.

22 ①

통고처분제도
㉠ 출입국관리법상 위반행위나 도로교통법상 범칙행위가 있을 때에는 그 범죄의 증명이 충분한 경우 출입관리소장이나 경찰서장이 벌금이나 과료에 상당하는 금액 또는 범칙금을 납부하도록 하는 제도를 말한다.
㉡ 범칙금납부에 대한 통고처분을 받은 자는 일정한 기한 내에 그 금액을 납부하여야 하며, 납부하지 않을 때에는 고발되거나 즉결심판에 회부된다.
㉢ 고발되거나 즉결심판에 회부되면 통고처분 그 자체의 효력은 소멸하므로 통고처분은 행정소송의 대상이 되는 처분이 아니라는 것이 통설·판례이다.

23 ④

① 통고처분은 형사소송에 대신하여 행정청이 벌금 또는 과료에 해당하는 금액의 납부를 부과하는 행정형벌의 과벌절차이다.

② 통고처분권자는 검사가 아니라 경찰서장이다.
③ 통고처분을 받은 자가 법정기간 내에 통고된 내용을 이행하지 않으면, 통고처분은 효력을 상실하고, 고발되어 형사소송절차로 이행한다.

24 ②

②④ 통고처분은 행정쟁송(행정심판, 행정소송)의 대상이 될 수 없다. 왜냐하면 법정기간 내에 이행하지 않으면 통고처분은 당연히 효력을 상실하고, 당해 통고처분에 대해서는 형사소송절차에 의한 '정식재판절차'가 보장되어 있기 때문이다.
① 행정형벌과 행정질서벌의 구별은 법률의 입법목적과 행정 현실을 고려해 입법자의 재량에 의해 결정될 문제로 성질상 명확히 구분되지 않는다.
③ 행정질서벌로 과태료처분을 받은 자에게 형벌을 부과하는 것은 일사부재리의 원칙에 반하는 것이 아니다(대판 1989. 6. 13, 88도1983). 그러나 행정형벌과 행정질서벌은 다함께 행정벌이므로 동일 행정범에 대하여 양자를 병과할 수는 없다.

25 ④

④ 행정법규는 감독자나 법정대리인도 처벌하는 규정을 두는 경우가 있다. 다만, 이는 엄밀히 말하면 자기의 감독의무를 태만히 한데 대한 과실책임을 묻는 것이라 할 수 있다.
① 형법상 형사범의 성립에는 원칙적으로 고의가 있음을 요건으로 한다.
② 행정범의 경우에는 형사미성년자 미처벌 규정을 배제 또는 제한하는 경우가 있다.
③ 형사법에서는 법인은 범죄능력이 없는 것으로 보나 행정범에 있어서는 법인에 대하여 재산형을 과하는 경우가 많다.

26 ②

①④ 통고처분이란 조세범·관세범·출입국관리사범·교통사범·경범죄사범 등 일정한 범칙행위에 대해 관할 행정청이 정식재판에 갈음하여 일정한 벌금 또는 과료에 상당하는 금액의 납부를 명하는 준사법적 행정행위를 말한다.
②③ 범칙자가 일정한 기간 내에 이를 이행하지 않으면 통고처분의 효력은 상실되고 관할 행정청의 고발에 의하여 정식 형사소송절차로 이행하게 된다. 따라서 범칙자가 통고처분에 대해 불복하고자 할 때에는 취소소송을 제기할 것이 아니라 이를 이행하지 않음으로써 관할 행정청의 고발을 기다려 정식 형사소송절차를 밟으면 된다. 따라서 통고처분은 취소소송의 대상이 되는 처분이 아니라는 것이 통설·판례이다.

27 ④

④ 이의제기를 받은 행정청은 이의제기를 받은 날부
터 14일 이내에 이에 대한 의견 및 증빙서류를
첨부하여 관할 법원에 통보하여야 한다〈질서행위
규제법 제21조 제1항〉.
①②③ 질서위반행위규제법 제20조

28 ②

② 질서위반행위의 성립과 과태료 처분은 행위시의
법률에 따른다〈질서위반행위규제법 제3조 제1항〉.
③④ 질서위반행위규제법 제3조

29 ④

④ 행정상 의무 위반 또는 불이행이 있을 때 그 의
무자의 성명 및 위반사실을 공개해 심리적 압박을
가하여 행정상 의무이행을 간접적으로 강제하는 새
로운 의무이행확보수단이다.

30 ②

② 허가 등의 거부처분은 관허사업의 제한으로서, 새
로운 의무이행확보수단에 해당한다.
※ **새로운 행정상 의무이행확보수단** … 과징금, 가산
세, 가산금, 명단공표, 공급거부, 관허사업제한

31 ④

14세가 되지 아니한 자의 질서위반행위는 과태료를
부과하지 아니한다〈질서위반행위규제법 제9조〉.

32 ④

④ 하나의 행위가 2 이상의 질서위반행위에 해당하
는 경우에는 각 질서위반행위에 대하여 정한 과
태료 중 가장 중한 과태료를 부과한다〈질서위반
행위규제법 제13조〉.
① 질서위반행위규제법 제11조
②③ 질서위반행위규제법 제12조

33 ③

통설적 입장은 피침해규범의 성질을 기준으로 하여 양
자를 구분하는데, 이에 따르면 형사범은 반도덕성 · 반
사회성을 띠는 자연범인 데 비해, 행정범은 반도덕
성 · 반사회성을 띠지 아니하고 특정한 행정목적 실현
을 위한 국가의 명령 · 금지에 위반하는 법정범이다.

34 ②

행정범은 상대적이기는 하지만 형사범과 그 성질상
차이가 있는 바, 고의 · 과실의 문제, 범인의 책임, 타
인의 행위에 대한 책임, 책임능력, 공범 등에 관한 문
제에 있어서 특수성을 가진다. 따라서 형사범과는 달
리 타인의 행위로 인한 책임이 인정되는 경우가 있는
데, 관계법규에서 양벌규정을 두어 행위자 이외에 사
업주도 처벌하거나 미성년자의 위반행위에 대하여 법
정대리인을 처벌하는 경우 등이 그 예이다.

35 ②

② 당사자가 지정된 기일까지 의견 제출이 없는 경우
에는 의견이 없는 것으로 본다〈질서위반행위규제법
제16조〉.
①③④ 질서위반행위규제법 제16조

36 ①

① 행정청은 당사자가 의견 제출 기한 이내에 과태
료를 자진하여 납부하고자 하는 경우에는 대통령령
으로 정하는 바에 따라 과태료를 감경할 수 있다〈질
서위반행위규제법 제18조 제1항〉.

37 ②

② 체납된 과태료를 납부하지 아니한 때에는 납부기
한이 경과한 날부터 매 1개월이 경과할 때마다 중
가산금을 가산금에 가산하여 징수한다〈질서위반
행위규제법 제24조〉.
①③④ 질서위반행위규제법 제24조

38 ④

④ 당사자 또는 검사는 이송결정에 대하여 즉시항고를
할 수 있다〈질서위반행위규제법 제27조 제2항〉.
① 질서위반행위규제법 제25조
② 질서위반행위규제법 제26조
③ 질서위반행위규제법 제27조 제1항

39 ①

① 법원은 검사의 청구에 따라 결정으로 30일의 범위
이내에서 과태료의 납부가 있을 때까지 체납자를 감치
에 처할 수 있다〈질서위반행위규제법 제54조 제1항〉.

40 ①

① 질서위반행위규제법은 대한민국 영역 안에서 질서
위반행위를 한 자에게 적용한다〈제4조 제1항〉.
②③ 질서위반행위규제법 제4조
④ 질서위반행위규제법 제6조

행정구제법

1. 행정구제제도

1 ③

③ 이의신청은 행정청의 위법·부당한 처분에 대하여 행정기관이 심판하는 행정심판과는 구별되는 별개의 제도라 할 것이나, 이의신청과 행정심판은 모두 본질에 있어서 행정처분으로 인하여 권리나 이익을 침해당한 상대방의 권리구제에 그 목적이 있고, 행정소송에 앞서 먼저 행정기관의 판단을 받는 데에 목적을 둔 엄격한 형식을 요하지 않는 서면행위라 할 것이므로, 이의신청을 제기하여야 할 사람이 처분청에 표제를 행정심판청구서로 한 서류를 제출한 경우라 할지라도, 서류의 내용에 있어서 이의신청의 요건에 맞는 불복취지와 그 사유가 충분히 기재되어 있다면 그 표제에도 불구하고 이를 그 처분에 대한 이의신청으로 볼 수 있다(대판 2012.3.29, 2011두26886).

2 ③

③ 헌법상의 사회적 기본권이나 청구권적 기본권은 법률에 의해 기본권의 내용이 구체화 될 때까지는 직접 개인적 공권으로 인정되지 아니하며, 따라서 헌법상의 기본권 규정을 근거로 행정소송을 제기할 수 없다. 그러나 자유권적 기본권, 평등권, 재산권 등은 헌법에 의해 구체적인 내용을 가지므로 헌법상의 기본권 규정이 개인적 공권의 근거규정이 될 수 있으며 그 침해를 이유로 행정소송을 제기할 수 있다.
① (질서위반행위규제법 제15조 제1항)
② 수리를 요하지 않는 신고의 경우 행정청의 수리거부는 법적의미가 없어 처분성이 인정되지 아니하나 수리를 요하는 신고에 대한 행정청의 수리거부는 사인의 권리·의무에 영향을 주므로 처분성이 인정된다.

3 ③

③ 행정의 적법성 확보를 목적으로 하는 소송은 객관적 권리구제의 성질이 강한 것으로 현행 행정소송법상의 민중소송과 기관소송이 이에 해당한다. 주민소송은 민중소송의 하나이다.

4 ④

사전구제방법에는 행정절차, 외국의 옴부즈만제도, 우리나라의 청원제도, 민원처리제도(국민권익위원회, 감사원, 정부합동민원실) 등이 있다.

5 ①

① 과거에는 국민권리의 최후의 보장제도로서 사후적 구제를 중요시해 왔으나, 최근에는 보다 효과적인 권익구제를 위해 사전적 행정구제의 필요성이 증대되고 있다.

6 ②

옴부즈만은 일반적으로 의회에 의하여 임명되는 행정 감독관을 말하며, 행정처분에 대하여 직접 취소·변경할 권한은 없고 신문에의 **공표**, 의회에의 보고 등의 간접적인 방법을 통하여 통제를 하며, 국민으로부터의 민원제기가 없더라도 신문의 보도 등에 근거하여 자발적으로 조사에 착수가 가능한 것이 특징이다.

※ 옴부즈만 제도의 장·단점
  ㉠ **장점** : 시민의 접근이 용이함. 조사대상을 위법행위에 국한 하지않음. 경제적이고 신속한 권리구제가능.
  ㉡ **단점** : 국회의원·법원·검찰의 직무와 중복됨. 행정작용에 대하여 직접적인 시정이 불가능 (시정요청 또는 권고만 가능함)

7 ①

① 국민권익위원회는 국무총리 소속이다〈부패방지 및 국민권익위원회의 설치와 운영에 관한 법률 제11조〉.

8 ③

③ 권익위원회는 접수된 고충민원이 행정기관 등의 직원에 관한 인사행정상의 행위에 관한 사항일 경우에는 이를 각하하거나 관계 기관에 이송할 수 있다〈부패방지 및 국민권익위원회의 설치와 운영에 관한 법률 제43조 제1항 제8호〉.

9　①

권익위원회는 접수된 고충민원을 접수일부터 60일 이내에 처리하여야 한다〈부패방지 및 국민권익위원회의 설치와 운영에 관한 법률 시행령 제42조〉.

10　②

② 위원회는 필요하다고 인정하는 경우 공공기관의 장에게 부패방지를 위한 제도의 개선을 권고할 수 있다〈부패방지 및 국민권익위원회의 설치와 운영에 관한 법률 제27조 제1항〉. 제도개선의 권고를 받은 공공기관의 장은 이를 제도개선에 반영하여 그 조치결과를 위원회에 통보하여야 하며, 위원회는 이에 대한 이행실태를 확인·점검할 수 있다〈동법 제27조 제2항〉.

● **2. 행정상 손해배상제도**

1　①

① 국가배상법 제5조 제1항 소정의 '공공의 영조물'이라 함은 국가 또는 지방자치단체에 의하여 특정 공공의 목적에 공여된 유체물 내지 물적 설비를 말하며, 국가 또는 지방자치단체가 소유권, 임차권 그 밖의 권한에 기하여 관리하고 있는 경우뿐만 아니라 사실상의 관리를 하고 있는 경우도 포함된다(대판 1998.10.23. 선고 98다17381).

2　③

③ 법관의 재판에 법령의 규정을 따르지 아니한 잘못이 있다 하더라도 이로써 바로 그 재판상 직무행위가 국가배상법 제2조 제1항에서 말하는 위법한 행위로 되어 국가의 손해배상책임이 발생하는 것은 아니고, 그 국가배상책임이 인정되려면 당해 법관이 위법 또는 부당한 목적을 가지고 재판을 하였다거나 법이 법관의 직무수행상 준수할 것을 요구하고 있는 기준을 현저하게 위반하는 등 법관이 그에게 부여된 권한의 취지에 명백히 어긋나게 이를 행사하였다고 인정할 만한 특별한 사정이 있어야 한다(대판 2003.07.11. 선고 99다24218).

3　③

① 학설은 국가배상청구소송을 당사자소송의 대상으로 보지만, 판례는 민사소송의 대상으로 하고 있다.
② 외국인에 대하여는 상호주의에 따른 제한이 있다.
④ 사무귀속주체와 비용부담주체가 동일하지 아니한 경우에는 양자 모두가 배상책임을 진다.

4　①

① 국가배상법에서는 국가나 지방자치단체를 국가배상책임의 주체로 규정하고 있다.
② 국가배상법 제3조의2 제1항
③ 국가배상법 제9조
④ 국가배상법 제8조 및 민법 제766조

5　②

② 국가나 지방자치단체는 공무원 또는 공무를 위탁받은 사인이 직무를 집행하면서 고의 또는 과실로 법령을 위반하여 타인에게 손해를 입히거나, 「자동차손해배상 보장법」에 따라 손해배상의 책임이 있을 때에는 이 법에 따라 그 손해를 배상하여야 한다〈국가배상법 제2조〉. 따라서 과실을 요하고 있다.
① 손해배상에 관하여 국가배상법은 일반법이다.
③ 국가배상법 제7조
④ 학설상으로는 공행정 작용을 배상의 원인으로 한다는 점에서 국가배상법을 공법으로 보고 당사자소송으로 제기되어야 한다고 보나, 판례는 민사소송으로 다루고 있다.

6　①

② 단체소송을 허가하거나 불허가하는 결정에 대하여는 즉시 항고할 수 있다〈개인정보보호법 제55조 제2항〉.
③ 사건의 심리·의결에 관한 사무에 관여하는 위원 아닌 직원에게도 법의 규정을 준용한다〈행정심판법 제10조 제6항〉.
④ 이주대책의 내용에는 이주정착지에 대한 도로, 급수시설, 배수시설, 그 밖의 공공시설 등 통상적인 수준의 생활기본시설이 포함되어야 하며, 이에 필요한 비용은 사업시행자가 부담한다. 다만, 행정청이 아닌 사업시행자가 이주대책을 수립·실시하는 경우에 지방자치단체는 비용의 일부를 보조할 수 있다〈공익사업을 위한 토지 등의 취득 및 보상에 관한 법률 제78조 제4항〉.

7　①

① 공무원의 직무집행상의 과실이라 함은 공무원이 그 직무를 수행함에 있어 당해직무를 담당하는 평균인이 보통(통상) 갖추어야 할 주의의무를 게을리한 것을 말한다(대판 1987.09.22. 87다카1164).
② 직무행위가 위법하다고해서 과실의 존재가 추정되는 것은 아니다.
③ 관계 공무원이 그 나름대로 신중을 다하여 합리적인 근거를 찾아 그 중 어느 한 견해를 따라 내린 해석이 후에 대법원이 내린 입장과 같지 않아 결과적으로 잘못된 해석에 돌아가고, 이에 따른 처리가 역시 결과적으로 위법하게 되어 그 법령의 부당집

행이라는 결과를 가져오게 되었다고 하더라도 그와 같은 처리방법 이상의 것을 성실한 평균적 공무원에게 기대하기는 어려운 일이고, 따라서 이러한 경우에까지 국가배상법상 공무원의 과실을 인정할 수는 없다(대판 2011.02.24, 2010다83298).
④ 과실의 입증책임은 원고가 진다.

8 ④

④ 소방공무원이 화재 전 유흥주점에 대하여 구 소방법상 시정조치를 명하지 않은 직무상 의무 위반으로 인한 유흥주점 화재사고에 따른 여종원들의 사망에 대하여 인과관계를 인정하였으나(대판 2008.4.20, 2005다48994) 동일한 사안에서 공무원의 식품위생법상 취하여야 할 조치를 게을리한 직무상 의무위반행위와 사망은 인과관계를 부정하였다.
① 일시적이고 한정적인 경우도 공무원으로 본다.
② 사경제 활동은 직무집행으로 보지 아니하는 광의설이 다수설과 판례이다.
③ 공무원의 위조에 의한 것은 국가배상의 대상이 된다.

9 ②

② 어떠한 행정처분이 후에 항고소송에서 위법한 것으로서 취소되었다고 하더라도 그로써 곧 당해 행정처분이 공무원의 고의 또는 과실에 의한 불법행위를 구성한다고 단정할 수는 없다(대판 2011.1.27, 2008다30703 등).

10 ③

③ 행정청이 관계 법령의 해석이 확립되기 전에 어느 한 설을 취하여 업무를 처리한 것이 결과적으로 위법하게 되어 그 법령의 부당집행이라는 결과를 빚었다고 하더라도 처분 당시 그와 같은 처리 방법 이상의 것을 성실한 평균적 공무원에게 기대하기 어려웠던 경우라면 특별한 사정이 없는 한 이를 두고 공무원의 과실로 인한 것이라고는 할 수 없기 때문에, 그 행정처분이 후에 항고소송에서 취소되었다고 할지라도 당해 행정처분이 곧바로 공무원의 고의 또는 과실로 인한 불법행위를 구성한다고 단정할 수는 없다(대판 1997.7.11, 97다7608).

11 ②

ⓒ '직무를 집행함에 당하여(현행법상 직무를 집행하면서)'라 함은 행위 자체의 외관을 객관적으로 관찰하여 공무원의 직무행위로 보여질 때에는 비록 그것이 실질적으로 직무행위가 아니거나 또는 행위자로서는 주관적으로 공무집행의 의사가 없었다고 하더라도 그 행위는 공무원이 '직무를 집행함에 당하여' 한 것으로 보아야 한다(대판 2005. 1. 14, 2004다26805).

ⓔ 국가배상법상 과실은 행정처분의 담당공무원이 보통 일반의 공무원을 표준으로 하여 볼 때 객관적 주의의무를 결하여 그 행정처분이 객관적 정당성을 상실하였다고 인정될 정도에 이른 경우를 말한다(대판 2003. 11. 27, 2001다33789·33796·33802·33819). 그러나 가해공무원이 반드시 개별적으로 특정될 필요는 없다(대판 1995. 11. 10, 95다23897).
ⓗ 지방자치단체가 '교통할아버지 봉사활동 계획'을 수립한 후 관할 동장으로 하여금 '교통할아버지'를 선정하게 하여 어린이 보호, 교통안내, 거리질서 확립 등의 공무를 위탁하여 이를 집행하게 하였다면 '교통할아버지' 활동을 하는 범위 내에서는 국가배상법 제2조에 규정된 지방자치단체의 '공무원'에 해당한다(=지방자치단체의 손해배상책임 인정). (대판 2001. 1. 5, 98다39060)

12 ①

① 국가배상법 제2조 소정의 '공무원'이라 함은 국가공무원법이나 지방공무원법에 의하여 공무원으로서의 신분을 가진 자에 국한하지 않고, 널리 공무를 위탁받아 실질적으로 공무에 종사하고 있는 일체의 자를 가리키는 것으로서, 공무의 위탁이 일시적이고 한정적인 사항에 관한 활동을 위한 것이어도 달리 볼 것은 아니라고 할 것이다(대판 2001. 1. 5, 98다39060).

13 ④

① 대판 1999.6.25. 99다11120
② 대판 2007.9.21. 2005다65678
③ 대판 2006.2.24. 2005다 29207
④ 국가배상법 제5조 1항 소정의 '공공의 영조물'이라 함은 특정 공공의 목적에 공여된 유체물 내지 물적 설비를 지칭하며, 국가 또는 지방자치단체가 소유권, 임차권 그 밖의 권한에 기하여 관리하고 있는 경우뿐만 아니라 사실상의 관리를 하고 있는 경우도 포함한다(대판1995.1.24. 94다45302).

14 ④

④ 영조물 설치의 하자라 함은 영조물의 축조에 불완전한 점이 있어 이 때문에 영조물 자체가 통상 갖추어야 할 완전성을 갖추지 못한 상태에 있음을 말한다고 할 것인바 그 하자 유무는 객관적 견지에서 본 안전성의 문제이고 그 설치자의 재정사정이나 영조물의 사용목적에 의한 사정은 안전성을 요구하는데 대한 정도 문제로서 참작사유에는 해당할지언정 안전성을 결정지을 절대적 요건에는 해당하지 아니한다 할 것이다(대판 1967. 2. 21, 66다1723).
① 대판 1998. 10. 23, 98다17381
② 대판 2004. 3. 12, 2002다14242
③ 대판 2010. 11. 25, 2007다74560

15 ③

① 국가배상법상의 공무원에는 행정부와 지방자치단체 소속의 공무원뿐만 아니라 입법부, 사법부 소속의 공무원도 포함된다.

② 국가배상법의 직무행위란 권력적 사실행위만이 아니라 행정지도와 같은 비권력적 사실행위도 포함된다(대판 1998. 7. 10, 96다38971).

④ 위법성의 판단기준에 대해서는 협의설과 광의설로 나뉜다. 판례는 위법성 판단기준을 성문법과 불문법 등 엄격한 의미의 법령뿐만 아니라 인권존중, 권리남용금지, 신의성실, 공서양속 등도 포함하는 광의설을 따른다.

16 ④

②④ 어떠한 행정처분이 후에 항고소송에서 취소되었다고 할지라도 그 기판력에 의하여 당해 행정처분이 곧바로 공무원의 고의 또는 과실로 인한 것으로서 불법행위를 구성한다고 단정할 수는 없는 것이고, 그 행정처분의 담당공무원이 보통 일반의 공무원을 표준으로 하여 볼 때 객관적 주의의무를 결하여 그 행정처분이 객관적 정당성을 상실하였다고 인정될 정도에 이른 경우에 비로소 〈국가배상법 제2조〉소정의 국가배상책임의 요건을 충족하였다고 봄이 상당할 것이며, 이 때에 객관적 정당성을 상실하였는지 여부는 피침해이익의 종류 및 성질, 침해행위가 되는 행정처분의 태양 및 그 원인, 행정처분의 발동에 대한 피해자측의 관여의 유무, 정도 및 손해의 정도 등 제반 사정을 종합하여 손해의 전보책임을 국가 또는 지방자치단체에게 부담시켜야 할 실질적인 이유가 있는지 여부에 의하여 판단하여야 한다(대판 2003. 11. 27, 2001다33789).

① 대판 2004. 6. 25, 2003다69652

③ 대판 2001. 1. 15, 98다39060

17 ③

③ 도로 · 하천, 그 밖의 공공의 영조물(營造物)의 설치나 관리에 하자(瑕疵)가 있기 때문에 타인에게 손해를 발생하게 하였을 때에는 국가나 지방자치단체는 그 손해를 배상하여야 한다〈국가배상법 제5조 제1항〉.

② 대판 2010. 7. 22, 2010다33354

④ 대판 2001. 7. 27, 2000다56822

18 ④

어떠한 행정처분이 후에 항고소송에서 취소되었다고 할지라도 그 기판력에 의하여 당해 행정처분이 곧바로 공무원의 고의 또는 과실로 인한 것으로서 불법행위를 구성한다고 단정할 수는 없는 것이고, 그 행정처분의 담당공무원이 보통 일반의 공무원을 표준

으로 하여 볼 때 객관적 주의의무를 결하여 그 행정처분이 객관적 정당성을 상실하였다고 인정될 정도에 이른 경우에 국가배상법 제2조 소정의 국가배상책임의 요건을 충족하였다고 봄이 상당할 것이며, 이 때에 객관적 정당성을 상실하였는지 여부는 피침해이익의 종류 및 성질, 침해행위가 되는 행정처분의 태양 및 그 원인, 행정처분의 발동에 대한 피해자측의 관여의 유무, 정도 및 손해의 정도 등 제반 사정을 종합하여 손해의 전보책임을 국가 또는 지방자치단체에게 부담시켜야 할 실질적인 이유가 있는지 여부에 의하여 판단하여야 한다(대판 2000. 5. 12, 99다70600).

19 ④

① 선임감독자와 비용부담자가 다른 경우 그 비용을 부담하는 자도 배상책임이 있다.

② 권력적 사실행위는 국가배상법 제2조의 직무에 해당한다.

③ 배상심의회의 전심절차는 임의적 사항이다.

20 ④

④ 동법 제4조

① 「국가배상법」상 배상책임의 주체는 국가 또는 지방자치단체이다.

② 국가 또는 지방자치단체가 손해를 배상할 책임이 있는 경우에 공무원의 선임 · 감독 또는 영조물의 설치 · 관리를 맡은 자와 공무원의 봉급 · 급여 기타의 비용 또는 영조물의 설치 · 관리의 비용을 부담하는 자가 동일하지 아니한 경우에는 그 비용을 부담하는 자도 손해를 배상하여야 한다〈동법 제6조 제1항〉.

③ 국가배상법 제3조상의 배상기준에 관하여 기준액설은 기준규정으로 보는 반면에, 한정액설은 제한규정으로 본다. 기준액설이 현재의 다수설 및 판례의 입장이다.

21 ①

① 여기서의 공무원은 국가공무원법 및 지방공무원법상의 공무원뿐만 아니라 사실상 공무를 위탁받아 실질적으로 그에 종사하는 자를 말한다.

④ 대판 2003. 11. 27, 2001다33789

22 ④

④ 절충설은 영조물 자체의 객관적 하자인 안전성의 결여뿐만 아니라 관리자의 안전관리 의무 위반이라는 주관적 요소도 고려하여 판단하여야 한다는 것으로 도로관리청의 손해배상책임을 인정하게 된다.

③ 객관설의 입장에서 폭설로 인하여 인근 지역 고속
국도에서 교통사고가 발생하였고 이와 관련하여
사전에 이 지역에 폭설이 내릴 것이라는 일기예보
가 수차례 있었으므로 객관적 하자인 안전성이 결
여되어 있다. 또한 주관설의 입장에서 이러한 일
기상황에서도 특별히 고속국도의 차량통행을 통제
하는 등의 조치는 없었으므로 위험발생 방지의무
를 위반하였다.

23 ③

직무 집행과 관련하여 공상을 입은 경찰공무원은 「국
가배상법」상 공무원 또는 공무를 위탁받은 사인(이하
"공무원"이라 한다)이 아니다.

24 ①

① 과실책임주의에 입각하여 공무원의 고의 또는 과
실을 요하지만 중과실이어야 하는 것은 아니다.

25 ③

③ 국가배상법 제2조의 직무행위에는 권력적 작용만
이 아니라 행정지도와 같은 비권력적 작용도 포함되
며, 단지 행정주체가 사경제 주체로서 하는 활동만이
제외된다(대판 1998. 7. 10, 96다38971).

26 ③

③ 국 · 공유재산이라 할지라도 공물이 아닌 국유림,
국유미개간지, 폐차처분한 관용차 등의 일반재산은
영조물에 포함되지 아니한다.

※ **영조물로 인정받은 사례** … 여의도광장, 도로의 맨
홀, 매향리 사격장, 댐, 육교, 도로, 전신주, 방파
제, 저수지, 제방

27 ③

③④ 공무원에게 고의 또는 중과실이 있는 때에는
공무원 개인도 불법행위로 인한 손해배상책임을
진다고 할 것이지만, 공무원에게 경과실뿐인 때에
는 공무원 개인은 손해배상책임을 부담하지 아니
한다(대판 1996. 2. 15, 95다38677).
① 공무를 위탁받아 실질적으로 공무에 종사하는 모
든 자를 포함한다(통설 · 판례).
② 국가배상법 제2조의 직무행위에는 법적 행위, 사
실행위, 작위, 부작위, 입법작용, 사법작용을 불
문하고 모두 포함된다.

28 ②

② 헌법은 공무원의 직무상 불법행위로 인한 배상책
임만을 규정하고 있다〈헌법 제29조〉. 국가배상법
은 공무원의 직무상 불법행위로 인한 국가배상과

영조물의 설치 · 관리의 하자로 인한 국가배상 2
가지를 규정하고 있다.
① 국가배상법상의 '공무원'은 공무를 위탁받아 그에
종사하는 모든 자가 포함되므로 공무를 위탁받은
사인에 의해 초래된 손해도 국가배상법상의 배상
책임이 성립된다.
③ 공무원에게 경과실이 있는 경우에는 국가의 배상
책임만 인정되고 공무원 개인의 책임은 인정되지
않으나 공무원에게 고의 · 중과실이 있는 경우에는
공무원에게도 배상책임이 인정된다. 피해자는 공
무원이나 국가 중 선택적으로 피해구제를 청구할
수 있고 국가가 배상한 경우에는 국가는 공무원에
게 구상권을 행사할 수 있다.
④ 외형설을 취하면 공무원에게 직무집행의 의사가
없는 경우에도 국가배상책임이 성립되어 국가배상
책임이 확대된다.

29 ③

③ 종래 필요적 결정전치주의를 채택하고 있었으나
2000년 12월 29일 개정으로 현행 「국가배상법」
제9조는 "이 법에 의한 손해배상의 소송은 배상심
의회에 배상신청을 하지 아니하고도 이를 제기할
수 있다."고 규정하여 임의적 전치주의로 변경하
였다.

30 ③

③ 대법원은 공무원이 통상적으로 근무하는 근무지
로 출근하기 위하여 자기 소유의 자동차를 운행
하다가 자신의 과실로 교통사고를 일으킨 경우에
는 특별한 사정이 없는 한 국가배상법 제2조 제1
항 소정의 공무원이 '직무를 집행함에 당하여' 타
인에게 불법행위를 한 것이라고 할 수 없으므로
그 공무원이 소속된 국가나 지방공공단체가 국가
배상법상의 손해배상책임을 부담하지 않는다고
판시하였다(대판 1996. 5. 31, 선고94다15271).
① 국가공무원법 · 지방공무원법상의 모든 공무원뿐만
아니라 널리 공무를 위탁받아 그에 종사하는 모든
자를 포함하는 것이 통설 · 판례이다.
②④ 직무 자체는 물론이고 객관적으로 직무행위의
외형을 갖추고 있는 행위도 포함된다는 외형설이
통설 · 판례이다.

31 ④

④ 국가가 배상책임을 발생하기 위해서는 공무원의
직무상의 불법행위로 인하여 타인에게 손해가 발생
하여야 한다. 여기서 타인이란 가해자인 공무원 및
그의 직무상의 위법행위에 가세한 자 이외의 모든
사람을 가리킨다. 공무원도 피해자의 입장이 될 수
있으며, 다른 공무원의 불법행위로 손해를 받은 때에
는 타인에 해당된다. 그러나 이 경우에도 군인 · 군무
원 · 경찰공무원 · 향토예비군대원 등에 대해서는 특
례규정이 있다.

32 ③

③ 가해행위를 한 공무원이 특정되어야만 하는 것은
아니다.
① 대판 1996. 2. 15, 95다38677

33 ③

③ 국가가 배상을 한 경우에는 공무원에게 '고의 또
는 중과실'이 있는 경우에 한하여 구상권을 행사할
수 있다(판례).

※ **공무원으로 인정되는 경우**
　　㉠ 전입신고서 확인인을 찍는 통장
　　㉡ 시 청소자 운전수
　　㉢ 청원경찰
　　㉣ 강제집행하는 집행관
　　㉤ 교통할아버지
　　㉥ 소집중인 향토예비군
※ **공무원이 아닌 경우**
　　㉠ 의용소방대원
　　㉡ 공무집행에 자진하여 협력하는 사인
　　㉢ 법령에 의해 대집행 권한을 위탁받은 한국토지공사

34 ④

④ 국유재산 중 일반재산은 사법관계의 규율을 받는
것으로서(헌법재판소 결정), 공물이 아니므로 국가배
상법상의 공공의 영조물에 포함되지 않는다.

35 ②

영조물이 통상적으로 갖추어야 할 안전성을 구비하고
있음에도 불구하고 불가항력의 천재지변(폭풍우, 폭설,
지진 등)과 같은 원인에 의하여 손해가 발생한 경우에
는 국가 등 행정주체는 책임을 지지 않는다. 다만, 불
가항력이 있는 경우에도 당해 영조물이 통상적으로 요
구되는 물적 안전성은 갖추고 있어야 한다(통설).

36 ④

국가상대의 소송에서 피고는 국가이고, 국가를 대표
하는 자는 법무부장관이다.

37 ③

③ 이론상으로는 당사자소송이 다수설이지만, 현재
실무상으로는 민사소송(판례)에 의한다.

38 ④

④ 손해배상청구권의 소멸시효는 손해 또는 가해자를
안 날로부터 3년, 불법행위가 있은 날로부터 10년이다
〈민법 제766조〉.

39 ②

②「국가배상법」 제2조의 공무원은 특별권력관계에 있
는 공무원뿐만 아니라 넓은 의미의 공무원을 말하는 것
으로서, 공무를 위탁받아 이에 종사하는 자도 포함한다.

40 ④

공무원의 직무상의 불법행위라 하면 직무상 행위, 법
령에 위반한 행위, 고의·과실, 손해의 발생을 말한다.
④ 반드시 중과실에 의한 행위일 필요는 없다.

41 ③

③ 고의, 과실은 직무상 불법행위의 성립요건이다.

42 ②

② 선택적 청구의 배제는 피해자에게는 담보력이 충
분한 자에 의한 배상의 보장을, 가해자인 공무원에게
는 피해자로부터 직접적인 배상청구를 피함으로써 공
무집행에 전념하게 한다. 판례는 공무원의 고의 또는
중과실에 의한 행위가 아닌 한 공무원 개인에 대하여
는 배상청구를 할 수 없고, 국가에 대하여만 청구할
수 있다고 하였다(대판 1996. 2. 15, 95다38677).

43 ③

①②④는 영조물책임이 인정되는 경우이나, ③은 공
무원의 고의·과실이 인정되기 어려우므로 직무행위
로 인한 국가배상이 인정되지 않는다.

44 ④

① 국가의 재정사정은 정상참작사유는 될지언정 국가의
　면책사유는 될 수 없다(대판 1967. 2. 21, 66다1723).
② 영조물에는 인공공물과 자연공물, 동산·부동산
　모두를 포함한다.
③ 천재지변 등 불가항력에 의하여 발생한 손해에 대
　하여는 국가배상책임이 부인된다.

45 ④

④ 외국인의 경우에는 상호주의(상호보증주의)에 의
　한다〈국가배상법 제7조〉. 즉, 상호보증이란 외국
　인의 본국법에 우리나라「국가배상법」과 같은 규
　정이 있는 경우에는 물론 판례 또는 법해석에 의
　하여 한국인도 외국에 대하여 배상을 청구할 수
　있는 원칙이 확립되어 있는 경우를 말한다.
① 국가배상법 제2조
③ 국가배상법상 공무원은 공무수탁사인보다 넓은 개
　념으로 그 행위가 공법적 작용에 속하면 그 사인
　은 국가배상법상 공무원에 해당한다.

1 ④

행정소송의 제기〈공익사업을 위한 토지 등의 취득 및 보상에 관한 법률 제85조〉
㉠ 사업시행자, 토지소유자 또는 관계인은 재결에 불복할 때에는 재결서를 받은 날부터 60일 이내에, 이의신청을 거쳤을 때에는 이의신청에 대한 재결서를 받은 날부터 30일 이내에 각각 행정소송을 제기할 수 있다. 이 경우 사업시행자는 행정소송을 제기하기 전에 늘어난 보상금을 공탁하여야 하며, 보상금을 받을 자는 공탁된 보상금을 소송이 종결될 때까지 수령할 수 없다.
㉡ ㉠에 따라 제기하려는 행정소송이 보상금의 증감에 관한 소송인 경우 그 소송을 제기하는 자가 토지소유자 또는 관계인일 때에는 사업시행자를, 사업시행자일 때에는 토지소유자 또는 관계인을 각각 피고로 한다.

2 ③

① 정비기반시설과 그 부지의 소유·관리·유지관계를 정한 「도시 및 주거환경정비법」 제65조 제2항의 전단에 따른 정비 기반시설의 소유권 귀속은 헌법 제23조 제3항의 수용에 해당하지 않고 이 사건 법률조항이 그에 대한 보상의 의미를 가지는 것도 아니므로 정당한 보상의 원칙은 문제되지 않는다(헌재 2013.10.23, 2011헌바355).
③ 개발제한구역제도 자체는 합헌, 단 예외적인 경우 위헌이라 하여 보상이 아니라, 보상입법의무의 부과를 통해 문제를 해결한다. 「도시계획법」 제21조에 규정된 개발제한구역제도 그 자체는 원칙적으로 합헌적인 규정인데, 다만 개발제한구역의 지정으로 말미암아 일부 토지소유자에게 사회적 제약의 범위를 넘는 가혹한 부담이 발생하는 예외적인 경우에 대하여 보상규정을 두지 않은 것에 위헌성이 있는 것이다. 어떠한 수단에 의하든 비례원칙을 유지할 수 있는 합리적인 권리구제수단이면 족한 것이고, 보상의 구체적 기준과 방법은 헌법재판소가 결정할 성질의 것이 아니라 광범위한 입법형성권을 가진 입법자가 입법정책적으로 정할 사항이므로, 입법자가 보상입법을 마련함으로써 위헌적인 상태를 제거할 때까지 위 조항을 형식적으로 존속케 하기 위하여 헌법불합치결정을 하는 것인바, 입법자는 되도록 빠른 시일 내에 보상입법을 하여 위헌적 상태를 제거할 의무가 있고, 행정청은 보상입법이 마련되기 전에는 새로 개발제한구역을 지정하여서는 아니 되며, 토지소유자는 보상입법을 기다려 그에 따른 권리행사를 할 수 있을 뿐 개발제한구역의 지정이나 그에 따른 토지재산권의 제한 그 자체의 효력을 다투거나 위 조항에 위반하여 행한 자신들의 행위의 정당성을 주장할 수는 없다.

3 ③

③ 헌법재판소와 대법원은 헌법의 정당한 보상은 피침해재산의 객관적인 재산가치를 완전하게 보상하여야 한다는 완전보상을 뜻한다고 하고 있다.

4 ③

「공익사업을 위한 토지 등의 취득 및 보상에 관한 법률」 제67조(보상액의 가격시점 등)
㉠ 보상액의 산정은 협의에 의한 경우에는 협의 성립 당시의 가격을, 재결에 의한 경우에는 수용 또는 사용의 재결 당시의 가격을 기준으로 한다.
㉡ 보상액을 산정할 경우에 해당 공익사업으로 인하여 토지 등의 가격이 변동되었을 때에는 이를 고려하지 아니한다.

5 ①

① 손실보상은 공공필요에 의한 행정작용에 의하여 사인에게 발생한 특별한 희생에 대한 전보라는 점에서 그 사인에게 특별한 희생이 발생하여야 하는 것은 당연히 요구되는 것이고, 공유수면 매립면허의 고시가 있다고 하여 반드시 그 사업이 시행되고 그로 인하여 손실이 발생한다고 할 수 없으므로, 매립면허 고시 이후 매립공사가 실행되어 관행어업권자에게 실질적이고 현실적인 피해가 발생한 경우에만 공유수면매립법에서 정하는 손실보상청구권이 발생하였다고 할 것이다(대판 2010. 12. 9, 2007두6571).

6 ②

② 헌법 제23조 제3항의 정당한 보상이란 피수용재산의 객관적 가치를 원칙적으로 완전하게 보상하여야 한다는 완전보상을 뜻한다. 하지만 공익사업의 시행으로 인한 개발이익은 완전보상의 범위에 포함되는 피수용토지의 객관적 가치 내지 손실이라고 볼 수 없다(헌재 1991. 2. 11, 90헌바17·18, 1995. 4. 20, 93헌바20). 따라서 개발이익배제는 헌법의 정당보상 원리에 반하지 않는다.
① 대판 전합 2006. 5. 18, 2004다6207
③ 대판 2006. 1. 27, 2003두13106
④ 대판 전합 1994. 5. 24, 92다35783

7 ①

① 토지수용위원회는 사업시행자·토지소유자 또는 관계인이 신청한 범위 안에서 재결하여야 한다. 다만, 제1항 제2호의 손실의 보상에 있어서는 증액재결을 할 수 있다〈공익사업을 위한 토지 등의 취득 및 보상에 관한 법률 제50조 제2항〉.
② 대판 2002. 2. 26, 99다35300

③ 판례는 손실보상의 원인이 공법적이라도 손실보상
금의 지급을 구하는 권리는 사법상의 권리라는 입
장을 취한다(사권설). 그런데 최근 하천법상의 부
칙에 따른 손실보상청구를 공법상 권리로 보아 당
사자소송의 대상이 된다고 판시한 사례가 있다(대
판 2006. 5. 18, 2004다6207).

④ 헌재 1998. 12. 24, 89헌마214, 90헌바16, 97헌
바78

8　②

② 보상액의 산정에 있어서 당해 공익사업으로 인하
여 토지 등의 가격에 변동이 있는 때에는 이를 고려
하지 아니한다〈공익사업을 위한 토지 등의 취득 및
보상에 관한 법률 제67조 제2항〉.

9　①

부담금의 징수는 특별한 희생이라는 요건에 충족되
지 않으므로 손실보상의 원인이 될 수 없다.

10　②

② 사업시행자가 공익사업에 직접 사용할 목적으로
취득하는 경우에는 당해 물건의 가격으로 보상하
여야 한다〈공익사업을 위한 토지 등의 취득 및 보
상에 관한 법률 제75조 제1항 제3호〉.
① 공익사업을 위한 토지 등의 취득 및 보상에 관한
법률 제75조 제4항
③ 공익사업을 위한 토지 등의 취득 및 보상에 관한
법률 제77조 제3항
④ 공익사업을 위한 토지 등의 취득 및 보상에 관한
법률 제77조 제1항

11　①

공익사업을 위한 토지 등의 보상에 관한 법률상의 보
상방법
㉠ 대물적 보상(재산권 보상) : 토지 등의 보상, 건축물
등 물건에 대한 보상, 잔여지의 손실과 공사비 보상
㉡ 생활보상 : 권리의 보상, 영업의 손실 등에 대한 보상,
이주대책보상

12　④

④ 우리 대법원은 원칙적으로 손실보상을 인정하지
않고 손해배상의 법리를 활용하고 있다. 즉, 유추적
용설 내지는 수용유사적 침해이론을 채택하지 않고
위헌무효설적 견지에서 불법행위책임 유무로 해결하
려는 듯이 보인다. 다만, 우리 판례의 태도에 대하여
"보상규정이 없는 경우에 불법행위로 처리하는 것이
원칙적인 입장이나, 때로는 손실보상을 인정하기도
하였다."라고 하여 판례가 일관성이 없음을 지적하는
견해도 있다.

※ 관련판례
㉠ 관련규정의 유추해석이 가능한 경우(유추해석을
통해 손실보상 인정) : 하천법에서는 하천법 시
행으로 인하여 국유화가 된 당해 제외지의 소
유자에 대하여 그 손실을 보상한다는 직접적인
보상규정을 둔 바가 없었으나, 하천법 제74조
의 손실보상요건에 관한 규정은 보상사유를 제
한적으로 열거한 것이라기 보다는 예시적으로
열거한 것이어서 국유지로 된 제외지의 소유자
에 대하여는 위 법조를 유추적용하여 관리청은
그 손실을 보상하여야 하는 것으로 새겨진다
(대판 1987. 7. 21, 84누126).
㉡ 관련규정이 없는 경우(법리를 이유로 손실보상
인정) : 토지구획정리사업으로 말미암아 본건
토지에 대한 환지를 교부하지 않고, 그 소유권
을 상실케 한 데 대한 본건과 같은 경우에 손
실보상을 하여야 한다는 규정이 본법에 없다
할지라도 이는 법리상 그 손실을 보상하여야
할 것이다(대판 1972. 11. 28, 78다1597).

13　③

행정상 손실보상 … 적법한 공권력 행사에 의한 재산
상의 특별한 희생에 대하여, 사유재산권의 보장과 전
체적인 공평부담의 견지에서 행정주체가 하는 조절
적인 재산적 보상이다.

14　④

④ 현존하는 구체적 이익에만 한정된다.

※ 행정상 손실보상의 요건
㉠ 재산권에 대한 공권적 침해
• 재산권 : 소유권 및 법에 의하여 보호되고 있는
모든 재산적 권리로 물권, 채권, 저작권 등 사
권과 공법상의 권리를 포함
• 재산권 행사의 제약 : 헌법은 제23조 제3항에서
수용·사용·제한을 규정하고 있으나, 이외에도
재산권이 침해되는 일체의 작용을 모두 포함
• 침해의 직접성 : 개인의 재산권에 대한 침해가
공권력의 주체에 의하여 의욕되고 지향되었거
나 아니면 최소한 상대방의 재산권의 손실에
대한 원인이 되어야 함
㉡ 공공의 필요 : 불확정개념으로서 비례의 원칙에
따라 모든 이익의 형량을 통해 결정되어야 한다.
㉢ 적법성 : 재산권 침해는 법률에 근거가 있어야
한다.
㉣ 보상규정 : 재산권에 대한 침해는 보상이 이루
어져야 한다. 헌법은 보상규정에 관하여 법률
로써 정하도록 하고 있는데 법률에 보상규정이
없는 경우 문제가 된다.
㉤ 특별한 희생 : 통설에 따라 특별한 희생이 있는
경우에는 보상이 이루어진다.

15 ①

보상액의 지급방법
㉠ 일시불이 원칙이나 부득이하여 분할불로 하는 경우
   도 있다.
㉡ 원칙적 선불주의를 채택하고 있으며, 다만 성질상
   선불이 곤란한 경우에는 후불이 인정된다.
㉢ 개인별 보상이 원칙이고, 개인별 보상액 산정이
   불가능한 경우 예외적으로 일괄보상이 인정된다.
㉣ 손실보상의 종류는 금전(현금)보상이 원칙이지만
   예외적으로 현물보상도 인정된다.

16 ②

② 헌법은 정당한 보상을 하여야 한다고 규정하는
   바, 이는 부대손실의 보상을 포함한 완전보상을
   의미한다. 보상액을 결정함에 있어 기업자(사업시
   행자)의 재산상태를 고려해야 하는 것은 아니다.
① 행정상 손실보상의 이론적 근거로는 기득권존중
   설 · 은혜설 · 공용징수설 · 특별희생설 등이 주장되
   나, 사유재산에 대하여 가하여진 특별한 손실을
   부담의 사회화를 통하여 공적부담의 평등이란 이
   상을 실현(사회정의의 실현)할 수 있으며, 공익과
   사익의 조절을 도모할 수 있고, 법률생활의 안정
   을 기할 수 있다.
③ 현행법상 보상액의 지급방법으로는 현금보상원
   칙 · 사전보상원칙 · 개인별보상원칙 · 일시불원칙
   등이 인정되며, 공익사업을 위한 토지 등의 취득
   및 보상에 관한 법률 제63조 제2항은 토지소유자
   또는 관계인이 원하는 경우나 사업인정을 받은 사
   업에 있어서 부재부동산소유자의 토지에 대한 보
   상금이 3,000만원을 초과하는 경우로서 그 초과
   금액에 대하여 보상하는 경우는 채권보상이 가능
   하도록 규정하고 있다.
④ 손실보상의 원인이 재산권의 침해에서 재산권은 종
   류를 불문하고 재산적 가치가 있는 것을 의미한다.

17 ①

① 도시계획사업의 시행자가 그 사업에 필요한 토지
   를 협의취득하는 행위는 사경제주체로서 행하는
   사법상의 법률행위에 지나지 않는다(대판 1992.
   10. 27, 91누3871).
② 대판 1998. 9. 22, 98다12812
③ 대판 1998. 7. 10, 98두6067
④ 대판 1996. 7. 26, 94누13848

18 ①

① 국민의 실효적 권익구제를 중시하는 현대에서 이
   러한 견해는 없다는 것이 일반적 견해이다.

19 ①

① 손실보상은 적법한 행정행위에 의한 것이므로, 위
   법한 행정행위는 행정상 손해배상의 대상이 된다.

20 ③

③ 손실보상은 정당한 보상이어야 하며, 보상자의 재
   산상태를 고려하지 않는다.

21 ③

보상원인의 기준을 판단하는 문제에서 형식설에는 개별
행위설과 특별행위설이 있고, 실질설에는 보호가치설 ·
수인한도설 · 사적 효용설 · 목적위배설 · 중대성설 · 상황
구속성설이 있다.

22 ④

손실보상은 재산상의 보상만을 의미하며, 신체 · 생명
의 침해에 대한 보상은 인정되지 않는다.

23 ④

④ 사업시행자, 토지소유자 또는 관계인은 재결에 불
   복할 때에는 재결서를 받은 날부터 60일 이내에, 이
   의신청을 거쳤을 때에는 이의신청에 대한 재결서를
   받은 날부터 30일 이내에 각각 행정소송을 제기할
   수 있다〈공익사업을 위한 토지 등의 취득 및 보상에
   관한 법률 제85조 제1항〉.

24 ①

① 방침규정설은 헌법상의 보상규정은 입법에 대한
   방침규정의 성격을 가질 뿐이므로 손실보상을 해줄
   수가 없다는 입장이다.

25 ④

④ 사업인정고시가 있은 후 협의가 성립되지 아니한
   때에는 토지소유자 및 관계인은 서면으로 사업시
   행자에게 재결의 신청을 할 것을 청구할 수 있다
   〈공익사업을 위한 토지 등의 보상에 관한 법률
   제30조 제1항〉.
① 공용수용의 목적물은 토지소유권뿐만 아니라 광업
   권이나 어업권 등도 그 대상이 된다.
② 토지수용위원회는 열람기간이 경과한 때에는 지체
   없이 당해 신청에 대한 조사 및 심리를 하여야 한
   다〈동법 제32조 제1항〉.
③ 토지수용위원회는 재결이 있기 전에 위원 3인으로
   구성되는 소위원회로 하여금 사업시행자 · 토지소
   유자 및 관계인에게 화해를 권고하도록 할 수 있
   다〈동법 제33조 제1항〉.

26 ④

④ 문화적·학술적 가치는 특별한 사정이 없는 한 그 토지의 부동산으로서의 경제적, 재산적 가치를 높여 주는 것이 아니므로 토지수용법 제51조 소정의 손실보상의 대상이 될 수 없으니, 이 사건 토지가 철새 도래지로서 자연 문화적인 학술가치를 지녔다 하더라도 손실보상의 대상이 될 수 없다(대판 1989. 9. 12, 88누11216).

27 ④

④ 「국가배상법」 제5조의 영조물책임의 요건이다.

28 ②

생활보상의 예로 댐 건설에 따른 수몰보상과 같은 경우가 있는데, 대인주의적 보상이라고 할 수 있다. 전시보상은 일반의 대물보상원칙으로 해결된다.

29 ①

생활보상은 현대 복지국가이념에 기초를 둔 것으로서 보상을 행함에 있어서 수용 전과 같은 상태로 회복하게 하는 데 특색이 있다.

30 ③

③ 행정상 손실보상제도는 존속 보장이 재산권 가치 보장으로 변한 것이다.

● **4. 손해전보를 위한 그 밖의 제도**

1 ②

비의도적 침해로 수용적 침해에 해당하므로 수용적 침해보상이 적합하다.

2 ②

경계이론과 분리이론
㉠ 경계이론 : 헌법 제23조 제1항, 제2항 및 제3항을 연속선상에서 바라보는 견해로 재산권의 내용규정인 사회적 제약 및 공용침해 모두를 재산권에 대한 제한으로 의미하나 사회적 제약은 침해의 정도가 적어 보상없이 감수해야 하는 한편 공용침해는 사회적 제약의 범주를 벗어난 것이므로 보상이 필요하다. 경계이론은 수용유사침해이론으로 연결되며 대법원이 취하는 입장이다.

㉡ 분리이론 : 재산권의 내용과 한계 및 사회적 제약과 공용침해를 별개의 제도로 보는 입장으로 입법자가 공용침해를 규정한 것이 아니라 재산권의 내용을 규정하는 경우라 할지라도 그 규정이 비례원칙에 반하여 일정한 한계를 벗어나 기본권을 침해하면 구제되어야 하나 보상이 아닌 위험의 문제를 야기시킨다.

3 ③

결과제거청구권
㉠ 의의 : 위법한 행정작용의 결과로 인하여 자기의 법률상의 이익을 침해받고 있는 자가 행정주체를 상대로 하여 그 위법한 상태를 제거해 줄 것을 청구하는 권리를 말한다.
㉡ 요건
• 행정주체의 공행정작용으로 인한 침해
• 타인의 법률상 이익의 침해
• 위법한 상태의 존재
• 위법한 상태의 계속
• 결과제거의 가능성·허용성·기대가능성을 필요로 한다.
• 가해행위의 위법 및 가해자의 과실은 불문한다.

4 ①

② 위법한 재산권에 대한 제약으로 인하여 특별한 희생을 당한 자에 대한 보상을 위한 이론이다.
③ 희생보상청구권의 법리를 위법한 침해에까지 확대한 이론이다.
④ 적법한 행정작용에 의하여 생명이나 신체에 대한, 즉 비재산적 가치에 대한 법익의 침해가 발생한 경우에 대한 보상이론이다.

5 ③

③ 개발제한구역으로 지정이 되어 대지의 효용이 박탈되면 손실이 보상되어야 하는데, 이에 대하여는 보상에 관한 특례법이 제정되어 있다. 대법원은 수용유사침해이론을 인정하지 않는다(대판 1996. 6. 28, 94다54511).

6 ①

① 위헌무효설은 국가배상의 이론적 근거가 된다.
②③④ 수용유사침해이론은 보상규정이 없는 경우 즉, 위법·무과실의 경우에 해당한다. 이는 헌법 제23조 제3항을 유추적용함으로써 인정될 수 있다고 한다.

7 ③

① 공법상 결과제거청구권을 공권으로 보면 이에 관한 소송은 행정소송 중 당사자소송이 될 것이나(다수설), 사권으로 보는 견해에 의하면 민사소송이 될 것이다(판례).

② 공법상 결과제거청구권은 손해배상청구권과는 달리 가해행위의 위법이나 고의·과실을 요건으로 하는 것은 아니다.

④ 공법상 결과제거청구권은 행정주체의 공행정작용으로 인한 침해가 존재하여야 하는데, 이에는 권력작용과 비권력작용(관리작용), 법적 행위와 사실행위, 작위와 부작위 모든 행위가 포함된다.

8 ③

수용적 침해는 적법한 행정작용의 비전형적·부수적 결과에 의해 발생한 재산권의 손해를 보상하는 것이다.

9 ④

수용유사적 침해이론

㉠ 의의 : 수용유사적 침해란 법률이 공공필요에 의하여 재산권 침해의 근거규정을 두면서도 그로 인해 발생한 특별한 손실에 대해서는 보상규정을 두지 아니하였기 때문에 결국 위법하게 된 공용침해를 말하며, 이로 인하여 특별한 희생을 입은 자에게 보상규정을 결여한 채로 보상이 행하여져야 한다는 이론이다.

㉡ 학설 : 현재 우리나라에서는 수용유사적 침해이론을 부정하는 견해(직접효력설, 위헌무효설)와 헌법 제23조 제1항 및 제11조를 근거로 하고 헌법 제23조 제3항 및 관계규정의 유추적용을 통해 인정하자는 입장(유추적용설)이 대립하고 있다.

10 ④

④ 수용적 침해에 대해서는 긍정설과 부정설이 대립하고 있으나, 현재 우리나라 대법원은 수용적 침해에 대해서 인정하지 않고 있다.

11 ①

결과제거청구권은 행정청의 공행정작용의 결과의 제거를 요구하는 권리이므로, 반드시 비권력적 침해일 필요는 없다.

12 ③

③ 행정상 결과제거청구권은 행정작용으로 인한 현재의 위법상태를 제거하는 법리이나, 손해배상청구권과는 달리 그 위법상태가 반드시 고의·과실에 기인할 필요는 없다.

〈결과제거청구권 vs 손해배상청구권〉

	결과제거청구권	손해배상청구권
목적	원상회복	금전배상
고의과실	불필요	필요
대상	직접적인 결과	상당인과 관계있는 손해

13 ①

② 독일연방헌법재판소는 자갈채취사건에서 수용유사침해법리에 따른 보상청구를 제한하는 판결을 하였다.

③ 문화방송주식사건에서 고등법원은 수용유사침해이론을 인정하였으나 대법원은 이 이론의 인정을 유보하였다.

④ 이는 위법·유책인 경우에 적용되는 손해배상제도와 적법·무책인 경우에 적용되는 손실보상제도 사이의 괴리를 메우는 기능을 한다.

14 ②

① 입법방침설에 의하면 입법자의 자유로운 결정문제로 본다.

③ 위헌무효설은 보상규정이 없는 경우 손실보상은 청구할 수 없으나, 손해배상은 청구할 수 있다고 본다.

④ 직접효력설은 개인의 손실보상청구권은 헌법규정으로부터 직접 도출된다는 입장에서 법률에 보상규정이 없는 경우에는 직접 헌법상의 보상규정, 즉 헌법 제23조 제3항에 근거하여 보상을 청구할 수 있다고 한다.

15 ④

④ 수용유사침해이론은 손실보상이 결여된 법률에 의한 수용의 경우에도 수용의 타요건을 갖춘 경우, 이를 수용과 동일하게 보아 손실보상을 청구할 수 있도록 하기 위한 이론이므로, 손실보상청구가 가능하다.

16 ③

③ 우리나라 대법원은 아직 이를 명시적으로 언급한 판결이 없다. 문화방송주식사건은 수용유사침해이론과 관련있는 판례이다.

※ **수용적 침해이론** … 독일연방사법재판소에 의하여 정립된 이론으로서, 적법한 공행정작용의 비전형적이고 비의도적인 부수적 효과로서 발생한 개인의 재산권에 대한 피해를 전보하려는 것을 그 내용으로 한다. 장기간의 지하철공사로 인한 인근 백화점의 매출감소 등이 이에 해당한다. 이러한 손해에 대해 보상규정이 없는 경우 그 침해의 위법성을 불문하고 이를 전보하고자 구성한 법리가 수용적 침해이론이다.

17 ③

① 결과제거청구권이 발생
② 손해배상청구권이 발생
④ 수용적 침해이론이 적용

18 ②

수용적 침해 … 법률에 미리 보상규정을 마련함이 불가능한 비의도적·비목적지향적인 재산권제약행위에 대한 손실보상을 인정해야 한다는 이론으로, 적법·무책에 대한 결과적인 침해상태를 구제하기 위해서 논의되고 있는 이론이다.

19 ②

희생보상은 국가가 적법하게 행한 행위로 인해 개인의 생명·자유·신체 및 명예 등의 비재산권이 침해받았을 경우에 보상하는 것을 말하는데 우리나라에서는 소방기본법, 감염병의 예방 및 관리에 관한 법률 등 개별법령상에서만 인정된다.

● 5. 행정심판

1 ③

심판청구에 대한 재결이 있으면 그 재결 및 같은 처분 또는 부작위에 대하여 다시 행정심판을 청구할 수 없다〈행정심판법 제51조〉.

2 ③

① 취소심판이 제기된 경우, 행정청이 처분시에 심판청구 기간을 알리지 아니하였다 할지라도 당사자가 처분이 있음을 알게 된 날부터 180일이 경과하면 행정심판위원회는 부적법 각하재결을 하여야 한다.
② 행정심판위원회는 필요하면 당사자가 주장하지 아니한 사실에 대하여도 심리할 수 있다.

④ 시·도 행정심판위원회의 기각 재결이 내려진 경우 청구인은 중앙행정심판위원회에 그 재결에 대하여 다시 행정심판을 청구할 수 없다.

3 ③

③ 행정심판에서는 취소심판 뿐만아니라 원처분을 적극적으로 변경하는 변경심판도 가능하다.
① 행정심판과 행정소송 모두 불고불리의 원칙이 적용되므로 당사자가 청구한 범위를 넘어서 심리하거나 재판할 수 없다.
② 행정심판과 행정소송 모두 변론주의를 기본 구조로 하고 직권주의가 가미되어 있다.
④ 행정심판의 기각재결이 행해지면 동일한 처분 등을 다투는 행정소송에 영향이 없지만, 인용재결이 있으면 행정소송은 소의 이익을 상실한다.

4 ②

② 위원회는 심판청구의 대상이 되는 처분 또는 부작위 외의 사항에 대하여는 재결하지 못한다〈행정심판법 제47조 제1항〉.
① 행정심판법 제3조 제2항
③ 행정심판법 제20조
④ 행정심판법 제44조 제3항

5 ②

② 처분이 있은 날로부터 90일 이내가 아니라 처분이 있음을 안 날로부터 90일 이내에 심판청구를 하여야 한다.

6 ④

④ 도로점용료 상당 부당이득금의 징수 및 이의절차를 규정한 지방자치법에서 이의제출기간을 행정심판법 제18조 제3항 소정기간 보다 짧게 정하였다고 하여도 같은법 제42조 제1항 소정의 고지의무에 관하여 달리 정하고 있지 아니한 이상 도로관리청인 피고가 이 사건 도로점용료 상당 부당이득금의 징수고지서를 발부함에 있어서 원고들에게 이의제출기간 등을 알려주지 아니하였다면 원고들은 지방자치법상의 이의제출기간에 구애됨이 없이 행정심판법 제18조 제6항, 제3항의 규정에 의하여 징수고지처분이 있은 날로부터 180일 이내에 이의를 제출할 수 있다고 보아야 할 것이다(대판 1990.07.10, 89누6839)
① 법인이 아닌 사단 또는 재단으로서 대표자나 관리인이 정하여져 있는 경우에는 그 사단이나 재단의 이름으로 심판청구를 할 수 있다〈행정심판법 제14조〉.

② 행정심판청구는 엄격한 형식을 요하지 아니하는 서면행위이므로 행정청의 위법·부당한 처분으로 인하여 권리나 이익을 침해당한 사람이 당해 행정청에 그 처분의 취소나 변경을 구하는 취지의 서면을 제출하였다면 서면의 표제나 형식 여하에 불구하고 행정심판청구로 봄이 옳다(대판 1999.06.22, 99두2772)
③ 행정심판법 제20조 제2항

7 ①
① 국가정보원장의 행정처분을 심리·재결하는 곳은 국가정보원에 따로 두는 행정심판위원회이다.
※ **행정심판법 제6조**(행정심판위원회의 설치)
　㉠ 다음의 행정청 또는 그 소속 행정청(행정기관의 계층구조와 관계없이 그 감독을 받거나 위탁을 받은 모든 행정청을 말하되, 위탁을 받은 행정청은 그 위탁받은 사무에 관하여는 위탁한 행정청의 소속 행정청으로 본다.)의 처분 또는 부작위에 대한 행정심판의 청구에 대하여는 다음의 행정청에 두는 행정심판위원회에서 심리·재결한다.
　• 감사원, 국가정보원장, 그 밖에 대통령령으로 정하는 대통령 소속기관의 장
　• 국회사무총장·법원행정처장·헌법재판소 사무처장 및 중앙선거관리위원회 사무총장
　• 국가인권위원회, 진실·화해를 위한 과거사정리위원회, 그 밖에 지위·성격의 독립성과 특수성 등이 인정되어 대통령령으로 정하는 행정청
　㉡ 다음의 행정청의 처분 또는 부작위에 대한 심판청구에 대하여는 「부패방지 및 국민권익위원회의 설치와 운영에 관한 법률」에 따른 국민권익위원회에 두는 중앙행정심판위원회에서 심리·재결한다.
　• ㉠에 따른 행정청 외의 국가행정기관의 장 또는 그 소속 행정청
　• 특별시장·광역시장·특별자치시장·도지사·특별자치도지사(특별시·광역시·특별자치시·도 또는 특별자치도의 교육감을 포함) 또는 특별시·광역시·특별자치시·도·특별자치도의 의회(의장, 위원회의 위원장, 사무처장 등 의회 소속 모든 행정청을 포함)
　• 「지방자치법」에 따른 지방자치단체조합 등 관계 법률에 따라 국가·지방자치단체·공공법인 등이 공동으로 설립한 행정청. 다만, 시·도의 관할구역에 있는 둘 이상의 지방자치단체(시·군·자치구)·공공법인 등이 공동으로 설립한 행정청은 제외한다.
　㉢ 다음의 행정청의 처분 또는 부작위에 대한 심판청구에 대하여는 시·도지사 소속으로 두는 행정심판위원회에서 심리·재결한다.
　• 시·도 소속 행정청
　• 시·도의 관할구역에 있는 시·군·자치구의 장, 소속 행정청 또는 시·군·자치구의 의회

(의장, 위원회의 위원장, 사무국장, 사무과장 등 의회 소속 모든 행정청을 포함)
　• 시·도의 관할구역에 있는 둘 이상의 지방자치단체(시·군·자치구)·공공법인 등이 공동으로 설립한 행정청
　㉣ ㉡에도 불구하고 대통령령으로 정하는 국가행정기관 소속 특별지방행정기관의 장의 처분 또는 부작위에 대한 심판청구에 대하여는 해당 행정청의 직근 상급행정기관에 두는 행정심판위원회에서 심리·재결한다.

8 ①
① 행정심판법 제50조 제2항
② 임시처분은 거부처분만을 대상으로 규정하지 않고 처분이라고 규정하고 있으나, 적극적 처분의 경우에는 임시처분의 대상이 되기 어렵다. 이는 「행정심판법」 제31조 제3항은 "임시처분은 제30조 제2항에 따른 집행정지로 목적을 달성할 수 있는 경우에는 허용되지 아니한다."고 규정함으로써 임시처분에 보충성을 요하고 있기 때문이다.
③ 취소명령재결은 없다.
④ 행정심판은 권력분립의 문제가 발생하지 아니하므로 간접강제가 아니라 직접강제할 수 있다.

9 ①
「**행정심판법**」 제6조(행정심판위원회의 설치)
　㉠ 다음의 행정청 또는 그 소속 행정청(행정기관의 계층구조와 관계없이 그 감독을 받거나 위탁을 받은 모든 행정청을 말하되, 위탁을 받은 행정청은 그 위탁받은 사무에 관하여는 위탁한 행정청의 소속 행정청)의 처분 또는 부작위에 대한 행정심판의 청구에 대하여는 다음의 행정청에 두는 행정심판위원회에서 심리·재결한다.
　• 감사원, 국가정보원장, 그 밖에 대통령령으로 정하는 대통령 소속기관의 장
　• 국회사무총장·법원행정처장·헌법재판소사무처장 및 중앙선거관리위원회사무총장
　• 국가인권위원회, 진실·화해를 위한 과거사정리위원회, 그 밖에 지위·성격의 독립성과 특수성 등이 인정되어 대통령령으로 정하는 행정청
　㉡ 다음의 행정청의 처분 또는 부작위에 대한 심판청구에 대하여는 「부패방지 및 국민권익위원회의 설치와 운영에 관한 법률」에 따른 국민권익위원회에 두는 중앙행정심판위원회에서 심리·재결한다.
　• ㉠에 따른 행정청 외의 국가행정기관의 장 또는 그 소속 행정청
　• 특별시장·광역시장·특별자치시장·도지사·특별자치도지사(특별시·광역시·특별자치시·도 또는 특별자치도의 교육감을 포함) 또는 특별시·광역시·특별자치시·도·특별자치도의 의회(의장, 위원회의 위원장, 사무처장 등 의회 소속 모든 행정청을 포함)

- 「지방자치법」에 따른 지방자치단체조합 등 관계 법률에 따라 국가·지방자치단체·공공법인 등이 공동으로 설립한 행정청. 다만, 제3항 제3호에 해당하는 행정청은 제외한다.
  ⓒ 다음의 행정청의 처분 또는 부작위에 대한 심판청구에 대하여는 시·도지사 소속으로 두는 행정심판위원회에서 심리·재결한다.
  - 시·도 소속 행정청
  - 시·도의 관할구역에 있는 시·군·자치구의 장, 소속 행정청 또는 시·군·자치구의 의회(의장, 위원회의 위원장, 사무국장, 사무과장 등 의회 소속 모든 행정청을 포함)
  - 시·도의 관할구역에 있는 둘 이상의 지방자치단체(시·군·자치구)·공공법인 등이 공동으로 설립한 행정청

10 ②

② 「행정심판법」 제5조 제3호 … 의무이행심판은 당사자의 신청에 대한 행정청의 위법 또는 부당한 거부처분이나 부작위에 대하여 일정한 처분을 하도록 하는 행정심판이다.

11 ②

② 항고소송에 있어서 원고는 전심절차에서 주장하지 아니한 공격방어방법을 소송절차에서 주장할 수 있고 법원은 이를 심리하여 행정처분의 적법 여부를 판단할 수 있는 것이므로, 원고가 전심절차에서 주장하지 아니한 처분의 위법사유를 소송절차에서 새롭게 주장하였다고 하여 다시 그 처분에 대하여 별도의 전심절차를 거쳐야 하는 것은 아니다(대판 1996.6.14, 96누754).

12 ①

① 「행정심판법」 제47조(재결의 범위) 제2항에서는 '위원회는 심판청구의 대상이 되는 처분보다 청구인에게 불리한 재결을 하지 못한다.'고 규정하고 있다.

13 ④

「행정심판법」 제17조(피청구인 적격 및 경정) 제1항 … 행정심판은 처분을 한 행정청(의무이행심판의 경우에는 청구인의 신청을 받은 행정청)을 피청구인으로 하여 청구하여야 한다. 다만, 심판청구의 대상과 관계되는 권한이 다른 행정청에 승계된 경우에는 권한을 승계한 행정청을 피청구인으로 하여야 한다.

14 ④

④ 위원회는 지체 없이 당사자에게 재결서의 정본을 송달하여야 한다. 이 경우 중앙행정심판위원회는 재결 결과를 소관 중앙행정기관의 장에게도 알려야 한다〈행정심판법 제48조 제1항〉.

15 ①

※ 행정심판의 재결을 거치지 아니하고 취소소송을 제기할 수 있는 경우〈행정심판법 18조 제2항〉
  ㉠ 행정심판청구가 있은 날로부터 60일이 지나도 재결이 없는 때
  ㉡ 처분의 집행 또는 절차의 속행으로 생길 중대한 손해를 예방하여야 할 긴급한 필요가 있는 때
  ㉢ 법령의 규정에 의한 행정심판기관이 의결 또는 재결을 하지 못할 사유가 있는 때
  ㉣ 그 밖의 정당한 사유가 있는 때

※ 행정심판을 제기함이 없이 취소소송을 제기할 수 있는 경우〈행정심판법 18조 제3항〉
  ㉠ 동종사건에 관하여 이미 행정심판의 기각재결이 있은 때
  ㉡ 서로 내용상 관련되는 처분 또는 같은 목적을 위하여 단계적으로 진행되는 처분 중 어느 하나가 이미 행정심판의 재결을 거친 때
  ㉢ 행정청이 사실심의 변론종결 후 소송의 대상인 처분을 변경하여 당해 변경된 처분에 관하여 소를 제기하는 때
  ㉣ 처분을 행한 행정청이 행정심판을 거칠 필요가 없다고 잘못 알린 때

16 ④

행정심판의 종류로는 취소심판, 무효등확인심판, 의무이행심판이 있다〈행정심판법 제5조〉.

17 ③

① 행정심판의 심리는 구술심리 또는 서면심리로 한다〈동법 제40조 제1항〉.
② 심판청구기간의 제한이나 청구인락의 부인 등에 의하여 처분권주의가 많은 제한을 받고 있으나 이는 공익적 관점에서 오는 제한에 불과하며 행정심판에 있어서도 처분권주의가 인정된다.
④ 행정심판위원회는 필요하다고 인정할 때에는 당사자가 주장하지 아니한 사실에 대하여도 심리할 수 있으며〈동법 제39조〉, 사건의 심리를 위하여 필요하다고 인정할 때에는 직권으로 또는 당사자의 신청에 의하여 증거조사를 할 수 있다〈동법 제36조 제1항〉.

18 ②

② 사정재결은 취소심판·의무이행심판에는 인정되나, 무효등확인심판에는 인정되지 않는다〈행정심판법 제44조 제3항〉.

19 ②

② 변경의 의미에 대하여 행정심판법상의 변경은 처분의 소극적 일부취소만을 의미하는 것이 아니라 원처분에 갈음하여 새로운 처분으로 대체한다는 적극적 의미도 포함한다.

20 ④

행정심판법에는 정당한 사유가 있으면 180일이 경과한 뒤에도 심판청구가 가능하다고 규정되어 있는데〈행정심판법 제27조 제3항〉, 처분의 상대방이 아닌 제3자로서 처분을 사실상 알기가 어려운 경우도 포함된다고 할 수 있다.

21 ①

① 위원회는 심판청구의 대상이 되는 처분보다 청구인에게 불리한 재결을 하지 못한다〈행정심판법 제47조 제2항〉.

22 ①

① 행정심판은 위법·부당한 처분을 모두 심사할 수 있으나, 행정소송은 위법한 처분만을 대상으로 한다.

※ 행정심판과 행정소송과의 비교
　㉠ 차이점
　　• 행정심판은 위법·부당한 처분을 모두 심사할 수 있으나(합목적성 심사), 행정소송은 위법한 처분만을 대상으로 한다(합법성 심사).
　　• 단기의 제소기간을 둔 점은 행정심판과 행정소송 모두 동일하나, 기간에 있어서는 차이가 있다.
　　• 행정심판법은 항고쟁송과 당사자쟁송을 규정하고 있으나 행정소송법은 항고쟁송, 당사자쟁송, 민중쟁송, 기관쟁송 등을 규정하고 있다.
　㉡ 공통점
　　• 쟁송사항에 개괄주의
　　• 직권증거조사
　　• 집행부정지원칙
　　• 불고불리의 원칙과 불이익변경금지의 원칙
　　• 사정(재)판결

23 ②

행정심판의 종류에는 취소심판, 무효등확인심판, 의무이행심판이 있다〈행정심판법 제5조〉.

예방적 부작위심판은 인정하고 있지 아니하며, 행정소송에서는 의무이행소송이나 예방적 부작위소송을 인정하고 있지 않다. 다만, 학설은 인정하자는 견해도 있으나 판례는 부정한다.

24 ③

③ 행정심판법 제51조는 재심판청구금지의 원칙(심판청구에 대한 재결에 대해서는 다시 심판청구를 할 수 없음)을 규정하고 있다. 단, 특허청의 항고심판, 국세심판 등은 특별법상의 재심판청구가 인정된다.

25 ②

① 비공개, 서면심의가 원칙이다.
② 단행법에 행정심판에 대한 특별한 규정을 둔 특별행정심판이 있다(특허심판 및 해양안전심판 등).
③ 행정심판에는 의무이행심판, 즉 행정청의 거부처분 또는 부작위가 위법 또는 부당한 경우 그 법률상 의무지워진 처분의 이행을 구하는 심판이 있다.
④ 사정재결의 경우 법원은 그 판결의 주문에 그 처분이 위법함을 선언한다.

26 ④

④ 중앙행정심판위원회 상임위원의 임기는 3년으로 하며, 1차에 한하여 연임할 수 있다〈행정심판법 제9조 제2항〉.

27 ④

2008년 2월 29일 행정심판법 개정으로 재결청을 없애고 재결을 행정심판위원회가 하도록 하여, 심의·재결기관을 행정심판위원회로 일원화하였다.

28 ①

① 행정심판은 피심판자가 심판자의 지위에 서는 것으로 공정한 구제제도절차로서는 미흡하다.

29 ④

행정심판법이 규정한 심리절차의 기본원칙으로는 대심주의, 처분권주의, 직권심리주의, 구술·서면심리주의, 비공개주의 등이 있다.

④ 현행 행정심판법은 종전의 행정심판전치주의를 폐지하여 임의적 행정전치주의를 취하고 있다. 따라서 행정심판을 거치지 않고 바로 행정소송을 제기할 수 있다. 다만, 예외적으로 공무원의 관계에 있어서는 전치주의를 유지하고 있다.

30 ②

② 행정심판의 피고는 당해 처분을 한 행정청이 된다.

31 ②

행정심판은 처분이 있음을 안 날로부터 90일 이내, 처분이 있은 날로부터 180일 이내에 제기하여야 한다. 위의 두 기간 중 어느 하나라도 먼저 경과하면 심판청구를 제기할 수 없게 된다〈행정심판법 제27조〉.

32 ③

③ 국민권익위원회에서 행정심판 관련 사무를 수행하는 내용으로 부패방지 및 국민권익위원회의 설치와 운영에 관한 법률이 제정됨에 따라 국민권익위원회에 중앙행정심판위원회를 둔다.

33 ④

행정심판청구인의 권리는 ①②③ 외에 증거서류제출권, 증거조사신청권 등이 있다.
④ 행정심판참가신청권은 이해관계있는 제3자 또는 관계행정청의 권리이다.

34 ④

④ 행정심판위원회는 위원장 1인을 포함한 30인 이내의 위원으로 구성 되어있지만, 중앙행정심판위원회는 위원장 1인을 포함한 50인 이내로 구성되어 있다.

35 ③

③ 보기의 지문은 삭제된 조항이며, 개정 행정심판법은 재결청과 처분청을 일원화하였다.

36 ②

② 대통령의 처분 또는 부작위에 대하여는 다른 법률에서 행정심판을 청구할 수 있도록 정한 경우 외에는 행정심판을 청구할 수 없다〈행정심판법 제3조 제2항〉.

37 ③

③ 행정심판은 행정청의 위법·부당한 처분 또는 부작위를 대상으로 한다.

38 ④

④ 불고지·오고지의 경우에는 고지된 기간 내에 행정심판청구를 제기하면 된다〈행정심판법 제27조 제5항, 제6항〉

39 ①

① 행정심판법 제40조 제1항은 "행정심판의 심리는 구술심리 또는 서면심리로 한다. 다만, 당사자가 구술심리를 신청한 때에는 서면심리만으로 결정할 수 있다고 인정되는 경우 외에는 구술심리를 하여야 한다."고 규정하고 있다. 이는 심리방법으로 구술심리와 서면심리를 모두 인정하되, 서면심리주의를 원칙으로 하는 것으로 해석된다(다수설). 당사자가 구술심리를 신청하는 경우에 반드시 구술심리를 하여야 하는 것은 아니다.

40 ④

④ 중앙행정심판위원회의 위원장은 국민권익위원회의 부위원장 중 1명이 된다〈행정심판법 제8조 제2항〉.

● 6. 행정소송

1 ②

② 사정판결을 하는 경우 처분의 위법성은 처분시를 기준으로 판단하여야 한다. 단, 사정판결이 필요한지 여부에 대한 판단은 변론종결시를 기준으로 한다.

2 ①

① 위 부관을 조건으로 본다면, 갑은 부관부 행정행위 전체를 취소소송의 대상으로 하여 전체에 대한 소송이 이루어져야 한다. 대법원에서는 전체 취소소송을 청구하여 부관만의 취소를 구하는 부진정일부취소소송을 인정하지 않는다.

3 ①

① 제재적 행정처분이 그 처분에서 정한 제재기간의 경과로 인하여 그 효과가 소멸되었으나, 부령인 시행규칙 또는 지방자치단체의 규칙의 형식으로 정한 처분기준에서 제재적 행정처분을 받은 것을 가중사유나 전제요건으로 삼아 장래의 제재적 행정처분을 하도록 정하고 있는 경우, 선행처분인 제재적 행정처분을 받은 상대방이 그 처분에서 정한 제재기간이 경과하였다 하더라도 그 처분의 취소를 구할 법률상 이익이 있다(대판 2006.06.22. 선고 2003두1684).
② 대판 2007.4.26. 선고 2006두18409
③ 대판 2003.12.26. 선고 2003두1875
④ 대판 2009.01.30. 선고 2007두13487

4 ④

① 부가가치세법령이 환급세액의 정의 규정, 그 지급 시기와 산출방법에 관한 구체적인 규정과 함께 부가가치세 납세의무를 부담하는 사업자(이하 '납세의무자'라 한다)에 대한 국가의 환급세액 지급의무를 규정한 이유는, 입법자가 과세 및 징수의 편의를 도모하고 중복과세를 방지하는 등의 조세정책적 목적을 달성하기 위한 입법적 결단을 통하여, 최종 소비자에 이르기 전의 각 거래단계에서 재화 또는 용역을 공급하는 사업자가 그 공급을 받는 사업자로부터 매출세액을 징수하여 국가에 납부하고, 그 세액을 징수당한 사업자는 이를 국가로부터 매입세액으로 공제ㆍ환급받는 과정을 통하여 그 세액의 부담을 다음 단계의 사업자에게 차례로 전가하여 궁극적으로 최종 소비자에게 이를 부담시키는 것을 근간으로 하는 전단계세액 공제 제도를 채택한 결과, 어느 과세기간에 거래징수된 세액이 거래징수를 한 세액보다 많은 경우에는 그 납세의무자가 창출한 부가가치에 상응하는 세액보다 많은 세액이 거래징수되게 되므로 이를 조정하기 위한 과세기술상, 조세 정책적인 요청에 따라 특별히 인정한 것이라고 할 수 있다. 따라서 이와 같은 부가가치세법령의 내용, 형식 및 입법 취지 등에 비추어 보면, 납세의무자에 대한 국가의 부가가치세 환급세액 지급의무는 그 납세의무자로부터 어느 과세기간에 과다하게 거래징수된 세액 상당을 국가가 실제로 납부받았는지와 관계없이 부가가치세법령의 규정에 의하여 직접 발생하는 것으로서, 그 법적 성질은 정의와 공평의 관념에서 수익자와 손실자 사이의 재산상태 조정을 위해 인정되는 부당이득 반환의무가 아니라 부가가치세법령에 의하여 그 존부나 범위가 구체적으로 확정되고 조세 정책적 관점에서 특별히 인정되는 공법상 의무라고 봄이 타당하다. 그렇다면 납세의무자에 대한 국가의 부가가치세 환급세액 지급의무에 대응하는 국가에 대한 납세의무자의 부가가치세 환급세액 지급청구는 민사소송이 아니라 행정소송법 제3조 제2호에 규정된 당사자소송의 절차에 따라야 한다(대판 2013.03.21. 선고 2011다95564).

② 갑이 국민권익위원회에 부패방지 및 국민권익위원회의 설치와 운영에 관한 법률에 따른 신고와 신분보장조치를 요구하였고, 국민권익위원회가 을 시ㆍ도선거관리위원회 위원장에게 '갑에 대한 중징계요구를 취소하고 향후 신고로 인한 신분상 불이익처분 및 근무조건상의 차별을 하지 말 것을 요구'하는 내용의 조치요구를 한 사안에서, 국가기관인 을에게 위 조치요구의 취소를 구하는 소를 제기할 당사자능력, 원고적격 및 법률상 이익을 인정한 원심판단은 정당하다(대판 2013.07.25. 선고 2011두1214).

③ 환경부장관이 생태ㆍ자연도 1등급으로 지정되었던 지역을 2등급 또는 3등급으로 변경하는 내용의 생태ㆍ자연도 수정ㆍ보완을 고시하자, 인근 주민 갑이 생태ㆍ자연도 등급변경처분의 무효 확인을 청구한 사안에서, 갑은 무효 확인을 구할 원고적격이 없다(대판 2014.02.21. 선고 2011두29052).

5 ②

② 토지대장에 기재된 일정한 사항을 변경하는 행위는, 그것이 지목의 변경이나 정정 등과 같이 토지소유권 행사의 전제요건으로서 토지소유자의 실체적 권리관계에 영향을 미치는 사항에 관한 것이 아닌 한 행정사무집행의 편의와 사실증명의 자료로 삼기 위한 것일 뿐이어서, 그 소유자 명의가 변경된다고 하여도 이로 인하여 당해 토지에 대한 실체상의 권리관계에 변동을 가져올 수 없고 토지 소유권이 지적공부의 기재만에 의하여 증명되는 것도 아니다(대판 1984. 4. 24. 선고 82누308, 대법원 2002. 4. 26. 선고 2000두7612 참조). 따라서 소관청이 토지대장상의 소유자명의 변경신청을 거부한 행위는 이를 항고소송의 대상이 되는 행정처분이라고 할 수 없다(대판 2012.01.12. 선고 2010두12354).
① 대판 2014.02.13 선고 2013두20899
③ 대판 2005.02.17 선고 2003두14765
④ 대판 1992.01.21 선고 91누2687

6 ②

② 당사자소송에서는 가처분이 가능하지만 항고소송에서는 집행정지만 가능하다.

7 ④

④ 재단법인 갑 수녀원이, 매립목적을 택지조성에서 조선시설용지로 변경하는 내용의 공유수면매립목적 변경 승인처분으로 인하여 법률상 보호되는 환경상 이익을 침해받았다면서 행정청을 상대로 처분의 무효 확인을 구하는 소송을 제기한 사안에서, 갑 수녀원에는 처분의 무효확인을 구할 원고적격이 없다(대판 2012.06.28. 선고 2010두2005).

8 ③

① 행정처분의 당연무효를 주장하여 그 무효확인을 구하는 행정소송에 있어서는 원고에게 그 행정처분이 무효인 사유를 주장ㆍ입증할 책임이 있다(대판 2000.03.23. 선고 99두11851).
② 재결은 준법률행위적 행정행위이므로 주체, 내용, 절차 및 형식의 요건을 모두 갖추어야 한다.
④ 부작위법확인소송은 제소기간에 대해 취소소송을 준용하도록 하고 있다.

9   ②

ⓛ 한국마사회가 조교사 또는 기수의 면허를 부여하
거나 취소하는 것은 경마를 독점적으로 개최할
수 있는 지위에서 우수한 능력을 갖추었다고 인
정되는 사람에게 경마에서의 일정한 기능과 역할
을 수행할 수 있는 자격을 부여하거나 이를 박탈
하는 것에 지나지 아니하므로, 이는 국가 기타
행정기관으로부터 위탁받은 행정권한의 행사가
아니라 일반 사법상의 법률관계에서 이루어지는
단체 내부에서의 징계 내지 제재처분으로 봄이
상당하다(대판 2008.1.31, 2005두8269).
ⓔ (구)하수도법에 의한 하수도정비기본계획은 항고
소송의 대상이 되는 행정처분에 해당하지 아니한
다(대판 2002.5.17, 2001두10578).
ⓢ 어업권면허에 선행하는 우선순위결정은 강학상 확
약에 불과하고 행정처분은 아니므로, 우선순위결
정에 공정력이나 불가쟁력과 같은 효력은 인정되
지 아니 한다(대판 1995.1.20, 94누6529).

10   ④

④ 집행정지사건 자체에 의하여도 신청인의 본안청
구가 이유 없음이 명백할 때에는 행정처분의 효력정
지나 집행정지를 명할 수 없다(대결 1992.08.07. 92
두30).

11   ①

① 당연무효의 행정처분을 소송목적물로 하는 행정소
송에서는 행정소송법 제28조 소정의 이른바 사정판
결을 할 수 없는 것이다(대판 1985.2.26, 84누380).

12   ②

② 예산회계법에 따라 체결되는 계약은 사법상의 계
약이라고 할 것이고 같은 법 제70조 5의 입찰보증금
은 낙찰자의 계약체결의무 이행의 확보를 목적으로
하여 그 불이행시에 이를 국고에 귀속시켜 나라의
손해를 전보하는 사법상의 손해배상 예정으로서의
성질을 갖는 것이라고 봄이 타당하다고 할 것이므로
이러한 입찰보증금의 위 법조 및 같은 법 시행령 제
97조, 제79조에 따른 국고귀속조치는 국이 순전히
사법상 재산권의 주체로서 행위를 하는 것일 뿐 공
권력을 행사하는 것이라거나 공권력작용과 일체성을
가진 것도 아니라 할 것이므로 이에 관한 분쟁은 행
정소송이 아닌 민사소송의 대상이 될 수밖에 없다고
할 것이다(대판 1983.12.27, 81누366).

13   ②

② '처분이 있음을 안 날'이라 함은 당사자가 통지·공
고 기타의 방법에 의하여 당해 처분이 있었다는 사실

을 현실적으로 안 날을 의미하고, 추상적으로 알 수
있었던 날을 의미하는 것은 아니라 할 것이며, 다만
처분을 기재한 서류가 당사자의 주소에 송달되는 등
으로 사회통념상 처분이 있음을 당사자가 알 수 있는
상태에 놓여진 때에는 반증이 없는 한 그 처분이 있
음을 알았다고 추정할 수는 있다.(대판 1995.11.24.
95누11535)

14   ④

① 사립학교 교원에 대한 학교법인의 해임처분을 행
정소송법에 의하여 취소소송의 대상이 되는 행정
청의 처분으로 볼 수는 없고, 따라서 이에 대한
학교법인을 상대로 한 불복은 민사소송절차에 의
할 것이지 행정소송에 의할 수 없는 것이다(대판
1993.2.12, 92누13707).
② 행정소송법 제10조는 처분의 취소를 구하는 취소
소송에 당해 처분과 관련되는 부당이득반환소송을
관련 청구로 병합할 수 있다고 규정하고 있는바,
이 조항을 둔 취지에 비추어 보면, 취소소송에 병
합할 수 있는 당해 처분과 관련되는 부당이득반환
소송에는 당해 처분의 취소를 선결문제로 하는 부
당이득반환청구가 포함되고, 이러한 부당이득반환
청구가 인용되기 위해서는 그 소송절차에서 판결
에 의해 당해 처분이 취소되면 충분하고 그 처분
의 취소가 확정되어야 하는 것은 아니라고 보아야
한다(대판 2009.4.9, 2008두23153).
③ 행정소송법 제16조 소정의 제3자의 소송참가가 허
용되기 위하여는 당해 소송의 결과에 따라 제3자
의 권리 또는 이익이 침해되어야 하고, 이 때의
이익은 법률상 이익을 말하며 단순한 사실상의 이
익이나 경제상의 이익은 포함되지 않는데, 원고들
이 참가를 구하는 제3자들은 원고들이 속한 관련
지방자치단체들로서 이 사건의 쟁점은 단순히 신
설되는 항만을 어떻게 호칭하고 다른 항만과 구별
하여 특정할 것인가의 문제에 불과할 뿐이고 그
항만에 부여되는 지리적 명칭에 따라 그 항만의
배후부지가 관련 자치단체의 관할구역에 편입되는
법적 효력이 생긴다거나 관련 자치단체인 참가인
들이 그 지리적 명칭으로 인하여 권리관계나 법적
지위에 어떠한 영향을 받는다고 인정되지도 아니
하므로 이 사건 소송의 결과에 의하여 위 제3자들
의 법률상 이익이 침해된다고 할 수 없고, 따라서
원고들의 이 사건 제3자 소송참가신청은 부적법하
다고 판단하였다(대판 2008.5.29, 2007두23873).

15   ①

① 허가를 받은 경업자에게는 원고적격이 부인되나,
특허사업의 경업자는 특별한 사정이 없는 한 원고적
격이 인정된다.

16 ④

① 시·도의 교육·학예에 관한 사무의 집행기관은 시·도 교육감이고 시·도 교육감에게 지방교육에 관한 조례안의 공포권이 있다고 규정되어 있으므로, 교육에 관한 조례의 무효확인 소송을 제기함에 있어서는 그 집행기관인 시·도 교육감을 피고로 하여야 할 것이다(대판 1996.9.20, 95누8003).

② 지방의회 의원에 대한 징계의결이나 지방의회 의장선거, 의장에 대한 불신임의결 등의 행정처분은 지방의회가 의결기관이자 집행기관이므로, 이들 처분에 대한 항고소송의 피고는 지방의회가 된다.

③ 행정처분의 취소 또는 무효확인을 구하는 행정소송은 다른 법률에 특별한 규정이 없는 한 그 처분을 행한 행정청을 피고로 하여야 하며, 행정처분을 행할 적법한 권한 있는 상급행정청으로부터 내부위임을 받은데 불과한 하급행정청이 권한 없이 행정처분을 한 경우에도 실제로 그 처분을 행한 하급행정청을 피고로 하여야 할 것이지 그 처분을 행할 적법한 권한 있는 상급행정청을 피고로 할 것은 아니다(대판 1989.11.14, 89누4765).

17 ①

① 제재적 행정처분이 그 처분에서 정한 제재기간의 경과로 인하여 그 효과가 소멸되었으나, 부령인 시행규칙 또는 지방자치단체의 규칙(이하 이들을 '규칙'이라고 한다)의 형식으로 정한 처분기준에서 제재적 행정처분(이하 '선행처분'이라고 한다)을 받은 것을 가중사유나 전제요건으로 삼아 장래의 제재적 행정처분(이하 '후행처분'이라고 한다)을 하도록 정하고 있는 경우, 제재적 행정처분의 가중사유나 전제요건에 관한 규정이 법령이 아니라 규칙의 형식으로 되어 있다고 하더라도, 그러한 규칙이 법령에 근거를 두고 있는 이상 그 법적 성질이 대외적·일반적 구속력을 갖는 법규명령인지 여부와는 상관없이, 관할 행정청이나 담당공무원은 이를 준수할 의무가 있으므로 이들이 그 규칙에 정해진 바에 따라 행정작용을 할 것이 당연히 예견되고, 그 결과 행정작용의 상대방인 국민으로서는 그 규칙의 영향을 받을 수밖에 없다. 따라서 그러한 규칙이 정한 바에 따라 선행처분을 받은 상대방이 그 처분의 존재로 인하여 장래에 받을 불이익, 즉 후행처분의 위험은 구체적이고 현실적인 것이므로, 상대방에게는 선행처분의 취소소송을 통하여 그 불이익을 제거할 필요가 있다(대판 2006.6.22, 2003두1684).

18 ②

② 광주민주화운동관련자 보상 등에 관한 법률에 의거하여 관련자 및 유족들이 갖게 되는 보상 등에 관한 권리 및 소송의 성격은 당사자소송이다(대판 1992.12.24, 92누3335).

① 민주화운동관련자 명예회복 및 보상 등에 관한 법률'에 따른 보상금 등의 지급을 구하는 소송의 형태는 취소소송이다(대판 2008.04.17, 2005두16185 전합).

③ 관리처분계획 등에 관한 관할 행정청의 인가·고시까지 있게 되면 이제는 관리처분계획 등이 행정처분으로서의 효력을 갖게 되므로, 관리처분계획 등에 관한 조합 총회결의의 하자를 이유로 그 효력을 다투려면 재건축조합을 상대로 항고소송의 방법으로 관리처분계획 등의 취소 또는 무효확인을 구하여야 하고, 이와는 별도로 행정처분에 이르는 절차적 요건 중 하나에 불과한 총회결의 부분만을 따로 떼어내 그 효력을 다투는 확인의 소를 제기하는 것은 허용되지 않는다(대판 2010.02.25, 2007다73598).

④ 공무원연금관리공단의 급여에 관한 결정은 국민의 권리에 직접 영향을 미치는 것이어서 행정처분에 해당하고, 공무원연금관리공단의 급여결정에 불복하는 자는 공무원연금급여재심위원회의 심사결정을 거쳐 공무원연금관리공단의 급여결정을 대상으로 행정소송을 제기하여야 한다(대판 1996.12.06, 96누6417).

19 ④

행정소송법에서 규정하고 있는 항고소송으로는 취소소송, 무효 등 확인소송, 부작위위법확인소송이 있다.

※ 행정소송법 제4조 항고소송
　㉠ **취소소송** : 행정청의 위법한 처분 등을 취소 또는 변경하는 소송
　㉡ **무효 등 확인 소송** : 행정청의 처분 등의 효력 유무 또는 존재여부를 확인하는 소송
　㉢ **부작위법확인소송** : 행정청의 부작위가 위법하다는 것을 확인하는 소송

20 ②

㉠ - ×

국가공무원법 제16조(행정소송과의 관계) 제1항 … 제75조에 따른 처분, 그 밖에 본인의 의사에 반한 불리한 처분이나 부작위(不作爲)에 관한 행정소송은 소청심사위원회의 심사·결정을 거치지 아니하면 제기할 수 없다.

㉡ - ○

국가배상법 제2조(배상책임) 제1항 … 국가나 지방자치단체는 공무원 또는 공무를 위탁받은 사인이 직무를 집행하면서 고의 또는 과실로 법령을 위반하여 타인에게 손해를 입히거나, 「자동차손해배상보장법」에 따라 손해배상의 책임이 있을 때에는 이 법에 따라 그 손해를 배상하여야 한다. 다만, 군인·군무원·경찰공무원 또는 향토예비군대원이 전투·훈련 등 직무집행과 관련하여 전사(戰死)·순직(殉職)하거나 공상(公傷)을 입은 경우에 본인이나 그 유족이 다른 법령에 따라 재해보상금·유족연금·상이연금 등의 보상

을 지급받을 수 있을 때에는 이 법 및 「민법」에 따른 손해배상을 청구할 수 없다.
제2항 … 제1항 본문의 경우에 공무원에게 고의 또는 중대한 과실이 있으면 국가나 지방자치단체는 그 공무원에게 구상(求償)할 수 있다.
ⓒ - ○
공무원이 직무수행 중 불법행위로 타인에게 손해를 입힌 경우에 국가 등이 국가배상책임을 부담하는 외에 공무원 개인도 고의 또는 중과실이 있는 경우에는 불법행위로 인한 손해배상책임을 진다고 할 것이지만, 공무원에게 경과실뿐인 경우에는 공무원 개인은 손해배상책임을 부담하지 아니한다고 해석하는 것이 헌법 제29조 제1항 본문과 단서 및 국가배상법 제2조의 입법취지에 조화되는 올바른 해석이다.(대판 1996.2.15, 95다38677)

21　②

② 신청에 대한 거부처분의 효력을 정지하더라도 거부처분이 없었던 것과 같은 상태 즉 거부처분이 있기 전의 신청 시의 상태로 되돌아가는데 불과하고 행정청에게 신청에 따른 처분을 하여야 할 의무가 생기는 것이 아니므로 거부처분의 효력정지는 그 거부처분으로 인하여 신청인에게 생길 손해를 방지하는 데에 아무런 소용이 없어 그 효력정지를 구할 이익이 없다.(대판 1992.2.13, 91두47)
③ 대판 2003.11.28, 2003두674
④ 대판 1989.5.23, 88누8135

22　④

④ 항고소송의 대상이 되는 행정처분의 효력이나 집행 혹은 절차속행 등의 정지를 구하는 신청은 행정소송법상 집행정지신청의 방법으로서만 가능할 뿐 민사소송법상 가처분의 방법으로는 허용될 수 없다(대판 2009.11.2 2009마596).
① 행정소송법 제23조 제2항
② 적법한 본안소송이 법원에 계속되어 있을 때 집행정지 신청이 인정된다.
③ 대판 1995.11.23, 95두53

23　②

② 법원은 당사자의 신청이 있는 때에는 결정으로써 재결을 행한 행정청에 대하여 행정심판에 관한 기록의 제출을 명할 수 있다〈행정소송법 제25조 제1항〉.

24　②

② 취소소송에서 소송물은 처분의 위법성 내지 적법성 일반이지만, 무효확인소송의 소송물은 처분의 무효 여부이므로 무효확인소송에서 기각판결이 확정되

었다 하더라도 당해 처분이 무효가 아니라는 점에 기판력이 발생하는 것이므로 취소소송을 제기할 수 있다. 그러나 취소소송에서 기각판결이 확정되면 당해 처분에 하자가 없다는 점에 기판력이 생기므로 후소로 무효확인소송을 제기하면 기판력에 반하게 된다.

25　②

「행정소송법」 제21조(소의 변경)
㉠ 법원은 취소소송을 당해 처분 등에 관계되는 사무가 귀속하는 국가 또는 공공단체에 대한 당사자소송 또는 취소소송외의 항고소송으로 변경하는 것이 상당하다고 인정할 때에는 청구의 기초에 변경이 없는 한 사실심의 변론종결시까지 원고의 신청에 의하여 결정으로써 소의 변경을 허가할 수 있다.
㉡ 규정에 의한 허가를 하는 경우 피고를 달리하게 될 때에는 법원은 새로이 피고로 될 자의 의견을 들어야 한다.
㉢ 규정에 의한 허가결정에 대하여는 즉시항고할 수 있다.
㉣ 규정에 의한 허가결정에 대하여는 행정소송법 제14조 제2항·제4항 및 제5항의 규정을 준용한다.
「행정소송법」 제22조(처분변경으로 인한 소의 변경)
㉠ 법원은 행정청이 소송의 대상인 처분을 소가 제기된 후 변경한 때에는 원고의 신청에 의하여 결정으로써 청구의 취지 또는 원인의 변경을 허가할 수 있다.
㉡ 규정에 의한 신청은 처분의 변경이 있음을 안 날로부터 60일 이내에 하여야 한다.
㉢ 규정에 의하여 변경되는 청구는 행정소송법 제18조 제1항 단서의 규정에 의한 요건을 갖춘 것으로 본다.

26　②

② 부작위위법확인소송은 법집행을 대상으로 하는 소송이 아니므로 집행정지신청은 준용하지 아니하며, 사정판결도 인정되지 않는다.

27　④

④ 「행정소송법」 제44조, 제10조에 의한 관련청구소송 병합은 본래의 당사자소송이 적법할 것을 요건으로 하는 것이어서 본래의 당사자소송이 부적법하여 각하되면 그에 병합된 관련청구소송도 소송요건을 흠결하여 부적합하므로 각하되어야 한다(대판 2011.9.29, 2009두10963).

28　②

② 허가신청에 대한 거부처분은 그 효력이 정지되더라도 그 처분이 없었던 것과 같은 상태를 만드는 것에 지나지 아니하는 것이고 그 이상으로 행정청에 대하여 어떠한 처분을 명하는 등 적극적인 상태를

만들어 내는 경우를 포함하지 아니하는 것이므로, 교도소장이 접견을 불허한 처분에 대하여 효력정지를 한다 하여도 이로 인하여 위 교도소장에게 접견의 허가를 명하는 것이 되는 것도 아니고 또 당연히 접견이 되는 것도 아니어서 접견허가거부처분에 의하여 생길 회복할 수 없는 손해를 피하는 데 아무런 보탬도 되지 아니하니 접견허가거부처분의 효력을 정지할 필요성이 없다(대판 1991. 5. 2, 91두15).

29 ④

④ 소송의 결과에 따라 권리 또는 이익을 침해받을 자라 함은 판결의 결론인 주문에 의하여 직접 권리이익을 침해받게 되는 자를 말하며, 취소판결의 형성력 그 자체에 의하여 직접 권리이익을 침해받는 경우뿐만 아니라, 판결의 기속을 받는 피고 행정청이나 관계행정청의 새로운 처분에 의하여 권리이익을 침해받게 되는 자도 포함한다.

30 ①

① 정부가 국가균형발전특별법(이하 '법') 제18조와 법 시행령 제15조에 근거를 두고 수도권에 있는 공공기관의 지방이전시책을 추진하면서 피고를 포함한 11개 시·도지사와 '공공기관 지방이전 기본협약'을 체결하고, '혁신도시 입지선정지침'(이하 '이 사건 지침')을 마련하여 협약에 참가한 시·도지사에게 통보한 사실, 피고는 이 사건 지침에 따라 혁신도시입지선정위원회(이하 '위원회')를 구성하여 위원회로 하여금 강원도 내 10개 시·군에 대한 평가를 하게 하였는데, 그 결과 원주시가 최고점수를 받자 건설교통부로부터 협의회신을 받은 후 2006. 1. 16. 원주시 반곡동 일원 105만 평을 혁신도시 최종입지로 선정하였음을 공표한 사실을 인정한 다음, 법과 법 시행령 및 이 사건 지침에는 공공기관의 지방이전을 위한 정부 등의 조치와 공공기관이 이전할 혁신도시 입지선정을 위한 사항 등을 규정하고 있을 뿐 혁신도시 입지후보지에 관련된 지역 주민 등의 권리·의무에 직접 영향을 미치는 규정을 두고 있지 않으므로, 피고가 원주시를 혁신도시 최종입지로 선정한 행위는 항고소송의 대상이 되는 행정처분으로 볼 수 없다(대판 2007. 11. 15, 2007두10198).

31 ③

ⓒ - 항고소송(대판 2009. 11. 2, 2009마596)

32 ②

② 행정처분을 취소한다는 확정판결이 있으면 그 취소판결의 형성력에 의하여 당해 행정처분의 취소나 취소통지 등의 별도의 절차를 요하지 아니하고 당연히 취소의 효과가 발생한다(대판 1991.

10. 11, 90누5443).

① 공권의 확대경향에 따라 처분의 직접 상대방뿐만 아니라 제3자도 원고가 될 수 있으며, 판례도 행정처분의 직접 상대방이 아닌 제3자라 하더라도 처분으로 인하여 법률상 보호되는 이익이 침해당한 경우에는 원고적격을 가질 수 있다고 본다(대판 2007. 4. 12, 2004두7924).

③ 취소소송은 다른 법률에 특별한 규정이 없는 한 그 처분 등을 행한 행정청을 피고로 한다. 다만, 처분 등이 있은 뒤에 그 처분 등에 관계되는 권한이 다른 행정청에 승계된 때에는 이를 승계한 행정청을 피고로 한다〈행정소송법 제13조 제1항〉.

④ 행정소송법 제27조에 따라 행정청의 재량에 속하는 처분이라도 재량권의 한계를 넘거나 그 남용이 있는 경우에는 그 재량권 행사는 위법한 것이 되고 사법심사의 대상이 된다.

33 ③

③ 정보통신윤리위원회의 매체물에 대한 청소년보호법상의 청소년유해매체물 결정. 이 사건 결정은 피고 명의로 외부에 표시되고 이의가 있는 때에는 피고에게 결정취소를 구하도록 통보하고 있어 객관적으로 이를 행정처분으로 인식할 정도의 외형을 갖추고 있는 점, 피고의 결정에 이은 고시 요청에 기하여 청소년보호위원회는 실질적 심사 없이 청소년유해매체물로 고시하여야 하고 이에 따라 당해 매체물에 관하여 구 청소년보호법상의 각종 의무가 발생하는 점, 피고는 이 사건 결정을 취소함으로써 구 청소년보호법상의 각종 의무를 소멸시킬 수 있는 권한도 보유하고 있는 점 등 관련 법령의 내용 및 취지와 사실관계에 비추어 볼 때, 피고의 이 사건 결정은 항고소송의 대상이 되는 행정처분에 해당한다고 봄이 상당하다(대판 2007. 6. 14, 2005두4397).

34 ①

①「행정소송법」제3조에서는 행정소송을 항고소송, 당사자소송, 민중소송, 기관소송으로 구분한다.
②〈동법 제3조 제2호〉
③〈동법 제4조 제1호〉
④〈동법 제3조 제4호〉

35 ②

② 민중 소송에 해당한다.
① 당사자 소송(대판 1992.12.24. 92누3335)
③ 당사자 소송(대판 1997.5.30. 95다28960)
④ 당사자 소송(대판2008.7.24. 2007다25261)

36 ①

① 취소소송은 처분 등의 취소를 구할 '법률상 이익'이
있는 자가 제기할 수 있다〈행정소송법 제12조〉.
정당한 이익이란 사실상의 이익도 포함하는 개념
이므로 틀린 지문이다.
③ 행정소송법 제19조
④ 행정소송법 제13조 제1항

37 ④

④ 처분등을 취소하는 확정판결은 제3자에 대하여도
효력이 있다〈행정소송법 제29조 제1항〉.

38 ④

④ 제재적 행정처분이 그 처분에서 정한 제재기간의
경과로 인하여 그 효과가 소멸되었다면, 부령인 시행
규칙의 형식으로 정한 처분기준에서 제재적 행정처
분을 받은 것을 가중사유로 정하여 장래 제재적 행
정처분을 하도록 정하였더라도 그 취소를 구할 법률
상 이익이 없다. 제재적 행정처분이 그 처분에서 정
한 제재기간의 경과로 인하여 그 효과가 소멸되었으
나, 부령인 시행규칙 또는 지방자치단체의 규칙(이하
이들을 '규칙'이라고 한다)의 형식으로 정한 처분기준
에서 제재적 행정처분(이하 '선행처분'이라고 한다)을
받은 것을 가중사유나 전제요건으로 삼아 장래의 제
재적 행정처분(이하 '후행처분'이라고 한다)을 하도록
정하고 있는 경우, 제재적 행정처분의 가중사유나 전
제요건에 관한 규정이 법령이 아니라 규칙의 형식으
로 되어 있다고 하더라도, 그러한 규칙이 법령에 근
거를 두고 있는 이상 그 법적 성질이 대외적 · 일반
적 구속력을 갖는 법규명령인지 여부와는 상관없이,
관할 행정청이나 담당공무원은 이를 준수할 의무가
있으므로 이들이 그 규칙에 정해진 바에 따라 행정
작용을 할 것이 당연히 예견되고, 그 결과 행정작용
의 상대방인 국민으로서는 그 규칙의 영향을 받을
수밖에 없다. 따라서 그러한 규칙이 정한 바에 따라
선행처분을 받은 상대방이 그 처분의 존재로 인하여
장래에 받을 불이익, 즉 후행처분의 위험은 구체적이
고 현실적인 것이므로, 상대방에게는 선행처분의 취
소소송을 통하여 그 불이익을 제거할 필요가 있다.
또한, 나중에 후행처분에 대한 취소소송에서 선행처
분의 사실관계나 위법 등을 다툴 수 있는 여지가 남
아 있다고 하더라도, 이러한 사정은 후행처분이 이루
어지기 전에 이를 방지하기 위하여 직접 선행처분의
위법을 다투는 취소소송을 제기할 필요성을 부정할
이유가 되지 못한다. 그러한 쟁송방법을 막는 것은
여러 가지 불합리한 결과를 초래하여 권리구제의 실
효성을 저해할 수 있기 때문이다. 오히려 앞서 본 바
와 같이 행정청으로서는 선행처분이 적법함을 전제
로 후행처분을 할 것이 당연히 예견되므로, 이러한
선행처분으로 인한 불이익을 선행처분 자체에 대한
소송에서 사전에 제거할 수 있도록 해 주는 것이 상
대방의 법률상 지위에 대한 불안을 해소하는 데 가
장 유효적절한 수단이 된다고 할 것이고, 또한 그 소
송을 통하여 선행처분의 사실관계 및 위법 여부가
조속히 확정됨으로써 이와 관련된 장래의 행정작용
의 적법성을 보장함과 동시에 국민생활의 안정을 도
모할 수 있다. 이상의 여러 사정과 아울러, 국민의
재판청구권을 보장한 헌법 제27조 제1항의 취지와
행정처분으로 인한 권익침해를 효과적으로 구제하려
는 행정소송법의 목적 등에 비추어 행정처분의 존재
로 인하여 국민의 권익이 실제로 침해되고 있는 경
우는 물론이고 권익침해의 구체적 · 현실적 위험이
있는 경우에도 이를 구제하는 소송이 허용되어야 한
다는 요청을 고려하면, 규칙이 정한 바에 따라 선행
처분을 가중사유 또는 전제요건으로 하는 후행처분
을 받을 우려가 현실적으로 존재하는 경우에는, 선행
처분을 받은 상대방은 비록 그 처분에서 정한 제재
기간이 경과하였다 하더라도 그 처분의 취소소송을
통하여 그러한 불이익을 제거할 권리보호의 필요성
이 충분히 인정된다고 할 것이므로, 선행처분의 취소
를 구할 법률상 이익이 있다고 보아야 한다(대판
2006. 6. 22. 2003두1684).

39 ②

② 과거에 법률에 의하여 당연퇴직된 공무원이 자신
을 복직 또는 재임용시켜 줄 것을 요구하는 신청
에 대하여 그와 같은 조치가 불가능하다는 행정
청의 거부행위는 당연퇴직의 효과가 계속하여 존
재한다는 것을 알려주는 일종의 안내에 불과하므
로 원고의 실체상의 권리관계에 직접적인 변동을
일으키는 것으로 볼 수 없고, 당연퇴직의 근거
법률이 헌법재판소의 위헌결정으로 효력을 잃게
되었다고 하더라도 당연퇴직된 이후 헌법소원 등
의 청구기간이 도과한 경우에는 당연퇴직의 내용
과 상반되는 처분을 요구할 수 있는 조리상의 신
청권을 인정할 수도 없다고 할 것이어서, 이와
같은 경우 행정청의 복직 또는 재임용거부행위는
항고소송의 대상이 되는 행정처분에 해당한다고
할 수 없으므로 그 취소를 구하는 소는 부적법하
다(대판 2006. 3. 10, 2005두562).
① 대판 전합 2004. 4. 22, 2000두7735
③ 대판 전합 2004. 4. 22, 2003두9015
④ 대판 1996. 9. 20, 95누8003

40 ④

④ 갑은 관할 행정청에 하천점용허가를 신청하였으
나, 이에 대하여 관할 행정청은 상당한 기간이 경과
하여도 아무런 응답이 없었으므로 이는 부작위에 해
당된다.

※ **부작위위법확인소송** … 행정청의 부작위가 위법하다는 것을 확인하는 소송이다. 즉, 행정청의 당사자의 신청에 대하여 상당한 기간 내에 일정한 처분을 하여야 할 법률상 의무가 있음에도 불구하고 이를 하지 아니하는 경우에 그에 대한 위법확인을 구하는 소송이다.
① 의무이행심판이나 부작위법확인 소송을 통해 권리구제를 받을 수 있다.
② 하천 점용허가는 강학상 특허이므로 재량행위이다.
③ 행정소송법상 의무이행소송은 인정되지 않는다.

41 ①

원고의 청구가 이유있다고 인정하는 경우에도 처분 등을 취소하는 것이 현저히 공공복리에 적합하지 아니하다고 인정하는 때에는 법원은 원고의 청구를 기각할 수 있다. 이 경우 법원은 그 판결의 주문에서 그 처분 등이 위법함을 명시하여야 한다〈행정소송법 제28조〉.

42 ④

개별공시지가의 결정에 위법이 있는 경우에는 그 자체를 행정소송의 대상이 되는 행정처분으로 보아 그 위법 여부를 다툴 수 있음은 물론 이를 기초로 과세표준을 산정한 과세처분의 취소를 구하는 조세소송에서도 그 개별공시지가결정의 위법을 독립된 쟁송사유로 주장할 수 있고, 이 경우 당해 과세처분에 대한 항고소송을 제기하는 데에는 행정소송법 제18조 제1항, 국세기본법 제55조, 제56조의 각 규정이 정하는 바에 따라 당해 과세처분에 대한 심사 및 심판청구 등의 전심절차를 거침으로써 충분하고, 그 외에 개별공시지가결정 자체에 대한 별도의 전심절차의 이행이 요구되지는 않는다(대판 1996. 6. 25, 93누17935).

43 ②

① 처분 등을 취소하는 확정판결은 그 사건에 관하여 당사자인 행정청과 그 밖의 관계행정청을 기속한다〈행정소송법 제30조 제1항〉.
③ 확정판결의 당사자인 처분행정청이 그 행정소송의 사실심 변론종결 이전의 사유를 내세워 다시 확정판결과 저촉되는 행정처분을 하는 것은 허용되지 않는 것으로서 이러한 행정처분은 그 하자가 중대하고도 명백한 것이어서 당연무효라 할 것이다(대판 1990. 12. 11, 90누3560).
④ 판결에 의하여 취소되는 처분이 당사자의 신청을 거부하는 것을 내용으로 하는 경우에는 그 처분을 행한 행정청은 판결의 취지에 따라 다시 이전의 신청에 대한 처분을 하여야 한다〈행정소송법 제30조 제2항〉.

44 ④

어떠한 고시가 일반적·추상적 성격을 가질 때에는 법규명령 또는 행정규칙에 해당할 것이지만, 다른 집행행위의 매개 없이 그 자체로서 직접 국민의 구체적인 권리의무나 법률관계를 규율하는 성격을 가질 때에는 항고소송의 대상이 되는 행정처분에 해당한다(대판 2003. 10. 9, 자 2003무23).

45 ①

① 행정소송법은 형성력에 대하여 직접적 규정은 두고 있지 않지만 취소판결에 관해서는 행정소송법 제29조 제1항을 근거로 제3자에 대한 효력을 인정한다. 그러나 청구기각판결이 확정되면 당초 처분은 그 적법성이 확정되어 효력을 유지하게 되고 판결의 효력은 당사자에만 미치게 된다.

46 ①

제기하고자 하는 행정소송이 보상금의 증감에 관한 소송인 경우 당해 소송을 제기하는 자가 토지소유자 또는 관계인인 때에는 사업시행자를, 사업시행자인 때에는 토지소유자 또는 관계인을 각각 피고로 한다〈동법 제85조 제2항〉.

47 ③

③ 동법 제16조 제1항
① 취소소송은 처분 등의 취소를 구할 법률상 이익이 있는 자가 제기할 수 있다〈동법 제12조〉.
② 취소소송은 법령의 규정에 의하여 당해 처분에 대한 행정심판을 제기할 수 있는 경우에도 이를 거치지 아니하고 제기할 수 있다. 다만, 다른 법률에 당해 처분에 대한 행정심판의 재결을 거치지 아니하면 취소소송을 제기할 수 없다는 규정이 있는 때에는 그러하지 아니하다〈동법 제18조 제1항〉.
④ 취소청구가 기각되거나 행정청이 처분 등을 취소 또는 변경함으로 인하여 청구가 각하 또는 기각된 경우에는 소송비용은 피고의 부담으로 한다〈동법 제32조〉.

48 ②

② 공무원이 소정의 정년에 달하면 그 사실에 대한 효과로서 공무담임권이 소멸되어 당연히 퇴직되고 따로 그에 대한 행정처분이 행하여져야 비로소 퇴직되는 것은 아니라 할 것이며 피고(영주지방철도청장)의 원고에 대한 정년퇴직 발령은 정년퇴직 사실을 알리는 이른바 관념의 통지에 불과하므로 행정소송의 대상이 되지 아니한다(대판 1983. 2. 8, 81누263).

49 ①

① 항고소송의 심리에 있어서는 불고불리의 원칙이 적용되어 변론주의를 원칙으로 하지만 직권탐지주의를 가미함으로써 불고불리의 원칙에 대한 예외를 인정하고 있다.

50 ④

④ 당사자뿐 아니라 일반적으로 제3자에게도 영향을 미친다.
① 기속력은 당사자인 행정청과 관계행정청을 기속하는 것이다.
② 행정행위의 성립에 하자가 있는 경우에 하자가 중대·명백하여 당연무효가 되는 경우를 제외하고는 권한있는 기관이 취소하기 전까지는 그 효력을 부인할 수 없다.
③ 기판력은 당사자와 그 승계인, 보조참가인에게는 미치나 제3자에게는 미치지 못한다.

51 ④

④ 부작위위법확인소송의 인용판결은 그 사건에 관하여 당사자인 행정청과 그밖의 관계 행정청을 기속하는데〈행정소송법 제30조, 제38조 제2항〉, 기속력의 내용은 판결의 취지에 따라 다시 이전의 신청에 대한 처분을 하여야 하는 처분의무를 진다고 할 수 있으나 여기서의 처분의 내용에 대하여 판례는 행정청의 처분내용이 어떠하건 처분을 하기만 하면 되고 반드시 원고의 신청과 동일한 내용의 처분을 할 필요가 없다는 소극설의 입장이다.
① 행정청의 부작위는 취소심판의 대상이 될 수 없다.
③ 판례는 부작위위법확인의 소가 그 부작위가 위법하다는 것을 확인함으로써 행정청의 응답을 신속하게 하여 부작위 또는 무응답이라고 하는 소극적인 위법상태를 제거하는 것을 목적으로 하므로 행정청이 행할 처분의 내용까지 심리할 수 없다고 하였다.

52 ④

행정소송법 제29조 제1항의 규정은 소송당사자와 제3자와의 관계에 있어 취소판결의 효력이 달라지는 것을 막고 그 법률관계를 획일적·통일적으로 규율하려는 데 취지가 있다. 제3자효(취소판결의 대세효)는 취소판결뿐만 아니라 무효등확인소송 및 부작위위법확인소송에도 인정된다.

※ 법정항고소송에는 취소소송, 무효등확인소송, 부작위위법확인소송이 있다.

53 ②

② 공익사업을 위한 토지 등의 취득 및 보상에 관한 법률 제85조와 관련하여 형식은 당사자소송이나 실질은 항고소송의 성질을 지녀 이에 대한 학설의 대립이 있으나, 공익사업을 위한 토지 등의 취득 및 보상에 관한 법률에 따라 보상금만의 증액 또는 감액을 청구하는 소송은 형식적 당사자소송으로 규정하고 있다.

54 ②

② 집행정지결정의 효력은 당해 처분·재결의 당사자인 행정청과 관계행정청에 영향을 미친다〈행정소송법 제23조 제6항〉.
① 무효등확인소송에서는 취소소송에 관한 행정소송법상의 규정이 거의 대부분 준용된다.
③ '신청인의 본안청구가 이유없음이 명백하지 않을 것'을 집행정지의 소극적 요건으로 포함시키는 판례가 있다(대판 1995. 2. 28, 94두36).
④ 행정소송법 제23조 제5항

55 ②

② 판례는 처분 등의 무효·취소를 전제로 하는 공법상의 부당이득반환청구소송인 조세과오납환급청구소송의 경우에 민사소송으로 취급한다.

56 ③

③ 공시지가의 결정을 항고소송의 대상이 되는 행정처분으로 보았다.
① 판례는 행정처분이나 별도의 구제수단이 마련되어 있는 통고처분, 검사의 불기소처분 등은 행정소송의 대상인 처분에 포함하지 않았다.
② 국세환급 신청거부와 같이 법규상 또는 조리상 권리없는 신청에 대한 거부처분의 처분성을 인정하지 않았다.

57 ①

① 취소소송의 제1심 관할법원은 피고의 소재지를 관할하는 행정법원으로 한다〈행정소송법 제9조 제1항〉.

58 ④

④ 행정소송법상 취소소송이나 부작위위법확인소송에 있어서는 당해 행정처분 또는 부작위의 직접상대방이 아닌 제3자라 하더라도 그 처분의 취소 또는 부작위위법확인을 받을 법률상의 이익이 있는 경우에는 원고적격이 인정된다(대판 1989. 5. 23, 88누8135).

59 ①

행정소송법상 인정되는 소송의 종류로는 항고소송(취소소송, 무효등확인소송, 부작위위법확인소송), 당사자소송, 민중소송, 기관소송이 있다. 행정소송법에서 규정하고 있는 항고소송(법정 항고소송) 이외에 이른바 무명항고소송(법정외 항고소송)이 허용될 수 있는가에 대하여 견해가 나뉘고 있다. 주로 문제되는 것이 '의무이행소송', '예방적 부작위소송'이다. 그러나 판례는 무명항고소송을 전혀 허용하지 않고 있다.

60 ①

취소소송의 제기 … 절차법적으로 소송계속의 효과(중복제소의 금지 등)와 실체법적으로 기간준수의 효과가 발생된다. 그러나 행정소송법은 "취소소송의 제기는 처분 등의 효력이나 그 집행 또는 절차의 속행에 영향을 주지 아니한다〈행정소송법 제23조 제1항〉."라고 규정하여 집행부정지원칙을 채택하고 있으며, 다만 예외적으로 일정한 요건하에 법원은 당사자의 신청 또는 직권에 의하여 집행정지를 결정할 수 있다.

61 ②

행정소송법 제20조 제1항에서 취소소송은 처분 등이 있음을 안 날부터 90일 이내에 제기하여야 하고, 행정심판 전치주의에 의하여야 하는 경우와 그밖에 행정심판청구를 할 수 있는 경우, 행정청이 행정심판청구를 할 수 있다고 잘못 알린 경우에 행정심판청구가 있은 때의 기간은 재결서의 정본을 송달받은 날로부터 기산한다고 규정하고 있다.

62 ②

② 위법건물 단속기관이 수도공급기관에 수도공급을 거부하도록 요청하는 행위는 특정인의 법률상 지위에 직접적인 변동을 가져오는 것은 아니므로 행정처분에 해당하지 않는다(대판 1996. 3. 23, 96누433).

63 ③

부작위위법확인소송에서는 사정판결규정의 적용을 배제한다.

64 ④

④ 사정판결에 있어서의 소송비용은 일반적인 소송비용부담의 예와는 달리 승소자인 피고가 부담하는데, 이는 사정판결이란 원고의 청구가 이유있음에도 불구하고 공공복리를 위하여 원고의 청구를 기각하는 것이기 때문이다.

※ **사정판결** … 취소소송에 있어 심리의 결과 계쟁처분이 위법하면 이를 취소함이 원칙이다. 그러나 원고의 청구가 이유있다고 인정하는 경우에도 처분 등을 취소하는 것이 현저히 공공복리에 적합하지 아니하다고 인정하는 때에는 법원은 원고의 청구를 기각할 수 있는 바, 이를 사정판결이라 한다.

65 ②

② 현행 행정소송법에서는 부작위위법확인소송의 제기만 인정하고, 적극적으로 이행을 청구하는 등의 이행청구소송은 인정하지 않고 있다.

66 ①

① 당사자소송에는 직권심리주의 · 피고경정 · 관련청구의 병합 등이 준용되나, 제소기간의 제한 · 집행부정지의 원칙 · 사정판결 등의 규정은 준용되지 않는다.

67 ④

② 기관소송이란 국가기관 상호 간의 권한 행사에 관한 분쟁을 다투는 소송을 말한다. 「지방자치법」상 의결무효소송과 이의소송이 이에 해당한다.
④ 공직선거법 제222조에서는 선거의 효력에 관하여 이의가 있는 선거인 · 정당 또는 후보자가 대법원에 소를 제기할 수 있는데, 이를 선거소송이라 한다.

68 ②

② 확정판결의 대세효는 취소소송과 무효등확인소송에 인정된다.
④ 권한의 존부, 그 행사에 다툼이 있는 법률상 이익이 있어야 한다.

69 ①

① 위법판단의 기준시는 행위시이다.
② 취소청구가 기각되거나 행정청이 처분 등을 취소 또는 변경함으로 인하여 청구가 각하 또는 기각된 경우에는 소송비용은 피고의 부담으로 한다〈행정소송법 제32조〉.
④ 본안소송에서 취소가능성이 없는 경우에도 집행정지를 인정하는 것은 본제도의 취지에 반하므로 본안청구가 이유없음이 명백한 경우에는 집행정지를 명할 수 없다(대판 1994. 10. 11, 94두23).

70 ④

④ 행정소송법 제26조를 규정하여 변론주의에 대한 예외를 인정한다(법원은 필요하다고 인정할 때에는 직권으로 증거조사를 할 수 있고, 당사자가 주장하지 아니한 사실에 대하여도 판단할 수 있다).

① 통고처분에 대해 이의가 있는 자는 통고내용을 이행하지 않으면 통고처분의 효력은 자동적으로 효력을 상실하므로 통고처분의 효력을 다툴 실익이 없다. 판례도 통고처분을 행정소송의 대상인 처분으로 보지 않는다.

② 재량행위의 경우도 행정법 일반법원칙을 위반한 경우에는 재량의 일탈·남용을 이유로 행정소송의 대상이 된다.

③ 행정심판전치주의는 취소소송과 부작위위법확인소송에만 적용되고, 무효등확인소송과 당사자소송에는 적용되지 않는다.

최근기출문제 분석

1 다음 중 행정주체에 대한 설명으로 옳지 않은 것은? (단, 다툼이 있는 경우 판례에 의함)

① 「도시 및 주거환경정비법」상 주택재건축정비사업조합은 공법인으로서 목적 범위 내에서 법령이 정하는 바에 따라 일정한 행정작용을 행하는 행정주체의 지위를 갖는다.
② 공무수탁사인은 수탁받은 공무를 수행하는 범위 내에서 행정주체이고, 「행정절차법」이나 「행정소송법」에서는 행정청이다.
③ 경찰과의 사법상 용역계약에 의해 주차위반차량을 견인하는 민간사업자는 공무수탁사인이 아니다.
④ 지방자치단체는 행정주체이지 행정권 발동의 상대방인 행정객체는 될 수 없다.

> **TIP** ④ 지방자치단체는 행정주체이며 행정권 발동의 상대방인 행정객체도 될 수 있다.

2 국가배상제도에 대한 설명으로 옳은 것은? (단, 다툼이 있는 경우 판례에 의함)

① 사인이 받은 손해란 생명·신체·재산상의 손해는 인정하지만, 정신상의 손해는 인정하지 않는다.
② 국가배상책임에 있어서 공무원의 행위는 '법령에 위반한 것'이어야 하고, 법령위반이라 함은 엄격한 의미의 법령 위반뿐만 아니라 인권존중, 권력남용금지, 신의성실 등의 위반도 포함하여 그 행위가 객관적인 정당성을 결여하고 있음을 의미한다.
③ 「국가배상법」이 정한 손해배상청구의 요건인 '공무원의 직무'에는 권력적 작용뿐만 아니라 비권력적 작용과 단순한 사경제의 주체로서 하는 작용도 포함된다.
④ 부작위로 인한 손해에 대한 국가배상청구는 공무원의 작위의무를 명시한 형식적 의미의 법령에 위배된 경우에 한한다.

> **TIP** ① 정신상의 손해도 인정한다.
> ③ 「국가배상법」이 정한 손해배상청구의 요건인 공무원의 직무에는 권력적 작용뿐만 아니라 비권력적 작용도 포함된다. 다만 단순한 사경제의 주체로서 하는 작용은 포함되지 않는다.
> ④ 부작위로 인한 손해에 대한 국가배상청구는 공무원의 작위의무를 명시한 형식적 의미의 법령에 위배된 경우에 한하는 것은 아니다. 실질적 의미의 법령에 위배된 경우에도 국가배상청구가 가능하다.

 **Answer**
1.④ 2.②

3 「행정절차법」에 관한 설명 중 옳지 않은 것은? (단, 다툼이 있는 경우 판례에 의함)

① 특별한 사정이 없는 한 신청에 대한 거부처분은 처분의 사전통지 대상이 아니다.
② 대통령에 의한 한국방송공사 사장의 해임에는 「행정절차법」이 적용된다.
③ 고시의 방법으로 불특정한 다수인을 상대로 의무를 부과하거나 권익을 제한하는 처분도 상대방에게 의견제출의 기회를 주어야 한다.
④ 불이익처분의 직접 상대방인 당사자도 아니고 행정청이 참여하게 한 이해관계인도 아닌 제3자에 대해서는 사전통지에 관한 규정이 적용되지 않는다.

> **TIP** ③ 고시의 방법으로 불특정한 다수인을 상대로 의무를 부과하거나 권익을 제한하는 처분은 상대방에게 의견제출의 기회를 주지 않아도 된다.
> [판례] 행정절차법 제2조 제4호가 행정절차법의 당사자를 행정청의 처분에 대하여 직접 그 상대가 되는 당사자로 규정하고, 도로법 제25조 제3항이 도로구역을 결정하거나 변경할 경우 이를 고시에 의하도록 하면서, 그 도면을 일반인이 열람할 수 있도록 한 점 등을 종합하여 보면, 도로구역을 변경한 이 사건 처분은 행정절차법 제21조 제1항의 사전통지나 제22조 제3항의 의견청취의 대상이 되는 처분은 아니라고 할 것이다(대판 2008. 6. 12, 선고, 2007두1767).

4 「개인정보 보호법」의 내용으로 옳은 것은?

① 개인정보처리자가 「개인정보 보호법」을 위반한 행위로 손해를 입힌 경우 정보주체는 손해배상을 청구할 수 있는데, 이때 개인정보처리자가 고의·과실이 없음에 대한 입증책임을 진다.
② 개인정보는 살아있는 개인뿐만 아니라 사망자의 성명, 주민등록번호 및 영상 등을 통하여 개인을 알아볼 수 있는 정보도 포함한다.
③ 「개인정보 보호법」의 대상정보의 범위에는 공공기관·법인·단체에 의하여 처리되는 정보가 포함되고, 개인에 의해서 처리되는 정보는 포함되지 않는다.
④ 개인정보처리자는 개인정보가 유출되었음을 알게 되었을 때에는 지체 없이 방송통신위원회 위원장에게 신고하여야 한다.

> **TIP** ① 정보주체는 개인정보처리자가 이 법을 위반한 행위로 손해를 입으면 개인정보처리자에게 손해배상을 청구할 수 있다. 이 경우 그 개인정보처리자는 고의 또는 과실이 없음을 입증하지 아니하면 책임을 면할 수 없다〈개인정보 보호법 제39조 제1항〉.
> ② 개인정보란 살아 있는 개인에 관한 정보로서 성명, 주민등록번호 및 영상 등을 통하여 개인을 알아볼 수 있는 정보(해당 정보만으로는 특정 개인을 알아볼 수 없더라도 다른 정보와 쉽게 결합하여 알아볼 수 있는 것을 포함한다)를 말한다〈동법 제2조 제1호〉.
> ③ 개인정보처리자란 업무를 목적으로 개인정보파일을 운용하기 위하여 스스로 또는 다른 사람을 통하여 개인정보를 처리하는 공공기관, 법인, 단체 및 개인 등을 말한다〈동법 제2조 제5호〉.

④ 개인정보처리자는 대통령령으로 정한 규모 이상의 개인정보가 유출된 경우에는 조치 결과를 지체 없이 행정자치부장관 또는 대통령령으로 정하는 전문기관에 신고하여야 한다〈동법 제34조 제3항 참조〉.

※ 개인정보 유출 통지 등〈개인정보 보호법 제34조 참조〉
   ㉠ 개인정보처리자는 개인정보가 유출되었음을 알게 되었을 때에는 지체 없이 해당 정보주체에게 다음의 사실을 알려야 한다.
    • 유출된 개인정보의 항목
    • 유출된 시점과 그 경위
    • 유출로 인하여 발생할 수 있는 피해를 최소화하기 위하여 정보주체가 할 수 있는 방법 등에 관한 정보
    • 개인정보처리자의 대응조치 및 피해 구제절차
    • 정보주체에게 피해가 발생한 경우 신고 등을 접수할 수 있는 담당부서 및 연락처
   ㉡ 개인정보처리자는 개인정보가 유출된 경우 그 피해를 최소화하기 위한 대책을 마련하고 필요한 조치를 하여야 한다.
   ㉢ 개인정보처리자는 대통령령으로 정한 규모 이상의 개인정보가 유출된 경우에는 ㉠에 따른 통지 및 ㉡에 따른 조치 결과를 지체 없이 행정자치부장관 또는 대통령령으로 정하는 전문기관에 신고하여야 한다. 이 경우 행정자치부장관 또는 대통령령으로 정하는 전문기관은 피해 확산방지, 피해 복구 등을 위한 기술을 지원할 수 있다.

5 다음 〈보기〉 중 강학상 특허인 것을 모두 고른 것은? (단, 다툼이 있는 경우 판례에 의함)

> 〈보기〉
> ㉠ 공유수면매립면허
> ㉡ 재건축조합설립인가
> ㉢ 운전면허
> ㉣ 여객자동차운수사업법에 따른 개인택시운송사업면허
> ㉤ 귀화허가
> ㉥ 재단법인의 정관변경허가
> ㉦ 사립학교 법인임원취임에 대한 승인

① ㉠, ㉢
② ㉡, ㉣, ㉦
③ ㉠, ㉡, ㉤, ㉥
④ ㉠, ㉡, ㉣, ㉤

TIP ㉢ 허가, ㉥㉦ 인가

6 다음 중 선결문제에 대한 기술로 옳지 않은 것은? (단, 다툼이 있는 경우 판례에 의함)

① 위법한 행정대집행이 완료되면 그 처분의 무효확인 또는 취소를 구할 소의 이익은 없다 하더라도, 미리 그 행정처분의 취소판결이 있어야만 그 처분의 위법임을 이유로 한 손해 배상청구를 할 수 있다.

② 조세의 과오납으로 인한 부당이득반환청구소송에서 행정행위가 당연무효가 아닌 경우 민 사법원은 그 처분의 효력을 부인할 수 없다.

③ 연령 미달의 결격자가 타인의 이름으로 운전면허시험에 응시, 합격하여 교부받은 운전면 허는 당연무효가 아니라 취소되지 않는 한 유효하므로 피고인의 운전행위는 무면허운전 에 해당하지 않는다.

④ 민사소송에 있어서 어느 행정처분의 당연무효여부가 선결문제로 되는 때에는 이를 판단 하여 당연무효임을 전제로 판결할 수 있고, 반드시 행정소송 등의 절차에 의하여 그 취 소나 무효확인을 받아야 하는 것은 아니다.

> **TIP** ① 위법한 행정대집행이 완료되면 그 처분의 무효확인 또는 취소를 구할 소의 이익은 없다 하더라도,
> 미리 그 행정처분의 취소판결이 있어야만, 그 행정처분의 위법임을 이유로 한 손해배상 청구를 할 수
> 있는 것은 아니다(대판 1972. 4. 28, 선고, 72다337).

7 행정행위의 부관에 대한 기술로 옳은 것은? (단, 다툼이 있는 경우 판례에 의함)

① 허가에 붙은 기한이 부당하게 짧은 경우에는 허가기간의 연장신청이 없는 상태에서 허가 기간이 만료하였더라도 그 후에 허가기간 연장신청을 하였다면 허가의 효력은 상실되지 않 는다.

② 부관은 주된 행정행위에 부가된 종된 규율로서 독자적인 존재를 인정할 수 없으므로 사 정변경으로 인해 당초 부담을 부가한 목적을 달성할 수 없게 된 경우라도 부담의 사후변 경은 허용될 수 없다.

③ 무효인 부담이 붙은 행정행위의 상대방이 그 부담의 이행으로 사법상 법률행위를 한 경 우에 그 사법상 법률행위 자체가 당연무효로 되는 것은 아니다.

④ 행정행위에 부가된 허가기간은 그 자체로서 항고소송의 대상이 될 수 없을 뿐만 아니라 그 기간의 연장신청의 거부에 대하여도 항고소송을 청구할 수 없다.

TIP ① 일반적으로 행정처분에 효력기간이 정하여져 있는 경우에는 그 기간의 경과로 그 행정처분의 효력은 상실되고, 다만 허가에 붙은 기한이 그 허가된 사업의 성질상 부당하게 짧은 경우에는 이를 그 허가 자체의 존속기간이 아니라 그 허가조건의 존속기간으로 보아 그 기한이 도래함으로써 그 조건의 개정을 고려한다는 뜻으로 해석할 수는 있지만, 그와 같은 경우라 하더라도 그 허가기간이 연장되기 위하여는 그 종기가 도래하기 전에 그 허가기간의 연장에 관한 신청이 있어야 하며, 만일 그러한 연장신청이 없는 상태에서 허가기간이 만료하였다면 그 허가의 효력은 상실된다(대판 2007. 10. 11, 선고, 2005두12404).

② 행정처분에 이미 부담이 부가되어 있는 상태에서 그 의무의 범위 또는 내용 등을 변경하는 부관의 사후변경은, 법률에 명문의 규정이 있거나 그 변경이 미리 유보되어 있는 경우 또는 상대방의 동의가 있는 경우에 한하여 허용되는 것이 원칙이지만, 사정변경으로 인하여 당초에 부담을 부가한 목적을 달성할 수 없게 된 경우에도 그 목적달성에 필요한 범위 내에서 예외적으로 허용된다(대판 1997. 5. 30, 선고, 97누2627).

④ 행정행위에 부가된 허가기간은 그 자체로서 항고소송의 대상이 될 수 없다. 그러나 그 기간의 연장신청의 거부에 대해서는 항고소송을 청구할 수 있다.

8 행정규칙에 관한 설명 중 옳지 않은 것은? (단, 다툼이 있는 경우 판례에 의함)

① 설정된 재량기준이 객관적으로 합리적이 아니라거나 타당하지 않다고 볼 만한 다른 특별한 사정이 없다면 행정청의 의사는 존중되어야 한다.

② 「공공기관의 운영에 관한 법률」의 위임에 따라 입찰자격제한 기준을 정하는 부령은 행정 내부의 재량준칙에 불과하다.

③ 재량준칙이 정한 바에 따라 되풀이 시행되어 행정관행이 이루어지게 되면 행정청은 상대방에 대한 관계에서 그 규칙에 따라야 할 자기구속을 받게 된다.

④ 구 「청소년보호법 시행령」상 별표에 따른 과징금처분기준은 단지 상한을 정한 것이 아니라 특정금액을 정한 것이다.

TIP ④ 구 청소년보호법(1999. 2. 5. 법률 제5817호로 개정되기 전의 것) 제49조 제1항, 제2항에 따른 같은법시행령(1999. 6. 30. 대통령령 제16461호로 개정되기 전의 것) 제40조 [별표 6]의 위반행위의종별에따른과징금처분기준은 법규명령이기는 하나 모법의 위임규정의 내용과 취지 및 헌법상의 과잉금지의 원칙과 평등의 원칙 등에 비추어 같은 유형의 위반행위라 하더라도 그 규모나 기간·사회적 비난 정도·위반행위로 인하여 다른 법률에 의하여 처벌받은 다른 사정·행위자의 개인적 사정 및 위반행위로 얻은 불법이익의 규모 등 여러 요소를 종합적으로 고려하여 사안에 따라 적정한 과징금의 액수를 정하여야 할 것이므로 그 수액은 정액이 아니라 최고한도액이다(대판 2001. 3. 9, 선고 99두5207).

9 행정상 강제징수에 관한 설명으로 옳지 않은 것은?

① 행정상의 금전급부의무를 이행하지 않는 경우를 대상으로 한다.
② 독촉만으로는 시효중단의 효과가 발생하지 않는다.
③ 매각은 원칙적으로 공매에 의하나 예외적으로 수의계약에 의할 수도 있다.
④ 판례에 따르면 공매행위는 행정행위에 해당된다.

> **TIP** ② 독촉은 권리행사에 해당한다. 따라서 시효중단의 효과가 발생한다.

10 항고소송의 대상적격에 관한 설명으로 옳은 것은? (단, 다툼이 있는 경우 판례에 의함)

① 국유재산의 대부계약에 따른 대부료 부과는 처분성이 있다.
② 행정재산의 사용료 부과는 처분성이 없다.
③ 농지개량조합의 직원에 대한 징계처분은 처분성이 인정된다.
④ 한국마사회가 기수의 면허를 취소하는 것은 처분성이 인정된다.

> **TIP** ③ 농지개량조합과 그 직원과의 관계는 사법상의 근로계약관계가 아닌 공법상의 특별권력관계이고, 그 조합의 직원에 대한 징계처분의 취소를 구하는 소송은 행정소송사항에 속한다(대판 1995. 6. 9, 선고 94누10870).
> ① 국유재산의 대부계약에 따른 대부료 부과는 사법관계로, 처분성이 없다.
> ② 국유재산의 관리청이 행정재산의 사용·수익을 허가한 다음 그 사용·수익하는 자에 대하여 하는 사용료 부과는 순전히 사경제주체로서 행하는 사법상의 이행청구라 할 수 없고, 이는 관리청이 공권력을 가진 우월적 지위에서 행한 것으로서 항고소송의 대상이 되는 행정처분이라 할 것이다(대판 1996. 2. 13, 선고 95누11023).
> ④ 한국마사회가 조교사 또는 기수의 면허를 부여하거나 취소하는 것은 경마를 독점적으로 개최할 수 있는 지위에서 우수한 능력을 갖추었다고 인정되는 사람에게 경마에서의 일정한 기능과 역할을 수행할 수 있는 자격을 부여하거나 이를 박탈하는 것에 지나지 아니하므로, 이는 국가 기타 행정기관으로부터 위탁받은 행정권한의 행사가 아니라 일반 사법상의 법률관계에서 이루어지는 단체 내부에서의 징계 내지 제재처분이다(대판 2008. 1. 31, 선고 2005두8269).

11 다음 중 행정입법에 대한 설명 중 옳은 것을 모두 고른 것은? (단, 다툼이 있는 경우 판례에 의함)

> ㉠ 법령의 직접적인 위임에 따라 위임행정기관이 그 법령을 시행하는 데 필요한 구체적인 사항을 정한 것이라면, 그 제정형식이 고시, 훈령, 예규 등과 같은 행정규칙이더라도 그것이 상위법령의 위임한계를 벗어나지 아니하는 한, 상위법령과 결합하여 대외적 구속력을 가진다.
> ㉡ 상위법령에서 세부사항 등을 시행규칙으로 정하도록 위임하였는데, 이를 고시로 정한 경우에 대외적 구속력을 가지는 법규명령으로서의 효력이 인정될 수 있다.
> ㉢ 판례는 종래부터 법령의 위임을 받아 부령으로 정한 제재적 행정처분의 기준을 행정규칙으로 보고, 대통령령으로 정한 제재적 행정처분의 기준은 법규명령으로 보는 경향이 있다.
> ㉣ 하위법령은 그 규정이 상위법령의 규정에 명백히 저촉되어 무효인 경우를 제외하고는 관련 법령의 내용과 그 입법취지, 연혁 등을 종합적으로 살펴서 그 의미를 상위법령에 합치되는 것으로 해석하여야 한다.

① ㉠, ㉡

② ㉡, ㉢

③ ㉠, ㉡, ㉢

④ ㉠, ㉢, ㉣

TIP ㉡ 법령의 규정이 특정 행정기관에게 법령 내용의 구체적 사항을 정할 수 있는 권한을 부여하면서 권한행사의 절차나 방법을 특정하지 아니한 경우에는 수임 행정기관은 행정규칙이나 규정 형식으로 법령 내용이 될 사항을 구체적으로 정할 수 있다 이 경우 행정규칙 등은 당해 법령의 위임한계를 벗어나지 않는 한 대외적 구속력이 있는 법규명령으로서 효력을 가지게 되지만, 이는 행정규칙이 갖는 일반적 효력이 아니라 행정기관에 법령의 구체적 내용을 보충할 권한을 부여한 법령 규정의 효력에 근거하여 예외적으로 인정되는 것이다. 따라서 그 행정규칙이나 규정이 상위법령의 위임범위를 벗어난 경우에는 법규명령으로서 대외적 구속력을 인정할 여지는 없다. 이는 행정규칙이나 규정 '내용'이 위임범위를 벗어난 경우뿐 아니라 상위법령의 위임규정에서 특정하여 정한 권한행사의 '절차'나 '방식'에 위배되는 경우도 마찬가지이므로, 상위법령에서 세부사항 등을 시행규칙으로 정하도록 위임하였음에도 이를 고시 등 행정규칙으로 정하였다면 그 역시 대외적 구속력을 가지는 법규명령으로서 효력이 인정될 수 없다 (대판 2012. 7. 5, 선고 2010다72076).

12 행정의 실효성 확보수단에 대한 기술로 옳은 것은? (단, 다툼이 있는 경우 판례에 의함)

① 「공익사업을 위한 토지 등의 취득 및 보상에 관한 법률」상의 수용대상 토지의 명도의무 는 강제적으로 실현할 필요가 인정되므로 대체적 작위의무에 해당한다.

② 철거명령과 철거대집행 계고처분을 이미 했음에도 그 후에 제2차, 제3차 계고처분을 하 였다면, 최종적인 제3차 계고처분에 대하여 항고소송을 제기해야 한다.

③ 구 「건축법」상 이행강제금을 부과받은 자의 이의에 의해 「비송사건절차법」에 의한 재판 절차가 개시된 후에 그 이의한 자가 사망했다면 그 재판절차는 종료된다.

④ 「국세징수법」상 공매처분을 하면서 체납자에게 공매통지를 하였다면 공매통지가 적법하 지 않다 하더라도 공매처분에 절차상 하자가 있다고 할 수는 없다.

TIP ③ 구 건축법(2005. 11. 8. 법률 제7696호로 개정되기 진의 깃)상의 이행강제금은 구 긴축법의 위반행 위에 대하여 시정명령을 받은 후 시정기간 내에 당해 시정명령을 이행하지 아니한 건축주 등에 대 하여 부과되는 간접강제의 일종으로서 그 이행강제금 납부의무는 상속인 기타의 사람에게 승계될 수 없는 일신전속적인 성질의 것이므로 이미 사망한 사람에게 이행강제금을 부과하는 내용의 처분 이나 결정은 당연무효이고, <u>이행강제금을 부과받은 사람의 이의에 의하여 비송사건절차법에 의한 재판절차가 개시된 후에 그 이의한 사람이 사망한 때에는 사건 자체가 목적을 잃고 절차가 종료한 다</u>(대결 2006. 12. 8, 자 2006마470).

① 피수용자 등이 기업자에 대하여 부담하는 수용대상 토지의 인도의무에 관한 구 토지수용법(2002. 2. 4. 법률 제6656호 공익사업을 위한 토지 등의 취득 및 보상에 관한 법률 부칙 제2조로 폐지) 제 63조, 제64조, 제77조 규정에서의 '인도'에는 명도도 포함되는 것으로 보아야 하고, 이러한 <u>명도의 무는 그것을 강제적으로 실현하면서 직접적인 실력행사가 필요한 것이지 대체적 작위의무라고 볼 수 없으므로 특별한 사정이 없는 한 행정대집행법에 의한 대집행의 대상이 될 수 있는 것이 아니다</u>(대판 2005. 8. 19, 선고 2004다2809).

② 건물의 소유자에게 위법건축물을 일정기간까지 철거할 것을 명함과 아울러 불이행할 때에는 대집행 한다는 내용의 철거대집행 계고처분을 고지한 후 이에 불응하자 다시 제2차, 제3차 계고서를 발송 하여 일정기간까지의 자진철거를 촉구하고 불이행하면 대집행을 한다는 뜻을 고지하였다면 행정대 집행법상의 건물철거의무는 제1차 철거명령 및 계고처분으로서 발생하였고 <u>제2차, 제3차의 계고처 분은 새로운 철거의무를 부과한 것이 아니고 다만 대집행기한의 연기통지에 불과하므로 행정처분이 아니다</u>(대판 1994. 10. 28. 선고 94누5144).

④ 체납자는 국세징수법 제66조에 의하여 직접이든 간접이든 압류재산을 매수하지 못함에도, 국세징수 법이 압류재산을 공매할 때 공고와 별도로 체납자 등에게 공매통지를 하도록 한 이유는, 체납자 등 에게 공매절차가 유효한 조세부과처분 및 압류처분에 근거하여 적법하게 이루어지는지 여부를 확인 하고 이를 다툴 수 있는 기회를 주는 한편, 국세징수법이 정한 바에 따라 체납세액을 납부하고 공 매절차를 중지 또는 취소시켜 소유권 또는 기타의 권리를 보존할 수 있는 기회를 갖도록 함으로써, 체납자 등이 감수하여야 하는 강제적인 재산권 상실에 대응한 절차적인 적법성을 확보하기 위한 것 이다. 따라서 체납자 등에 대한 공매통지는 국가의 강제력에 의하여 진행되는 공매에서 체납자 등 의 권리 내지 재산상의 이익을 보호하기 위하여 법률로 규정한 절차적 요건이라고 보아야 하며, <u>공 매처분을 하면서 체납자 등에게 공매통지를 하지 않았거나 공매통지를 하였더라도 그것이 적법하지 아니한 경우에는 절차상의 흠이 있어 그 공매처분은 위법하다</u>. 다만, 공매통지의 목적이나 취지 등 에 비추어 보면, 체납자 등은 자신에 대한 공매통지의 하자만을 공매처분의 위법사유로 주장할 수 있을 뿐 다른 권리자에 대한 공매통지의 하자를 들어 공매처분의 위법사유로 주장하는 것은 허용되 지 않는다(대판 2008. 11. 20, 선고 2007두18154).

13 행정행위의 종류에 관한 설명 중 옳은 것은? (단, 다툼이 있는 경우 판례에 의함)

① 한약조제시험을 통하여 약사에게 한약조제권을 인정함으로써 한의사들의 영업상 이익이 감소되었다고 하더라도 이러한 이익은 사실상의 이익에 불과하다.
② 개인택시운송사업면허는 성질상 일반적 금지에 대한 해제에 불과하다.
③ 사회복지법인의 정관변경허가에 대해서는 부관을 붙일 수 없다.
④ 친일반민족행위자재산조사위원회의 국가귀속결정은 친일재산을 국가의 소유로 귀속시키는 형성행위이다.

> **TIP** ② 자동차운수사업법에 의한 개인택시운송사업면허는 특정인에게 권리나 이익을 부여하는 행정행위이다.
> ③ 사회복지사업에 관한 기본적 사항을 규정하여 그 운영의 공정·적절을 기함으로써 사회복지의 증진에 이바지함을 목적으로 하는 구 사회복지사업법(1997. 8. 22. 법률 제5358호로 전문 개정되기 전의 것)의 입법 취지와 같은 법 제12조, 제25조 등의 규정에 사회복지법인의 설립이나 설립 후의 정관변경의 허가에 관한 구체적인 기준이 정하여져 있지 아니한 점 등에 비추어 보면, 사회복지법인의 정관변경을 허가할 것인지의 여부는 주무관청의 정책적 판단에 따른 재량에 맡겨져 있다고 할 것이고, 주무관청이 정관변경허가를 함에 있어서는 비례의 원칙 및 평등의 원칙에 적합하고 행정처분의 본질적 효력을 해하지 않는 한도 내에서 부관을 붙일 수 있다(대판 2002. 9. 24, 선고 2000두5661).
> ④ 친일반민족행위자 재산의 국가귀속에 관한 특별법 제3조 제1항 본문, 제9조 규정들의 취지와 내용에 비추어 보면, 같은 법 제2조 제2호에 정한 친일재산은 친일반민족행위자재산조사위원회가 국가귀속결정을 하여야 비로소 국가의 소유로 되는 것이 아니라 특별법의 시행에 따라 그 취득·증여 등 원인행위시에 소급하여 당연히 국가의 소유로 되고, 위 위원회의 국가귀속결정은 당해 재산이 친일재산에 해당한다는 사실을 확인하는 이른바 준법률행위적 행정행위의 성격을 가진다(대판 2008. 11. 13. 선고 2008두13491).

14 당사자소송의 대상이 아닌 것은? (단, 다툼이 있는 경우 판례에 의함)

① 구 「도시재개발법」상 재개발조합의 조합원 자격 확인
② 구 「석탄산업법」상 석탄가격안정지원금의 지급청구
③ 납세의무자의 부가가치세 환급세액 지급청구
④ 구 「공익사업을 위한 토지 등의 취득 및 보상에 관한 법률」상 환매금액의 증감청구

> **TIP** ④ 구 공익사업을 위한 토지 등의 취득 및 보상에 관한 법률(2010. 4. 5. 법률 제10239호로 일부 개정되기 전의 것, 이하 '구 공익사업법'이라 한다) 제91조에 규정된 환매권은 상대방에 대한 의사표시를 요하는 형성권의 일종으로서 재판상이든 재판 외이든 위 규정에 따른 기간 내에 행사하면 매매의 효력이 생기는 바(대법원 2008. 6. 26. 선고 2007다24893 판결 참조), 이러한 환매권의 존부에 관한 확인을 구하는 소송 및 구 공익사업법 제91조 제4항에 따라 환매금액의 증감을 구하는 소송 역시 민사소송에 해당한다(대판 2013. 2. 28, 선고 2010두22368).

 **Answer**
12.③ 13.① 14.④

15 행정행위 또는 처분에 대한 기술로 옳은 것은? (단, 다툼이 있는 경우 판례에 의함)

① 상급행정기관의 하급행정기관에 대한 승인·동의·지시 등은 행정기관 상호 간의 내부행위로서 항고소송의 대상이 되는 행정처분이라 볼 수 없다.

② 통상 고시 또는 공고에 의하여 행정처분을 하는 경우에 행정처분이 있었음을 안 날이란 행정처분의 이해관계를 갖는 자가 고시 또는 공고가 있었다는 사실을 현실적으로 안 날이 된다.

③ 지방경찰청장의 횡단보도 설치행위는 국민의 구체적인 권리의무에 직접적인 변동을 초래하지 않으므로 행정소송법상 처분에 해당하지 않는다.

④ 「도로법」상 도로구역의 결정·변경고시는 행정처분으로서 「행정절차법」 제21조 제1항의 사전통지나 제22조 제3항의 의견청취의 절차를 거쳐야 한다.

> **TIP** ② 통상 고시 또는 공고에 의하여 행정처분을 하는 경우에는 그 처분의 상대방이 불특정 다수인이고 그 처분의 효력이 불특정 다수인에게 일률적으로 적용되는 것이므로, 그 행정처분에 이해관계를 갖는 자가 고시 또는 공고가 있었다는 사실을 현실적으로 알았는지 여부에 관계없이 <u>고시가 효력을 발생하는 날 행정처분이 있음을 알았다고 보아야 한다</u>(대판 2007. 6. 14, 선고 2004두619).
>
> ③ 지방경찰청장이 도로교통법 제10조 제1항에 의하여 횡단보도를 설치한 경우 보행자는 횡단보도를 통해서만 도로를 횡단하여야 하고 차의 운전자는 횡단보도 앞에서 일시정지하는 등으로 횡단보도를 통행하는 보행자를 보호할 의무가 있음을 규정하는 도로교통법의 취지에 비추어 볼 때 <u>지방경찰청장이 횡단보도를 설치하여 보행자의 통행방법 등을 규제하는 것은 행정청이 특정사항에 대하여 의무의 부담을 명하는 행위이고 이는 국민의 권리의무에 직접 관계가 있는 행위로서 행정처분이라고 보아야 할 것이다</u>(대판 2000. 10. 27, 선고 98두8964 참조).
>
> ④ 행정절차법 제2조 제4호가 행정절차법의 당사자를 행정청의 처분에 대하여 직접 그 상대가 되는 당사자로 규정하고, 도로법 제25조 제3항이 도로구역을 결정하거나 변경할 경우 이를 고시에 의하도록 하면서, 그 도면을 일반인이 열람할 수 있도록 한 점 등을 종합하여 보면, 도로구역을 변경한 이 사건 <u>처분은 행정절차법 제21조 제1항의 사전통지나 제22조 제3항의 의견청취의 대상이 되는 처분은 아니라고 할 것이다</u>(대판 2008. 6. 12, 선고, 2007두1767).

16 사인의 공법행위로서의 신고에 대한 기술로 옳은 것은? (단, 다툼이 있는 경우 판례에 의함)

① 행정청은 전입신고자가 거주의 목적 이외에 다른 이해관계를 가지고 있는지 여부를 심사하여 주민등록법상 주민등록 전입신고의 수리를 거부할 수 있다.

② 타법상의 인·허가 의제가 수반되는 건축법상의 건축신고는 특별한 사정이 없는 한 행정청이 그 실체적 요건에 관한 심사를 한 후 수리하여야 한다.

③ 사업양도·양수에 따른 지위승계신고가 수리된 경우 사업의 양도·양수가 무효라도 허가관청을 상대로 신고수리처분의 무효확인을 구할 수는 없다.

④ 「식품위생법」에 의해 영업양도에 따른 지위승계신고를 수리하는 행정청의 행위는 단순히 양수인이 그 영업을 승계하였다는 사실의 신고를 접수한 행위에 그친다.

TIP ① 주민들의 거주지 이동에 따른 주민등록전입신고에 대하여 행정청이 이를 심사하여 그 수리를 거부할 수는 있다고 하더라도, 그러한 행위는 자칫 헌법상 보장된 국민의 거주·이전의 자유를 침해하는 결과를 가져올 수도 있으므로, 시장·군수 또는 구청장의 주민등록전입신고 수리 여부에 대한 심사는 주민등록법의 입법 목적의 범위 내에서 제한적으로 이루어져야 한다. 한편, 주민등록법의 입법 목적에 관한 제1조 및 주민등록 대상자에 관한 제6조의 규정을 고려해 보면, 전입신고를 받은 시장·군수 또는 구청장의 심사 대상은 전입신고자가 30일 이상 생활의 근거로 거주할 목적으로 거주지를 옮기는지 여부만으로 제한된다고 보아야 한다. 따라서 <u>전입신고자가 거주의 목적 이외에 다른 이해관계에 관한 의도를 가지고 있는지 여부, 무허가 건축물의 관리, 전입신고를 수리함으로써 당해 지방자치단체에 미치는 영향 등과 같은 사유는 주민등록법이 아닌 다른 법률에 의하여 규율되어야 하고, 주민등록전입신고의 수리 여부를 심사하는 단계에서는 고려 대상이 될 수 없다</u>(대판 2009. 6. 18, 선고 2008두10997 전원합의체).

③ 사업양도·양수에 따른 허가관청의 지위승계신고의 수리는 적법한 사업의 양도·양수가 있었음을 전제로 하는 것이므로 그 수리대상인 사업양도·양수가 존재하지 아니하거나 무효인 때에는 수리를 하였다 하더라도 그 수리는 유효한 대상이 없는 것으로서 당연히 무효라 할 것이고, 사업의 양도행위가 무효라고 주장하는 양도자는 민사쟁송으로 양도·양수행위의 무효를 구함이 없이 막바로 허가관청을 상대로 하여 행정소송으로 위 <u>신고수리처분의 무효확인을 구할 법률상 이익이 있다</u>(대판 2005. 12. 23, 선고 2005두3554).

④ 식품위생법 제25조 제3항에 의한 영업양도에 따른 지위승계신고를 수리하는 허가관청의 행위는 단순히 양도·양수인 사이에 이미 발생한 사법상의 사업양도의 법률효과에 의하여 양수인이 그 영업을 승계하였다는 사실의 신고를 접수하는 행위에 그치는 것이 아니라, 영업허가자의 변경이라는 법률효과를 발생시키는 행위라고 할 것이다(대판 1995. 2. 24, 선고 94누9146).

---

17 「공익사업을 위한 토지 등의 취득 및 보상에 관한 법률」상 토지수용에 따른 권리구제에 대한 기술로 옳은 것은? (단, 다툼이 있는 경우 판례에 의함)

① 사업폐지에 대한 손실보상청구권은 사법상 권리로서 민사소송 절차에 의해야 한다.

② 농업손실에 대한 보상청구권은 「행정소송법」상 당사자소송에 의해야 한다.

③ 수용재결에 불복하여 이의신청을 거쳐 취소소송을 제기하는 때에는 이의재결을 한 중앙토지수용위원회를 피고로 해야 한다.

④ 잔여지 수용청구를 받아들이지 않는 토지수용위원회의 재결에 대해서는 취소소송을 제기할 수 있다.

> **TIP** ① 사업폐지에 대한 손실보상청구권은 공권이다.
> ③ 수용재결에 불복하여 이의신청을 거쳐 취소소송을 제기하는 때에 소송대상은 수용재결이다.
> ④ 잔여지 수용청구를 받아들이지 않는 토지수용위원회의 재결에 대해서는 보상금증감청구소송을 제기할 수 있다.

18 행정심판에 대한 설명으로 옳지 않은 것은?

① 판례에 따르면, 처분의 절차적 위법사유로 인용재결이 있었으나 행정청이 절차적 위법사유를 시정한 후 행정청이 종전과 같은 처분을 하는 것은 재결의 기속력에 반한다.
② 사정재결은 무효등확인심판에는 적용되지 아니한다.
③ 당사자의 신청을 거부하거나 부작위로 방치한 처분의 이행을 명하는 재결이 있으면 행정청은 지체 없이 이전의 신청에 대하여 재결의 취지에 따라 처분을 하여야 한다.
④ 행정심판위원회는 필요하면 당사자가 주장하지 않은 사실에 대하여도 심리할 수 있다.

> **TIP** ① 절차나 형식의 하자의 경우 재결의 기속력이 없어 절차나 형식의 하자를 보완하여 종전과 같은 처분을 할 수 있다.

19 「행정소송법」 제8조 제2항은 "행정소송에 관하여 이 법에 특별한 규정이 없는 사항에 대하여는 법원조직법과 민사소송법 및 민사집행법의 규정을 준용한다."고 규정한다. 이에 관한 다음의 설명 중 옳지 않은 것은? (단, 다툼이 있는 경우 판례에 의함)

① 행정소송 사건에서 「민사소송법」상 보조참가가 허용된다.
② 「민사소송법」상 가처분은 항고소송에서 허용된다.
③ 「민사집행법」상 가처분은 당사자소송에서 허용된다.
④ 행정소송으로 제기해야 할 사건을 민사소송으로 잘못 제기한 경우에 수소법원이 행정소송에 대한 관할이 없다면 특별한 사정이 없는 한 관할법원에 이송하여야 한다.

> **TIP** ② 「민사소송법」상 소송절차에 관한 신청을 기각한 결정이나 명령에 대하여 불복하면 항고할 수 있다. 항고소송에는 집행정지가 있다.

20 취소소송에 대한 기술로 옳은 것은? (단, 다툼이 있는 경우 판례에 의함)

① 과세처분취소소송에서 과세처분의 위법성 판단시점은 처분시 이므로 과세행정청은 처분 당시의 자료만에 의하여 처분의 적법여부를 판단하고 처분 당시의 처분사유만을 주장할 수 있다.
② 시행규칙에 법 위반 횟수에 따라 가중처분하게 되어 있는 제재적 처분 기준이 규정되어 있다 하더라도, 기간의 경과로 효력이 소멸한 제재적 처분을 취소소송으로 다툴 법률상 이익은 없다.
③ 상급행정청으로부터 내부위임을 받은 데 불과한 하급행정청이 권한 없이 행정처분을 한 경우에는 실제로 그 처분을 행한 하급행정청을 피고로 취소소송을 제기해야 한다.

④ 취소소송을 제기하기 위해서는 처분등이 존재하여야 하며, 거부처분이 성립하기 위해서는 개인의 신청권이 존재하여야 하고, 여기서 신청권이란 신청인이 신청의 인용이라는 만족적 결과를 얻을 권리를 의미하는 것이다.

TIP ③ 행정처분의 취소 또는 무효확인을 구하는 행정소송은 다른 법률에 특별한 규정이 없는 한 그 처분을 행한 행정청을 피고로 하여야 하며, 행정처분을 행할 적법한 권한 있는 <u>상급행정청으로부터 내부위임을 받은 데 불과한 하급행정청이 권한 없이 행정처분을 한 경우에도 실제로 그 처분을 행한 하급행정청을 피고로 하여야 할 것이지</u> 그 처분을 행할 적법한 권한 있는 상급행정청을 피고로 할 것은 아니다(대판 1994. 8. 12, 선고 94누2763).

① 과세처분취소소송의 소송물은 정당한 세액의 객관적 존부이므로 과세관청으로서는 소송도중이라도 사실심변론종결시까지는 당해 처분에서 인정한 과세표준 또는 세액의 정당성을 뒷받침할 수 있는 새로운 자료를 제출하거나 처분의 동일성이 유지되는 범위 내에서 그 사유를 교환·변경할 수 있는 것이고, <u>반드시 처분 당시의 자료만에 의하여 처분의 적법 여부를 판단하여야 하거나 처분사유만을 주장할 수 있는 것은 아니다</u>(대판 1997. 10. 24, 선고 97누2429).

② 과거에 제재적 행정처분을 받은 전력이 장래 동종의 행정처분을 받게 될 경우에 정상관계의 한 요소로 참작되는 것에 불과하다면 그 장래 받게 될 행정처분에 미치는 영향의 유무 및 정도가 명확하다고 할 수는 없으므로 이는 단순한 사실상의 불이익을 받는 것에 불과할 뿐 이를 법률상의 불이익이라고 할 수는 없으나, 제재적 행정처분을 받은 전력이 장래 동종의 처분을 받을 경우에 가중요건으로 법령에 규정된 것은 아니더라도 부령인 시행규칙 또는 지방자치단체의 규칙 등으로 되어 있어 그러한 규칙의 규정에 따라 실제로 가중된 제재처분을 받은 경우는 물론 그 가중요건의 존재로 인하여 장래 가중된 제재처분을 받을 위험이 있는 경우 선행의 제재처분을 받은 당사자가 그 처분의 존재로 인하여 받았거나 장래에 받을 불이익은 직접적이고 구체적이며 현실적인 것으로서 결코 간접적이거나 사실적인 것이라고 할 수는 없으므로 그 처분을 당한 국민에게는 그 처분의 취소소송을 통하여 불이익을 제거할 현실적 필요성이 존재한다. 또한, 행정소송법 제12조 후문이 규정하는 "처분의 취소로 인하여 회복되는 법률상 이익"의 유무는 원래 항고소송의 목적·기능을 어떻게 이해하며 국민의 권익신장을 위하여 어느 범위에서 재판청구권의 행사를 허용할 것인가의 문제와 관련된 것으로서 이를 위 조항에 대한 일의적·문리적·형식적 해석에 의하여 판별할 수는 없고, 구체적인 사안별로 관계 법령의 규정 및 그 취지를 살펴서 현실적으로 권리보호의 실익이 있느냐를 기준으로 판단되어야 할 것인바, <u>제재기간이 정하여져 있는 제재적 행정처분에 있어서는 그 처분의 전력을 내용으로 한 가중요건이 규칙으로 규정되어 있는 경우에도 제재기간이 지난 후에 그 처분의 취소를 구할 실질적 이익이 있다</u>(대판 1995. 10. 17, 선고 94누14148 전원합의체).

④ 거부처분의 처분성을 인정하기 위한 전제요건이 되는 신청권의 존부는 구체적 사건에서 신청인이 누구인가를 고려하지 않고 관계 법규의 해석에 의하여 일반 국민에게 그러한 신청권을 인정하고 있는가를 살펴 추상적으로 결정되는 것이고, <u>신청인이 그 신청에 따른 단순한 응답을 받을 권리를 넘어서 신청의 인용이라는 만족적 결과를 얻을 권리를 의미하는 것은 아니다.</u> 따라서 국민이 어떤 신청을 한 경우에 그 신청의 근거가 된 조항의 해석상 행정발동에 대한 개인의 신청권을 인정하고 있다고 보여지면 그 거부행위는 항고소송의 대상이 되는 처분으로 보아야 할 것이고, 구체적으로 그 신청이 인용될 수 있는가 하는 점은 본안에서 판단하여야 할 사항인 것이다(대판 1996. 6. 11, 선고 95누12460).

1 개인적 공권에 대한 설명으로 옳지 않은 것은? (다툼이 있는 경우 판례에 의함)

① 환경영향평가에 관한 자연공원법령 및 환경영향평가법령들의 취지는 환경공익을 보호하려는 데 있으므로 환경영향평가 대상지역 안의 주민들이 수인한도를 넘는 환경침해를 받지 아니하고 쾌적한 환경에서 생활할 수 있는 개별적 이익까지 보호하는 데 있다고 볼 수는 없다.

② 행정처분에 있어서 불이익처분의 상대방은 직접 개인적 이익의 침해를 받은 자로서 취소소송의 원고적격이 인정되지만 수익처분의 상대방은 그의 권리나 법률상 보호되는 이익이 침해되었다고 볼 수 없으므로 달리 특별한 사정이 없는 한 취소를 구할 이익이 없다.

③ 상수원보호구역 설정의 근거가 되는 규정은 상수원의 확보와 수질보전일 뿐이고, 그 상수원에서 급수를 받고 있는 지역주민들이 가지는 이익은 상수원의 확보와 수질보호라는 공공의 이익이 달성됨에 따라 반사적으로 얻게 되는 이익에 불과하다.

④ 개인적 공권이 성립하려면 공법상 강행법규가 국가 기타 행정주체에게 행위의무를 부과해야 한다. 과거에는 그 의무가 기속행위의 경우에만 인정되었으나, 오늘날에는 재량행위에도 인정된다고 보는 것이 일반적이다.

> **TIP** ① 환경영향평가에 관한 자연공원법령 및 환경영향평가법령의 규정들의 취지는 집단시설지구개발사업이 환경을 해치지 아니하는 방법으로 시행되도록 함으로써 집단시설지구개발사업과 관련된 환경공익을 보호하려는 데에 그치는 것이 아니라 그 사업으로 인하여 직접적이고 중대한 환경피해를 입으리라고 예상되는 환경영향평가대상지역 안의 주민들이 개발 전과 비교하여 수인한도를 넘는 <u>환경침해를 받지 아니하고 쾌적한 환경에서 생활할 수 있는 개별적 이익까지도 이를 보호하려는 데에 있다 할 것이므로</u>, 위 주민들이 당해 변경승인 및 허가처분과 관련하여 갖고 있는 위와 같은 환경상의 이익은 단순히 환경공익 보호의 결과로 국민일반이 공통적으로 가지게 되는 추상적·평균적·일반적인 이익에 그치지 아니하고 주민 개개인에 대하여 개별적으로 보호되는 직접적·구체적인 이익이라고 보아야 한다(대판 1998. 4. 24. 선고 97누3286).

2 행정지도에 대한 설명으로 옳지 않은 것은? (다툼이 있는 경우 판례에 의함)

① 위법한 행정지도에 따라 행한 사인의 행위는 법령에 명시적으로 정함이 없는 한 위법성이 조각된다고 할 수 없다.

② 행정지도의 상대방은 행정지도의 내용에 동의하지 않는 경우 이를 따르지 않을 수 있으므로, 행정지도의 내용이나 방식에 대해 의견제출권을 갖지 않는다.

③ 행정지도가 말로 이루어지는 경우에 상대방이 행정지도의 취지 및 내용, 행정지도를 하는 자의 신분에 관한 사항을 적은 서면의 교부를 요구하면 그 행정지도를 하는 자는 직무 수행에 특별한 지장이 없으면 이를 교부하여야 한다.

④ 「국가배상법」이 정한 배상청구의 요건인 '공무원의 직무'에는 권력적 작용만이 아니라 행정지도와 같은 비권력적 작용도 포함된다.

> **TIP** ② 행정지도의 상대방은 해당 행정지도의 방식·내용 등에 관하여 행정기관에 의견제출을 할 수 있다 〈행정절차법 제50조(의견제출)〉.

3 행정행위의 취소와 철회에 대한 판례의 입장으로 옳지 않은 것은?

① 행정처분을 한 처분청은 그 처분에 하자가 있는 경우에는 원칙적으로 별도의 법적 근거가 없더라도 스스로 이를 직권으로 취소할 수 있고, 이러한 경우 이해관계인에게는 처분청에 내하여 ㄱ 취소를 요구할 신청권이 부여된 것으로 볼 수 있다.

② 변상금 부과처분에 대한 취소소송이 진행 중이라도 그 부과권자는 위법한 처분을 스스로 취소하고 그 하자를 보완하여 다시 적법한 부과처분을 할 수도 있다.

③ 행정행위를 한 처분청은 사정변경이 생겼거나 또는 중대한 공익상의 필요가 발생한 경우에는 그 효력을 상실케 하는 별개의 행정행위로 이를 철회할 수 있다고 할 것이나, 기득권을 침해하는 경우에는 기득권의 침해를 정당화할 만한 중대한 공익상의 필요 또는 제3자의 이익보호의 필요가 있는 때에 한하여 상대방이 받는 불이익과 비교·교량하여 철회하여야 한다.

④ 행정청이 의료법인의 이사에 대한 이사취임승인취소처분을 직권으로 취소하면 이사의 지위가 소급하여 회복된다.

> **TIP** ① 산림법령에는 채석허가처분을 한 처분청이 산림을 복구한 자에 대하여 복구설계서승인 및 복구준공통보를 한 경우 그 취소신청과 관련하여 아무런 규정을 두고 있지 않고, 원래 행정처분을 한 처분청은 그 처분에 하자가 있는 경우에는 원칙적으로 별도의 법적 근거가 없더라도 스스로 이를 직권으로 취소할 수 있지만, 그와 같이 <u>직권취소를 할 수 있다는 사정만으로 이해관계인에게 처분청에 대하여 그 취소를 요구할 신청권이 부여된 것으로 볼 수는 없으므로</u>, 처분청이 위와 같이 법규상 또는 조리상의 신청권이 없이 한 이해관계인의 복구준공통보 등의 취소신청을 거부하더라도, 그 거부행위는 항고소송의 대상이 되는 처분에 해당하지 않는다(대판 2006. 6. 30. 선고 2004두701).

Answer --

1.① 2.② 3.①

4 「**행정절차법**」의 내용에 대한 설명으로 옳은 것은?

① 행정청이 신청내용을 모두 그대로 인정하는 처분을 하는 경우 당사자에게 그 근거와 이유를 제시하여야 한다.

② 행정청이 신분·자격의 박탈처분을 할 때 미리 당사자등에게 통지한 의견제출기한 내에 당사자등의 청문신청이 있는 경우에는 청문을 한다.

③ 법령 등에서 행정청에 일정한 사항을 통지함으로써 의무가 끝나는 신고를 규정하고 있는 경우 신고가 본법 제40조제2항 각 호의 요건을 갖춘 경우에는 신고서가 접수기관에 발송된 때에 신고 의무가 이행된 것으로 본다.

④ 행정청은 직권으로 또는 당사자 및 이해관계인의 신청에 따라 여러 개의 사안을 병합하거나 분리하여 청문을 할 수 있다.

> **TIP** ② 행정절차법 제22조(의견청취) 제1항에서는 행정청이 처분을 할 때 다음의 어느 하나에 해당하는 경우에는 청문을 한다고 규정하고 있다.
> 1. 다른 법령등에서 청문을 하도록 규정하고 있는 경우
> 2. 행정청이 필요하다고 인정하는 경우
> 3. 다음의 처분 시 의견제출기한 내에 당사자등의 신청이 있는 경우
>   가. 인허가 등의 취소
>   나. 신분·자격의 박탈
>   다. 법인이나 조합 등의 설립허가의 취소
> ① 행정청은 처분을 할 때에는 다음의 어느 하나에 해당하는 경우를 제외하고는 당사자에게 그 근거와 이유를 제시하여야 한다.
> 1. 신청 내용을 모두 그대로 인정하는 처분인 경우
> 2. 단순·반복적인 처분 또는 경미한 처분으로서 당사자가 그 이유를 명백히 알 수 있는 경우
> 3. 긴급히 처분을 할 필요가 있는 경우
> ③ 법령등에서 행정청에 일정한 사항을 통지함으로써 의무가 끝나는 신고가 다음의 요건을 갖춘 경우에는 신고서가 접수기관에 도달된 때에 신고 의무가 이행된 것으로 본다.
> 1. 신고서의 기재사항에 흠이 없을 것
> 2. 필요한 구비서류가 첨부되어 있을 것
> 3. 그 밖에 법령등에 규정된 형식상의 요건에 적합할 것
> ④ 행정청은 직권으로 또는 당사자의 신청에 따라 여러 개의 사안을 병합하거나 분리하여 청문을 할 수 있다〈행정절차법 제32조(청문의 병합·분리)〉.

5 **법률유보의 원칙에 대한 설명으로 옳지 않은 것은?**

① 다수설에 따르면 행정지도에 관해서 개별법에 근거규정이 없는 경우 행정지도의 상대방
  인 국민에게 미치는 효력을 고려하여 행정지도를 할 수 없다고 본다.

② 대법원은 지방의회의원에 대하여 유급보좌인력을 두는 것은 지방의회의원의 신분 · 지위
  및 그 처우에 관한 현행 법령상의 제도에 중대한 변경을 초래하는 것으로서, 이는 개별
  지방의회의 조례로써 규정할 사항이 아니라 국회의 법률로써 규정하여야 할 입법사항이라고·
  한다.

③ 헌법재판소는 토지등소유자가 도시환경정비사업을 시행하는 경우, 사업시행인가 신청시
  필요한 토지등소유자의 동의정족수를 정하는 것은 국민의 권리와 의무의 형성에 관한 기
  본적이고 본질적인 사항으로 법률유보 내지 의회유보의 원칙이 지켜져야 할 영역이라고
  한다.

④ 헌법재판소는 법률에 근거를 두면서 헌법 제75조가 요구하는 위임의 구체성과 명확성을
  구비하는 경우에는 위임입법에 의하여도 기본권을 제한할 수 있다고 한다.

> **TIP** ① 행정지도는 비권력적 사실행위에 해당하므로 개별법에 근거규정이 없는 경우에도 상대방인 국민에
> 게 미치는 효력을 고려하여 행정지도를 할 수 있다는 것이 다수설이다.

6 다음 사례에 대한 판례의 입장으로 옳지 않은 것은?

> 고속국도 관리청이 고속도로 부지와 접도구역에 송유관 매설을 허가하면서 상대방인 甲과 체결한 협약에 따라 송유관 시설을 이전하게 될 경우 그 비용을 甲이 부담하도록 하였는데, 그 후 「도로법 시행규칙」이 개정되어 접도구역에는 관리청의 허가 없이도 송유관을 매설할 수 있게 되었다.

① 협약에 따라 송유관 시설을 이전하게 될 경우 그 비용을 甲이 부담하도록 한 것은 행정행위의 부관 중 부담에 해당한다.

② 甲과의 협약이 없더라도 고속국도 관리청은 송유관매설허가를 하면서 일방적으로 송유관 이전 시 그 비용을 甲이 부담한다는 내용의 부관을 부가할 수 있다.

③ 「도로법 시행규칙」의 개정 이후에도 위 협약에 포함된 부관은 부당결부금지의 원칙에 반하지 않는다.

④ 「도로법 시행규칙」의 개정으로 접도구역에는 관리청의 허가 없이도 송유관을 매설할 수 있게 되었기 때문에 위 협약 중 접도구역에 대한 부분은 효력이 소멸된다.

> **TIP** 행정청이 수익적 행정처분을 하면서 부가한 부담의 위법 여부는 처분 당시 법령을 기준으로 판단하여야 하고, 부담이 처분 당시 법령을 기준으로 적법하다면 처분 후 부담의 전제가 된 주된 행정처분의 근거 법령이 개정됨으로써 행정청이 더 이상 부관을 붙일 수 없게 되었다 하더라도 곧바로 위법하게 되거나 그 효력이 소멸하게 되는 것은 아니다. 따라서 행정처분의 상대방이 수익적 행정처분을 얻기 위하여 행정청과 사이에 행정처분에 부가할 부담에 관한 협약을 체결하고 행정청이 수익적 행정처분을 하면서 협약상의 의무를 부담으로 부가하였으나 부담의 전제가 된 주된 행정처분의 근거 법령이 개정됨으로써 행정청이 더 이상 부관을 붙일 수 없게 된 경우에도 곧바로 협약의 효력이 소멸하는 것은 아니다.
>
> 고속국도 관리청이 고속도로 부지와 접도구역에 송유관 매설을 허가하면서 상대방과 체결한 협약에 따라 송유관 시설을 이전하게 될 경우 그 비용을 상대방에게 부담하도록 하였고, 그 후 도로법 시행규칙이 개정되어 접도구역에는 관리청의 허가 없이도 송유관을 매설할 수 있게 된 사안에서, 위 협약이 효력을 상실하지 않을 뿐만 아니라 위 협약에 포함된 부관이 부당결부금지의 원칙에도 반하지 않는다(대판 2009. 2. 12. 선고 2005다65500).

7 공법상 계약에 대한 설명으로 옳은 것은?

① 현행 「행정절차법」은 공법상 계약에 대한 규정을 두고 있다.

② 대법원은 구「농어촌 등 보건의료를 위한 특별조치법」 및 관계법령에 따른 전문직공무원인 공중보건의사의 채용계약 해지의 의사표시는 일반공무원에 대한 징계처분과 같은 성격을 가지며, 따라서 항고소송의 대상이 된다고 본다.

③ 공법상 계약은 행정주체와 사인 간에만 체결 가능하며, 행정주체 상호 간에는 공법상 계약이 성립할 수 없다.

④ 다수설에 따르면 공법상 계약은 당사자의 자유로운 의사의 합치에 의하므로 원칙적으로 법률유보의 원칙이 적용되지 않는다고 본다.

> **TIP** ① 현행 「행정절차법」은 공법상 계약에 대한 규정을 두고 있지 않다.
> ② 전문직공무원인 공중보건의사의 채용계약의 해지가 관할 도지사의 일방적인 의사표시에 의하여 그 신분을 박탈하는 불이익처분이라고 하여 곧바로 그 의사표시가 관할 도지사가 행정청으로서 공권력을 행사하여 행하는 행정처분이라고 단정할 수는 없고, 공무원 및 공중보건의사에 관한 현행 실정법이 공중보건의사의 근무관계에 관하여 구체적으로 어떻게 규정하고 있는가에 따라 그 의사표시가 항고소송의 대상이 되는 처분 등에 해당하는 것인지의 여부를 개별적으로 판단하여야 할 것인바, 농어촌등보건의료를위한특별조치법 제2조, 제3조, 제5조, 제9조, 제26조와 같은법시행령 제3조, 제17조, 전문직공무원규정 제5조 제1항, 제7조 및 국가공무원법 제2조 제3항 제3호, 제4항 등 관계법령의 규정내용에 미루어 보면 현행 실정법이 전문직공무원인 공중보건의사의 채용계약 해지의 의사표시는 일반공무원에 대한 징계처분과는 달라서 항고소송의 대상이 되는 처분 등의 성격을 가진 것으로 인정되지 아니하고, 일정한 사유가 있을 때에 관할 도지사가 채용계약 관계의 한쪽 당사자로서 대등한 지위에서 행하는 의사표시로 취급하고 있는 것으로 이해되므로, 공중보건의사 채용계약 해지의 의사표시에 대하여는 대등한 당사자간의 소송형식인 공법상의 당사자소송으로 그 의사표시의 무효확인을 청구할 수 있는 것이지, <u>이를 항고소송의 대상이 되는 행정처분이라는 전제하에서 그 취소를 구하는 항고소송을 제기할 수는 없다</u>(대판 1996. 5. 31. 선고 95누10617).
> ③ 행정주체 상호 간에도 공법상 계약이 성립할 수 있다. 교육사무위탁, 조합비징수위탁 등이 이에 해당한다.

8 불확정개념과 판단여지 및 기속행위와 재량행위에 대한 설명으로 옳지 않은 것은?

① 판단여지를 긍정하는 학설은 판단여지는 법률효과 선택의 문제이고 재량은 법률요건에 대한 인식의 문제라는 점, 양자는 그 인정근거와 내용 등을 달리하는 점에서 구별하는 것이 타당하다고 한다.

② 대법원은 재량행위에 대한 사법심사를 하는 경우에 법원은 행정청의 재량에 기한 공익판단의 여지를 감안하여 독자적인 판단을 하여 결론을 도출하지 않고, 당해 처분이 재량권의 일탈·남용에 해당하는지의 여부만을 심사하여야 한다고 한다.

③ 대법원은 처분을 할 것인지 여부와 처분의 정도에 관하여 재량이 인정되는 과징금 납부명령에 대하여 그 명령이 재량권을 일탈하였을 경우, 법원으로서는 재량권의 일탈 여부만 판단할 수 있을 뿐이지 재량권의 범위 내에서 어느 정도가 적정한 것인지에 관하여는 판단할 수 없어 그 전부를 취소할 수밖에 없고, 법원이 적정하다고 인정하는 부분을 초과한 부분만 취소할 수는 없다고 한다.

④ 다수설에 따르면 불확정개념의 해석은 법적 문제이기 때문에 일반적으로 전면적인 사법심사의 대상이 되고, 특정한 사실관계와 관련하여서는 원칙적으로 일의적인 해석(하나의 정당한 결론)만이 가능하다고 본다.

> **TIP** ① 판단여지를 긍정하는 학설은 판단여지는 법률요건에 대한 인식의 문제이고 재량은 법률효과 선택의 문제라는 점, 양자는 그 인정근거와 내용 등을 달리하는 점에서 구별하는 것이 타당하다고 한다.

9 행정입법에 대한 판례의 입장으로 옳지 않은 것은?

① 헌법재판소는 대법원규칙인 구「법무사법 시행규칙」에 대해, 법규명령이 별도의 집행행위를 기다리지 않고 직접 기본권을 침해하는 것일 때에는 헌법 제107조 제2항의 명령·규칙에 대한 대법원의 최종심사권에도 불구하고 헌법소원심판의 대상이 된다고 한다.

② 대법원은 구「여객자동차 운수사업법 시행규칙」 제31조 제2항 제1호, 제2호, 제6호는 구「여객자동차 운수사업법」 제11조 제4항의 위임에 따라 시외버스운송사업의 사업계획변경에 관한 절차, 인가기준 등을 구체적으로 규정한 것으로서 행정청 내부의 사무처리준칙을 규정한 행정규칙에 불과하다고 할 수는 없다고 한다.

③ 대법원은 재량준칙이 되풀이 시행되어 행정관행이 성립된 경우에는 당해 재량준칙에 자기구속력을 인정한다. 따라서 당해 재량준칙에 반하는 처분은 법규범인 당해 재량준칙을 직접 위반한 것으로서 위법한 처분이 된다고 한다.

④ 헌법재판소는 법률이 일정한 사항을 행정규칙에 위임하더라도 그 위임은 전문적·기술적 사항이나 경미한 사항으로서 업무의 성질상 위임이 불가피한 사항에 한정된다고 한다.

10 행정벌에 대한 설명으로 옳은 것은? (다툼이 있는 경우 판례에 의함)

① 종업원 등의 범죄에 대해 법인에게 어떠한 잘못이 있는지를 전혀 묻지 않고, 곧바로 그 종업원 등을 고용한 법인에게도 종업원 등에 대한 처벌조항에 규정된 벌금형을 과하도록 규정하는 것은 책임주의에 반한다.

② 행정벌과 이행강제금은 장래에 의무의 이행을 강제하기 위한 제재로서 직접적으로 행정작용의 실효성을 확보하기 위한 수단이라는 점에서는 농일하다.

③ 「질서위반행위규제법」상 개인의 대리인이 업무에 관하여 그 개인에게 부과된 법률상의 의무를 위반한 때에는 행위자인 대리인에게 과태료를 부과한다.

④ 일반형사소송절차에 앞선 절차로서의 통고처분은 그 자체로 상대방에게 금전납부의무를 부과하는 행위로서 항고소송의 대상이 된다.

11 「공공기관의 정보공개에 관한 법률」에 따른 정보공개에 대한 설명으로 옳지 않은 것은? (다툼이 있는 경우 판례에 의함)

① 한국증권업협회는 증권회사 상호 간의 업무질서를 유지하고 유가증권의 공정한 매매거래 및 투자자보호를 위하여 구성된 회원조직으로, 「증권거래법」 또는 그 법에 의한 명령에 대하여 특별한 규정이 있는 것을 제외하고는 「민법」 중 사단법인에 관한 규정을 적용받으므로 구 「공공기관의 정보공개에 관한 법률 시행령」상의 '특별법에 의하여 설립된 특수법인'에 해당하지 않는다.

② 정보공개청구에 대하여 공공기관이 비공개결정을 한 경우 청구인이 이에 불복한다면 이의신청 절차를 거치지 않고 행정심판을 청구할 수 있다.

③ 모든 국민은 정보의 공개를 청구할 권리를 가진다고 규정하고 있고, 여기의 국민에는 자연인과 법인이 포함되지만 권리능력 없는 사단은 포함되지 않는다.

④ 공공기관은 정보공개의 청구를 받으면 그 청구를 받은 날부터 10일 이내에 공개 여부를 결정하여야 하나 부득이한 사유로 이 기간 이내에 공개 여부를 결정할 수 없는 때에는 그 기간이 끝나는 날의 다음 날부터 기산하여 10일의 범위에서 공개 여부 결정기간을 연장할 수 있다.

> **TIP** ③ 공공기관의정보공개에관한법률 제6조 제1항은 "모든 국민은 정보의 공개를 청구할 권리를 가진다"고 규정하고 있는데, 여기에서 말하는 국민에는 자연인은 물론 법인, 권리능력 없는 사단·재단도 포함되고, 법인, 권리능력 없는 사단·재단 등의 경우에는 설립목적을 불문하며, 한편 정보공개청구권은 법률상 보호되는 구체적인 권리이므로 청구인이 공공기관에 대하여 정보공개를 청구하였다가 거부처분을 받은 것 자체가 법률상 이익의 침해에 해당한다(대판 2003. 12. 12. 선고 2003두8050).

12 취소소송에서의 처분사유의 추가·변경에 대한 설명으로 옳은 것은? (다툼이 있는 경우 판례에 의함)

① 처분청은 원고의 권리방어가 침해되지 않는 한도 내에서 당해 취소소송의 대법원 확정판결이 있기 전까지 처분사유의 추가·변경을 할 수 있다.

② 처분사유의 추가·변경이 인정되기 위한 요건으로서의 기본적 사실관계의 동일성 유무는, 처분사유를 법률적으로 평가하기 이전의 구체적인 사실에 착안하여 그 기초적인 사회적 사실관계가 기본적인 점에서 동일한지 여부에 따라 결정된다.

③ 추가 또는 변경된 사유가 당초의 처분시 그 사유를 명기하지 않았을 뿐 처분시에 이미 존재하고 있었고 당사자도 그 사실을 알고 있었다면 당초의 처분사유와 동일성이 인정된다.

④ 처분사유의 추가·변경이 절차적 위법성을 치유하는 것인데 반해, 처분이유의 사후제시는 처분의 실체법상의 적법성을 확보하기 위한 것이다.

TIP ① 과세관청은 과세처분 이후는 물론 소송도중이라도 사실심 변론종결시까지 처분의 동일성이 유지되는 범위 내에서 처분사유를 추가·변경할 수 있다(대판 2001. 10. 30. 선고 2000두5616).

③ 행정처분의 취소를 구하는 항고소송에 있어서, 처분청은 당초 처분의 근거로 삼은 사유와 기본적 사실관계가 동일성이 있다고 인정되는 한도 내에서만 다른 사유를 추가하거나 변경할 수 있고, 여기서 기본적 사실관계의 동일성 유무는 처분사유를 법률적으로 평가하기 이전의 구체적인 사실에 착안하여 그 기초인 사회적 사실관계가 기본적인 점에서 동일한지 여부에 따라 결정되며, <u>추가 또는 변경된 사유가 당초의 처분시 그 사유를 명기하지 않았을 뿐 처분시에 이미 존재하고 있었고 당사자도 그 사실을 알고 있었다 하여 당초의 처분사유와 동일성이 있는 것이라 할 수 없다</u>(대판 2003. 12. 11. 선고 2003두8395).

④ 처분사유의 추가·변경이 처분의 실체법상의 적법성을 확보하는 것인데 반해, 처분이유의 사후제시는 절차적 위법성을 치유하기 위한 것이다.

13 공공의 영조물의 설치·관리의 하자로 인한 국가배상책임에 대한 판례의 입장으로 옳지 않은 것은?

① '공공의 영조물'이라 함은 강학상 공물을 뜻하므로 국가 또는 지방자치단체가 사실상의 관리를 하고 있는 유체물은 포함되지 않는다.

② '공공의 영조물의 설치·관리의 하자'에는 영조물이 공공의 목적에 이용됨에 있어 그 이용 상태 및 정도가 일정한 한도를 초과하여 제3자에게 사회통념상 참을 수 없는 피해를 입히고 있는 경우가 포함된다.

③ 영조물의 설치 및 관리에 있어서 항상 완전무결한 상태를 유지할 정도의 고도의 안전성을 갖추지 아니하였다고 하여 영조물의 설치 또는 관리에 하자가 있다고 단정할 수 없다.

④ 국가배상청구소송에서 공공의 영조물에 하자가 있다는 입증책임은 피해자가 지지만, 관리주체에게 손해발생의 예견가능성과 회피가능성이 없다는 입증책임은 관리주체가 진다.

TIP ① 국가배상법 제5조 제1항 소정의 "공공의 영조물"이라 함은 국가 또는 지방자치단체에 의하여 특정 공공의 목적에 공여된 유체물 내지 물적 설비를 지칭하며, 특정 공공의 목적에 공여된 물이라 함은 일반공중의 자유로운 사용에 직접적으로 제공되는 공공용물에 한하지 아니하고, 행정주체 자신의 사용에 제공되는 공용물도 포함하며 국가 또는 지방자치단체가 소유권, 임차권 그 밖의 권한에 기하여 관리하고 있는 경우뿐만 아니라 <u>사실상의 관리를 하고 있는 경우도 포함한다</u>(대판 1995. 1. 24. 선고 94다45302).

14 「행정대집행법」상 행정대집행에 대한 설명으로 옳은 것은? (다툼이 있는 경우 판례에 의함)

① 의무를 명하는 행정행위가 불가쟁력이 발생하지 않은 경우에는 그 행정행위에 따른 의무의 불이행에 대하여 대집행을 할 수 없다.

② 부작위하명에는 행정행위의 강제력의 효력이 있으므로 당해 하명에 따른 부작위 의무의 불이행에 대하여는 별도의 법적 근거 없이 대집행이 가능하다.

③ 원칙적으로 '의무의 불이행을 방치하는 것이 심히 공익을 해하는 것으로 인정되는 경우'의 요건은 계고를 할 때에 충족되어 있어야 한다.

④ 「행정대집행법」 제2조에 따른 대집행의 실시여부는 행정청의 재량에 속하지 않는다.

> **TIP** ① 「행정대집행법」은 불가쟁력의 발생을 대집행실행의 전제로 하지 않는다. 불가쟁력이 발생하기 전에도 대집행을 할 수 있다.
> ② 「행정대집행법」 제2조는 대집행의 대상이 되는 의무를 "법률(법률의 위임에 의한 명령, 지방자치단체의 조례를 포함)에 의하여 직접 명령되었거나 또는 법률에 의거한 행정청의 명령에 의한 행위로서 타인이 대신하여 행할 수 있는 행위"라고 규정하고 있으므로, 대집행계고처분을 하기 위하여는 법령에 의하여 직접 명령되거나 법령에 근거한 행정청의 명령에 의한 의무자의 대체적 작위의무 위반행위가 있어야 한다. 따라서 단순한 부작위의무의 위반, 즉 관계 법령에 정하고 있는 절대적 금지나 허가를 유보한 상대적 금지를 위반한 경우에는 당해 법령에서 그 위반자에 대하여 위반에 의하여 생긴 유형적 결과의 시정을 명하는 행정처분의 권한을 인정하는 규정(예컨대, 건축법 제69조, 도로법 제74조, 하천법 제67조, 도시공원법 제20조, 옥외광고물등관리법 제10조 등)을 두고 있지 아니한 이상, <u>법치주의의 원리에 비추어 볼 때 위와 같은 부작위의무로부터 그 의무를 위반함으로써 생긴 결과를 시정하기 위한 작위의무를 당연히 끌어낼 수는 없으며, 또 위 금지규정(특히 허가를 유보한 상대적 금지규정)으로부터 작위의무, 즉 위반결과의 시정을 명하는 권한이 당연히 추론되는 것도 아니다</u>(대판 1996. 6. 28. 선고 96누4374).
> ④ 「행정대집행법」 제2조에 따른 대집행의 실시여부는 행정청의 재량에 속하는 것으로 보는 것이 다수설, 판례이다.

15 「국세징수법」상 강제징수절차에 대한 판례의 입장으로 옳지 않은 것은?

① 세무 공무원이 국세의 징수를 위해 납세자의 재산을 압류하는 경우 그 재산의 가액이 징수할 국세액을 초과한다면 당해 압류처분은 무효이다.

② 국세를 납부기한까지 납부하지 아니하면 과세권자의 가산금 확정절차 없이 「국세징수법」 제21조에 의하여 가산금이 당연히 발생하고 그 액수도 확정된다.

③ 조세부과처분의 근거규정이 위헌으로 선언된 경우, 그에 기한 조세부과처분이 위헌결정 전에 이루어졌다 하더라도 위헌결정 이후에 조세채권의 집행을 위해 새로이 착수된 체납처분은 당연무효이다.

④ 공매통지가 적법하지 아니하다면 특별한 사정이 없는 한, 공매통지를 직접 항고소송의 대상으로 삼아 다툴 수 없고 통지 후에 이루어진 공매처분에 대하여 다투어야 한다.

> **TIP** ① 세무공무원이 국세의 징수를 위해 납세자의 재산을 압류하는 경우 그 재산의 가액이 징수할 국세액을 초과한다 하여 위 압류가 당연무효의 처분이라고는 할 수 없다(대판 1986. 11. 11. 선고 86누479).

16 다음 사례에 대한 설명으로 옳지 않은 것은?

> 유흥주점영업허가를 받아 주점을 운영하는 甲은 A시장으로부터 연령을 확인하지 않고 청소년을 주점에 출입시켜 「청소년보호법」을 위반하였다는 사실을 이유로 한 영업허가취소처분을 받았다. 甲은 이에 불복하여 취소소송을 제기하였고 취소확정판결을 받았다.

① A시장은 甲이 청소년을 유흥접객원으로 고용하여 유흥행위를 하게 하였다는 이유로 다시 영업허가취소처분을 할 수는 있다.

② 영업허가취소처분은 지나치게 가혹하다는 이유로 취소확정판결이 내려졌다면, A시장은 甲에게 연령을 확인하지 않고 청소년을 출입시켰다는 이유로 영업허가정지처분을 할 수는 있다.

③ 청소년들을 주점에 출입시킨 사실이 없다는 이유로 취소확정판결이 내려졌다면, A시장은 甲에게 연령을 확인하지 않고 청소년을 출입시켰다는 이유로 영업허가취소처분을 할 수는 없다.

④ 청문절차를 거치지 않았다는 이유로 취소확정판결이 내려졌다면, A시장은 적법한 청문절차를 거치더라도 甲에게 연령을 확인하지 않고 청소년을 출입시켰다는 이유로 영업허가취소처분을 할 수는 없다.

TIP ④ 행정처분의 절차 또는 형식에 위법이 있어 행정처분을 취소하는 판결이 확정되었을 때는 그 확정판결의 기판력은 거기에 적시된 절차 및 형식의 위법사유에 한하여 미치는 것이므로 행정관청은 그 위법사유를 보완하여 다시 새로운 행정처분을 할 수 있고 그 새로운 행정처분은 확정판결에 의하여 취소된 종전의 행정처분과는 별개의 처분이라 할 것이어서 종전의 처분과 중복된 행정처분이 아니다(대판 1992. 5. 26. 선고 91누5242).

17 행정상 손실보상에 대한 설명으로 옳은 것은?

① 손실보상의 이론적 근거로서 특별희생설에 의하면, 공공복지와 개인의 권리 사이에 충돌이 있는 경우에는 개인의 권리가 우선한다.

② 손실보상청구권을 공권으로 보게 되면 손실보상청구권을 발생시키는 침해의 대상이 되는 재산권에는 공법상의 권리만이 포함될 뿐 사법상의 권리는 포함되지 않는다.

③ 헌법재판소는 헌법 제23조 제3항의 '공공필요'는 '국민의 재산권을 그 의사에 반하여 강제적으로라도 취득해야 할 공익적 필요성'을 의미하고, 이 요건 중 공익성은 기본권 일반의 제한사유인 '공공복리'보다 좁은 것으로 보고 있다.

④ 헌법 제23조 제3항을 국민에 대한 직접적인 효력이 있는 규정으로 보는 견해는 동조항의 재산권의 수용·사용·제한 규정과 보상규정을 불가분조항으로 본다.

> **TIP** ① 손실보상의 이론적 근거인 특별희생설에 의하면, 공공복지와 개인의 권리 사이에 충돌이 있는 경우에는 공공복지가 우선하지만 특별한 희생이 강요된 자에게는 보상이 주어 져야 한다고 본다.
> ② 손실보상청구권을 공권으로 보게 되면 손실보상청구권을 발생시키는 침해의 대상이 되는 재산권에는 공법상의 권리뿐만 아니라 사법상의 권리도 포함된다.
> ④ 헌법 제23조 제3항의 재산권 수용·사용·제한 규정과 보상규정을 불가분조항으로 보는 견해는 위헌무효설이다.

18 행정행위에 대한 설명으로 옳은 것은?

① 행정행위를 '행정청이 법아래서 구체적 사실에 대한 법집행으로서 행하는 공법행위'로 정의하면, 공법상 계약과 공법상 합동행위는 행정행위의 개념에서 제외된다.

② 강학상 허가와 특허는 의사표시를 요소로 한다는 점과 반드시 신청을 전제로 한다는 점에서 공통점이 있다.

③ 행정행위의 효력으로서 구성요건적 효력과 공정력은 이론적 근거를 법적 안정성에서 찾고 있다는 공통점이 있다.

④ 「행정소송법」상 처분의 개념과 강학상 행정행위의 개념이 다르다고 보는 견해는 처분의 개념을 강학상 행정행위의 개념보다 넓게 본다.

> **TIP** ① 행정행위를 '행정청이 법아래서 구체적 사실에 대한 법집행으로서 행하는 공법행위'로 보는 견해는 협의설이다. 협의설에 공법상 계약과 같은 비권력적 행위도 행정행위의 개념에 포함된다.
> ② 특허는 신청을 전제로 하지만, 허가는 신청이 요구되지 않는 경우도 있다.
> ③ 공정력은 법적 안정성에서 이론적 근거를 찾지만 구성요건적 효력은 행정기관 상호간 권한 존중에서 그 이론적 근거를 찾는다.

19 대법원 판례의 입장으로 옳은 것은?

① 행정청이 「도시 및 주거환경정비법」등 관련법령에 근거하여 행하는 조합설립인가처분은 강학상 인가처분으로서 그 조합설립결의에 하자가 있다면 조합설립결의에 대한 무효확인을 구하여야 한다.

② 지적공부 소관청의 지목변경신청 반려행위는 행정사무의 편의와 사실증명의 자료로 삼기 위한 것이지 그 대장에 등재여부는 어떠한 권리의 변동이나 상실효력이 생기지 않으므로 이를 항고소송의 대상으로 할 수 없다.

③ 지방자치단체가 제정한 조례가 1994년 관세 및 무역에 관한 일반협정(General Agreement on Tariffs and Trade 1994)이나 정부조달에 관한 협정(Agreement on Government Procurement)에 위반되는 경우, 그 조례는 무효이다.

④ 어떠한 행정처분이 후에 항고소송에서 취소되었다면 그 기판력에 의하여 당해 행정처분은 곧바로 「국가배상법」 제2조의 공무원의 고의 또는 과실로 인한 불법행위를 구성한다.

> **TIP** ① 재개발조합설립인가신청에 대한 행정청의 조합설립인가처분은 단순히 사인들의 조합설립행위에 대한 보충행위로서의 성질을 가지는 것이 아니라 법령상 일정한 요건을 갖추는 경우 행정주체의 지위를 부여하는 일종의 설권적 처분의 성질을 가진다고 보아야 한다. 그러므로 구 도시 및 주거환경정비법(2007. 12. 21. 법률 제8785호로 개정되기 전의 것)상 재개발조합설립인가신청에 대하여 행정청의 조합설립인가처분이 있은 이후에는, 조합설립동의에 하자가 있음을 이유로 재개발조합 설립의 효력을 부정하려면 항고소송으로 조합설립인가처분의 효력을 다투어야 한다(대판 2010. 1. 28. 선고 2009두4845).
> ② 구 지적법(2001. 1. 26. 법률 제6389호로 전문 개정되기 전의 것) 제20조, 제38조 제2항의 규정은 토지소유자에게 지목변경신청권과 지목정정신청권을 부여한 것이고, 한편 지목은 토지에 대한 공법상의 규제, 개발부담금의 부과대상, 지방세의 과세대상, 공시지가의 산정, 손실보상가액의 산정 등 토지행정의 기초로서 공법상의 법률관계에 영향을 미치고, 토지소유자는 지목을 토대로 토지의 사용·수익·처분에 일정한 제한을 받게 되는 점 등을 고려하면, 지목은 토지소유권을 제대로 행사하기 위한 전제요건으로서 토지소유자의 실체적 권리관계에 밀접하게 관련되어 있으므로 지적공부 소관청의 지목변경신청 반려행위는 국민의 권리관계에 영향을 미치는 것으로서 항고소송의 대상이 되는 행정처분에 해당한다(대판 2004. 4. 22. 선고 2003두9015).
> ④ 어떠한 행정처분이 후에 항고소송에서 취소되었다고 할지라도 그 기판력에 의하여 당해 행정처분이 곧바로 공무원의 고의 또는 과실로 인한 것으로서 불법행위를 구성한다고 단정할 수는 없는 것이고, 그 행정처분의 담당공무원이 보통 일반의 공무원을 표준으로 하여 볼 때 객관적 주의의무를 결하여 그 행정처분이 객관적 정당성을 상실하였다고 인정될 정도에 이른 경우에 국가배상법 제2조 소정의 국가배상책임의 요건을 충족하였다고 봄이 상당할 것이며, 이 때에 객관적 정당성을 상실하였는지 여부는 피침해이익의 종류 및 성질, 침해행위가 되는 행정처분의 태양 및 그 원인, 행정처분의 발동에 대한 피해자측의 관여의 유무, 정도 및 손해의 정도 등 제반 사정을 종합하여 손해의 전보책임을 국가 또는 지방자치단체에게 부담시켜야 할 실질적인 이유가 있는지 여부에 의하여 판단하여야 한다(대판 2000. 5. 12. 선고 99다70600).

20 대법원 판례의 입장으로 옳지 않은 것은?

① 「행정소송법」 제26조는 행정소송에서 직권심리주의가 적용되도록 하고 있지만, 행정소송에서도 당사자주의나 변론주의의 기본 구도는 여전히 유지된다.

② 영업자에 대한 행정제재처분에 대하여 행정심판위원회가 영업자에게 유리한 적극적 변경명령재결을 하고 이에 따라 처분청이 변경처분을 한 경우, 그 변경처분에 의해 유리하게 변경된 행정제재가 위법하다는 이유로 그 취소를 구하려면 변경된 내용의 당초처분을 취소소송의 대상으로 하여야 한다.

③ 원자로 및 관계시설의 부지사전승인처분은 그 자체로서 독립한 행정처분은 아니므로 이의 위법성을 직접 항고소송으로 다툴 수는 없고 후에 발령되는 건설허가처분에 대한 항고소송에서 다투어야 한다.

④ 구「폐기물관리법」 관계 법령상의 폐기물처리업허가를 받기 위한 사업계획에 대한 부적정 통보는 허가신청 자체를 제한하는 등 개인의 권리 내지 법률상의 이익을 개별적이고 구체적으로 규제하고 있어 행정처분에 해당한다.

> **TIP** ③ 원자력법 제11조 제3항 소정의 부지사전승인제도는 원자로 및 관계 시설을 건설하고자 하는 자가 그 계획중인 건설부지가 원자력법에 의하여 원자로 및 관계 시설의 부지로 적법한지 여부 및 굴착공사 등 일정한 범위의 공사를 할 수 있는지 여부에 대하여 건설허가 전에 미리 승인을 받는 제도로서, 원자로 및 관계 시설의 건설에는 장기간의 준비 · 공사가 필요하기 때문에 필요한 모든 준비를 갖추어 건설허가신청을 하였다가 부지의 부적법성을 이유로 불허가될 경우 그 불이익이 매우 크고 또한 원자로 및 관계 시설 건설의 이와 같은 특성상 미리 사전공사를 할 필요가 있을 수도 있어 건설허가 전에 미리 그 부지의 적법성 및 사전공사의 허용 여부에 대한 승인을 받을 수 있게 함으로써 그의 경제적 · 시간적 부담을 덜어 주고 유효 · 적절한 건설공사를 행할 수 있도록 배려하려는 데 그 취지가 있다고 할 것이므로, 원자로 및 관계 시설의 부지사전승인처분은 그 자체로서 건설부지를 확정하고 사전공사를 허용하는 법률효과를 지닌 독립한 행정처분이기는 하지만, 건설허가 전에 신청자의 편의를 위하여 미리 그 건설허가의 일부 요건을 심사하여 행하는 사전적 부분 건설허가처분의 성격을 갖고 있는 것이어서 나중에 건설허가처분이 있게 되면 그 건설허가처분에 흡수되어 독립된 존재가치를 상실함으로써 그 건설허가처분만이 쟁송의 대상이 되는 것이므로, 부지사전승인처분의 취소를 구하는 소는 소의 이익을 잃게 되고, 따라서 부지사전승인처분의 위법성은 나중에 내려진 건설허가처분의 취소를 구하는 소송에서 이를 다투면 된다(대판 1998. 9. 4. 선고 97누19588).

1 통치행위에 대한 판례의 입장으로 옳지 않은 것은?

① 고도의 정치적 성격을 지니는 남북정상회담 개최과정에서 정부에 신고하지 아니하거나 협력사업 승인을 얻지 아니한 채 북한측에 사업권의 대가 명목으로 송금한 행위 자체는 사법심사의 대상이 된다.

② 기본권 보장의 최후 보루인 법원으로서는 사법심사권을 행사함으로써, 대통령의 긴급조치권 행사로 인하여 우리나라 헌법의 근본이념인 자유민주적 기본질서가 부정되는 사태가 발생하지 않도록 그 책무를 다하여야 한다.

③ 신행정수도건설이나 수도이전문제는 그 자체로 고도의 정치적 결단을 요하므로 사법심사의 대상에서 제외되고, 그것이 국민의 기본권 침해와 관련되는 경우에도 헌법재판소의 심판대상이 될 수 없다.

④ 외국에의 국군 파견결정은 그 성격상 국방 및 외교에 관련된 고도의 정치적 결단을 요하는 문제로서, 헌법과 법률이 정한 절차가 지켜진 것이라면 대통령과 국회의 판단은 존중되어야 하고 사법적 기준만으로 이를 심판하는 것은 자제되어야 한다.

> **TIP** ③ 신행정수도건설이나 수도이전의 문제가 정치적 성격을 가지고 있는 것은 인정할 수 있지만, 그 자체로 고도의 정치적 결단을 요하여 사법심사의 대상으로 하기에는 부적절한 문제라고까지는 할 수 없다. 더구나 이 사건 심판의 대상은 이 사건 법률의 위헌여부이고 대통령의 행위의 위헌여부가 아닌바, 법률의 위헌여부가 헌법재판의 대상으로 된 경우 당해법률이 정치적인 문제를 포함한다는 이유만으로 사법심사의 대상에서 제외된다고 할 수는 없다(헌재 2004. 10. 21. 2004헌마554 등).

Answer 20.③ / 1.③

2 공법상 부당이득에 대한 설명으로 옳지 않은 것은? (다툼이 있는 경우 판례에 의함)

① 공법상 부당이득에 관한 일반법은 없으므로 특별한 규정이 없는 경우, 「민법」상 부당이득반환의 법리가 준용된다.

② 부가가치세법령에 따른 환급세액 지급의무 등의 규정과 그 입법취지에 비추어 볼 때 부가가치세 환급세액 반환은 공법상 부당이득반환으로서 민사소송의 대상이다.

③ 잘못 지급된 보상금에 해당하는 금액의 징수처분을 해야 할 공익상 필요가 당사자가 입게 될 불이익을 정당화할 만큼 강한 경우, 보상금을 받은 당사자로부터 오지급금액의 환수처분이 가능하다.

④ 공법상 부당이득반환에 대한 청구권의 행사는 개별적인 사안에 따라 행정주체도 주장할 수 있다.

> **TIP** ② 부가가치세법령이 환급세액의 정의 규정, 그 지급시기와 산출방법에 관한 구체적인 규정과 함께 부가가치세 납세의무를 부담하는 사업자(이하 '납세의무자'라 한다)에 대한 국가의 환급세액 지급의무를 규정한 이유는, 입법자가 과세 및 징수의 편의를 도모하고 중복과세를 방지하는 등의 조세 정책적 목적을 달성하기 위한 입법적 결단을 통하여, 최종 소비자에 이르기 전의 각 거래단계에서 재화 또는 용역을 공급하는 사업자가 그 공급을 받는 사업자로부터 매출세액을 징수하여 국가에 납부하고, 그 세액을 징수당한 사업자는 이를 국가로부터 매입세액으로 공제·환급받는 과정을 통하여 그 세액의 부담을 다음 단계의 사업자에게 차례로 전가하여 궁극적으로 최종 소비자에게 이를 부담시키는 것을 근간으로 하는 전단계세액공제 제도를 채택한 결과, 어느 과세기간에 거래징수된 세액이 거래징수를 한 세액보다 많은 경우에는 그 납세의무자가 창출한 부가가치에 상응하는 세액보다 많은 세액이 거래징수되게 되므로 이를 조정하기 위한 과세기술상, 조세 정책적인 요청에 따라 특별히 인정한 것이라고 할 수 있다. 따라서 이와 같은 부가가치세법령의 내용, 형식 및 입법 취지 등에 비추어 보면, 납세의무자에 대한 국가의 부가가치세 환급세액 지급의무는 그 납세의무자로부터 어느 과세기간에 과다하게 거래징수된 세액 상당을 국가가 실제로 납부받았는지와 관계없이 부가가치세법령의 규정에 의하여 직접 발생하는 것으로서, 그 법적 성질은 정의와 공평의 관념에서 수익자와 손실자 사이의 재산상태 조정을 위해 인정되는 부당이득 반환의무가 아니라 부가가치세법령에 의하여 그 존부나 범위가 구체적으로 확정되고 조세 정책적 관점에서 특별히 인정되는 공법상 의무라고 봄이 타당하다. 그렇다면 납세의무자에 대한 국가의 부가가치세 환급세액 지급의무에 대응하는 국가에 대한 납세의무자의 부가가치세 환급세액 지급청구는 민사소송이 아니라 행정소송법 제3조 제2호에 규정된 당사자소송의 절차에 따라야 한다(대판 2013. 3. 21. 선고 2011다95564).

3 행정상 법률관계에 대한 설명으로 옳지 않은 것은? (다툼이 있는 경우 판례에 의함)

① 공법관계에 있어서 자연인의 주소는 주민등록지이고, 그 수는 1개소에 한한다.

② 특별한 규정이 없는 경우, 「민법」의 법률행위에 관한 규정 중 의사표시의 효력발생시기, 대리행위의 효력, 조건과 기한의 효력 등의 규정은 행정행위에도 적용된다.

③ 주민등록의 신고는 행정청에 도달하기만 하면 신고로서의 효력이 발생하는 것이 아니라 행정청이 수리한 경우에 비로소 신고의 효력이 발생한다.

④ 「건축법」상 착공신고가 반려될 경우 당사자에게 그 반려행위를 다툴 실익이 없는 것이므로 착공신고 반려행위의 처분성이 인정되지 않는다.

> **TIP** ④ 구 건축법(2008. 3. 21. 법률 제8974호로 전부 개정되기 전의 것)의 관련 규정에 따르면, 행정청은 착공신고의 경우에도 신고 없이 착공이 개시될 경우 건축주 등에 대하여 공사중지·철거·사용금지 등의 시정명령을 할 수 있고(제69조 제1항), 시정명령을 받고 이행하지 아니한 건축물에 대하여는 당해 건축물을 사용하여 행할 다른 법령에 의한 영업 기타 행위의 허가를 하지 않도록 요청할 수 있으며(제69조 제2항), 요청을 받은 자는 특별한 이유가 없는 한 이에 응하여야 하고(제69조 제3항), 나아가 행정청은 시정명령의 이행을 하지 아니한 건축주 등에 대하여는 이행강제금을 부과할 수 있으며(제69조의2 제1항 제1호), 또한 착공신고를 하지 아니한 자는 200만 원 이하의 벌금에 처해질 수 있다(제80조 제1호, 제9조). 이와 같이 건축주 등으로서는 착공신고가 반려될 경우, 당해 건축물의 착공을 개시하면 시정명령, 이행강제금, 벌금의 대상이 되거나 당해 건축물을 사용하여 행할 행위의 허가가 거부될 우려가 있어 불안정한 지위에 놓이게 된다. 따라서 착공신고 반려행위가 이루어진 단계에서 당사자로 하여금 반려행위의 적법성을 다투어 법적 불안을 해소한 다음 건축행위에 나아가도록 함으로써 장차 있을지도 모르는 위험에서 미리 빗어닐 수 있도록 길을 열어 주고, 위법한 건축물의 양산과 철거를 둘러싼 분쟁을 조기에 근본적으로 해결할 수 있게 하는 것이 법치행정의 원리에 부합한다. 그러므로 행정청의 착공신고 반려행위는 항고소송의 대상이 된다고 보는 것이 옳다(대판 2011. 6. 10. 선고 2010두7321).

4 행정행위의 부관에 대한 설명으로 옳은 것은? (다툼이 있는 경우 판례에 의함)

① 부담부 행정행위의 경우 부담에서 부과하고 있는 의무의 이행이 있어야 비로소 주된 행정행위의 효력이 발생한다.

② 공유재산의 관리청이 기부채납된 행정재산에 대하여 행하는 사용·수익 허가의 경우, 부관인 사용·수익 허가의 기간에 위법사유가 있다면 허가 전부가 위법하게 된다.

③ 학설의 다수견해는 수정부담의 성격을 부관으로 이해한다.

④ 행정행위의 부관은 법령에 명시적 근거가 있는 경우에만 부가할 수 있다.

> **TIP** ② 행정행위의 부관은 부담인 경우를 제외하고는 독립하여 행정소송의 대상이 될 수 없는바, 기부채납 받은 행정재산에 대한 사용·수익허가에서 공유재산의 관리청이 정한 사용·수익허가의 기간은 그 허가의 효력을 제한하기 위한 행정행위의 부관으로서 이러한 <u>사용·수익허가의 기간에 대해서는 독립하여 행정소송을 제기할 수 없다</u>(대판 2001. 6. 15. 선고 99두509).
>
> ① 부담부 행정행위의 경우 부담이 부과되어도 주된 행정행위의 효력은 처음부터 유효하게 발생한다는 점에서 조건이 성취되어야 비로소 효력이 발생하는 정지조건부 행정행위와 차이가 있다.
>
> ③ 수정부담은 행정행위의 상대방이 신청한 것과는 다르게 행정행위의 내용을 정하는 것으로 새로운 행정행위(수정허가, 변경처분 등)로 보는 것이 다수견해이다.
>
> ④ 도시공원법 제6조 제2항에 의하여 공원관리청이 도시공원 또는 공원시설의 관리를 공원관리청이 아닌 자에게 위탁하면서 그 공원시설 등을 사용·수익할 권한까지 허용하고 있는 것은 상대방에게 권리나 이익을 부여하는 효과를 수반하는 수익적 행정행위로서, 관계 법령에 행정처분의 요건에 관하여 일의적으로 규정되어 있지 아니한 이상 관리청의 재량행위에 속하고, 이러한 <u>재량행위에 있어서는 관계 법령에 명시적인 금지규정이 없는 한 행정목적을 달성하기 위하여 부관을 붙일 수 있으며</u>, 그 부관의 내용이 이행 가능하고 비례의 원칙 및 평등의 원칙에 적합하며 행정처분의 본질적 효력을 저해하지 아니하는 한도 내의 것인 이상 거기에 부관의 한계를 벗어난 위법이 있다고 할 수 없다(대판 1998. 10. 23. 선고 97누164).

5 행정입법에 대한 설명으로 옳지 않은 것은? (다툼이 있는 경우 판례에 의함)

① 법률의 시행령이 형사처벌에 관한 사항을 규정하면서 법률의 명시적인 위임 범위를 벗어나 처벌의 대상을 확장하는 것은 죄형법정주의원칙에 어긋나는 것이므로, 그러한 시행령은 위임입법의 한계를 벗어난 것으로서 무효이다.

② 다양한 사실관계를 규율하거나 사실관계가 수시로 변화될 것이 예상되는 분야에서는 다른 분야에 비하여 상대적으로 입법위임의 명확성·구체성이 완화된다.

③ 행정입법부작위에 대해서는 당사자의 신청이 있는 경우에 한하여 부작위위법확인소송의 대상이 된다.

④ 자치법적 사항을 규정한 조례에 대한 법률의 위임은 법규명령에 대한 법률의 위임과 같이 반드시 구체적으로 범위를 정하여야 할 필요가 없으며 포괄적인 것으로 족하다.

6 행정계획에 대한 설명으로 옳지 않은 것은? (다툼이 있는 경우 판례에 의함)

① 개발제한구역의 지정·고시에 대한 헌법소원 심판청구는 행정쟁송절차를 모두 거친 후가 아니면 부적법하다.

② 국공립대학의 총장직선제 개선 여부를 재정지원 평가요소로 반영하고 이를 개선하지 않 을 경우 다음 연도에 지원금을 삭감 또는 환수하도록 규정한 교육부장관의 '대학교육역량 강화사업 기본계획'은 헌법소원의 대상이 된다.

③ 관계 법령에 따라 일정한 행정처분을 구하는 신청을 할 수 있는 법률상 지위에 있는 자 의 국토이용계획변경신청을 거부하는 것이 실질적으로 당해 행정처분 자체를 거부하는 결과가 되는 경우, 그 신청인에게 국토이용계획변경을 신청할 권리가 인정된다.

④ 위법한 도시기본계획에 대하여 제기되는 취소소송은 법원에 의하여 허용되지 아니한다.

Answer
4.② 5.③ 6.②

7 하자의 승계에 대한 설명으로 옳지 않은 것은? (다툼이 있는 경우 판례에 의함)

① 선행행위에 무효의 하자가 존재하더라도 선행행위와 후행행위가 결합하여 하나의 법적 효과를 목적으로 하는 경우에는 하자의 승계에 대한 논의의 실익이 있다.

② 적정행정의 유지에 대한 요청에서 나오는 하자의 승계를 인정하면 국민의 권리를 보호하고 구제하는 범위가 더 넓어진다.

③ 선행행위에 대하여 불가쟁력이 발생하지 않았거나 선행행위와 후행행위가 서로 독립하여 각각 별개의 법률효과를 목적으로 하는 때에는 원칙적으로 선행행위의 하자를 이유로 후행행위의 효력을 다툴 수 없다.

④ 선행행위와 후행행위가 서로 독립하여 별개의 법률효과를 목적으로 하는 경우라도 선행행위의 불가쟁력이나 구속력이 그로 인하여 불이익을 입는 자에게 수인한도를 넘는 가혹함을 가져오고 그 결과가 예측가능한 것이 아닌 때에는 하자의 승계를 인정할 수 있다.

> **TIP** ① 선행행위에 무효의 하자가 존재할 경우 선행행위와 후행행위가 결합하여 하나의 법적 효과를 목적으로 하는 경우에는 선행행위의 하자가 후행행위에 승계되므로 <u>하자의 승계에 대한 논의의 실익이 없다.</u>
> [참고판례] 두 개 이상의 행정처분이 연속적으로 행하여지는 경우 선행처분과 후행처분이 서로 결합하여 1개의 법률효과를 완성하는 때에는 선행처분에 하자가 있으면 그 하자는 후행처분에 승계되므로 선행처분에 불가쟁력이 생겨 그 효력을 다툴 수 없게 된 경우에도 선행처분의 하자를 이유로 후행처분의 효력을 다툴 수 있는 반면 선행처분과 후행처분이 서로 독립하여 별개의 법률효과를 목적으로 하는 때에는 선행처분에 불가쟁력이 생겨 그 효력을 다툴 수 없게 된 경우에는 선행처분의 하자가 중대하고 명백하여 당연무효인 경우를 제외하고는 선행처분의 하자를 이유로 후행처분의 효력을 다툴 수 없는 것이 원칙이나 선행처분과 후행처분이 서로 독립하여 별개의 효과를 목적으로 하는 경우에도 선행처분의 불가쟁력이나 구속력이 그로 인하여 불이익을 입게 되는 자에게 수인한도를 넘는 가혹함을 가져오며, 그 결과가 당사자에게 예측가능한 것이 아닌 경우에는 국민의 재판받을 권리를 보장하고 있는 헌법의 이념에 비추어 선행처분의 후행처분에 대한 구속력은 인정될 수 없다(대판 1994. 1. 25. 선고 93누8542).

8 갑은 관할 행정청에 「여객자동차 운수사업법」에 따른 개인택시운송사업면허를 신청하였다. 이에 대한 설명으로 옳은 것은? (다툼이 있는 경우 판례에 의함)

① 개인택시운송사업면허의 법적 성질은 강학상 허가에 해당한다.

② 관련 법령에 법적 근거가 없더라도 개인택시운송사업면허를 하면서 부관을 붙일 수 있다.

③ 개인택시운송사업면허가 거부된 경우, 거부처분에 대해 취소소송과 함께 제기한 갑의 집행정지 신청은 법원에 의해 허용된다.

④ 갑이 개인택시운송사업면허를 받았다가 이를 을에게 양도하였고 운송사업의 양도·양수에 대한 인가를 받은 이후에는 양도·양수 이전에 있었던 갑의 운송사업면허 취소사유를 이유로 을의 운송사업면허를 취소할 수 없다.

9 행정소송에 있어 기속행위와 재량행위의 구별에 대한 설명으로 옳은 것은? (다툼이 있는 경우 판례에 의함)

① 기속행위의 경우에는 절차상의 하자만으로 독립된 취소사유가 될 수 없으나, 재량행위의 경우에는 절차상의 하자만으로도 독립된 취소사유가 된다.

② 기속행위의 경우에는 소송의 계속 중에 처분사유를 추가·변경할 수 있으나, 재량행위의 경우에는 처분사유의 추가·변경이 허용되지 않는다.

③ 실체적 위법을 이유로 거부처분을 취소하는 판결이 확정된 경우, 해당 행정행위가 기속행위이든 재량행위이든 원고의 신청을 인용하여야 할 의무가 발생하는 점에서는 동일하다.

④ 과징금 감경 여부는 과징금 부과 관청의 재량에 속하는 것이므로, 과징금 부과 관청이 이를 판단함에 있어서 재량권을 일탈·남용하여 과징금 부과처분이 위법하다고 인정될 경우, 법원으로서는 법원이 적정하다고 인정되는 부분을 초과한 부분만 취소할 수는 없다.

10 「행정절차법」이 규정하고 있는 내용으로 옳지 않은 것은?

① 행정청에 처분을 구하는 신청은 문서로 함이 원칙이며, 행정청은 신청에 필요한 구비서류, 접수기관, 처리기간, 그 밖에 필요한 사항을 게시하거나 이에 대한 편람을 갖추어 두고 누구나 열람할 수 있도록 하여야 한다.

② 국민생활에 매우 큰 영향을 주는 사항 및 그 밖에 널리 국민의 의견을 수렴할 필요가 있는 사항에 대한 정책, 제도 및 계획을 수립·시행하는 경우라도 예고로 인하여 공공의 안전 또는 복리를 현저히 해칠 우려가 있는 때에는 행정청은 이를 예고하지 아니할 수 있다.

③ 행정기관은 행정지도의 상대방이 행정지도에 따르지 아니하였다는 것을 이유로 불이익한 조치를 하여서는 아니 되며, 행정지도의 상대방은 해당 행정지도의 방식·내용 등에 관하여 행정기관에 의견제출을 할 수 있다.

④ 행정청은 행정계획의 취지, 주요 내용을 관보·공보나 인터넷·신문·방송 등을 통하여 널리 공고하여야 하고 국회 소관 상임위원회에 이를 제출하여야 하되, 공고기간은 특별한 사정이 없으면 40일 이상으로 한다.

> **TIP** ④ 행정청은 입법안의 취지, 주요 내용 또는 전문을 관보·공보나 인터넷·신문·방송 등을 통하여 널리 공고하여야 하고 대통령령을 입법예고하는 경우 국회 소관 상임위원회에 이를 제출하여야 한다. 입법예고기간은 예고할 때 정하되, 특별한 사정이 없으면 40일(자치법규는 20일) 이상으로 한다.
> ※ 일반법인 「행정절차법」에는 행정계획에 대한 절차적 규율이 결여되어 있다.

11 정보공개의무를 부담하는 공공기관에 대한 설명으로 옳지 않은 것은? (다툼이 있는 경우 판례에 의함)

① 사립대학교는 「공공기관의 정보공개에 관한 법률 시행령」에 따른 공공기관에 해당하나, 국비의 지원을 받는 범위 내에서만 공공기관의 성격을 가진다.

② 한국방송공사는 「공공기관의 정보공개에 관한 법률 시행령」 제2조제4호에 규정된 '특별법에 따라 설립된 특수법인'에 해당한다.

③ 한국증권업협회는 「공공기관의 정보공개에 관한 법률 시행령」 제2조제4호에 규정된 '특별법에 따라 설립된 특수법인'에 해당하지 아니한다.

④ 사립학교에 대하여 「교육관련기관의 정보공개에 관한 특례법」이 적용되는 경우에도 「공공기관의 정보공개에 관한 법률」을 적용할 수 없는 것은 아니다.

> **TIP** ① 정보공개 의무기관을 정하는 것은 입법자의 입법형성권에 속하고, 이에 따라 입법자는 구 공공기관의 정보공개에 관한 법률(2004. 1. 29. 법률 제7127호로 전문 개정되기 전의 것) 제2조 제3호에서 정보공개 의무기관을 공공기관으로 정하였는바, 공공기관은 국가기관에 한정되는 것이 아니라 지방자치단체, 정부투자기관, 그 밖에 공동체 전체의 이익에 중요한 역할이나 기능을 수행하는 기관도 포함되는

것으로 해석되고, 여기에 정보공개의 목적, 교육의 공공성 및 공·사립학교의 동질성, 사립대학교에 대한 국가의 재정지원 및 보조 등 여러 사정을 고려해 보면, 사립대학교에 대한 국비 지원이 한정적·일시적·국부적이라는 점을 고려하더라도, 같은 법 시행령(2004. 3. 17. 대통령령 제18312호로 개정되기 전의 것) 제2조 제1호가 정보공개의무를 지는 공공기관의 하나로 사립대학교를 들고 있는 것이 모법인 구 공공기관의 정보공개에 관한 법률의 위임 범위를 벗어났다거나 <u>사립대학교가 국비의 지원을 받는 범위 내에서만 공공기관의 성격을 가진다고 볼 수 없다</u>(대판 2006. 8. 24. 선고 2004두2783).

12 행정상 실효성 확보수단에 대한 판례의 입장으로 옳은 것은?

① 「건축법」상 이행강제금의 부과에 대해서는 항고소송을 제기할 수 없고 「비송사건절차법」에 따라 재판을 청구할 수 있다.

② 「도로교통법」상 통고처분에 대하여 이의가 있는 자는 통고처분에 따른 범칙금의 납부를 이행한 후에 행정쟁송을 통해 통고처분을 다툴 수 있다.

③ 세법상의 세무조사결정은 납세의무자의 권리·의무에 직접 영향을 미치는 공권력의 행사이므로 항고소송의 대상이 된다.

④ 과세처분 이후에 그 근거법률이 위헌결정을 받았으나 이미 과세처분의 불가쟁력이 발생한 경우, 당해 과세처분에 대한 조세채권의 집행을 위한 체납처분의 속행은 적법하다.

TIP ① 2005년 건축법 개정 이전에는 이행강제금의 징수 및 이의절차에 관해 과태료 부과 처분에 대한 불복절차를 준용한다고 규정돼 있었다. 따라서 이행강제금 부과 처분에 대해서는 비송사건절차법이 정하는 바에 따라 이의신청 등을 통해 다투었다. 2005년 11월 8일 건축법 개정 이후 이행강제금에 대해서도 항고소송으로 다툴 수 있게 되었다.

② <u>도로교통법 제118조에서 규정하는 경찰서장의 통고처분은 행정소송의 대상이 되는 행정처분이 아니므로 그 처분의 취소를 구하는 소송은 부적법하고</u>, 도로교통법상의 통고처분을 받은 자가 그 처분에 대하여 이의가 있는 경우에는 통고처분에 따른 범칙금의 납부를 이행하지 아니함으로써 경찰서장의 즉결심판청구에 의하여 법원의 심판을 받을 수 있게 될 뿐이다(대판 1995. 6. 29. 선고 95누4674).

④ 구 헌법재판소법(2011. 4. 5. 법률 제10546호로 개정되기 전의 것) 제47조 제1항은 "법률의 위헌결정은 법원 기타 국가기관 및 지방자치단체를 기속한다."고 규정하고 있는데, 이러한 위헌결정의 기속력과 헌법을 최고규범으로 하는 법질서의 체계적 요청에 비추어 국가기관 및 지방자치단체는 위헌으로 선언된 법률규정에 근거하여 새로운 행정처분을 할 수 없음은 물론이고, 위헌결정 전에 이미 형성된 법률관계에 기한 후속처분이라도 그것이 새로운 위헌적 법률관계를 생성·확대하는 경우라면 이를 허용할 수 없다. 따라서 <u>조세 부과의 근거가 되었던 법률규정이 위헌으로 선언된 경우, 비록 그에 기한 과세처분이 위헌결정 전에 이루어졌고, 과세처분에 대한 제소기간이 이미 경과하여 조세채권이 확정되었으며, 조세채권의 집행을 위한 체납처분의 근거규정 자체에 대하여는 따로 위헌결정이 내려진 바 없다고 하더라도, 위와 같은 위헌결정 이후에 조세채권의 집행을 위한 새로운 체납처분에 착수하거나 이를 속행하는 것은 더 이상 허용되지 않고, 나아가 이러한 위헌결정의 효력에 위배하여 이루어진 체납처분은 그 사유만으로 하자가 중대하고 객관적으로 명백하여 당연무효라고 보아야 한다</u>(대판 2012. 2. 16. 선고 2010두10907).

Answer

10.④ 11.① 12.③

13 「행정소송법」상 필요적 전치주의가 적용되는 사안에서, 행정심판을 청구하여야 하나 당해 처분에 대한 행정심판의 재결을 거치지 아니하고 취소소송을 제기할 수 있는 경우에 해당하는 것은?

① 동종사건에 관하여 이미 행정심판의 기각재결이 있는 경우
② 서로 내용상 관련되는 처분 또는 같은 목적을 위하여 단계적으로 진행되는 처분 중 어느 하나가 이미 행정심판의 재결을 거친 경우
③ 처분의 집행 또는 절차의 속행으로 생길 중대한 손해를 예방하여야 할 긴급한 필요가 있는 경우
④ 처분을 행한 행정청이 행정심판을 거칠 필요가 없다고 잘못 알린 경우

> **TIP** 행정심판과의 관계〈행정소송법 제18조〉
> ㉠ 취소소송은 법령의 규정에 의하여 당해 처분에 대한 행정심판을 제기할 수 있는 경우에도 이를 거치지 아니하고 제기할 수 있다. 다만, 다른 법률에 당해 처분에 대한 행정심판의 재결을 거치지 아니하면 취소소송을 제기할 수 없다는 규정이 있는 때에는 그러하지 아니하다.
> ㉡ ㉠ 단서의 경우에도 다음의 1에 해당하는 사유가 있는 때에는 행정심판의 재결을 거치지 아니하고 취소소송을 제기할 수 있다.
> • 행정심판청구가 있은 날로부터 60일이 지나도 재결이 없는 때
> • 처분의 집행 또는 절차의 속행으로 생길 중대한 손해를 예방하여야 할 긴급한 필요가 있는 때
> • 법령의 규정에 의한 행정심판기관이 의결 또는 재결을 하지 못할 사유가 있는 때
> • 그 밖의 정당한 사유가 있는 때
> ㉢ ㉠ 단서의 경우에 다음의 1에 해당하는 사유가 있는 때에는 행정심판을 제기함이 없이 취소소송을 제기할 수 있다.
> • 동종사건에 관하여 이미 행정심판의 기각재결이 있은 때
> • 서로 내용상 관련되는 처분 또는 같은 목적을 위하여 단계적으로 진행되는 처분중 어느 하나가 이미 행정심판의 재결을 거친 때
> • 행정청이 사실심의 변론종결후 소송의 대상인 처분을 변경하여 당해 변경된 처분에 관하여 소를 제기하는 때
> • 처분을 행한 행정청이 행정심판을 거칠 필요가 없다고 잘못 알린 때
> ㉣ ㉡ 및 ㉢의 규정에 의한 사유는 이를 소명하여야 한다.

14 협의의 소의 이익에 대한 설명으로 옳은 것은? (다툼이 있는 경우 판례에 의함)

① 취임승인이 취소된 학교법인의 정식이사들에 대해 원래 정해져 있던 임기가 만료되면 그 임원취임승인취소처분의 취소를 구할 소의 이익이 없다.
② 지방의회 의원의 제명의결 취소소송 계속 중 임기 만료로 지방의원으로서의 지위를 회복할 수 없는 자는 제명의결의 취소를 구할 소의 이익이 없다.
③ 수형자의 영치품에 대한 사용신청 불허처분 후 수형자가 다른 교도소로 이송된 경우 원래 교도소로의 재이송 가능성이 소멸되었으므로 그 불허처분의 취소를 구할 소의 이익이 없다.
④ 법인세 과세표준과 관련하여 과세관청이 법인의 소득처분 상대방에 대한 소득처분을 경정하면서 증액과 감액을 동시에 한 결과 전체로서 소득처분금액이 감소된 경우, 법인이 소득금액변동통지의 취소를 구할 소의 이익이 없다.

TIP 권리보호의 필요(협의의 소의 이익) ··· 구체적 사안에 있어서 분쟁에 대한 취소 또는 무효확인 등 판단을 행할 구체적·현실적 필요성이 있는 것을 말한다. 위법한 처분을 취소하더라도 원상회복이 불가능한 경우 취소의 이익은 없게 된다.

① 비록 취임승인이 취소된 학교법인의 정식이사들에 대하여 원래 정해져 있던 임기가 만료되고 구 사립학교법(2005. 12. 29. 법률 제7802호로 개정되기 전의 것) 제22조 제2호 소정의 임원결격사유기간마저 경과하였다 하더라도, 그 임원취임승인취소처분이 위법하다고 판명되고 나아가 임시이사들의 지위가 부정되어 직무권한이 상실되면, 그 정식이사들은 후임이사 선임시까지 민법 제691조의 유추적용에 의하여 직무수행에 관한 긴급처리권을 가지게 되고 이에 터잡아 후임 정식이사들을 선임할 수 있게 되는바, 이는 감사의 경우에도 마찬가지이다.

제소 당시에는 권리보호의 이익을 갖추었는데 제소 후 취소 대상 행정처분이 기간의 경과 등으로 그 효과가 소멸한 때, 동일한 소송 당사자 사이에서 동일한 사유로 위법한 처분이 반복될 위험성이 있어 행정처분의 위법성 확인 내지 불분명한 법률문제에 대한 해명이 필요하다고 판단되는 경우, 그리고 선행처분과 후행처분이 단계적인 일련의 절차로 연속하여 행하여져 후행처분이 선행처분의 적법함을 전제로 이루어짐에 따라 선행처분의 하자가 후행처분에 승계된다고 볼 수 있어 이미 소를 제기하여 다투고 있는 선행처분의 위법성을 확인하여 줄 필요가 있는 경우 등에는 행정의 적법성 확보와 그에 대한 사법통제, 국민의 권리구제의 확대 등의 측면에서 여전히 그 처분의 취소를 구할 법률상 이익이 있다(대판 2007. 7. 19. 선고 2006두19297).

② 지방자치법(2007. 5. 11. 법률 제8423호로 전문 개정되기 전의 것) 제32조 제1항(현행 지방자치법 제33조 제1항 참조)은 지방의회 의원에게 지급하는 비용으로 의정활동비(제1호)와 여비(제2호) 외에 월정수당(제3호)을 규정하고 있는바, 이 규정의 입법연혁과 함께 특히 월정수당(제3호)은 지방의회 의원의 직무활동에 대하여 매월 지급되는 것으로서, 지방의회 의원이 전문성을 가지고 의정활동에 전념할 수 있도록 하는 기틀을 마련하고자 하는 데에 그 입법 취지가 있다는 점을 고려해 보면, 지방의회 의원에게 지급되는 비용 중 적어도 월정수당(제3호)은 지방의회 의원이 직무활동에 대한 대가로 지급되는 보수의 일종으로 봄이 상당하다.

따라서 원고가 이 사건 제명의결 취소소송 계속중 임기가 만료되어 제명의결의 취소로 지방의회 의원으로서의 지위를 회복할 수는 없다 할지라도, 그 취소로 인하여 최소한 제명의결시부터 임기만료일까지의 기간에 대해 월정수당의 지급을 구할 수 있는 등 여전히 그 제명의결의 취소를 구할 법률상 이익은 남아 있다고 보아야 한다(대판 2009. 1. 30. 선고 2007두13487).

③ 영치품에 대한 사용신청 불허처분 이후 이루어진 원고의 다른 교도소로의 이송이라는 사정에 의하여 원고의 권리와 이익의 침해 등이 해소되지 아니한 점, 원고의 형기가 만료되기까지는 아직 상당한 기간이 남아 있을 뿐만 아니라, 진주교도소가 전국 교정시설의 결핵 및 정신질환 수형자들을 수용·관리하는 의료교도소인 사정을 감안할 때 원고의 진주교도소로의 재이송 가능성이 소멸하였다고 단정하기 어려운 점 등을 종합하면, 원고로서는 이 사건 처분의 취소를 구할 이익이 있다고 봄이 상당하다(대판 2008. 2. 14. 선고 2007두13203).

15 영조물의 설치·관리상 하자책임에 대한 설명으로 옳지 않은 것은?(다툼이 있는 경우 판례에 의함)

① 일반 공중이 사용하는 공공용물 외에 행정주체가 직접 사용하는 공용물이나 하천과 같은 자연공물도 「국가배상법」 제5조의 '공공의 영조물'에 포함된다.

② 영조물의 하자 유무는 객관적 견지에서 본 안전성의 문제이며, 국가의 예산 부족으로 인해 영조물의 설치·관리에 하자가 생긴 경우에도 국가는 면책될 수 없다.

③ 고속도로의 관리상 하자가 인정되더라도 고속도로의 관리상 하자를 판단할 때 고속도로의 점유관리자가 손해의 방지에 필요한 주의의무를 해태하였다는 주장·입증책임은 피해자에게 있다.

④ 소음 등의 공해로 인한 법석 쟁송이 제기되거나 그 피해에 대한 보상이 실시되는 등 피해지역임이 구체적으로 드러나고 이러한 사실이 그 지역에 널리 알려진 이후에 이주하여 오는 경우에는 위와 같은 위험에의 접근에 따른 가해자의 면책 여부를 보다 적극적으로 인정할 여지가 있다.

> **TIP** ③ 고속도로의 관리상 하자가 인정되는 이상 고속도로의 점유관리자는 그 하자가 불가항력에 의한 것이거나 손해의 방지에 필요한 주의를 해태하지 아니하였다는 점을 주장·입증하여야 비로소 그 책임을 면할 수 있다(대판 2008. 3. 13. 선고 2007다29287).

16 행정상 손실보상제도에 대한 설명으로 옳지 않은 것은?

① 헌법 제23조제1항의 규정이 재산권의 존속을 보호하는 것이라면 제23조제3항의 수용제도를 통해 존속보장은 가치보장으로 변하게 된다.

② 평등의 원칙으로부터 파생된 '공적 부담 앞의 평등'은 손실보상의 이론적 근거가 될 수 있다.

③ 헌법 제23조제3항을 불가분조항으로 볼 경우, 보상규정을 두지 아니한 수용법률은 헌법 위반이 된다.

④ 대법원은 구「하천법」 부칙 제2조와 이에 따른 특별조치법에 의한 손실보상청구권의 법적 성질을 사법상의 권리로 보아 그에 대한 쟁송은 행정소송이 아닌 민사소송절차에 의하여야 한다고 판시하고 있다.

> **TIP** ④ 법률 제3782호 하천법 중 개정법률은 그 부칙 제2조 제1항에서 개정 하천법의 시행일인 1984. 12. 31. 전에 유수지에 해당되어 하천구역으로 된 토지 및 구 하천법(1971. 1. 19. 법률 제2292호로 전문 개정된 것)의 시행으로 국유로 된 제외지 안의 토지에 대하여는 관리청이 그 손실을 보상하도록 규정하였고, '법률 제3782호 하천법 중 개정법률 부칙 제2조의 규정에 의한 보상청구권의 소멸시효가 만료된 하천구역 편입토지 보상에 관한 특별조치법' 제2조는 개정 하천법 부칙 제2조 제1항에 해당하는 토지로서 개정 하천법 부칙 제2조 제2항에서 규정하고 있는 소멸시효의 만료로 보상청구권이 소멸되어 보상을 받지 못한 토지에 대하여는 시·도지사가 그 손실을 보상하도록 규정하고 있는바, 위 각 규정들에 의한 손실보상청구권은 모두 종전의 하천법 규정 자체에 의하여 하천구역으로 편입되어 국유로

되었으나 그에 대한 보상규정이 없었거나 보상청구권이 시효로 소멸되어 보상을 받지 못한 토지들에 대하여, 국가가 반성적 고려와 국민의 권리구제 차원에서 그 손실을 보상하기 위하여 규정한 것으로서, <u>그 법적 성질은 하천법 본칙이 원래부터 규정하고 있던 하천구역에의 편입에 의한 손실보상청구권과 하등 다를 바가 없는 것이어서 공법상의 권리임이 분명하므로 그에 관한 쟁송도 행정소송절차에 의하여야 한다</u>(대판 2006. 5. 18. 선고 2004다6207).

17 항고소송의 대상인 행정처분에 대한 설명으로 옳지 않은 것은? (다툼이 있는 경우 판례에 의함)

① 중소기업기술정보진흥원장이 갑 주식회사와 체결한 중소기업 정보화지원사업 지원대상인 사업의 지원협약을 갑의 책임 있는 사유로 해지하고 협약에서 정한 대로 지급받은 정부지원금을 반환할 것을 통보한 경우, 협약의 해지 및 그에 따른 환수통보는 행정청이 우월한 지위에서 행하는 공권력의 행사로서 행정처분에 해당한다.

② 재단법인 한국연구재단이 갑 대학교 총장에게 연구개발비의 부당집행을 이유로 두뇌한국 (BK)21 사업 협약을 해지하고 연구팀장 을에 대한 대학 자체징계를 요구한 것은 항고소송의 대상인 행정처분에 해당하지 않는다.

③ 지방자치단체 등이 건축물을 건축하기 위해 건축물 소재지 관할 허가권자인 지방자치단체의 장과 건축협의를 하였는데 허가권자인 지방자치단체의 장이 그 협의를 취소한 경우, 건축협의 취소는 항고소송의 대상인 행정처분에 해당한다.

④ 갑 시장이 감사원으로부터 소속 공무원 을에 대하여 징계의 종류를 정직으로 정한 징계 요구를 받게 되자 감사원에 징계 요구에 대한 재심의를 청구하였고 감사원이 재심의청구를 기각한 경우, 감사원의 징계 요구와 재심의결정은 항고소송의 대상이 되는 행정처분에 해당하지 않는다.

> **TIP** ① 중소기업기술정보진흥원장이 갑 주식회사와 중소기업 정보화지원사업 지원대상인 사업의 지원에 관한 협약을 체결하였는데, 협약이 갑 회사에 책임이 있는 사업실패로 해지되었다는 이유로 협약에서 정한 대로 지급받은 정부지원금을 반환할 것을 통보한 사안에서, 중소기업 정보화지원사업에 따른 지원금 출연을 위하여 중소기업청장이 체결하는 협약은 공법상 대등한 당사자 사이의 의사표시의 합치로 성립하는 공법상 계약에 해당하는 점, 구 중소기업 기술혁신 촉진법(2010. 3. 31. 법률 제10220호로 개정되기 전의 것) 제32조 제1항은 제10조가 정한 기술혁신사업과 제11조가 정한 산학협력 지원사업에 관하여 출연한 사업비의 환수에 적용될 수 있을 뿐 이와 근거 규정을 달리하는 중소기업 정보화지원사업에 관하여 출연한 지원금에 대하여는 적용될 수 없고 달리 지원금 환수에 관한 구체적인 법령상 근거가 없는 점 등을 종합하면, <u>협약의 해지 및 그에 따른 환수통보는 공법상 계약에 따라 행정청이 대등한 당사자의 지위에서 하는 의사표시로 보아야 하고, 이를 행정청이 우월한 지위에서 행하는 공권력의 행사로서 행정처분에 해당한다고 볼 수는 없다</u>(대판 2015. 8. 27. 선고 2015두41449).

18 법률상 이익에 대한 판례의 입장으로 옳은 것은?

① 사회권적 기본권의 성격을 가지는 연금수급권은 헌법에 근거한 개인적 공권이므로 헌법 규정만으로도 실현할 수 있다.

② 소극적 방어권인 헌법상의 자유권적 기본권은 법률의 규정이 없다고 하더라도 직접 공권이 성립될 수도 있다.

③ 인·허가 등 수익적 처분을 신청한 여러 사람이 상호 경쟁관계에 있다면, 그 처분이 타방에 대한 불허가 등으로 될 수밖에 없는 때에도 수익적 처분을 받지 못한 사람은 처분의 직접 상대방이 아니므로 원칙적으로 당해 수익적 처분의 취소를 구할 수 없다.

④ 「환경정책기본법」 제6조의 규정 내용 등에 비추어 국민에게 구체적인 권리를 부여한 것으로 볼 수 없더라도 환경영향평가 대상지역 밖에 거주하는 주민에게 헌법상의 환경권 또는 「환경정책기본법」에 근거하여 공유수면매립면허처분과 농지개량사업 시행인가처분의 무효확인을 구할 원고적격이 있다.

> **TIP** ① 연금수급권은 국가에 대하여 적극적으로 급부를 요구하는 것이므로 <u>헌법 규정만으로는 실현할 수 없고 법률에 의한 형성을 필요로 한다.</u>
> ③ 행정소송법 제12조는 취소소송은 처분 등의 취소를 구할 법률상의 이익이 있는 자가 제기할 수 있다고 규정하고 있는바, 인·허가 등의 수익적 행정처분을 신청한 수인이 서로 경쟁관계에 있어서 일방에 대한 허가 등의 처분이 타방에 대한 불허가 등으로 귀결될 수밖에 없는 때(이른바 경원관계에 있는 경우로서 동일대상지역에 대한 공유수면매립면허나 도로점용허가 혹은 일정지역에 있어서의 영업허가 등에 관하여 거리제한규정이나 업소개수제한규정 등이 있는 경우를 그 예로 들 수 있다) 허가 등의 처분을 받지 못한 자는 비록 경원자에 대하여 이루어진 허가 등 처분의 상대방이 아니라 하더라도 당해 처분의 취소를 구할 당사자적격이 있다 할 것이고, 다만 구체적인 경우에 있어서 그 처분이 취소된다 하더라도 허가 등의 처분을 받지 못한 불이익이 회복된다고 볼 수 없을 때에는 당해 처분의 취소를 구할 정당한 이익이 없다고 할 것이다(대판 1992. 5. 8. 선고 91누13274).
> ④ 헌법 제35조 제1항에서 정하고 있는 환경권에 관한 규정만으로는 그 권리의 주체·대상·내용·행사방법 등이 구체적으로 정립되어 있다고 볼 수 없고, 환경정책기본법 제6조도 그 규정 내용 등에 비추어 국민에게 구체적인 권리를 부여한 것으로 볼 수 없다는 이유로, <u>환경영향평가 대상지역 밖에 거주하는 주민에게 헌법상의 환경권 또는 환경정책기본법에 근거하여 공유수면매립면허처분과 농지개량사업 시행인가처분의 무효확인을 구할 원고적격이 없다</u>(대판 2006. 3. 16. 선고 2006두330).

19 「행정소송법」상 제소기간에 대한 판례의 입장으로 옳은 것은?

① 청구취지를 변경하여 종전의 소가 취하되고 새로운 소가 제기된 것으로 변경되었다면 새로운 소에 대한 제소기간 준수여부는 원칙적으로 소의 변경이 있은 때를 기준으로 한다.

② 납세자의 이의신청에 의한 재조사결정에 따른 행정소송의 제소기간은 이의신청인 등이 재결청으로부터 재조사결정의 통지를 받은 날부터 기산한다.

③ 처분의 불가쟁력이 발생하였고 그 이후에 행정청이 당해 처분에 대해 행정심판청구를 할 수 있다고 잘못 알렸다면, 그 처분의 취소소송의 제소기간은 행정심판의 재결서를 받은 날부터 기산한다.

④ 「산업재해보상보험법」상 보험급여의 부당이득 징수결정의 하자를 이유로 징수금을 감액하는 경우 감액처분으로도 아직 취소되지 않고 남아 있는 부분이 위법하다 하여 다툴 때에는, 제소기간의 준수 여부는 감액처분을 기준으로 판단해야 한다.

> **TIP** ① 행정소송법상 취소소송은 처분 등이 있음을 안 날부터 90일 이내에 제기하여야 하고, 처분 등이 있은 날부터 1년을 경과하면 제기하지 못한다(행정소송법 제20조 제1항, 제2항). 한편 청구취지를 교환적으로 변경하여 종전의 소가 취하되고 새로운 소가 제기된 것으로 보게 되는 경우에 새로운 소에 대한 제소기간의 준수 등은 원칙적으로 소의 변경이 있은 때를 기준으로 하여 판단된다. 그러나 선행처분의 취소를 구하는 소가 그 후속처분의 취소를 구하는 소로 교환적으로 변경되었다가 다시 선행처분의 취소를 구하는 소로 변경된 경우 후속처분의 취소를 구하는 소에 선행처분의 취소를 구하는 취지가 그대로 남아 있었던 것으로 볼 수 있다면 선행처분의 취소를 구하는 소의 제소기간은 최초의 소가 제기된 때를 기준으로 정하여야 한다(대판 2013. 7. 11. 선고 2011두27544).
>
> ② 이의신청 등에 대한 결정의 한 유형으로 실무상 행해지고 있는 재조사결정은 처분청으로 하여금 하나의 과세단위의 전부 또는 일부에 관하여 당해 결정에서 지적된 사항을 재조사하여 그 결과에 따라 과세표준과 세액을 경정하거나 당초 처분을 유지하는 등의 후속 처분을 하도록 하는 형식을 취하고 있다. 이에 따라 재조사결정을 통지받은 이의신청인 등은 그에 따른 후속 처분의 통지를 받은 후에야 비로소 다음 단계의 쟁송절차에서 불복할 대상과 범위를 구체적으로 특정할 수 있게 된다. 이와 같은 재조사결정의 형식과 취지, 그리고 행정심판제도의 자율적 행정통제기능 및 복잡하고 전문적·기술적 성격을 갖는 조세법률관계의 특수성 등을 감안하면, 재조사결정은 당해 결정에서 지적된 사항에 관해서는 처분청의 재조사결과를 기다려 그에 따른 후속 처분의 내용을 이의신청 등에 대한 결정의 일부분으로 삼겠다는 의사가 내포된 변형결정에 해당한다고 볼 수밖에 없다. 그렇다면 재조사결정은 처분청의 후속 처분에 의하여 그 내용이 보완됨으로써 이의신청 등에 대한 결정으로서의 효력이 발생한다고 할 것이므로, 재조사결정에 따른 심사청구기간이나 심판청구기간 또는 행정소송의 제소기간은 이의신청인 등이 후속 처분의 통지를 받은 날부터 기산된다고 봄이 타당하다(대판 2010. 6. 25. 선고 2007두12514).

③ 행정소송법 제20조 제1항은 '취소소송은 처분 등이 있음을 안 날부터 90일 이내에 제기하여야 하나 행정청이 행정심판청구를 할 수 있다고 잘못 알린 경우에 행정심판청구가 있은 때의 기간은 재결서의 정본을 송달받은 날부터 기산한다'고 규정하고 있는데, 위 규정의 취지는 불가쟁력이 발생하지 않아 적법하게 불복청구를 할 수 있었던 처분 상대방에 대하여 행정청이 법령상 행정심판청구가 허용되지 않음에도 행정심판청구를 할 수 있다고 잘못 알린 경우에, 잘못된 안내를 신뢰하여 부적법한 행정심판을 거치느라 본래 제소기간 내에 취소소송을 제기하지 못한 자를 구제하려는 데에 있다. 이와 달리 <u>이미 제소기간이 지남으로써 불가쟁력이 발생하여 불복청구를 할 수 없었던 경우</u>라면 그 이후에 행정청이 행정심판청구를 할 수 있다고 잘못 알렸다고 하더라도 그 때문에 처분 상대방이 적법한 제소기간 내에 취소소송을 제기할 수 있는 기회를 상실하게 된 것은 아니므로 이러한 경우에 잘못된 안내에 따라 청구된 행정심판 재결서 정본을 송달받은 날부터 다시 취소소송의 제소기간이 기산되는 것은 아니다. 불가쟁력이 발생하여 더 이상 불복청구를 할 수 없는 처분에 대하여 행정청의 잘못된 안내가 있었다고 하여 처분 상대방의 불복청구 권리가 새로이 생겨나거나 부활한다고 볼 수는 없기 때문이다(대판 2012. 9. 27. 선고 2011두27247).

④ 행정청이 산업재해보상보험법에 의한 보험급여 수급자에 대하여 부당이득 징수결정을 한 후 징수결정의 하자를 이유로 징수금 액수를 감액하는 경우에 감액처분은 감액된 징수금 부분에 관해서만 법적 효과가 미치는 것으로서 당초 징수결정과 별개 독립의 징수금 결정처분이 아니라 그 실질은 처음 징수결정의 변경이고, 그에 의하여 징수금의 일부취소라는 징수의무자에게 유리한 결과를 가져오는 처분이므로 징수의무자에게는 그 취소를 구할 소의 이익이 없다. 이에 따라 감액처분으로도 아직 취소되지 않고 남아 있는 부분이 위법하다 하여 다투고자 하는 경우, 감액처분을 항고소송의 대상으로 할 수는 없고, 당초 징수결정 중 감액처분에 의하여 취소되지 않고 남은 부분을 항고소송의 대상으로 할 수 있을 뿐이며, 그 결과 <u>제소기간의 준수 여부도 감액처분이 아닌 당초 처분을 기준으로 판단해야 한다</u>(대판 2012. 9. 27. 선고 2011두27247).

20 판례의 입장으로 옳지 않은 것은?

① 행정청이 관련 법령에 근거하여 행하는 조합설립인가처분은 그 설립행위에 대한 보충행위로서의 성질에 그치지 않고 법령상 요건을 갖출 경우 「도시 및 주거환경정비법」상 주택재건축사업을 시행할 수 있는 권한을 갖는 행성주체(공법인)로서의 지위를 부여하는 일종의 설권적 처분의 성격을 갖는다.

② 교육부장관이 사학분쟁조정위원회의 심의를 거쳐 이사와 임시이사를 선임한 데 대하여 대학 교수협의회와 총학생회는 제3자로서 취소소송을 제기할 자격이 있다.

③ 건축사 업무정지처분을 받은 후 새로운 업무정지처분을 받음이 없이 1년이 경과하여 실제로 가중된 제재처분을 받을 우려가 없게 된 경우, 그 처분에서 정한 정지기간이 경과한 이상 특별한 사정이 없는 한 업무정지처분의 취소를 구할 법률상 이익이 없다.

④ 가중요건이 부령인 시행규칙상 처분기준으로 규정되어 있는 경우(예 : 「식품위생법 시행규칙」 제89조 [별표 23] 행정처분기준), 처분에서 정한 제재기간이 경과하였다면 그에 따라 선행처분을 받은 상대방은 그 처분의 취소를 구할 법률상 이익이 없다.

TIP ④ 제재적 행정처분이 그 처분에서 정한 제재기간의 경과로 인하여 그 효과가 소멸되었으나, 부령인 시행규칙 또는 지방자치단체의 규칙의 형식으로 정한 처분기준에서 제재적 행정처분(선행처분)을 받은 것을 가중사유나 전제요건으로 삼아 장래의 제재적 행정처분(후행처분)을 하도록 정하고 있는 경우, 제재적 행정처분의 가중사유나 전제요건에 관한 규정이 법령이 아니라 규칙의 형식으로 되어 있다고 하더라도, 그러한 규칙이 법령에 근거를 두고 있는 이상 그 법적 성질이 대외적·일반적 구속력을 갖는 법규명령인지 여부와는 상관없이, 관할 행정청이나 담당공무원은 이를 준수할 의무가 있으므로 이들이 그 규칙에 정해진 바에 따라 행정작용을 할 것이 당연히 예견되고, 그 결과 행정작용의 상대방인 국민으로서는 그 규칙의 영향을 받을 수밖에 없다. 따라서 그러한 규칙이 정한 바에 따라 선행처분을 받은 상대방이 그 처분의 존재로 인하여 장래에 받을 불이익, 즉 후행처분의 위험은 구체적이고 현실적인 것이므로, 상대방에게는 선행처분의 취소소송을 통하여 그 불이익을 제거할 필요가 있다. 또한, 나중에 후행처분에 대한 취소소송에서 선행처분의 사실관계나 위법 등을 다툴 수 있는 여지가 남아 있다고 하더라도, 이러한 사정은 후행처분이 이루어지기 전에 이를 방지하기 위하여 직접 선행처분의 위법을 다투는 취소소송을 제기할 필요성을 부정할 이유가 되지 못한다. 그러한 쟁송방법을 막는 것은 여러 가지 불합리한 결과를 초래하여 권리구제의 실효성을 저해할 수 있기 때문이다. 오히려 앞서 본 바와 같이 행정청으로서는 선행처분이 적법함을 전제로 후행처분을 할 것이 당연히 예견되므로, 이러한 선행처분으로 인한 불이익을 선행처분 자체에 대한 소송에서 사전에 제거할 수 있도록 해 주는 것이 상대방의 법률상 지위에 대한 불안을 해소하는 데 가장 유효적절한 수단이 된다고 할 것이고, 또한 그 소송을 통하여 선행처분의 사실관계 및 위법 여부가 조속히 확정됨으로써 이와 관련된 장래의 행정작용의 적법성을 보장함과 동시에 국민생활의 안정을 도모할 수 있다. 이상의 여러 사정과 아울러, 국민의 재판청구권을 보장한 헌법 제27조 제1항의 취지와 행정처분으로 인한 권익침해를 효과적으로 구제하려는 행정소송법의 목적 등에 비추어 행정처분의 존재로 인하여 국민의 권익이 실제로 침해되고 있는 경우는 물론이고 권익침해의 구체적·현실적 위험이 있는 경우에도 이를 구제하는 소송이 허용되어야 한다는 요청을 고려하면, 규칙이 정한 바에 따라 선행처분을 가중사유 또는 전제요건으로 하는 후행처분을 받을 우려가 현실적으로 존재하는 경우에는, 선행처분을 받은 상대방은 비록 그 처분에서 정한 제재기간이 경과하였다 하더라도 그 처분의 취소소송을 통하여 그러한 불이익을 제거할 권리보호의 필요성이 충분히 인정된다고 할 것이므로, 선행처분의 취소를 구할 법률상 이익이 있다고 보아야 한다(대판 2006. 6. 22. 선고 2003두1684).

2017. 6. 24 제2회 서울특별시 시행

1 행정행위의 효력발생요건에 관한 설명으로 가장 옳지 않은 것은? (다툼이 있는 경우 판례에 의함)

① 행정행위의 효력발생요건으로서의 도달은 상대방이 그 내용을 현실적으로 알 필요까지는 없고, 다만 알 수 있는 상태에 놓여짐으로써 충분하다.

② 교부에 의한 송달은 수령확인서를 받고 문서를 교부함으로써 하며, 송달하는 장소에서 송달받을 자를 만나지 못한 경우에는 그 사무원·피용자 또는 동거인으로서 사리를 분별할 지능이 있는 사람에게 문서를 교부할 수 있다.

③ 정보통신망을 이용한 송달은 송달받을 자의 동의 여부와 상관없이 허용된다.

④ 판례는 내용증명우편이나 등기우편과는 달리 보통우편의 방법으로 발송되었다는 사실만으로는 그 우편물이 상당한 기간 내에 도달하였다고 추정할 수 없고, 송달의 효력을 주장하는 측에서 증거에 의하여 이를 입증하여야 한다고 본다.

> **TIP** ③ 정보통신망을 이용한 송달은 송달받을 자가 동의하는 경우에만 한다. 이 경우 송달받을 자는 송달받을 전자우편주소 등을 지정하여야 한다〈행정절차법 제14조(송달) 제3항〉.

2 행정소송법상 취소판결의 효력 중 기속력에 관한 설명으로 가장 옳지 않은 것은? (다툼이 있는 경우 판례에 의함)

① 종전 확정판결의 행정소송 과정에서 한 주장 중 처분사유가 되지 아니하여 판결의 판단대상에서 제외된 부분을 행정청이 그 후 새로이 행한 처분의 적법성과 관련하여 새로운 소송에서 다시 주장하는 것은 확정판결의 기판력에 저촉된다.

② 여러 법규 위반을 이유로 한 영업허가취소처분이 처분의 이유로 된 법규 위반 중 일부가 인정되지 않고 나머지 법규위반으로는 영업허가취소처분이 비례의 원칙에 위반된다고 취소된 경우에 판결에서 인정되지 않은 법규 위반사실을 포함하여 다시 영업정지처분을 내리는 것은 동일한 행위의 반복은 아니지만 판결의 취지에 반한다.

③ 파면처분에 대한 취소판결이 확정되면 파면되었던 원고를 복직시켜야 한다.

④ 법규 위반을 이유로 내린 영업허가취소처분이 비례의 원칙위반으로 취소된 경우에 동일한 법규 위반을 이유로 영업정지처분을 내리는 것은 기속력에 반하지 않는다.

3 「공공기관의 정보공개에 관한 법률」에 관한 설명으로 가장 옳지 않은 것은? (다툼이 있는 경우
판례에 의함)

① 이해관계자인 당사자에게 문서열람권을 인정하는 행정절차법상의 정보공개와는 달리 「공
공기관의 정보공개에 관한 법률」은 모든 국민에게 정보공개청구를 허용한다.

② 행정정보공개의 출발점은 국민의 알권리인데, 알권리 자체는 헌법상으로 명문화되어 있
지 않음에도 불구하고, 우리 헌법재판소는 초기부터 국민의 알권리를 헌법상의 기본권으
로 인정하여 왔다.

③ 재건축사업계약에 의하여 조합원들에게 제공될 무상보상 평수 산출내역은 법인 등의 영
업상 비밀에 관한 사항이 아니며 비공개대상정보에 해당되지 않는다.

④ 판례는 '특별법에 의하여 설립된 특수법인'이라는 점만으로 정보공개의무를 인정하고 있
으며, 다시금 해당 법인의 역할과 기능에서 정보공개의무를 지는 공공기관에 해당하는지
여부를 판단하지 않는다.

TIP 어느 법인이 공공기관의 정보공개에 관한 법률 제2조 제3호, 같은 법 시행령 제2조 제4호에 따라 정보
를 공개할 의무가 있는 '특별법에 의하여 설립된 특수법인'에 해당하는지 여부는, 국민의 알 권리를 보
장하고 국정에 대한 국민의 참여와 국정운영의 투명성을 확보하고자 하는 위 법의 입법 목적을 염두에
두고, 해당 법인에게 부여된 업무가 국가행정업무이거나 이에 해당하지 않더라도 그 업무 수행으로써
추구하는 이익이 해당 법인 내부의 이익에 그치지 않고 공동체 전체의 이익에 해당하는 공익적 성격을
갖는지 여부를 중심으로 개별적으로 판단하되, 해당 법인의 설립근거가 되는 법률이 법인의 조직구성
과 활동에 대한 행정적 관리 · 감독 등에서 민법이나 상법 등에 의하여 설립된 일반 법인과 달리 규율
한 취지, 국가나 지방자치단체의 해당 법인에 대한 재정적 지원 · 보조의 유무와 그 정도, 해당 법인의
공공적 업무와 관련하여 국가기관 · 지방자치단체 등 다른 공공기관에 대한 정보공개청구와는 별도로
해당 법인에 대하여 직접 정보공개청구를 구할 필요성이 있는지 여부 등을 종합적으로 고려하여야 한
다(대판 2010. 12. 23. 선고 2008두13101).

4 「공익사업을 위한 토지 등의 취득 및 보상에 관한 법률」상 손실보상의 원칙에 관한 설명으로 옳지 않은 것은?

① 동일한 사업지역에 보상시기를 달리하는 동일인 소유의 토지 등이 여러 개 있는 경우 토지소유자나 관계인이 요구할 때에는 한꺼번에 보상금을 지급하도록 하여야 한다.

② 공익사업에 필요한 토지 등의 취득 또는 사용으로 인하여 토지소유자나 관계인이 입은 손실은 사업시행자가 보상하여야 한다.

③ 보상액의 산정은 협의에 의한 경우에는 협의 성립 당시의 가격을, 재결에 의한 경우에는 수용 또는 사용의 재결 당시의 가격을 기준으로 한다.

④ 보상액을 산정할 경우에 해당 공익사업으로 인하여 토지 등의 가격이 변동되었을 때에는 이를 고려하여야 한다.

> **TIP** ④ 보상액의 산정은 협의에 의한 경우에는 협의 성립 당시의 가격을, 재결에 의한 경우에는 수용 또는 사용의 재결 당시의 가격을 기준으로 한다. 보상액을 산정할 경우에 해당 공익사업으로 인하여 토지등의 가격이 변동되었을 때에는 이를 고려하지 아니한다〈공익사업을 위한 토지 등의 취득 및 보상에 관한 법률 제67조(보상액의 가격시점 등)〉.

5 판례가 항고소송의 대상인 처분성을 부정한 것을 모두 고른 것은?

> ㉠ 수도요금체납자에 대한 단수조치
> ㉡ 전기·전화의 공급자에게 위법건축물에 대한 단전 또는 전화통화 단절조치의 요청행위
> ㉢ 공무원에 대한 당연퇴직통지
> ㉣ 병역법상의 신체등위판정
> ㉤ 교육부장관이 내신성적 산정기준의 통일을 기하기 위해 시·도 교육감에게 통보한 대학입시 기본계획 내의 내신성적 산정지침

① ㉠, ㉡, ㉢   ② ㉡, ㉣, ㉤

③ ㉠, ㉡, ㉣, ㉤   ④ ㉡, ㉢, ㉣, ㉤

> **TIP** ㉡ 무단 용도변경을 이유로 단전조치된 건물의 소유자로부터 새로이 전기공급신청을 받은 한국전력공사가 관할 구청장에게 전기공급의 적법 여부를 조회한 데 대하여, 관할 구청장이 한국전력공사에 대하여 건축법 제69조 제2항, 제3항의 규정에 의하여 위 건물에 대한 전기공급이 불가하다는 내용의 회신을 하였다면, 그 회신은 권고적 성격의 행위에 불과한 것으로서 한국전력공사나 특정인의 법률상 지위에 직접적인 변동을 가져오는 것은 아니므로 항고소송의 대상이 되는 행정처분이라고 볼 수 없다(대판 1995. 11. 21. 선고 95누9099).

ⓒ 국가공무원법 제69조에 의하면 공무원이 제33조 각 호의 1에 해당할 때에는 당연히 퇴직한다고 규정하고 있으므로, 국가공무원법상 당연퇴직은 결격사유가 있을 때 법률상 당연히 퇴직하는 것이지 공무원관계를 소멸시키기 위한 별도의 행정처분을 요하는 것이 아니며, 당연퇴직의 인사발령은 법률상 당연히 발생하는 퇴직사유를 공적으로 확인하여 알려주는 이른바 관념의 통지에 불과하고 공무원의 신분을 상실시키는 새로운 형성적 행위가 아니므로 행정소송의 대상이 되는 독립한 행정처분이라고 할 수 없다(대판 1995. 11. 14. 선고 95누2036).

ⓔ 병역법상 신체등위판정은 행정청이라고 볼 수 없는 군의관이 하도록 되어 있으며, 그 자체만으로 바로 병역법상의 권리의무가 정하여지는 것이 아니라 그에 따라 지방병무청장이 병역처분을 함으로써 비로소 병역의무의 종류가 정하여지는 것이므로 항고소송의 대상이 되는 행정처분이라 보기 어렵다(대판 1993. 8. 27. 선고 93누3356).

ⓜ 교육부장관이 내신성적 산정기준의 통일을 기하기 위해 대학입시기본계획의 내용에서 내신성적 산정기준에 관한 시행지침을 마련하여 시ㆍ도 교육감에서 통보한 것은 행정조직 내부에서 내신성적 평가에 관한 내부적 심사기준을 시달한 것에 불과하며, 각 고등학교에서 위 지침에 일률적으로 기속되어 내신성적을 산정할 수밖에 없고 또 대학에서도 이를 그대로 내신성적으로 인정하여 입학생을 선발할 수밖에 없는 관계로 장차 일부 수험생들이 위 지침으로 인해 어떤 불이익을 입을 개연성이 없지는 아니하나, 그러한 사정만으로서 위 지침에 의하여 곧바로 개별적이고 구체적인 권리의 침해를 받은 것으로는 도저히 인정할 수 없으므로, 그것만으로는 현실적으로 특정인의 구체적인 권리의무에 직접적으로 변동을 초래케 하는 것은 아니라 할 것이어서 내신성적 산정지침을 항고소송의 대상이 되는 행정처분으로 볼 수 없다(대판 1994. 9. 10. 선고 94두33).

6 **행정조사에 관한 설명으로 옳은 것은?**

① 행정조사는 사실행위의 형식으로만 가능하다.
② 조사대상자의 자발적 협조가 있을지라도 법령 등에서 행정조사를 규정하고 있어야 실시가 가능하다.
③ 조사대상자의 동의가 있는 경우 해가 뜨기 전이나 해가 진 뒤에도 현장조사가 가능하다.
④ 자발적인 협조에 따라 실시하는 행정조사에 대하여 조사대상자가 조사에 응할 것인지에 대한 응답을 하지 아니하는 경우에는 법령 등에 특별한 규정이 없는 한 그 조사에 동의한 것으로 본다.

> **TIP** ① 행정조사는 권력적 행정조사도 가능하다.
> ② 행정기관은 법령등에서 행정조사를 규정하고 있는 경우에 한하여 행정조사를 실시할 수 있다. 다만, 조사대상자의 자발적인 협조를 얻어 실시하는 행정조사의 경우에는 그러하지 아니하다〈행정조사기본법 제5조(행정조사의 근거)〉.
> ④ 행정조사에 대하여 조사대상자가 조사에 응할 것인지에 대한 응답을 하지 아니하는 경우에는 법령 등에 특별한 규정이 없는 한 그 조사를 거부한 것으로 본다〈행정조사기본법 제20조(자발적인 협조에 따라 실시하는 행정조사) 제2항〉.

7 현행 「행정절차법」의 적용과 관련하여 가장 옳지 않은 것은? (다툼이 있는 경우 판례에 의함)

① 「행정절차법」은 행정절차에 관한 일반법이지만, '국회 또는 지방의회의 의결을 거치거나 동의 또는 승인을 얻어 행하는 사항'에 대하여는 「행정절차법」의 적용이 배제된다.

② 행정과정에 대한 국민의 참여와 행정의 공정성, 투명성 및 신뢰성을 확보하고 국민의 권익을 보호함을 목적으로 하는 「행정절차법」의 입법목적과 「행정절차법」 제3조 제2항 제9호의 규정 내용 등에 비추어 보면, 공무원 인사관계 법령에 의한 처분에 관한 사항에 대하여 「행정절차법」의 적용이 배제된다.

③ 대법원에 따르면 「행정절차법」 적용이 제외되는 의결 · 결정에 대해서는 「행정절차법」을 적용하여 의견청취절차를 생략할 수는 없다.

④ 「행정절차법」은 「국세기본법」과는 달리 행정청에 대해서만 신의성실의 원칙에 따를 것을 규정하고 있다.

> **TIP** ② 행정과정에 대한 국민의 참여와 행정의 공정성, 투명성 및 신뢰성을 확보하고 국민의 권익을 보호함을 목적으로 하는 행정절차법의 입법목적과 행정절차법 제3조 제2항 제9호의 규정 내용 등에 비추어 보면, 공무원 인사관계 법령에 의한 처분에 관한 사항 전부에 대하여 행정절차법의 적용이 배제되는 것이 아니라 성질상 행정절차를 거치기 곤란하거나 불필요하다고 인정되는 처분이나 행정절차에 준하는 절차를 거치도록 하고 있는 처분의 경우에만 행정절차법의 적용이 배제된다(대판 2007. 9. 21. 선고 2006두20631).

8 판례에 따를 때 행정입법에 관한 설명으로 가장 옳지 않은 것은?

① 법률의 위임 규정 자체가 그 의미 내용을 정확하게 알 수 있는 용어를 사용하여 위임의 한계를 분명히 하고 있는데도 고시에서 그 문언적 의미의 한계를 벗어나면 위임의 한계를 일탈한 것으로써 허용되지 아니한다.

② 한국표준산업분류는 우리나라의 산업구조를 가장 잘 반영하고 있고, 업종의 분류에 관하여 가장 공신력 있는 자료로 평가받고 있는 점 등을 고려하면, 업종의 분류에 관하여 판단자료와 전문성의 한계가 있는 대통령이나 행정 각부의 장에게 위임하기보다는 통계청장이 고시하는 한국표준산업분류에 위임할 필요성이 인정된다.

③ "가공품의 원료로 가공품이 사용될 경우 원산지표시는 원료로 사용된 가공품의 원료 농산물의 원산지를 표시하여야 한다"는 농림부고시인 「농산물원산지 표시요령」은 법규명령으로서의 대외적 구속력을 가진다.

④ 「공공기관의 운영에 관한 법률」에 따라 입찰참가자격 제한 기준을 정하고 있는 구 「공기업 · 준정부기관 계약사무규칙」, 「국가를 당사자로 하는 계약에 관한 법률 시행규칙」은 대외적으로 국민이나 법원을 기속하는 효력이 없다.

9   다음 중 단계별 행정행위에 관한 판례의 태도로서 가장 옳지 않은 것은?

① 폐기물처리업에 대하여 관할 관청의 사전 적정통보를 받고 막대한 비용을 들여 허가요건을 갖춘 다음 허가신청을 하였음에도 청소업자의 난립으로 효율적인 청소업무의 수행에 지장이 있다는 이유로 한 불허가처분이 신뢰보호의 원칙에 반하여 재량권을 남용한 위법한 처분이다.

② 폐기물처리업 사업계획에 대하여 적정통보를 한 것만으로 그 사업부지 토지에 대한 국토이용계획변경신청을 승인하여 주겠다는 취지의 공적인 견해표명을 한 것으로 볼 수 없다.

③ 행정청이 내인가를 한 다음 이를 취소하는 행위는 인가 신청을 거부하는 처분으로 보아야 한다.

④ 구 「주택건설촉진법」에 의한 주택건설사업계획 사전결정이 있는 경우 주택건설계획 승인처분은 사전결정에 기속되므로 다시 승인 여부를 결정할 수 없다.

10 영업허가의 양도와 제재처분의 효과 및 제재사유의 승계에 관한 설명으로 가장 옳지 않은 것은? (다툼이 있는 경우 판례에 의함)

① 양도인의 위법행위로 양도인에게 이미 제재처분이 내려진 경우에 영업정지 등 그 제재처분의 효력은 양수인에게 당연히 이전된다.

② 주택건설사업이 양도되었으나 그 변경승인을 받기 이전에 행정청이 양수인에 대하여 양도인에 대한 사업계획승인을 취소하였다는 사실을 통지한 경우 이러한 통지는 양수인의 법률상 지위에 변동을 일으키므로 행정처분이다.

③ 회사분할 시 분할 전 회사에 대한 제재사유가 신설회사에 대하여 승계되지 않으므로 회사의 분할 전 법 위반행위를 이유로 과징금을 부과하는 것은 허용되지 않는다.

④ 양도인이 위법행위를 한 후 제재를 피하기 위하여 영업을 양도한 경우 그 제재사유의 승계에 관하여 명문의 규정이 없는 경우, 위법행위로 인한 제재사유는 항상 인적 사유이고 경찰책임 중 행위책임의 문제라는 논거는 승계부정설의 논거이다.

> **TIP** ② 주택건설촉진법 제33조 제1항, 구 같은법시행규칙(1996. 2. 13. 건설교통부령 제54호로 개정되기 전의 것) 제20조의 각 규정에 의한 주택건설사업계획에 있어서 사업주체변경의 승인은 그로 인하여 사업주체의 변경이라는 공법상의 효과가 발생하는 것이므로, 사실상 내지 사법상으로 주택건설사업 등이 양도·양수되었을지라도 아직 변경승인을 받기 이전에는 그 사업계획의 피승인자는 여전히 종전의 사업주체인 양도인이고 양수인이 아니라 할 것이어서, 사업계획승인취소처분 등의 사유가 있는지의 여부와 취소사유가 있다고 하여 행하는 취소처분은 피승인자인 양도인을 기준으로 판단하여 그 양도인에 대하여 행하여져야 할 것이므로 행정청이 주택건설사업의 양수인에 대하여 양도인에 대한 사업계획승인을 취소하였다는 사실을 통지한 것만으로는 양수인의 법률상 지위에 어떠한 변동을 일으키는 것은 아니므로 위 통지는 항고소송의 대상이 되는 행정처분이라고 할 수는 없다(대판 2000. 9. 26. 선고 99두646).

> 甲은 공중보건의로 근무하면서 乙을 치료하였는데 그 과정에서 乙은 폐혈증으로 사망하였다. 유족들은 甲을 상대로 손해배상청구의 소를 제기하였고, 甲의 의료상 경과실이 인정된다는 이유로 甲에게 손해배상책임을 인정한 판결이 확정되었다. 이에 甲은 乙의 유족들에게 판결금 채무를 지급하였고, 이후 국가에 대해 구상권을 행사하였다.

① 공중보건의 甲은 국가배상법상의 공무원에 해당한다.

② 공중보건의 甲이 직무수행 중 불법행위로 乙에게 손해를 입힌 경우 국가 등이 국가배상책임을 부담하는 외에 甲 개인도 고의 또는 중과실이 있다고 한다면 민사상 불법행위로 인한 손해배상책임을 진다.

③ 乙의 유족에게 손해를 직접 배상한 경과실이 있는 공중보건의 甲은 국가에 대하여 자신이 변제한 금액에 대하여 구상권을 취득할 수 없다.

④ 공무원의 직무수행 중 불법행위로 인한 배상과 관련하여, 피해자가 공무원에 대해 직접적으로 손해배상을 청구할 수 있는지 여부에 대한 명시적 규정은 국가배상법상으로 존재하지 않는다.

> **TIP** ③ 공중보건의인 갑에게 치료를 받던 을이 사망하자 을이 유족들이 갑 등을 상대로 손해배상청구의 소를 제기하였고, 갑의 의료과실이 인정된다는 이유로 갑 등의 손해배상책임을 인정한 판결이 확정되어 갑이 을의 유족들에게 판결금 채무를 지급한 사안에서, 갑은 공무원으로서 직무 수행 중 경과실로 타인에게 손해를 입힌 것이어서 을과 유족들에 대하여 손해배상책임을 부담하지 아니함에도 을의 유족들에 대한 패소판결에 따라 그들에게 손해를 배상한 것이고, 이는 민법 제744조의 도의관념에 적합한 비채변제에 해당하여 을과 유족들의 국가에 대한 손해배상청구권은 소멸하고 국가는 자신의 출연 없이 채무를 면하였으므로, 갑은 국가에 대하여 변제금액에 관하여 구상권을 취득한다(대판 2014. 8. 20. 선고 2012다54478).

12 부관에 대한 행정쟁송에 관한 설명으로 옳지 않은 것은? (다툼이 있는 경우 판례에 의함)

① 부담이 아닌 부관은 독립하여 행정소송의 대상이 될 수 없으므로 이의 취소를 구하는 소송에 대하여는 각하판결을 하여야 한다.

② 위법한 부관에 대하여 신청인이 부관부행정행위의 변경을 청구하고, 행정청이 이를 거부한 경우 동 거부처분의 취소를 구하는 소송을 제기할 수 있다.

③ 기부채납받은 행정재산에 대한 사용·수익허가에서 공유재산의 관리청이 정한 사용·수익허가의 기간은 그 허가의 효력을 제한하기 위한 행정행위의 부관으로서 이러한 사용·수익허가의 기간에 대해서는 독립하여 행정소송을 제기할 수 있다.

④ 토지소유자가 토지형질변경행위허가에 붙은 기부채납의 부관에 따라 토지를 국가나 지방자치단체에 기부채납(증여)한 경우, 기부채납의 부관이 당연무효이거나 취소되지 아니한 이상 토지소유자는 위 부관으로 인하여 증여계약의 중요부분에 착오가 있음을 이유로 증여계약을 취소할 수 없다.

> **TIP** ③ 행정행위의 부관은 부담인 경우를 제외하고는 독립하여 행정소송의 대상이 될 수 없는바, 기부채납받은 행정재산에 대한 사용·수익허가에서 공유재산의 관리청이 정한 사용·수익허가의 기간은 그 허가의 효력을 제한하기 위한 행정행위의 부관으로서 이러한 사용·수익허가의 기간에 대해서는 독립하여 행정소송을 제기할 수 없다(대판 2001. 6. 15. 선고 99두509).

13 행정상 법률관계의 당사자에 관한 설명으로 옳은 것은? (다툼이 있는 경우 판례에 의함)

① 국가나 지방자치단체는 행정청과는 달리 당사자소송의 당사자가 될 수 있고 국가배상책임의 주체가 될 수 있다.

② 법인격 없는 단체는 공무수탁사인이 될 수 없다.

③ 「도시 및 주거환경정비법」에 따른 주택재건축정비조합은 공법인으로서 행정주체의 지위를 가진다고 보기 어렵다.

④ 「민영교도소 등의 설치·운영에 관한 법률」상의 민영교도소는 행정보조인(행정보조자)에 해당한다.

> **TIP** ② 공무수탁사인이란 공행정사무를 위탁받아 자신의 이름으로 처리하는 권한을 갖고 있는 행정주체인 사인을 말한다. 공무수탁사인은 자연인일 수도 있고, 사법인 또는 법인격 없는 단체일 수도 있다.
> ③ 「도시 및 주거환경정비법」상의 주택재건축정비조합은 행정주체로서의 공법인의 성질을 가진다.
> ④ 「민영교도소 등의 설치 운영에 관한 법률」상의 민영교도소는 공무수탁사인에 해당한다.

14 판례가 행정행위의 하자의 승계를 인정한 것을 모두 고른 것은?

> ㉠ 행정대집행에서의 계고와 대집행영장의 통지
> ㉡ 안경사시험합격취소처분과 안경사면허취소처분
> ㉢ 개별공시지가결정과 과세처분
> ㉣ 일제강점하 반민족행위 진상규명에 관한 특별법에 따른 친일반민족행위자 결정과 독립유공자
> 　 예우에 관한 법률에 의한 법적용 배제결정
> ㉤ 공무원의 직위해제처분과 면직처분
> ㉥ 건물철거명령과 대집행계고처분
> ㉦ 과세처분과 체납처분

① ㉠, ㉡, ㉢, ㉣
② ㉠, ㉢, ㉣, ㉦
③ ㉠, ㉣, ㉤, ㉦
④ ㉡, ㉢, ㉣, ㉤

TIP ㉠ 대집행의 계고, 대집행영장에 의한 통지, 대집행의 실행, 대집행에 요한 비용의 납부명령 등은 타인이 대신하여 행할 수 있는 행정의무의 이행을 의무자의 비용부담하에 확보하고자 하는, 동일한 행정목적을 달성하기 위하여 단계적인 일련의 절차로 연속하여 행하여지는 것으로서, 서로 결합하여 하나의 법률효과를 발생시키는 것이므로, 선행처분인 계고처분이 하자가 있는 위법한 처분이라면, 비록 그 하자가 중대하고도 명백한 것이 아니어서 당연무효의 처분이라고 볼 수 없고 행정소송으로 효력이 다투어지지도 아니하여 이미 불가쟁력이 생겼으며, 후행처분인 대집행영장발부통보처분 자체에는 아무런 하자가 없다고 하더라도, 후행처분인 대집행영장발부통보처분의 취소를 청구하는 소송에서 청구원인으로 선행처분인 계고처분이 위법한 것이기 때문에 그 계고처분을 전제로 행하여진 대집행영장발부통보처분도 위법한 것이라는 주장을 할 수 있다(대판 1996. 2. 9. 선고 95누12507).

　㉡ 의료기사법 제6조, 제7조 제2항, 제13조의3과 같은법시행령 제4조, 제7조 등 관계법령의 규정에 의하면, 안경사가 되고자 하는 자는 보건사회부의 소속기관인 국립보건원장이 시행하는 안경사 국가시험에 합격한 후 보건사회부장관의 면허를 받아야 하고 보건사회부장관은 안경사 국가시험에 합격한 자에게 안경사면허를 주도록 규정하고 있으므로, 국립보건원장이 같은 법 제7조 제2항에 의하여 안경사 국가시험의 합격을 무효로 하는 처분을 함에 따라 보건사회부장관이 안경사면허를 취소하는 처분을 한 경우 합격무효처분과 면허취소처분은 동일한 행정목적을 달성하기 위하여 단계적인 일련의 절차로 연속하여 행하여지는 행정처분으로서, 안경사 국가시험에 합격한 자에게 주었던 안경사면허를 박탈한다는 하나의 법률효과를 발생시키기 위하여 서로 결합된 선행처분과 후행처분의 관계에 있다(대판 1993. 2. 9. 선고 92누4567).

ⓒ 개별공시지가결정은 이를 기초로 한 과세처분 등과는 별개의 독립된 처분으로서 서로 독립하여 별개의 법률효과를 목적으로 하는 것이나, 개별공시지가는 이를 토지소유자나 이해관계인에게 개별적으로 고지하도록 되어 있는 것이 아니어서 토지소유자 등이 개별공시지가결정 내용을 알고 있었다고 전제하기도 곤란할 뿐만 아니라 결정된 개별공시지가가 자신에게 유리하게 작용될 것인지 또는 불이익하게 작용될 것인지 여부를 쉽사리 예견할 수 있는 것도 아니며, 더욱이 장차 어떠한 과세처분 등 구체적인 불이익이 현실적으로 나타나게 되었을 경우에 비로소 권리구제의 길을 찾는 것이 우리 국민의 권리의식임을 감안하여 볼 때 토지소유자 등으로 하여금 결정된 개별공시지가를 기초로 하여 장차 과세처분 등이 이루어질 것에 대비하여 항상 토지의 가격을 주시하고 개별공시지가결정이 잘못된 경우 정해진 시정절차를 통하여 이를 시정하도록 요구하는 것은 부당하게 높은 주의의무를 지우는 것이라고 아니할 수 없고, 위법한 개별공시지가결정에 대하여 그 정해진 시정절차를 통하여 시정하도록 요구하지 아니하였다는 이유로 위법한 개별공시지가를 기초로 한 과세처분 등 후행 행정처분에서 개별공시지가결정의 위법을 주장할 수 없도록 하는 것은 수인한도를 넘는 불이익을 강요하는 것으로서 국민의 재산권과 재판받을 권리를 보장한 헌법의 이념에도 부합하는 것이 아니라고 할 것이므로, <u>개별공시지가결정에 위법이 있는 경우에는 그 자체를 행정소송의 대상이 되는 행정처분으로 보아 그 위법 여부를 다툴 수 있음은 물론 이를 기초로 한 과세처분 등 행정처분의 취소를 구하는 행정소송에서도 선행처분인 개별공시지가결정의 위법을 독립된 위법사유로 주장할 수 있다</u>고 해석함이 타당하다(대판 1994. 1. 25. 선고 93누8542).

ⓔ 갑을 친일반민족행위자로 결정한 친일반민족행위진상규명위원회의 최종발표(선행처분)에 따라 지방보훈지청장이 독립유공자 예우에 관한 법률 적용 대상자로 보상금 등의 예우를 받던 갑의 유가족 을 등에 대하여 독립유공자법 적용배제자 결정(후행처분)을 한 사안에서, 진상규명위원회가 갑의 친일반민족행위자 결정 사실을 통지하지 않아 을은 후행처분이 있기 전까지 선행처분의 사실을 알지 못하였고, 후행처분인 지방보훈지청장의 독립유공자법 적용배제결정이 자신의 법률상 지위에 직접적인 영향을 미치는 행정처분이라고 생각했을 뿐, 통지를 받지도 않은 진상규명위원회의 친일반민족행위자 결정처분이 자신의 법률상 지위에 영향을 주는 독립된 행정처분이라고 생각하기는 쉽지 않았을 것으로 보여, 을이 선행처분에 대하여 일제강점하 반민족행위 진상규명에 관한 특별법에 의한 이의신청절차를 밟거나 후행처분에 대한 것과 별개로 행정심판이나 행정소송을 제기하지 않았다고 하여 선행처분의 하자를 이유로 후행처분의 효력을 다툴 수 없게 하는 것은 을에게 수인한도를 넘는 불이익을 주고 그 결과가 을에게 예측가능한 것이라고 할 수 없어 <u>선행처분의 후행처분에 대한 구속력을 인정할 수 없으므로 선행처분의 위법을 이유로 후행처분의 효력을 다툴 수 있음에도,</u> 이와 달리 본 원심판결에 법리를 오해한 위법이 있다(대판 2013. 3. 14. 선고 2012두6964).

ⓜ 구 경찰공무원법 제50조 제1항에 의한 직위해제처분과 같은 제3항에 의한 면직처분은 후자가 전자의 처분을 전제로 한 것이기는 하나 각각 단계적으로 별개의 법률효과를 발생하는 행정처분이어서 선행직위 해제처분의 위법사유가 면직처분에는 승계되지 아니한다 할 것이므로 <u>선행된 직위해제 처분의 위법사유를 들어 면직처분의 효력을 다툴 수는 없다</u>(대판 1984. 9. 11. 선고 84누191).

ⓗ 건물철거명령이 당연무효가 아닌 이상 행정심판이나 소송을 제기하여 그 위법함을 소구하는 절차를 거치지 아니하였다면 위 <u>선행행위인 건물철거명령은 적법한 것으로 확정되었다고 할 것이므로 후행행위인 대집행계고처분에서는 그 건물이 무허가건물이 아닌 적법한 건축물이라는 주장이나 그러한 사실인정을 하지 못한다</u>(대판 1998. 9. 8. 선고 97누20502).

ⓐ 일정한 행정목적을 위하여 독립된 행위가 단계적으로 이루어진 경우에 <u>선행행위인 과세처분의 하자는 당연무효사유를 제외하고는 집행행위인 체납처분에 승계되지 아니한다</u>(대판 1961. 10. 26. 선고 4292행상73).

15 「행정심판법」에 따른 행정심판에 관한 설명으로 가장 옳은 것은? (다툼이 있는 경우 판례에 의함)

① 취소심판의 인용재결에는 취소재결·변경재결·취소명령재결·변경명령재결이 있다.
② 거부처분은 취소심판의 대상이므로 거부처분의 상대방은 이에 대하여 취소심판만 청구할 수 있다.
③ 행정심판위원회가 처분을 취소하거나 변경하는 재결을 하면, 행정청은 재결의 기속력에 따라 처분을 취소 또는 변경하는 처분을 하여야 하고, 이를 통하여 당해 처분은 처분 시에 소급하여 소멸되거나 변경된다.
④ 거부처분취소재결이 있는 경우에는 행정청은 그 재결의 취지에 따라 이전의 신청에 대한 처분을 하여야 하는 것이므로 행정청이 그 재결의 취지에 따른 처분을 하지 아니하고 그 처분과는 양립할 수 없는 다른 처분을 하는 것은 재결의 기속력에 반하여 위법하다.

> **TIP** ① 취소명령재결은 처분청이 처분을 취소하지 않는 경우가 많아 실효성이 떨어져 삭제되었다.
> ② 의무이행심판은 처분을 신청한 자로서 행정청의 거부처분 또는 부작위에 대하여 일정한 처분을 구할 법률상 이익이 있는 자가 청구할 수 있다.
> ③ 취소심판의 재결은 처분 시에 소급하여 소멸되거나 변경되므로(통설), 행정청은 처분을 취소 또는 변경하는 처분을 할 이행의무를 지지 않는다.

16 질서위반행위와 과태료처분에 관한 설명으로 옳은 것은?

① 과태료의 부과·징수, 재판 및 집행 등의 절차에 관하여 「질서위반행위규제법」과 타 법률이 달리 규정하고 있는 경우에는 후자를 따른다.
② 하나의 행위가 2 이상의 질서위반행위에 해당하는 경우에는 각 질서위반행위에 대하여 정한 과태료 중 가장 중한 과태료를 부과하는 것이 원칙이다.
③ 과태료는 행정질서유지를 위한 의무 위반이라는 객관적 사실에 대하여 과하는 제재이므로 과태료 부과에는 고의, 과실을 요하지 않는다.
④ 과태료에는 소멸시효가 없으므로 행정청의 과태료처분이나 법원의 과태료재판이 확정된 이상 일정한 시간이 지나더라도 그 처벌을 면할 수는 없다.

> **TIP** ② 질서위반행위규제법 제13조(수개의 질서위반행위의 처리) 제1항
> ① 과태료의 부과·징수, 재판 및 집행 등의 절차에 관한 다른 법률의 규정 중 이 법의 규정에 저촉되는 것은 이 법으로 정하는 바에 따른다〈질서위반행위규제법 제5조(다른 법률과의 관계)〉.
> ③ 고의 또는 과실이 없는 질서위반행위는 과태료를 부과하지 아니한다〈질서위반행위규제법 제7조(고의 또는 과실)〉.
> ④ 과태료는 행정청의 과태료 부과처분이나 법원의 과태료 재판이 확정된 후 5년간 징수하지 아니하거나 집행하지 아니하면 시효로 인하여 소멸한다〈질서위반행위규제법 제15조(과태료의 시효) 제1항〉.

Answer ....

15.④ 16.②

17 처분사유의 추가·변경에 대한 설명으로 가장 옳지 않은 것은? (다툼이 있는 경우 판례에 의함)

① 추가 또는 변경된 사유가 당초의 처분 시 그 사유를 명기하지 않았을 뿐 처분 시에 이미 존재하고 있었고 당사자도 그 사실을 알고 있었다 하여 당초의 처분사유와 동일성이 있는 것이라 할 수 없다.

② 취소소송에서 행정청의 처분사유의 추가·변경은 사실심변론종결시까지만 허용된다.

③ 당초의 처분사유인 중기취득세의 체납과 그 후 추가된 처분사유인 자동차세의 체납은 기본적 사실관계의 동일성이 부정된다.

④ 주류면허 지정조건 중 제6호 무자료 주류판매 및 위장거래 항목을 근거로 한 면허취소처분에 대한 항고소송에서, 지정조건 제2호 무면허판매업자에 대한 주류판매를 새로이 그 취소사유로 주장하는 것은 기본적 사실관계의 동일성이 인정된다.

> **TIP** ④ 주류면허 지정조건 중 제6호 무자료 주류판매 및 위장거래 항목을 근거로 한 면허취소처분에 대한 항고소송에서, 지정조건 제2호 무면허판매업자에 대한 주류판매를 새로이 그 취소사유로 주장하는 것은 기본적 사실관계가 다른 사유를 내세우는 것으로서 허용될 수 없다(대판 1996. 9. 6. 선고 96누 7427).

18 신고에 관한 설명으로 가장 옳지 않은 것은? (다툼이 있는 경우 판례에 의함)

① 「건축법」에 따른 착공신고를 반려하는 행위는 당사자에게 장래의 법적 불이익이 예견되지 않아 이를 법적으로 다툴 실익이 없으므로 항고소송의 대상이 될 수 없다.

② 「건축법」에 따른 건축신고를 반려하는 행위는 장차 있을 지도 모르는 위험에서 미리 벗어날 수 있도록 길을 열어주고 위법한 건축물의 양산과 그 철거를 둘러싼 분쟁을 조기에 근본적으로 해결할 수 있게 하여야 한다는 점에서 항고소송의 대상이 된다.

③ 인·허가의제 효과를 수반하는 건축신고는 행정청이 그 실체적 요건에 관한 심사를 한 후 수리하여야 하기 때문에 수리를 요하는 신고이다.

④ 「수산업법」 제44조 소정의 어업의 신고는 행정청의 수리에 의하여 비로소 그 효과가 발생하는 수리를 요하는 신고이다.

> **TIP** ① 구 건축법(2008. 3. 21. 법률 제8974호로 전부 개정되기 전의 것)의 관련 규정에 따르면, 행정청은 착공신고의 경우에도 신고 없이 착공이 개시될 경우 건축주 등에 대하여 공사중지·철거·사용금지 등의 시정명령을 할 수 있고(제69조 제1항), 시정명령을 받고 이행하지 아니한 건축물에 대하여는 당해 건축물을 사용하여 행할 다른 법령에 의한 영업 기타 행위의 허가를 하지 않도록 요청할 수 있으며(제69조 제2항), 요청을 받은 자는 특별한 이유가 없는 한 이에 응하여야 하고(제69조 제3 항), 나아가 행정청은 시정명령의 이행을 하지 아니한 건축주 등에 대하여는 이행강제금을 부과할 수 있으며(제69조의2 제1항 제1호), 또한 착공신고를 하지 아니한 자는 200만 원 이하의 벌금에 처해질 수 있다(제80조 제1호, 제9조). 이와 같이 건축주 등으로서는 착공신고가 반려될 경우, 당해 건축물의 착공을 개시하면 시정명령, 이행강제금, 벌금의 대상이 되거나 당해 건축물을 사용하여 행할 행위의 허가가 거부될 우려가 있어 불안정한 지위에 놓이게 된다. 따라서 착공신고 반려행위

가 이루어진 단계에서 당사자로 하여금 반려행위의 적법성을 다투어 법적 불안을 해소한 다음 건축행위에 나아가도록 함으로써 장차 있을지도 모르는 위험에서 미리 벗어날 수 있도록 길을 열어 주고, 위법한 건축물의 양산과 철거를 둘러싼 분쟁을 조기에 근본적으로 해결할 수 있게 하는 것이 법치행정의 원리에 부합한다. 그러므로 <u>행정청의 착공신고 반려행위는 항고소송의 대상이 된다고 보는 것이 옳다</u>(대판 2011. 6. 10. 선고 2010두7321).

19 다음 판례 중 협의의 소의 이익(권리보호의 필요)이 인정되지 않는 것은?

① 현역입영대상자로서 현실적으로 입영을 한 자가 입영 이후의 법률관계에 영향을 미치고 있는 현역병입영통지처분 등을 한 관할 지방병무청장을 상대로 위법을 주장하여 그 취소를 구하는 경우

② 행정청이 영업허가신청 반려처분의 취소를 구하는 소의 계속 중 사정변경을 이유로 위 반려처분을 직권취소함과 동시에 위 신청을 재반려하는 내용의 재처분을 한 경우 당초의 반려처분의 취소를 구하는 경우

③ 도시개발사업의 공사 등이 완료되고 원상회복이 사회통념상 불가능하게 된 경우 도시개발사업의 시행에 따른 도시계획변경결정처분과 도시개발구역지정처분 및 도시개발사업 실시계획인가처분의 취소를 구하는 경우

④ 행정처분의 효력기간이 경과하였다고 하더라도 그 처분을 받은 전력이 장래에 붉이익하게 취급되는 것으로 법정(법률)상 가중요건으로 되어 있고, 법정가중요건에 따라 새로운 제재적인 행정처분이 가해지고 있는 경우

> **TIP** ② 행정청이 당초의 분뇨 등 관련영업 허가신청 반려처분의 취소를 구하는 소의 계속중, 사정변경을 이유로 위 반려처분을 직권취소함과 동시에 위 신청을 재반려하는 내용의 재처분을 한 경우, 당초의 반려처분의 취소를 구하는 소는 더 이상 소의 이익이 없게 되었다(대판 2006. 9. 28. 선고 2004두5317).
>
> ① 병역법 제2조 제1항 제3호에 의하면 '입영'이란 병역의무자가 징집·소집 또는 지원에 의하여 군부대에 들어가는 것이고, 같은 법 제18조 제1항에 의하면 현역은 입영한 날부터 군부대에서 복무하도록 되어 있으므로 현역병입영통지처분에 따라 현실적으로 입영을 한 경우에는 그 처분의 집행은 종료되지만, 한편, 입영으로 그 처분의 목적이 달성되어 실효되었다는 이유로 다툴 수 없도록 한다면, 병역법상 현역입영대상자로서는 현역병입영통지처분이 위법하다 하더라도 법원에 의하여 그 처분의 집행이 정지되지 아니하는 이상 현실적으로 입영을 할 수밖에 없으므로 현역병입영통지처분에 대하여는 불복을 사실상 원천적으로 봉쇄하는 것이 되고, 또한 현역입영대상자가 입영하여 현역으로 복무하는 과정에서 현역병입영통지처분 외에는 별도의 다른 처분이 없으므로 입영한 이후에는 불복할 아무런 처분마저 없게 되는 결과가 되며, 나아가 입영하여 현역으로 복무하는 자에 대한 병적을 당해 군 참모총장이 관리한다는 것은 입영 및 복무의 근거가 된 현역병입영통지처분이 적법함을 전제로 하는 것으로서 그 처분이 위법한 경우까지를 포함하는 의미는 아니라고 할 것이므로, <u>현역입영대상자로서는 현실적으로 입영을 하였다고 하더라도, 입영 이후의 법률관계에 영향을 미치고 있는 현역병입영통지처분 등을 한 관할지방병무청장을 상대로 위법을 주장하여 그 취소를 구할 소송상의 이익이 있다</u>(대판 2003. 12. 26. 선고 2003두1875).

③ 도시개발사업의 시행에 따른 도시계획변경결정처분과 도시개발구역지정처분 및 도시개발사업실시계획인가처분은 도시개발사업의 시행자에게 단순히 도시개발에 관련된 공사의 시공권한을 부여하는 데 그치지 않고 당해 도시개발사업을 시행할 수 있는 권한을 설정하여 주는 처분으로서 위 각 처분 자체로 그 처분의 목적이 종료되는 것이 아니고 위 각 처분이 유효하게 존재하는 것을 전제로 하여 당해 도시개발사업에 따른 일련의 절차 및 처분이 행해지기 때문에 위 각 처분이 취소된다면 그것이 유효하게 존재하는 것을 전제로 하여 이루어진 토지수용이나 환지 등에 따른 각종의 처분이나 공공시설의 귀속 등에 관한 법적 효력은 영향을 받게 되므로, <u>도시개발사업의 공사 등이 완료되고 원상회복이 사회통념상 불가능하게 되었더라도 위 각 처분의 취소를 구할 법률상 이익은 소멸한다고 할 수 없다</u>(대판 2005. 9. 9. 선고 2003두5402).

④ 제재적 행정처분이 그 처분에서 정한 제재기간의 경과로 인하여 그 효과가 소멸되었으나, 부령인 시행규칙 또는 지방자치단체의 규칙의 형식으로 정한 처분기준에서 제재적 행정처분(선행처분)을 받은 것을 가중사유나 전제요건으로 삼아 장래의 제재적 행정처분(후행처분)을 하도록 정하고 있는 경우, 제재적 행정처분의 가중사유나 전제요건에 관한 규정이 법령이 아니라 규칙의 형식으로 되어 있다고 하더라도, 그러한 규칙이 법령에 근거를 두고 있는 이상 그 법적 성질이 대외적 · 일반적 구속력을 갖는 법규명령인지 여부와는 상관없이, 관할 행정청이나 담당공무원은 이를 준수할 의무가 있으므로 이들이 그 규칙에 정해진 바에 따라 행정작용을 할 것이 당연히 예견되고, 그 결과 행정작용의 상대방인 국민으로서는 그 규칙의 영향을 받을 수밖에 없다. 따라서 그러한 <u>규칙이 정한 바에 따라 선행처분을 받은 상대방이 그 처분의 존재로 인하여 장래에 받을 불이익, 즉 후행처분의 위험은 구체적이고 현실적인 것이므로, 상대방에게는 선행처분의 취소소송을 통하여 그 불이익을 제거할 필요가 있다.</u> 또한, 나중에 후행처분에 대한 취소소송에서 선행처분의 사실관계나 위법 등을 다툴 수 있는 여지가 남아 있다고 하더라도, 이러한 사정은 후행처분이 이루어지기 전에 이를 방지하기 위하여 직접 선행처분의 위법을 다투는 취소소송을 제기할 필요성을 부정할 이유가 되지 못한다. 그러한 쟁송방법을 막는 것은 여러 가지 불합리한 결과를 초래하여 권리구제의 실효성을 저해할 수 있기 때문이다. 오히려 앞서 본 바와 같이 행정청으로서는 선행처분이 적법함을 전제로 후행처분을 할 것이 당연히 예견되므로, 이러한 선행처분으로 인한 불이익을 선행처분 자체에 대한 소송에서 사전에 제거할 수 있도록 해 주는 것이 상대방의 법률상 지위에 대한 불안을 해소하는 데 가장 유효적절한 수단이 된다고 할 것이고, 또한 그 소송을 통하여 선행처분의 사실관계 및 위법 여부가 조속히 확정됨으로써 이와 관련된 장래의 행정작용의 적법성을 보장함과 동시에 국민생활의 안정을 도모할 수 있다. 이상의 여러 사정과 아울러, 국민의 재판청구권을 보장한 헌법 제27조 제1항의 취지와 행정처분으로 인한 권익침해를 효과적으로 구제하려는 행정소송법의 목적 등에 비추어 행정처분의 존재로 인하여 국민의 권익이 실제로 침해되고 있는 경우는 물론이고 권익침해의 구체적 · 현실적 위험이 있는 경우에도 이를 구제하는 소송이 허용되어야 한다는 요청을 고려하면, <u>규칙이 정한 바에 따라 선행처분을 가중사유 또는 전제요건으로 하는 후행처분을 받을 우려가 현실적으로 존재하는 경우에는, 선행처분을 받은 상대방은 비록 그 처분에서 정한 제재기간이 경과하였다 하더라도 그 처분의 취소소송을 통하여 그러한 불이익을 제거할 권리보호의 필요성이 충분히 인정된다고 할 것이므로, 선행처분의 취소를 구할 법률상 이익이 있다고 보아야 한다</u>(대판 2006. 6. 22. 선고 2003두1684).

20 행정법의 일반원칙에 관한 설명으로 가장 옳은 것은? (다툼이 있는 경우 판례에 의함)

① 「행정규제기본법」과 「행정절차법」은 각각 규제의 원칙과 행정지도의 원칙으로 비례원칙을 정하고 있다.

② 위법한 행정규칙에 의하여 위법한 행정관행이 형성되었다 하더라도 행정청은 정당한 사유 없이 이 관행과 달리 조치를 할 수 없는 자기구속을 받는다.

③ 신뢰보호의 원칙과 관련하여, 행정청의 선행조치가 신청자인 사인의 사위나 사실은폐에 의해 이뤄진 경우라도 행정청의 선행조치에 대한 사인의 신뢰는 보호되어야 한다.

④ 지방의회의 감사 또는 조사를 위하여 출석요구를 받은 증인이 출석하지 않을 경우 증인의 사회적 지위에 따라 과태료의 액수에 차등을 두는 것을 내용으로 하는 조례안은 헌법에 규정된 평등의 원칙에 위배된다고 볼 수 없다.

> **TIP** ② 일반적으로 행정상의 법률관계 있어서 행정청의 행위에 대하여 신뢰보호의 원칙이 적용되기 위하여는 행정청이 개인에 대하여 신뢰의 대상이 되는 공적인 견해표명을 하였다는 점이 전제되어야 한다 (대법원 1998. 5. 8. 선고 98두4061 판결 등 참조). 그리고 평등의 원칙은 본질적으로 같은 것을 자의적으로 다르게 취급함을 금지하는 것이고, 위법한 행정처분이 수차례에 걸쳐 반복적으로 행하여졌다 하더라도 그러한 처분이 위법한 것인 때에는 행정청에 대하여 자기구속력을 갖게 된다고 할 수 없다(대판 2009. 6. 25. 선고 2008두13132).
>
> ③ 행정처분에 하자가 있음을 이유로 처분청이 이를 취소하는 경우에도 그 처분이 국민에게 권리나 이익을 부여하는 수익적 처분인 때에는 그 처분을 취소하여야 할 공익상의 필요와 그 취소로 인하여 당사자가 입게 될 불이익을 비교교량한 후 공익상의 필요가 당사자가 입을 불이익을 정당화할 만큼 강한 경우에 한하여 취소할 수 있는 것이지만, 그 처분의 하자가 당사자의 사실은폐나 기타 사위의 방법에 의한 신청행위에 기인한 것이라면 당사자는 그 처분에 의한 이익이 위법하게 취득되었음을 알아 그 취소가능성도 예상하고 있었다고 할 것이므로, 그 자신이 위 처분에 관한 신뢰이익을 원용할 수 없음은 물론 행정청이 이를 고려하지 아니하였다고 하여도 재량권의 남용이 되지 아니한다 (대판 1996. 10. 25. 선고 95누14190).
>
> ④ 조례안이 지방의회의 감사 또는 조사를 위하여 출석요구를 받은 증인이 5급 이상 공무원인지 여부, 기관(법인)의 대표나 임원인지 여부 등 증인의 사회적 신분에 따라 미리부터 과태료의 액수에 차등을 두고 있는 경우, 그와 같은 차별은 증인의 불출석이나 증언거부에 대하여 과태료를 부과하는 목적에 비추어 볼 때 그 합리성을 인정할 수 없고 지위의 높고 낮음만을 기준으로 한 부당한 차별대우라고 할 것이어서 헌법에 규정된 평등의 원칙에 위배되어 무효이다(대판 1997. 2. 25. 선고 96추213).

Answer
20.①

공무원시험/자격시험/독학사/검정고시/취업대비 동영상강좌 전문 사이트

공무원	9급 공무원	서울시 기능직 일반직 전환	각 시·도 기능직 일반직 전환	교육청 기능직 일반직 전환
	관리운영직 일반직 전환	사회복지직 공무원	우정사업본부 계리직	서울시 기술계고 경력경쟁
기술직 공무원	물리	화학	생물	
	기술계 고졸자 물리/화학/생물			
경찰·소방공무원	소방특채 생활영어	소방학개론		
군 장교, 부사관	육군부사관	공군부사관	해군부사관	부사관 국사(근현대사)
	공군 학사사관후보생	공군 조종장학생	공군 예비장교후보생	공군 국사 및 핵심가치
NCS, 공기업, 기업체	공기업 NCS	공기업 고졸 NCS	코레일(한국철도공사)	한국수력원자력
	국민건강보험공단	국민연금공단	LH한국토지주택공사	한국전력공사
자격증	임상심리사 2급	건강운동관리사	사회조사분석사	한국사능력검정시험
	국어능력인증시험	청소년상담사 3급	관광통역안내사	국내여행안내사
	텔레마케팅관리사	사회복지사 1급	경비지도사	경호관리사
	신변보호사	전산회계	전산세무	
무료강의	국민건강보험공단	사회조사분석사 기출문제	독학사 1단계	대입수시적성검사
	사회복지직 기출문제	농협 인적성검사	지역농협 6급	기업체 취업 적성검사
	한국사능력검정시험 백발백중 실전 연습문제		한국사능력검정시험 실전 모의고사	

서원각 www.goseowon.co.kr
QR코드를 찍으면 동영상강의 홈페이지로 들어가실 수 있습니다.

서원각

자격시험 대비서

임상심리사 2급

건강운동관리사

사회조사분석사 종합본

사회조사분석사 기출문제집

국어능력인증시험

청소년상담사 3급

관광통역안내사 종합본

사회복지사 1급 기출문제 정복하기